開発援助の介入論

インドの河川浄化政策に見る国境と文化を越える困難

西谷内 博美

東信堂

はしがき

　開発援助の議論において、筆者には、しばしば気にかかる言い回しがある。たとえば、「日本の経験や高度な技術力を活かして世界の環境問題の解決に貢献する」。もっともな見解である。しかし、日本の経験や高度な技術と、環境問題を経験している社会との整合性の問題への配慮がどこまで含意されているのだろうか、と気にかかる。あるいは地域開発の文脈で「住民が主体となる開発」が重視され「住民の主体性を引き出す」手法が検討される。これももっともである。しかし、そのような「開発の技術」の採用が誰によって要求され、承認され、実施され、監視され、調整されることが想定されているのだろうか、と気にかかる。

　援助者の立場と被援助者の立場は明確に切り分けられているのだろうか。援助者の認識や役割の限界はどこまで考慮されているのだろうか。援助対象社会の多様性、すなわち援助の働きかけに対する多様な社会の反応はいかほど想定されているのだろうか。ということが気にかかるのだが、このような問題意識を明瞭に表現する術がなく、よって気にかかっていることを他者に伝えることも、論者に確認することもできずもどかしく思っていた。

　もし援助をめぐる社会関係が把握できる見取り図があれば、開発援助の諸議論について、論者の立ち位置を特定したり、国際・国内・地域の社会関係を整理したり、援助実践と援助対象社会との相互作用を推測したりしやすくなるのではないだろうか、と考えていた。本書が提示する「介入論」は、そのような試みの一つである。開発援助を「介入」という概念で捉え直し、国境を越える援助者と援助対象社会の距離を視覚的に表現してみた。この開発援助の概念モデルが、援助者の立ち位置や認識・役割の限界についての共通了解の拠り所、あるいはその試作品となればと期待している。

　この問題意識を実証的に表現する目的において、インドにおける開発プロジェクトは好都合な事例であった。国境を越える援助者の認識や役割の限界、

それを拡大する要素である社会の多様性（日本人にとってのわかりにくさ）が大変よく表れている事例だからである。そのことを直観してかいなか、筆者は大学院生のときにたまたま訪れたインドの、それもブリンダバンという小都市を主たるフィールドに据え、上述した自身の問題意識の言語化を試みた。現地調査では「私の期待値は通用しない」と幾度も一人つぶやいた。比較的長い人生経験の（社会人を経て大学に戻ったため）、かつ多文化環境の中で形成された社会の「あたりまえ」が次々と剥脱されるほど、インドの、しかも田舎町という現場は社会の多様性を学ぶにあたっての好適地であった。

　この「はしがき」を書いている時期、COP21（国連気候変動枠組み条約第21回締約国会議）でパリ協定が採択された。その中で先進締約国の、開発途上締約国に対する、資金や技術の支援が謳われた。国際社会において改めて、先進国による途上国に向けた政策（開発援助）の必要が再確認されたわけである。この「歴史的合意」の意義も、その他の開発プロジェクトと同様、支援される資金の多寡や技術の卓越さだけではなく、現場での実効性に依存する。そして、本書が提示する介入論はまさにその援助の実効性（および正当性）のために、国境を越える開発援助の限界を示し、その限界に即した政策の必要性を主張するものである。地球レベルの公共政策が切実さを増すこの時代に、本書の問題意識はさらに身近な政策課題になるものと思われる。

　なお、本書は、「開発援助」の構造的な問題を明らかにしようとするものであり、実際の開発プロジェクトに関わっておられる実務者の方たちの個々人の特性や行為を問題化しようとするものではない。もしそのように捉えられる表現があれば、それは筆者の未熟さのゆえであり、願わくば前者の方向に解釈していただければ幸いである。

2016 年 1 月

開発援助の介入論
目　次

はしがき …………………………………………………………………… i
凡　例 (vii)
略語表 (viii)

序章　開発援助に内在する構造的な問題 …………………………… 3
　第1節　本書の目的　3
　第2節　本書の方法と狙い　5
　　1. 介入論の概要と本書の射程　5
　　2. 実証的な検討の概要と本書の狙い　6
　　3. 本書の立ち位置　8
　第3節　調査方法　9
　　1. 調査の概要　9
　　2. 調査者の立場　10
　第4節　本書の構成　12

第Ⅰ部　介入の理論 …………………………………………………… 15

第1章　開発援助の介入論 ……………………………………………… 17
　第1節　先行研究における介入論の変遷：参加型開発論を中心に　17
　第2節　理論枠組み　24
　　1. 責任倫理論　24
　　2. 地域管理論　26
　第3節　分析枠組み：ODA介入の4類型　32

第2章　国境を越えることの重さ ……………………………………… 39
　第1節　政策上の包摂要請と制度上の包摂関係とのギャップ　39

第2節　国境を越える政策の責任：法的ではなく道義的な問題　41

第3節　「内政不干渉の原則」と「対外的アカウンタビリティ」の両立問題　42

第4節　ドナーの立ち位置の再確認　48

第Ⅱ部　事例検証　55

第3章　事例の概要：ガンジス川浄化計画　57

第1節　ガンジス川水系汚染問題の実態と原因　57

第2節　ガンジス川浄化計画と関係の深いインドの諸制度　64

 1. 環境法と行政機構　65

 2. 地方行政制度　67

 3. 公益訴訟制度　70

第3節　ガンジス川浄化計画の概要　72

 1. 計画の概要　73

 2. 事業コンポーネント　75

 3. ODAによる支援の状況　77

第4節　ガンジス川浄化計画に対する評価　79

第4章　ブリンダバン①：介入の連鎖の不具合　93

第1節　ブリンダバン町の概要　98

第2節　ヤムナ川浄化計画第一期（YAP-I）事業概要（1993-2003）　104

第3節　下水道事業　106

第4節　CTC（共同／公衆トイレ）事業　125

第5節　火葬施設事業　158

第6節　その他の事業（植林、沐浴場の整備、公衆参加啓発）　159

第7節　まとめ：破綻しているシナリオ　162

第5章　デリー市のトイレ事業：迷惑なジャパニーズ・トイレ　171

第1節　〈指導マニュアル型介入〉　171

第2節　デリー市におけるYAP-IのCTC事業　173
　第3節　マンゴルプリのCTC群：迷惑な「ジャパニーズ・トイレ」　181
　第4節　まとめ：間接介入の限界　195

第6章　バラナシ市の下水道事業：援助対象者の敵になる ……………… 201
　第1節　バラナシ市の概要：ガンジス川最大の聖地　201
　第2節　地元NGO、SMFについて　205
　第3節　SMFがGAP-IIの事業計画を作成する　207
　第4節　二つの事業計画をめぐる論争（2003年まで）　209
　第5節　日本のODAの登場　214
　第6節　M氏の新しい戦略　227
　第7節　まとめ：空しい「社会配慮」　231

第7章　ブリンダバン②：〈指導マニュアル型介入〉の検証 ………… 237
　第1節　ヤムナ川浄化計画第二期（YAP-II）事業概要（2004-2010）　238
　第2節　下水道事業計画の策定事業　238
　第3節　組織強化および能力構築事業（改革行動計画）　242
　第4節　公衆参加啓発事業　253
　第5節　日本のODAの情報収集能力の検証　262
　第6節　まとめ：援助対象社会との遠い距離感　274

第III部　介入の選択 ……………………………………………………… 281
第8章　〈直接統制型介入〉の検討：
　　　　　参加型開発の批判的検討を通して ……………………………… 283
　第1節　参加型開発と〈直接統制型介入〉の包含関係　284
　第2節　参加型開発における一方向性のリスク：「専制」　293
　　1. 外部者の優勢　295
　　2. 地域支配者層の優勢　296
　第3節　開発援助の"文化を越える困難"　298

1. 開発援助コミュニティの文化：要素還元主義の計画者　298
　　2. ODA 実施機関における人類学（者）の活用状況　300
　第4節　まとめ：理念の先行により拡大されるリスク　304

第9章　〈仲介型介入〉の構想：
ガンジス川浄化計画の実証研究を通して　……………… 309
　第1節　日本の ODA における〈消極介入〉の伝統：「自助努力」　310
　第2節　「自助努力」と「社会配慮」の対立：〈直接介入〉の必要性　311
　第3節　仲介型介入の構想：自由放任型に仲介機能を追加　314
　　1. 地方アクターからの情報入力のベクトル：常設の窓口　315
　　2. コミュニケーションの成立に影響力を行使するベクトル：
　　　仲介機能　316
　　3. 援助対象社会についての情報入力のベクトル：
　　　「探究者」による社会調査　318
　　4. 仲介型介入の全体像とこれまでの議論との関連　319
　第4節　仲介型介入のエッセンス：国境と文化の壁と向き合うこと　321

終章　どのような介入を望むのか？……………………………… 327
　第1節　ODA の目的　329
　第2節　ODA を介した負担者と受益者との関係　335

参考文献……………………………………………………………… 343
調査活動一覧　（365）
謝　辞………………………………………………………………… 371
索　引………………………………………………………………… 375

凡　例

1　本文中の翻訳は特記ない限り筆者による。
2　本文中の写真は特記ない限り筆者が撮影したものである。必要に応じて、場所や日付を記す。
3　本文中の図表は特記ない限り筆者が作成したものである。
4　外国通貨は参考のために日本円換算額を併記する。為替変動を考慮し、対象事項が生起した時点の為替レート（TTM）を「三菱東京 UFJ 銀行公表の対顧客外国為替相場」から引用し、参考日と為替レートを記す。ただし、筆者が調査を開始した 2006 年以降の事象については、特記しない限り、一律 1INR=2JPY で換算する。実際は上下 25％ほどの変動がある。
5　本書の執筆にあたり、一般に公開されていない事業資料も参照した。それらについては、入手した際の承諾要件に適合する範囲内での使用にとどめている。結果的に厳密な引用ルールに則さない表現方法を用いている場合がある。

略語表

略語	欧語／ヒンディ	日本語（説明）
CTC	Community Toilet Complex	公衆／共同トイレ
DAC	Development Assistance Committee	開発援助委員会（OECDの内部組織）
DFID	Department For International Development	英国国際開発省
GAP	Ganga Action Plan	ガンジス川浄化計画
GTZ	Deutsche Gesellschaft für Technische Zusammenarbeit	ドイツ技術協力公社（2011年よりGIZ：ドイツ国際協力公社に改組）
IEC	Information, Education, Communication	情報・教育・コミュニケーション活動
IPE	Infrastructure Professionals Enterprise	（YAP-IIの下請けコンサルタント会社）
ISKCON	International Society for Krishna Consciousness	クリシュナ意識国際協会
JBIC	Japan Bank for International Cooperation	国際協力銀行
JGM	Jai Gayatri Maa Bal Vidhya Mandir Samiti	（YAP-IIの下請けNGO）
JICA	Japan International Cooperation Agency	国際協力機構
NGO	Non-governmental Organization	非政府組織
ODA	Official Development Assistance	政府開発援助
OECD	Organization for Economic Co-operation and Development	経済協力開発機構
PMC	Project Management Consulting	プロジェクト管理コンサルティング
SAPI	Special Assistance for Project Implementation	案件実施支援調査
SMF	Sankat Mochan Foundation	（バラナシの地元NGO）
UNDP	United Nations Development Programme	国連開発計画
UP	Uttar Pradesh	ウッタル・プラデシュ（州）
USAID	United States Agency for International Development	米国国際開発庁
YAP	Yamuna Action Plan	ヤムナ川浄化計画

開発援助の介入論
―インドの河川浄化政策に見る国境と文化を越える困難

序章

開発援助に内在する構造的な問題

第1節 本書の目的

　本書は、「介入」の視点から、開発援助という国境と文化を越える政策のあり方を問うものである。本書における「介入」とは、外部からの影響力がなんらかの自律的な社会集団の内部の社会運営のありように対して変化を生み出すことを意味する。本書では、一つに、開発援助における介入のあり方を検討するための理論枠組みを提示し、二つに、実際の開発プロジェクトを事例として介入の問題を実証的に検証し、三つに、私たちはどのような介入を実施したいのだろうかという問いを提起する。

　開発援助、とりわけ本書が事例として扱うODA（Official Development Assistance：政府開発援助）は、国境を越える不思議な政策である。政策の主権者（負担者）と受益者が乖離しており政策の民主的コントロールが効きにくい。さらには文化をも越えるため、政策実施者が受益者のニーズを把握しにくい。政策の主権者や実施者と受益者を直接に結びつける超国家的な政治制度が存在しないにもかかわらず、実施者（先進国の政府）には受益者（途上国の国民）に向けて政策を実施することが事実上要請されている。政策実施者は、受益者と双方向性を築くための政治制度がないところで、それでもなんとかより良い政策を実施することが期待されている。

　このように奇妙な政策が、これまでそれほど成果を上げてこられなかったことが、先行研究において次のように指摘されている。「発展途上国を支援しようとする西側の努力はなぜ悪い結果ばかりをもたらすのか（Why the West's Efforts to Aid the Rest Have Done So Much Ill and So Little Good）」。開発経

済学者ウィリアム・イースタリー（William Easterly）の著書『白人の責務（The White Man's Burden）』（2006）の副題である。イースタリーは西側の「美しい目標」「ビッグプラン」がこれまで失敗し続けてきたと指摘する。たとえば、1977年のサミット（国連水会議）では「1990年までに世界中の人々が安全な飲料水および衛生施設を利用できるようにする」という目標が、そして1990年の国連サミットでは「2000年までに世界中に初等教育を普及させる」という目標が立てられた。しかしそれらの開発目標は達成されず、同じ目標が、年限を2015年に改めてミレニアム開発目標（Millennium Development Goals：MDGs[1]）として設定し直されたと指摘する[2]（Easterly 2006, 9-10）。

政治学者の元田結花は「開発の歴史は、氾濫する概念やアジェンダの興亡の歴史でもある」と指摘する。世界各地の研究機関や国際機関からなる開発共同体（development community[3]）が民主主義やグッド・ガバナンス、市民社会や参加型開発などのアジェンダを次々と提唱してきた。「アジェンダに基づく開発活動が行き詰まり、その反省を踏まえて、新たなアジェンダが『解決策』として提唱され」るというサイクルが繰り返されてきたと言うのである。しかしその「解決策」として提示されるアジェンダが、行き詰まりの表層的な解決策にすぎず、根本的解決には結びついてこなかったと指摘する（元田 2007, 1-3, 237-241）。

イースタリーも元田も、繰り返される失敗の裏にある開発援助の内在的な問題を指摘している。イースタリーはそれをプランナー（ドナー）のフィードバックとアカウンタビリティの欠如（Easterly 2006, 15）、元田はそれをドナーによる開発援助のトップダウン的なコントロールと言う（元田 2007, 237）。ドナーは援助対象（究極的には裨益対象者）に向けて新しいビッグプランや新しいアジェンダを次々と送り出す。しかし、反対に援助対象の側から「ボトムアップ」に援助のあり方を調整する「フィードバック」のシステムが欠如している構造は変わらないままという指摘である。

イースタリーや元田が指摘する開発援助の問題点というのは、本書の問題関心に引き寄せて言えば、「介入」の問題に他ならない。すなわち、外部から影響を及ぼすドナーから援助対象である自律的な地域社会の内部に向かう

情報や影響力のベクトルのみが一方的に機能しており、反対に援助対象地域の内側から発せられる情報や影響力のベクトルが欠如している状況ととらえることができる。本書では開発援助に内在するこの傾向を「一方向性」と呼ぶ。この開発援助の一方向性の問題、つまり「介入」のあり方の問題が本書のテーマである。本書の目的は一つに、開発援助に内在する構造的な一方向性問題を理論的に提示する。二つに、実際の開発プロジェクトを事例として一方向性の問題を実証的に検証する。三つに、様々な困難の中でそれでも開発援助を実施するにあたり私たちはどのような介入を選択するのかという問いを提起する。

第2節　本書の方法と狙い

1. 介入論の概要と本書の射程

　本書では「開発援助」と言われている活動を「介入」というより広く一般的な概念で捉える。すなわち、「介入」とは、外部からの影響力がなんらかの自律的な社会集団の内部の社会運営のありように対して変化を生み出すことを意味している。開発援助をこのような意味での「介入」として捉えることによって、それが事業対象地域の社会運営のありようを良くも悪くも変えることができることを分析できる。これまでの援助研究では、「援助」の問題を「介入」のあり方の問題として明確に検証した例はほとんどない[4]。本書は、介入論からのアプローチを意識的に試みることによって、援助研究に新たな貢献を図ろうとするものである。

　開発援助という非常に複雑な介入現象を理論的に捉えるための見取り図として、本書では地域コミュニティ研究における「地域管理論」を援用する。地域管理論は、創発特性としての社会を重層的に把握するための理論である。まさにドナーからの介入が援助対象社会にもたらす影響は、単線的なインプットとアウトプットの視野にはおさまらない創発的な現象である。地域管理論を援用することで、ミクロな援助対象社会とマクロな国際社会、そしてそれらの中間に位置する援助対象国の重層的な社会の特徴や現状を把握し、その上で国際アクターであるドナーからのインプットと援助対象社会におけ

るアウトプットとの有機的な関係性の推測を可能とする。

　実際の「介入」現象を実証的に分析するための理論枠組みとして、本書では介入の4類型を提示する。この分析枠組みは事例を実証的に分析する過程において導き出されたものである。この4類型は、ODAにおける介入のあり方を〈直接－間接〉と〈積極－消極〉の二つの軸で切り分け、クロスさせることで構成される。ドナーと援助対象都市のアクターとの直接的な情報交換がいつでも可能な体制が整備されている場合を〈直接介入〉、そうではない場合を〈間接介入〉とし、「介入」が援助対象の社会集団の内部に生み出そうとする変化が、ドナーの認識枠組みから持ち込まれたものである場合を〈積極介入〉、社会集団内部の秩序や地域管理のしくみから立ち上がってきたものである場合を〈消極介入〉としている。この二つの軸をクロスさせることによって、自由放任型介入（間接介入×消極介入）、指導マニュアル型介入（間接介入×積極介入）、直接統制型介入（直接介入×積極介入）、仲介型介入（直接介入×消極介入）という4つの介入のタイプが得られる。

　以上、「介入」という概念、「地域管理論」、そして「介入の4類型」といった本書が提示する介入の理論は、広く一般の開発援助、とりわけODAの実証的検討や評価に応用可能だと考えている。しかし、本書ではその可能性には踏み込まない。本書は介入のあり方の問題を、一般論のレベルで検討しようとするのではなく、一つの個別事例に深く内在しながら実証的に解き明かそうと試みる。その方法論は日本の環境社会学における、実証研究を通した中範囲の理論形成を目指す「T字型の研究戦略」に拠っている（舩橋1999; 浜本・佐藤2012, 17）。そして、本書が扱う個別事例はインドのガンジス川水系汚染問題であり、特に日本のODAを中心的に扱う。つまり本書は、二国間の政府による開発援助、それも緊急人道支援や平和構築支援ではなく平常時の開発援助を射程として介入のあり方について議論する。

2. 実証的な検討の概要と本書の狙い

　本書が介入のあり方を検証する事例は、日本国が1992年より円借款や技術協力を通して支援しているインド国のガンジス川水系を浄化するための国

家政策である。実証的な検証の成果を先取りすると、同事業における日本の介入のあり方は総じて〈間接介入〉に分類される。援助開始当初が自由放任型介入（間接介入×消極介入）で、その後指導マニュアル型介入（間接介入×積極介入）に移行した。すなわち、事業初期に浮かび上がってきた課題を克服するために、のちにドナーの意向をプロジェクトにより強く反映させるようになった。ここで注目すべきは、改善策としてドナーの意向を強化したことが、必ずしもドナーの意図した通りに実効性の向上につながっていないことである。それどころか、援助対象地域における日本の評判をさらに落とす結果にもなっている。

　同事業においてもやはり、国境と文化を越える開発援助の困難、そして一方向性の問題が顕著に見られるのである。この事業を実施するにあたって、日本政府はもっぱら被援助国であるインドの中央政府に対し事業支援を行うのみで、事業の結果、対象地域にどのような変化が起こったかにまでは立ち入らない。そのため、援助対象社会において、人々がどのような経験をしているのかについてもほとんど関心を持たない。仮に、援助対象となった地域の人々が事業に対する不信や不満を持ったとしても、それを日本政府が受け止めることは想定されていない。つまり、日本のODAは援助対象となる地域社会を変容しようと意図し、その影響力を行使しているにもかかわらず、その影響力の帰結には関与しようとしていない。

　本書は、このような日本のODAのあり方を暴き断罪しようとするものではない。そうではなく、開発援助というものが国境と文化を越える困難な政策であることを証明しようとしているのである。介入のあり方が、たとえば本書が示す4類型のどこにあろうとも、開発援助には多かれ少なかれ一方向性の問題が内在する。そういった開発援助の複雑性や限界を描き出すこと、そして私たちドナーが自らの立ち位置を再確認し、国境と文化を越える他者という場所から、援助対象地域の社会運営のありようを良くも悪くも変えることのできる影響力の行使のあり方について再検討することが本書の狙いである。

3. 本書の立ち位置

　本書は、先進国の国民、とりわけ日本の国民を読者として想定している。本書が依拠する地域管理論から見ると、ODAは日本国の地域管理機能を有する政策であり、つまり主権者たる日本国民の政策と位置づけられる[5]。ODAは後述するように「地球公共政策」と捉えることもできるし、あるいは単純にドナー国の「国家政策」と捉えることもできる。いずれにしても、ODAの運用の多くは国単位に委ねられており[6]、その実践の良し悪しは、事業対象地域の人々からも、また先進国のピアドナーからも、また主権者たるドナー国の国民からもその国のパフォーマンスとして評価される。つまり、日本のODAはまぎれもなく日本国の国益に資するべき日本国の活動である。よって本書が提起する問題は、インド国民や、ガンジス川流域諸都市住民の問題である前に、日本国民の問題なのである。すなわち、日本国という地域的まとまりにコミットする個人や団体が関与し、修正し、監視していくべき問題なのである[7]。

　筆者は、一人の日本国民として援助対象の現場に赴き、日本国の国益に資すると思われるODAのあり方を検討した。本書の中でも、筆者自身が考える最善の介入の型を提示する。しかしそれは唯一の正しい解という性質のものではない。繰り返しになるが、いかなる介入のあり方を選んだとしても、開発援助が国境と文化を越える困難な政策であることにかわりはない。そういった困難の中でいかなる介入のあり方を選択するのかは、日本国がODAを介して何を実現したいのか、私たち日本国民が途上国の国家や国民とどのような関係を取り結びたいのかという問いに依存する。本書が介入のあり方についての議論を日本国民の間に少しでも喚起できれば幸甚である。

　なお、本書の時間軸について言及しておきたい。本書の調査や執筆は長期間にわたるものであり、その間、事例対象であるプロジェクトおよび開発をめぐる環境は大きく変化した。本書の議論の最も重要な根拠は2006年から2010年までの現地調査と、その後2014年までの追加的な現地調査に基づく。その間にも、プロジェクトが終了したり、次期プロジェクトに移行したりしている。また、日本の援助機関の編成があり、インドの国および地方の行政

組織や制度の変化もあった。さらに 2015 年には、日本の ODA 大綱が改訂され、国連の開発目標も代替わりした。

　ここで確認しておきたいことに、事例対象となるプロジェクトやそれを取り巻く開発環境は刻々と変化しているが、本書が提起する開発の介入に関する問題状況は本質的に変わっていない。冒頭で本書の問題関心について、西側の「ビックプラン」が失敗し続けてきたというイースタリーの診断や、「開発の歴史は、氾濫する概念やアジェンダの興亡の歴史」とする元田の指摘との類似性に言及した。本書の事例が示す問題状況は"一国が国境を越えて他国の政策に関わること"に起因する問題状況であり、それは「政府開発援助」という活動が存在する限り、これまでもこれからも、いつでもどこでも生じうる問題である。本書の実証的な議論は、個別具体的な一つの事例に依拠しているが、それは同時に、いつでもどこでも生じうる問題状況のモデルケースでもある。

　このことより本書における事例の扱いは、実際に起きたことの紹介と分析に関心を向けるものとし、刻々と変わりつつある個別具体的な事情を逐一追跡することはしない。よって、調査期間を越える制度・体制や開発環境の変化についての言及は必要最小限にとどめる。基本的に、個別具体的な組織や制度の名称や担当部局などにつては、プロジェクトの実施時点あるいは調査時点のものを示すこととし、その後の経緯は必要に応じて注に示す。

第3節　調査方法

1. 調査の概要

　検証のための現地調査は、2006 年から 2014 年まで、ほぼ年 1 回、それぞれに 2 週間から 2 か月程度のペースで実施した[8]。本書のデータを収集するために用いた調査手法は質的調査であり、主に観察と聞き取りである。調査の対象は、第一に事業対象地域の地域的まとまりと地域管理のありよう。特に、ODA 事業がその地域管理にもたらした変化に注目した。第二に、日本の ODA 関係者、そしてインドの中央政府、州政府、都市政府のアクター、その他下請コンサルタントなどの事業関係者、そして事業都市の住民や住民

を代表するアクターから聞き取りを行った（調査活動の詳細は巻末「調査活動一覧」にまとめた）。

主な調査対象地はウッタル・プラデシュ州（Uttar Pradesh。以降「UP 州」）のブリンダバン町（Vrindavan）である。ガンジス川浄化計画の事業現場といっても、ガンジス川水系は広大で、その流域人口は 5 億人弱にものぼる。よって、本格的な現地調査の対象は、まずは、日本が支援している事業都市に絞った。その中でも、極端に規模の小さい都市、人口 6 万人程度のブリンダバン町をメインの調査地とした。それは、都市という地域的まとまりのありようを包括的に概観しやすく、それに対する事業のインパクトを把握しやすいと考えたからである。

そして、事業実態やローカルな地域管理の多様性を探るために、また日本の影響力が見えやすい事例であったことから、インド第二の人口規模を持つデリー市と、地方大都市の一つであるバラナシ市（Varanasi）の事例を議論に組み込んだ。デリー市では富裕地区であるディフェンス・コロニー（Defence Colony）においてまとまった調査を実施した。バラナシ市の事例研究は主に文献資料によるもので、現地調査は 2010 年 3 月と 2014 年 3 月の 2 回行った。

また、章単位の議論としては取り上げていないが、ブリンダバン町が属するマツーラ・ディストリクト（Mathura Dsitrict）のヘッドクオーターが置かれているマツーラ町、最寄りの大都市（*Nagar Nigam*）であるアーグラ市（Agra）、そして UP 州水道局の地域事務所があるガジアバッド市（Ghaziabad）ではガンジス川浄化計画の事業都市として、またブリンダバン町の調査の一環として何度か訪問し調査を行った。日本が支援していない事業都市としては、同じく UP 州にあるアラハバッド市（Allahabad）とカーンプル市（Kanpur）を 2010 年 3 月に訪問し、簡単な視察や聞き取り調査を実施した。

2. 調査者の立場

本書の現地調査の大部分は、博士課程在学中に学生としての筆者が一人で、特別の支援や後ろ盾もほぼない状況下で実施したものである。よって、援助実施機関が行う現地調査とは随分と趣きが異なると思われる。第一に、本書

でインド行政機関の応答性が著しく欠如している現象、"行政機関の無応答性"を紹介するが、それはインド市民が経験している無応答現象のみならず、筆者が身をもって体験したものでもある。インドでは誰にでも公平に開かれている行政窓口というものが希薄である。行政機関を訪問して誰かと面談することも、必要な情報を引き出すことも、非常に困難な作業である。それは中央、州、都市すべてのレベルの行政機関において同様である。筆者は図らずも、日本のODAが投入される社会の現実の一側面である行政機関の無応答性を自ら十分に経験することになった。

　第二に、本書がガンジス川浄化計画の政策形成や実施過程ではなく、事後の帰結に注目することになったのは、本来の問題関心もさることながら調査機会の限界による必然でもあった[9]。否が応でもインドの一般市民と同様の政策の見えにくさを経験しながら、事業実施地において誰にでも可視できる事業の帰結と徹底的に向き合うという研究戦略をとらざるをえなかった[10]。その研究戦略から見えてきたのが、政策と現場の溝、政策の堅固な一方向性、そして責任倫理の欠如した日本の介入のあり方である。日本のODA資料が報告するものとはまったく異なるガンジス川浄化計画の側面を膨大なデータと共に提示することになったのは、幸か不幸かこの研究戦略に由来する。

　なお、ODAならずとも、本書が実践している調査および表象も真摯に向き合うべき国境と文化を越える「介入」の一つである。いくばくの影響力も持ちえないかもしれないが、本書の持つ政治性にも留意する必要があると考えている。基本的な一般認識ではあるが、事実解釈の留意点についてもあえて言及しておきたい。本書が描く地域管理のありようや現場の論理というものは、調査データに基づくものであるが客観的な唯一の真実ではない（Clifford 1986）。筆者の主観から生み出された括弧入りの事実解釈であり、常に批判に向けて開かれている。地域社会で観察した現象の叙述部分においては、議論の流れを損なわない程度に、調査内容をできるだけ詳細に描写するよう心掛ける。

第4節　本書の構成

　本書は3部から構成される。第Ⅰ部では介入の理論を提示する。第1章では本書における基本的な理論枠組みと分析枠組みを提示し、第2章では開発援助が国境を越える政策であることの意味を理論的に再確認する。

　第Ⅱ部ではガンジス川浄化計画に対する日本のODAを事例として介入のあり方を実証的に検証する。第3章は事例の紹介で、第4章と第7章はブリンダバン町という地方小都市を対象として開発事業の全体像を概観する。第5章と第6章は〈間接介入〉の意図しない副作用が顕著なデリー市とバラナシ市の個別事業を取り上げる。結果、第Ⅱ部では次の二点が明らかになる。一つに、開発援助における国境と文化を越えることの困難である。二つに、〈間接介入〉に依拠するドナーの責任倫理の欠如である。

　第Ⅲ部では、介入の4類型に即して責任倫理に基づく介入のあり方を探究する。具体的には第Ⅱ部で明らかにされた〈間接介入〉におけるドナーの責任倫理の欠如を受けて、次に〈直接介入〉の可能性を検討する。第8章では参加型開発の先行研究の批判的検討を通して〈直接統制型介入〉の可能性を検討し、第9章ではガンジス川浄化計画の実証研究を通して構想された〈仲介型介入〉を提示する。

　終章では、それまでの議論を総括する。そして、それら介入の問題を踏まえた上で、それにどう対処するのか、言い換えると私たちはODAを介して何を実現したいのかという問いを提起する。

注

1　ミレニアム開発目標は2000年9月にニューヨークで開催された国連ミレニアムサミットで採択された国連ミレニアム宣言をもとにまとめられた世界の共通の開発目標のこと（外務省 2005a, 5）。

2　2015年にミレニアム開発目標は達成期限を迎え、同年9月にその後継である持続可能な開発目標（Sustainable Development Goals: SDGs）が国連で採択された。

3　元田は「開発共同体」や「開発業界」を以下のように定義づけている。氾濫するアジェンダを「共通語」とする集団であり、「世界各地の研究機関、国際機関、

政府機関、民間団体」から構成される（元田 2007, 1-2）。同様の対象が「援助業界」や「援助コミュニティ」などと呼ばれることもある。本書ではこれを「開発援助コミュニティ」と呼ぶ。

4 　参加型開発論に代表されるように、援助の問題を介入のあり方として捉えようとするアプローチはあった。しかし後述するように、それは本書の問題関心に照らして十分なものではない。また、特に開発人類学の分野から、「援助」を「介入」と呼び換えて、援助が自律的な社会集団に与える影響力の悪い副作用が明示的または暗示的に喚起される場合がある（たとえば、鈴木紀 2008, 47；佐藤寛 1996b, 6；小國 2008, 29 など）。本書ではそれらの見解と共鳴しつつ、その問題を、地域社会のみならず国際社会にまで連なる重層的な社会関係の中に位置づけて解明しようと試みるものである。なお、その他「介入」という用語をめぐっては別の分野においても議論されている。たとえば社会運動論の文脈でアラン・トゥーレーヌは「社会学的介入」という研究方法を用いており（Touraine 1978=1983）、他にも公共政策分野では「政策的介入」という用語が用いられる。「介入」の用語法をめぐってはいろいろな議論があるが、本書では開発援助の文脈における多くの人類学者による用語法と同様の意味合いで「介入」という用語を用いる。

5 　国民 1 人当たりの ODA 負担額は 1 年間約 90.8 ドル（2013 年度）である。その値は DAC28 か国のうち 19 位である（外務省 2014, 図表 II-4）。我が国の ODA 予算は 1997 年をピークに減少傾向にある。YAP-I が始まった 1992 年度の予算額は 9,522 億円、ピーク時である 1997 年度は 1 兆 1,687 億円、2011 年度は 5,727 億円である。一般歳出における ODA 予算の割合は、2008 年度に 1.5%（一般歳出が 47.3 兆円で ODA 予算が 7,002 億円）。対インド向け ODA 実績は、支出総額ベースで 1992 年度は 425.2 百万ドル（約 528 億円、1992 年 1 月 6 日のレート 1USD=124.15YEN）。それ以降は年ごとの変動が激しいため 1992～2007 年までの平均値を出すと 385 百万ドルである（外務省 2012）。

6 　2012 年度 DAC 諸国の ODA 総額のうち、二国間援助が 72.5%、国際機関への支出が 27.5% である（外務省 2014, 図表 II-26）。

7 　介入論においては、開発援助という同じ現象を見ても、誰がどの地域的まとまりにコミットして実施している行為であるのかを分析することによって異なる意味づけがなされる。ODA 以外の開発援助としては、NGO などの民間による援助活動が想定される。その場合、その援助活動にコミットしている行為者はおそらく地球市民として、地球規模の地域的まとまりにおける地域管理にコミットしていると分析されうるだろう。そういった ODA 以外の開発援助への理論展開は今後の課題とし、本書では ODA に焦点を当てて議論する。

8 　2012 年度と 2014 年度の調査は別のテーマの調査を主目的とする渡印であった

が、ガンジス川浄化計画の援助対象都市をいくつか訪問したため、本書のテーマに関する施設や河川の状況等を観察した。それらの調査については、本書の最終的な事実確認にとどめ、本書の議論の流れとの齟齬がない限り、そこで発見したODAの帰結についての新しい展開は本書に組み込んでいない。

9 ただし、いかなる情報も提供されなかったというわけではない。インドの諸政府機関では総務系の部署でも専門系の部署でも様々な局面において、誰かの応答性を引き出すことがたいていは大変困難である。しかし、情報公開が十分に制度化されていないだけに、応答性の高い個人からは想定以上の協力を得られる場合がある。なお、そのような応答性の高い個人であっても、資料の管理体制が徹底されていないために、所望した資料が見当たらないことも往々にしてあった。

10 可視できる事業の帰結には、下水道施設や公衆／共同トイレなどハード系事業の建設物の運用状況の他、啓発事業や組織能力強化といったソフト系事業の実施過程も含む。

第Ⅰ部　介入の理論

第1章

開発援助の介入論

　本章では、開発援助という国境と文化を越えるやっかいな政策をどうとらえるのかという理論枠組みと、実証的に分析するための分析枠組みを提示する。第1節では開発援助の先行研究における介入に関わる議論の変遷を概観し、それとの関連において本書の問題関心を位置づける。第2節では、「介入」という視点から開発援助を捉えるための理論枠組みを構成する。第3節では、実際の開発援助を「介入」という視点から分析するための分析枠組みを提示する。

第1節　先行研究における介入論の変遷：参加型開発論を中心に

　まずは先行研究との関連において、本書の問題関心を位置づけておきたい。本書と同様に開発援助の一方向性を問題視し、援助対象社会との双方向性を創出すべく構想された援助論として参加型開発論がある。開発援助における参加型開発論の歴史的発展の経緯と概要を振り返り、本研究と参加型開発論の差異を明らかにすることによって、本書の問題関心の独自性を提示してみたい。

(1) 参加型開発論の発展経緯
(a) 開発理論の転換：国の経済から人々の生活へ

　途上国に向けた開発援助が始まった時、世界中の国々を開発することはもう少し容易なタスクだと思われていた。米国のマーシャルプランが欧州の第二次大戦後の復興を促進したように、最初の一歩を後押しするような外部か

らの刺激によって、途上国独自の開発の歩みも自動的に回りだすものと考えられていた。ところが、1961 年を開始年とする「国連開発の 10 年」が数次計画に移行し、そして回を重ねるごとに、世界中を開発することの難しさが認識され（西垣ほか 2003）、その困難を乗り越えるために、ドナーが援助対象社会により深く、より巧妙に介入することの必要性が議論されるようになった。

1970 年代に開発援助の理論上の転換が起きた。本書の問題関心に最も示唆的な転換が、「トリックルダウン仮説（trickle-down theory）」への懐疑と、「ベーシック・ヒューマン・ニーズ（basic human needs）」アプローチの登場である。1970 年前後に、途上国における経済発展、すなわち全体のパイを大きくすることで貧しい人々の生活が改善されるというトリックルダウン仮説に疑問が投げかけられた。そして、貧しい人々に直接支援が届けられるベーシック・ヒューマン・ニーズの概念が登場したのである[1]。

最初にこの概念を明示したのは米国で、1973 年の対外援助法（Foreign Assistance Act of 1961）の改正時である（西垣ほか 2003, 52-55; 後藤監修 2004, 153, 227）。1971 年の米国の連邦上院議会で 1972-73 年度の対外関係歳出法案が米国の援助史上初めて否決された[2]。それを受けて下院外交委員会は援助制度改革に乗り出した。「ベーシック・ヒューマン・ニーズ」というコンセプトをもって受入国の最貧困層に届く援助を改革目標の中心に据えたのである。二国間援助は「大規模な資金および資本財の移動やインフラへの資金供給」だけではなく、「受入国の人々に直接拡大される」ことを目標とするとして、農業、家族計画、教育といった特定の開発問題に対処する技術や物資の支援に焦点を当てるとの方針転換を示した[3]（USAID 2011）。

このベーシック・ヒューマン・ニーズの概念は、米国の援助政策にとどまるものではなく、国連などの国際機関もほぼ同時期に世界の開発理念として提唱している。よってこれは、日本の ODA 政策においても、基本的な援助概念（「基礎生活分野」と訳されている）の一つとしてとりこまれている（外務省 2003b, 1.2.1）。

このように、1970 年代を境に、国際的な援助政策のレベルで、援助政策の対象が、途上国のマクロな経済成長からミクロな人々（特に貧困層）の生

活へとシフトしていった。貧困層の生活をODA政策の直接的な対象と位置づけたこの転換は、その後も人間開発報告書（1990年創刊）、国連社会開発サミット（1995年）、国連ミレニアムサミット（2000年）、国連持続可能な開発サミット（2015年）など世界レベルでコンスタントに再確認されている。2015年9月に国連で採択された「持続可能な開発のための2030アジェンダ」においても、貧困撲滅、飢餓撲滅、健康的な生活の確保、質の高い教育、ジェンダー平等、水と衛生の利用など人々の生活に直接届けられる開発目標が掲げられている（外務省2015b）。

(b) 援助手法の転換：参加型開発の実践的な要請

　開発理論の転換により、貧困層に直接に届けられるODA事業が目標とされると、次に援助手法のレベルでの転換が必要になった。よそ者（ドナーおよび援助受入国の政府関係主体）が国家経済やインフラ技術の言葉を用いて計画したODA事業が、現実の生活の場で貧困層に届くとは限らない。ODA事業は、貧困層（裨益対象者）の生活の実態に適合する形で実施されなくてはいけないことが経験的に明らかになっていった。そして、生活の実態を最もよく知る裨益対象者自身が事業計画や実践に「参加」することが、理念上の目標としてではなく、実践的な必要として広く認識されていったのである。

　坂田正三は1970年代を参加型開発の概念と実践がメインストリーム化した時代で、それに続く1980年代以降を、「参加の『中身』を問う詳細な議論が次々に登場する」時代と分析している。「参加型開発」や「参加」という用語が、様々に議論され、定義・再定義され、「今日、参加型開発という用語の意味するところは、それを用いる機関・組織や論者により、あるいは援助プロジェクトにより様々に異なり、コンセンサスを得た定義は存在しない」という（坂田2003, 37-38）。ここでは「参加型開発」を、"援助対象の社会や個人が主体的に開発プロジェクトや社会開発に関与することを目指して実施される活動"とひとまず大きく捉えておこう。

　他方、参加型開発には、メインストリーム化する以前からの独自の発展の経緯が存在する[4]。サミュエル・ヒッキィ（Samuel Hickey）とジャイルズ・

モハン（Giles Mohan）は、参加型開発の範疇として以下のようなアプローチを含めている。開始時期順に、1940年代の「コミュニティ開発」アプローチ、60年代の「政治参加」アプローチ、そしてパウロ・フレイレ（Paulo Freire）の解放思想などを背景とする「解放のための住民参加」アプローチ、80年代の「オルタナティブな開発」アプローチ、そしてロバート・チェンバース（Robert Chambers）に代表される「開発への参加」アプローチ、90年代の「ソーシャルキャピタル」アプローチと「ガバナンス」および「市民参加」アプローチである（Hickey and Mohan 2004, 5-9）。本書でも、ヒッキィとモハンに倣い、「参加型開発論」をこれらの多様なアプローチを包括する理論として扱う。

(2) 参加型開発論の特徴と限界：チェンバースの参加型開発論を中心に

様々な参加アプローチの中でも、今日の開発援助のあり方に最も影響を与えていると思われるチェンバースの「開発への参加」アプローチを例にとって、そのアプローチが登場した背景と特徴をより詳しく見ていこう。それを基に、本書と参加型開発論の差異を明らかにする。

(a) チェンバースの参加型開発論

チェンバースが1983年に発表した初期の代表作である『第三世界の農村開発（*Rural Development: Putting the Last First*)』には、参加型開発が要請される背景となる従来からの一方向的な開発実践の特徴が多く指摘されている。彼は、農村開発に関わるアクターを、「アウトサイダー」と「農村の貧しい人々」に大きく二分する。「アウトサイダー」とは、ドナー国や援助受入国の行政職員やコンサルタントなどであり、すなわち農村開発を推進してきた人々のことである。そしてその「アウトサイダー」と「農村の貧しい人々」の関係が、本書の言葉で言えば、双方向的ではなく一方向的であることが明らかにされている。農村開発において最も肝心な当事者であるはずの「農村の貧しい人々」が開発活動の周辺にいて、その代わりに都会に住む「アウトサイダー」の一面的な認識や価値観や利害関心に基づいて農村開発がトップダウンに実施されているという現状認識が示されている。この問題状況は、本書がガン

ジス川浄化計画の事例調査に基づいて指摘する一方向的介入の問題状況（第II部）と本質的に同じものである[5]。

　そのような一方向的な開発援助に対する改善策として、チェンバースは周辺に追いやられている「農村の貧しい人々」を中心に据えて農村開発を実施する必要性を主張している。すなわち、農村開発のあり方を方向づける主役は「農村の貧しい人々」であり、「アウトサイダー」はそれをサポートする裏方に徹する必要があるという考え方である。チェンバースは「アウトサイダー」と「農村の貧しい人々」の両方がこの介入構造の「逆転」をなしうるための方法論を提唱している。それが参加型手法（Participatory Methodologies）であり、たとえば RRA（簡易農村調査法：Rapid Rural Appraisal）、PRA（参加型農村調査法：Participatory Rural Appraisal）、そして PLA（参加による学習と行動：Participatory Learning & Action）がその代表的なものである。

　しかし第8章で詳述するように、そのような参加型開発が主流化するにつれ、様々な問題事例も報告されるようになった。たとえば、参加型開発の実践において参加の理念が置き去りにされ、参加型手法が独り歩きしている。参加型開発の実践が、地域社会内部の弱者を抑圧することにつながっている、といった批判である。チェンバース自身もこのような批判を考慮し、「アウトサイダー」の、特にファシリテーターの質の向上の必要性を喚起している。貧しい人々の生活、すなわち開発援助の実践に変化をもたらす参加型開発の潜在能力をより引き出すために、質の良いファシリテーターを育成すること、彼ら現場の活動家が質の良い仕事のできる条件を整えること、そのためには出資機関の開発に対する認識を変えることなどが必要だと主張している（Chambers 2008, 163-164, 180-188）。

　チェンバースは、つまり、参加型開発に対する批判論の原因を参加型開発の「質」の問題（文化を越える困難）と捉えている。「アウトサイダー」が地域社会に持ち込む参加型開発が、一方向的介入で終わってしまい、所期の目的を達成できないどころか、予期していない副作用まで引き起こしてしまうことは、ファシリテーターの資質や活動環境の問題であり、いくつかの示された処方箋によって克服可能なものだとみなしている。たとえば、質の良い

ファシリテーターを育成し、十分な活動環境を整え、参加型手法を豊富化し、また倫理規定（code of ethics）を整備することで、「アウトサイダー」と「貧しい人々」は必ずや悪い副作用のない双方向的な開発を実現できるし、それは遠い未来の話ではなく、今まさに実現できることだと考えているようだ。

(b) 参加型開発論と本研究との差異

　確かに参加型開発の考え方や、それを実現するためにマニュアル化された手法やツールは、時と場合によって大変有効なものだと思われる。しかし、開発援助におけるドナーと援助対象社会との双方向性を創出するための処方箋として参加型開発が最善かと言えば、懐疑的にならざるをえない。なぜならば、参加型開発論には、「アウトサイダー」と援助対象社会との社会的距離（後述する「地域的まとまりの重層構造」における距離のこと）という概念や、それに応じた外部者の介入指針という発想が内包されていないからである。

　参加型開発論の最大の特徴であり、また根本的な弱点であるのが、「参加」という要件が必然的に組み込まれている点である。対象社会内部の実証的解明に先立って、「参加」という理想を前提として対象社会を捉えてしまっている。言い換えると、当該社会の構成員の主体的な「参加」という理想像を援助対象社会の外部（遠いか近いかはそれほど問題にされていない）から内部に無批判に持ち込むことを大前提としている[6]。なぜならば、いかなる地域社会も「参加」モデルに適合しており、外部からの質の良いサポートを得ることによって無駄な対立を経験せずに、貧しい人々の生活が向上するより平等な社会へと変容させられることができる。またそのような変容が、当該社会におけるおおよその潜在的な総意であることが前提とされているからである。

　その弱点は、参加型開発を計画したり推進したりする主体と、実際に「参加」が働きかけられる対象の社会的距離に比例して悪い副作用の可能性を大きくするだろう。なぜならば、現実社会においては、制度的にも実質的にも、要請と実施、監視と改善のメカニズムが社会的距離に比例して弱くなるものだからである。しかし、参加型開発論においては、特定の援助対象社会における特定の開発課題を解決する上で、「参加」が必要か否かということ、ど

のような「参加」モデルや「参加」ツールが適切であるのかということを、誰が構想し誰がその実施に向けて影響力を行使するのか、誰がそれを承認し、誰がそれを監視し、誰がその実践に異議を申し立てたり修正したりできるのかという視点が弱い。

　本書では「参加」を良いものとしてその実現を前提に据えて議論することはない。ドナーと援助対象社会との社会的距離、そしてそれに見合う影響力の行使という介入指針から議論を始める（次節「理論枠組み」で詳述）。まずは、開発のあり方を計画したり推進したりする主体と、開発の対象となる地域社会の社会的距離を明確にするために、「地域的まとまりの重層構造」という見取り図を用いる（この見取り図を含めて「地域管理論」と総称）。本書は国際的な開発援助を想定して議論するものであることから、参加型開発についても、先進国のドナーと援助対象社会との社会的距離を前提として、ドナーが参加型開発を計画したり推奨したりすることの是非を問うことになる（第8章）。

　次に、本書では責任倫理論に依拠して、"援助する責任" と "援助した結果への責任" を峻別する。そして後者の "援助した結果への責任" に照準を定めて外部者の介入指針を検討する。外部者の考える社会の理想像を地域社会の内部に持ち込み、それに向けて社会を変容しようとすることは、当該地域社会の構成員から見ればまぎれもない政治的行為である[7]。それが経済力の桁外れに大きい先進国ドナーの活動であれば、良くも悪くも社会を揺るがすに十分な影響力を有する場合が多いだろう。本書では援助するドナーの影響力の帰結に注目し、"援助した結果への責任" を援助実践に投影させることを介入指針とする。参加型開発についてもドナーが自らの影響力にどこまで責任を持てるのかという観点からその是非を検討することになる。

　このように、本書では参加型開発論の盲点である、主体連関の立ち位置の明示化とドナーの介入指針を踏まえて介入のあり方を検討する。そのためには、援助対象社会の内部構造を、「参加」という「バイアス」を排して実証的に解明する必要がある[8]。本書が事例研究を最も重要な論拠としているのは、事例研究がそのような必要性を充たすために不可欠な方法だからである。

第2節　理論枠組み

　前節で述べたように、本書は参加型開発論とは異なり、ドナーと援助対象社会との社会的距離を明確にした上で、開発援助の一方向性の問題をとらえ直し、ドナーの立ち位置に見合う介入のあり方を検討するものである。そのための理論枠組みとして、本書では地域管理論と責任倫理論に依拠する。地域管理論は、開発援助における介入のマクロな構造を把握するために用いる。同理論は本書の議論の再基底に位置し、開発援助をめぐる様々な議論や社会現象を捉える際の基礎的な理論枠組みとなる。次に、責任倫理論は本書が目指す介入の方向性を指し示すために用いる。まずは、この責任倫理論の扱いから説明していきたい。

1. 責任倫理論

　責任倫理論はODAにおける介入を政治的行為として捉え、外部者の介入指針を設定するための理論枠組みである。これに依拠することで、ODAの一方向的介入がいかなる政治的行為であるのか、それを克服するという目標設定が何を意味するのかという、議論の方向性を指し示す。つまり、ドナーと援助対象社会の距離、ドナーの立ち位置に見合った影響力を要請する理論的根拠である。

　マックス・ウェーバー（Max Weber）は、倫理学で言うところの動機主義と結果主義の対概念を政治の領域に適用し、心情倫理（*Gesinnungsethik*）と責任倫理（*Verantwortungsethik*）の対概念を提示している。動機主義は行為の出発点における善を要求する倫理的態度で、結果主義は行為の結果における善を要求する倫理的態度である。前者はイマヌエル・カント（Immanuel Kant）の立場が典型で、普遍的な道徳に従おうとする意識（義務）に価値が置かれ、行為の結果は神の世界にゆだねられる。後者はアリストテレス（Aristotle）の立場を典型とし、動機や手段よりも行為の良い結果に価値が置かれる（向井 1993）。

　そしてウェーバーは政治的行為について、善き動機や手段（心情倫理）よ

りも良き結果（責任倫理）を要求する。まさに「国際平和」が例に挙げられており、それを口にする者は、悪魔の力（政治の本質である暴力）を認識し「結果に対する責任」を自覚せよと言うのである。「正しきをおこない、結果を神にゆだねる」のではなく、「人間の平均的な欠陥のあれこれを計算に入れ」「悪い副作用の可能性や蓋然性まで覚悟し」、「自分の行為の結果が前もって予見できた以上、その責任を他人に転化することはできない」という（Weber 1919=1980, 89-91, 101）。ただしウェーバーは心情倫理を否定するのではなく、責任倫理をより重視しているのである[9]。

　開発援助の文脈では、行為の出発点における心情倫理の要求が強く語られる。「私たちは、私たちの同胞たる男性、女性そして児童を、現在十億人以上が直面している、悲惨で非人道的な極度の貧困状態から解放するため、いかなる努力も惜しまない」（ミレニアム宣言11条 (United Nations 2000)）といった問題状況が提示され、比較的富める者のそれを解決するための道徳的義務が喚起される[10]。心情倫理の要求はシンプルで説得力が強い。それに比して、行為の結果における責任倫理の要求は、文脈依存的で一般化には馴染まずインパクトが弱い。個別具体的な事例研究にでもあたらない限り、それが喚起されることはないだろう。

　本書では、ODAによる介入の実践が事業対象の地域社会にとっては相当程度に影響力を持ちうるまぎれもない政治的行為であることを明らかにする。そしてその介入という政治的行為には、大いに「悪い副作用の可能性や蓋然性」が見込まれることを確認する。しかしその悪い副作用が現実のものとなったところで、やはりドナーは介入の結果には強い関心を示さないことを明らかにする。反対に失敗経験がドナーの心情倫理を一層喚起し、善い動機や手段の追及がますますエスカレートし、悪い副作用がさらに拡大するリスクを指摘する。

　責任倫理論は、政治的行為において善き動機を持つことと、良い結果に責任を持つことには差異があることを明らかにしている。介入が一方向であり、よって事業の結果、対象地域にどのような変化が起こったのか、人々がどのような経験をしているのかについて関心を持たないドナーとは、責任倫理論

で捉えなおすと、心情倫理は認められるとしても、責任倫理が欠如しているドナーのことである。

　それに対して、本書が前提とするドナー像は、富める者の援助する責任（心情倫理）はともあれ、援助した後の結果に対する責任（責任倫理）に照準を定めるドナーである。介入によって地域社会にもたらされる影響力、悪い副作用の可能性や蓋然性を予測し、ドナーの立ち位置に見合った影響力を行使する。それでも悪い副作用が認められた場合、それを最小限に抑えるための迅速な対応をとる。そのような責任倫理に照準を当てた諸活動が、組織的、制度的に担保されている介入を本書では開発援助の理想像として想定している。ただし、開発援助は国境を越える政策であるため、ドナーが具現できる責任倫理にはおのずと限界があるわけで、これはあくまでも目標値としての理想像であることも付け加えておく。

2. 地域管理論

　先述したように、本書が参加型開発論と異なる重要な特徴の一つとして、ドナーが国境を越える外部者であるという事実を議論の起点することが挙げられる。言い換えると、本書は、国境を越える他者というドナーの立ち位置から、心情倫理ではなく責任倫理に照準を定めた介入のあり方を探究するものである。そこで、ドナーと援助対象社会との社会的距離を明示化するために依拠する理論枠組みが地域管理論である。

　地域コミュニティや都市といった援助対象地域の生活世界とODAが立脚する国際社会レベルの社会関係を連続的重層的に捉える地域管理論に依拠することで、国際的な開発援助実践において重層的に入り乱れているアクター連関を整理し、情報や影響力のベクトルの流れを特定することができる。そうすることで、ドナーからの影響力と援助対象地域の内部における社会の変化との関係性を理論的に把握することが可能になるのである。言い換えると、同理論に依拠することで、開発援助という介入がなぜ一方向的になりやすいのか、ドナーと援助対象の社会集団との双方向性はどのような要因によって阻害されているのかを明らかにできると思われるのである。

本書が用いる「地域管理論」は、法社会学者・公共哲学者である名和田是彦がコミュニティ論の文脈で設定している「地域的まとまり」という概念を、筆者がODAの文脈に応用したものである。まずは名和田の「地域的まとまり」概念から確認していきたい。名和田はそれを以下のように定義している。

(1) 地域的まとまり論

　　まず、(少なくとも近現代の) 人間社会は、一定の地理的な範囲を舞台として一定のまとまりをなしており、そうしたまとまりがいくつか同心円状に重層して、全体として社会が成り立っている、と考えてみる。「一定のまとまりをなしている」というのは、そこに関わっている (なかんずく「住んで」いる) 人間たちが、そのまとまりを管理運営するための集合的な意思決定 (あとで出てくる「公共サービス」との対比で「公共的」意思決定といってもよい) を行い、また彼ら・彼女らが共通に必要としていながらそれぞれの個人的な力では調達できない共同的な役務 (「公共サービス」) を組織している場であるという意味である。
　　地域的まとまりはさまざまな性格のものがある。国民国家とその下の幾層かの地方自治体はほとんどの国に共通するが、国民国家よりも広いヨーロッパ連合 (EU) によって組織されている地域、さらには国連などによって組織されている地球大の規模の地域的まとまりというものもある。本書が注目するのはしかし、もっとも身近な (重層構造の下のほうの) レベルである。通常の地方自治制度では、重層構造の最下層は市町村であるが、実際にはそれよりもさらに下のほうにも地域的まとまり〔=地域コミュニティ〕が存在する。(名和田 2009, 3)

「地域的まとまり」とは、「一定の地理的範囲」に住む (または関わる) 人間の団体である。一定の地理的範囲とはでたらめに線引きされたものではなく、いくつかの条件を備えた範域である。この概念のルーツとなったオットー・フォン・ギールケ (Otto von Gierke) らゲルマニステンの「領域社団 (*Gebietskorperschaft*)」(名和田 2003a, 43) やマックス・ウェーバーの「領域団体

(*Gebietsverband*)」（名和田 2003c）という概念から「地域的まとまり」の特徴を確認しよう。

　まずギールケの「領域社団」概念に寄り添って「地域的まとまり」の特徴を考えてみる。「社団（*Korperschaft*）」とは「財団（*Anstalt*）」に対置される法概念で、「支配原理（*herrshcaflich*）」ではなく「合意原理」（正確には「ゲノッセンシャフト的原理（*genossenshaflich*）」）によって構成される団体である[11]。「ゲノッセンシャフト」とは「仲間団体」などと訳され、対内的には構成員の自立性または多元性を特徴とし、対外的には「『分枝人格……』たる構成員の単なる総和とは異なる、団体そのものとしての『総体人格……』たる」一元性を特徴とする（名和田 2003a, 43）。

　その地域的まとまりの創発的一元性を支えるのが、地域内の秩序である。ウェーバーの「領域団体」は「秩序を一定の領域に妥当させるという特徴を持つ団体」である（名和田 2003c, 15）。ウェーバーは秩序の主たる類型として指令によって制定される「法規」を例に挙げているが、名和田は合意によって制定される秩序や制定されるものではない習慣や慣習にも射程を広げ[12]、最終的には「地域共同管理の課題に定位されている秩序」として、「地域的まとまり」を以下のように定義している（2003 年時点、名和田は「地域的まとまり」を「領域社団」と呼んでいた）。

　　　一定の地理的領域において生ずる地域共同管理の課題に定位されている秩序を形成し実現し保障しようとする志向性を持つ団体を、この志向が成功している限度において、「領域社団」というものとする。（名和田 2003b, 68）

　この「地域共同管理」とは、「〔地域的〕まとまりを管理運営する」ことと言い換えてもよい[13]。それを分節すると、「集合的な意思決定」（公共的意思決定）を行い、「共同的な役務」（公共サービス）を組織することである。名和田はコミュニティ政策の文脈において、前者を「参加」、後者を「協働」と呼び分けている。なお、「公共サービス」とは、行政が行う「行政サービス」

だけを意味するのではなく、それと機能等価にある道普請などのように住民が共同で組織するサービスや市場で購入する私的なサービスも含めた総称である。

このように「地域的まとまり」という概念は、国や自治体、そして地域コミュニティといった、規模や法的位置づけの異なる様々な領域的団体の同質性、すなわち地域共同管理を組織しているまとまりという同質性を抽出する（名和田 2003a, 41）。たとえば、秩序の領域妥当を保持するために、国家であれば法制度レベルの権力を行使することが可能であることに対して、地域コミュニティであればもっぱら社会学的な意味での権力（「サンクション」が適当な用語かもしれない）を行使することになる。いずれにしても、両者ともに領域妥当の秩序を保持し、地域を運営するという機能を同様に有しているというわけである。

このような「コミュニティ・レベルの地域共同管理機能と、法律上の制度である地方自治体（特に市町村）の行う『行政』活動とは、同質的で連続的な地域共同管理としてとらえられる」（名和田 2003a, 41）という発想が、最初のブロック引用文の後半にある地域的まとまりの重層構造である。地域コミュニティも、国民国家も、そして地球大規模の国際社会も、それぞれが連続的に重層的に地域共同管理機能を構成していると考えられるのである（**図1-1**）。

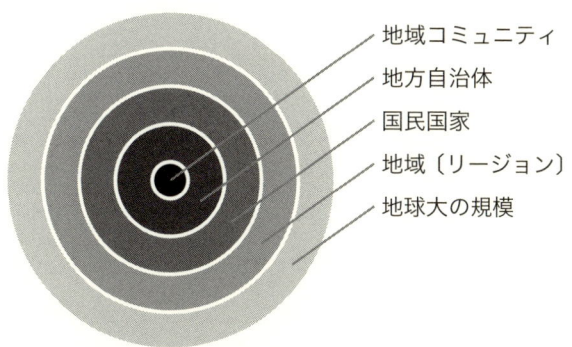

図 1-1　「同心円状に重層構造をなす地域的まとまり」模式図
出典）名和田（2009, 3）に即して筆者作成。

たとえば現実世界においては、ヨーロッパ連合で採用されている「補完性の原理（principle of subsidiarity）」が、連続的で重層的な地域的まとまりを表現する概念と言えるだろう。ヨーロッパ連合条約（Treaty of European Union、通称マーストリヒト条約。1992年調印、1993年発効）においてはヨーロッパ共同体（European Communities）と加盟国の補完関係について（第3章b）、ヨーロッパ地方自治憲章（European Charter of Local Self-Government。1985年採択、1988年発効）では中央（central authority）や広域政府（regional authority）と地方自治体（local authority）の補完関係が示されている（第4条）。ここでは、それぞれの地域的まとまりが異種異系のものとしてバラバラに存在しているのではなく、連続的に重層的に存在しているものとして両者の関係性が示されているのである。

本書が扱う事例においても、下水やゴミといったローカルな公共的課題を題材として、その主たる対処主体であるはずの都市レベルの地域共同管理にのみ焦点を当てるものではない。そうではなく、それらローカルな地域共同管理が、地域コミュニティから国際社会まで、様々な地域的まとまりの重層構造の中で成立するものと捉え直す。その上で、それぞれのまとまりの自治や補完の関係を問題化するのである[14]。そういったマクロな構図の中でODAの介入のあり方を検討する。以降、これまで「地域共同管理」と称したものを本書では「地域管理」と呼ぶ[15]。

(2) 開発援助の介入論

「同心円状に重層構造をなす地域的まとまり」という理論枠組みから、ODAの介入の問題を捉え直してみよう。まず「介入」という用語を再定義したい。先に「介入」を"外部からの影響力がなんらかの自律的な社会集団の内部の社会運営のありように対して変化を生み出すこと"と定義づけた。これを地域管理論の言葉に置き換えると、"自律的な社会集団"が「地域的まとまり」のことで、"集団内部の社会運営"が「地域管理」のことである。よって「介入」とは、特定の地域的まとまりにコミットしていない者（外部者、よそ者）からの影響力が、その地域的まとまりの運営、つまり地域管理のあ

りように変化を生み出すことである。

　その介入がもたらす影響力は、介入される側から見ると、外からの好ましい力であったり、好ましくない力であったりする。本書において「介入」という用語それ自体は価値中立な概念である。「介入＝援助」は、外部からの影響力が対象とする地域的まとまりに良い変化を生み出すことを望んで実施される。しかしその影響力は同時に、既存のローカルな秩序を無駄に揺るがしたり、もしくはローカルな共同生活の条件を悪化させたりする可能性も有している。

　次に、「介入」はドナーの活動だけを指し示す用語ではない。「援助」と呼ばれる国境を越える部分だけではなく、国内政策としての国や州レベルの開発活動も「介入」である。**図 1-2** は名和田による「同心円状に重層構造をなす地域的まとまり」（図 1-1）の構想をガンジス川浄化計画の文脈にアレンジしたものである。本書の事例となる河川浄化の案件では日本のODA実施主体がインド国の地域的まとまりに「介入」し、インド国の政策実施主体が州政府レベルの地域的まとまりに「介入」し、州政府の政策実施主体が都市レベルの地域的まとまりに「介入」している。このようにODAの「介入」は連鎖構造をなしているのである。事業対象となる都市レベルの地域的まとまりから見ると、外国のODA実施機関は「最も遠いよそ者」として、州政府機関が「最も近いよそ者」として都市の地域管理に「介入」している。

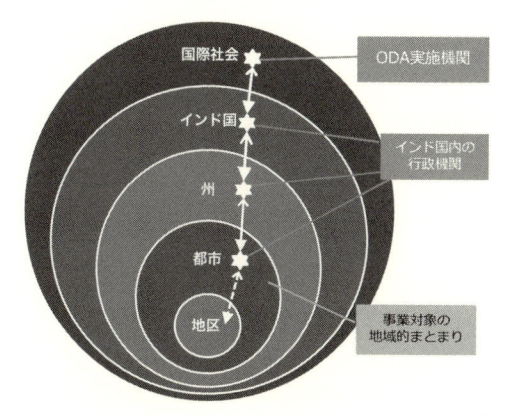

図 1-2　介入の連鎖（ガンジス川浄化計画の場合）[16]

このように本書における「介入」とは、ドナーと事業対象地域との二者関係のみを示す用語ではなく、地域的まとまりの重層構造において生起する多元的でダイナミックな作用連関を指す。ドナーによる国際社会レベルの地域的まとまりからの働きかけは、国、州レベルの地域的まとまりを経由して都市レベルあるいはコミュニティ・レベル（本書では「地区」と呼ぶ[17]）の地域管理のありように影響を及ぼす。

第3節　分析枠組み：ODA介入の4類型

　以上、責任倫理論と地域管理論を援用することで、本書が「介入」あるいは開発援助という現象をどう捉えているのかを説明できたと思われる。次に、本節ではODAにおける介入のあり方を実証的に分析するための枠組みを構成する。

　ODAの一方向性に関与していると思われる変数として、第一にドナーと援助対象都市とのコミュニケーションのあり方に注目する。ドナーと援助対象都市のアクターとの直接的な情報交換がいつでも可能な体制が整備されている場合を〈直接介入〉とする。反対に、ドナーが都市のアクターと情報を交換する直接的なルートは整備されておらず、ドナーはもっぱら中央政府とコミュニケートすることで、都市の情報を入手したり、都市に向けて情報や影響力を発信したりする場合を〈間接介入〉とする。この直接介入／間接介入の軸は、調査の過程にガンジス川浄化計画の現場から立ち上がってきた分類である。日本のODAが間接介入の特徴を強く有していることが、援助対象都市在住の「当事者」や、「近いよそ者」であるコンサルタントや市民運動家から指摘されたことがきっかけとなってこの軸に注目した。

　確認しておきたいことに、直接介入／間接介入の選択はどちらが良い悪いといった唯一の正解があるような性質の問題ではない。第2章で議論する「内政不干渉」と「対外的アカウンタビリティ」、第9章で議論する「自助努力」と「社会配慮」といった、相反する政策理念・目標の中でその都度折り合いをつけなくてはいけない問題である。一国の政府が他国の国内政策にどこまで踏み込んでよいのか、そしてどこまで踏み込まなくてはいけないのか、そ

ういった価値判断に依存する問いである。

　次に、ODAの一方向性に関与していると思われる第二番目の変数として、事業が目指す地域管理コンセプトの源泉に注目する。「介入」が援助対象の社会集団の内部に生み出そうとする変化が、「ドナーの認識枠組み」から持ち込まれたものであるのか、あるいは社会集団内部の秩序や地域管理のしくみから立ち上がってきたものであるのかという差異に注目する。言い換えると、介入に際してドナーが自らの価値理念を援助対象社会に向けて積極的に啓発し促進しようと努める介入のあり方を〈積極介入（理念先行）〉とする。反対に、ドナーが自らの価値理念をひとまずは棚上げし、援助対象の地域社会の現状から介入のあり方を形成することを〈消極介入（現地尊重）〉とする。

　この軸は、参加型開発論を相対化し、それ以外の選択肢に対する検討の余地を指し示すものである。ここでいうドナーの価値理念とはたとえば、トップダウンではなくボトムアップの政策が良い（Chambers 2008, 173）、「貧しい人々」が主体的に「参加」する開発が良い（Chambers 1983=1995）、（外部者が理解できる形での）ソーシャルキャピタルが多い社会がよい（World Bank 1998）、社会的弱者がエンパワーされる手法がよい（World Bank 2002）、といった社会のありようや地域管理のありようについての理想像のことである。こういった価値理念の実現を目標値として、外部者が援助対象社会の変容を促すのが〈積極介入〉であり、本書ではすなわち参加型開発論の立場である。

　それに対する〈消極介入〉は、ドナーの考える社会の理想像が事業に反映することを可能な限り抑制する立場だと考えておこう。そのかわりに、社会集団内部の現状の秩序や地域管理のしくみをひとまず尊重するということである。極端な例を挙げれば、トップダウンの政策の流れでなんらかの秩序が保たれているのなら、ひとまずその秩序を尊重する。抑圧的な社会関係をベースに現状の地域管理が形作られているのなら、ひとまずはその地域管理のしくみを尊重する。消極介入は、現地の制度や秩序にドナーがどこまで同調・加担できるのかという大変大きな価値ジレンマを抱えており（第9章）、場合によっては積極介入と同様にドナーの理念を優先せざるをえない（撤退も含めて）場面がでてくるかもしれない。それでも基本指針として、ドナーの

考える社会の理想像を積極的に無条件に促進することを否定し、極力抑制するよう努める点が積極介入との差異と考えてみる。

本書ではこのように、ODAにおける介入のあり方を〈直接−間接〉と〈積極−消極〉の二つの軸で切り分け、4つのカテゴリーに分類する（**図 1-3**）。ドナーがもっぱらインド政府に支援をするのみで援助対象都市のアクターとはほぼコミュニケートしない間接介入であり、なおかつ事業が目指す変化の方向性もインド政府に一任するのが〈自由放任型介入〉である。この型が国境を越える介入である開発援助の基本型である。次に、同じく間接介入ではあるが、ドナーが自らの価値理念を事業に反映させようとするのが〈指導マニュアル型介入〉である。

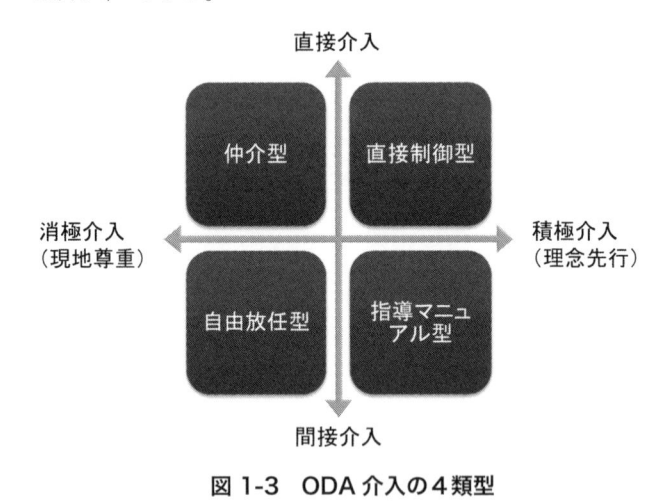

図 1-3　ODA 介入の 4 類型

次に、ドナーが援助対象都市のアクターといつでも情報交換が可能な体制が整備されている直接介入において、ドナーが援助対象地域における地域管理のありようを自らの考える良い変化に向けて導こうとする場合が〈直接統制型介入〉である。同じく直接介入であるが、ドナーが自らの価値理念をひとまず括弧にくくり、援助対象都市の地域的まとまりや、インド国内における地域的まとまりの重層構造の現状から自らの介入のあり方を構築しようとするのが〈仲介型介入〉である。「仲介型」というのは、インド国内の各アクター

第 1 章　開発援助の介入論　35

の双方向的コミュニケーションを「仲介」するという意味で、これはガンジス川浄化計画におけるインド国内の地域的まとまりの重層構造の現状から筆者が構想した介入の型である。

　第Ⅱ部では、ガンジス川浄化計画に対する日本のODAにおける介入のあり方を検証し、それが〈間接介入〉であること、そのことでドナーの責任倫理が阻害されていることを明らかにする。

注

1　70年代の転換点はよりダイナミックな視点から把握する必要があるが、ここではシンプルに歴史的経緯を追った。たとえば近代化論への懐疑が、一つには「従属化論」の登場とそれに伴い途上国の所得配分の必要性を重要視することにつながり、それが援助対象を明示化する「絶対的貧困」の概念に結びついたという見方がある。もう一つには、「単線的発展論」への懐疑が「内発的発展論」を喚起したという見方もある。なお、この時代は途上国側の視点からは、UNCTAD（国連貿易開発会議）を中心とした「新国際経済秩序」の時代であったとも指摘される（元田 2007, 41-45; 西垣ほか 2003, 50-54; 佐藤寛 1996a, 108; 2005, 62-63）。

2　法案の否決は第二次世界大戦後のマーシャルプラン（1948年対外援助法に基づく）から始まる米国の援助史上で初めてのことだった。その背景には、ベトナム戦争への軍事介入に対する反発とそれをめぐる援助政策への疑念があったという（USAID 2011）。

3　現在の対外援助法でも、二国間援助と多国間援助、つまり米国のすべてのODAは「ベーシック・ヒューマン・ニーズを満たすため、そして公平に自立した成長を達成するために計画された開発戦略を続ける国への支援を対象とする」ことと定義されている。また、「二国間援助の第一の目的は途上国の大多数の貧困層を支援する」ことにあると宣言され、国家間の資金移転にとどまるものではないと明言されている（USA 2003, Sec. 102）。

4　世界規模でのコミュニティ・デベロップメントへの関心と、そしてより限定的に開発援助の文脈における住民参加もしくは社会開発の実践は1940、50年代からみられている（恩田 2001, 54-58; 坂田 2003, 38-40; Hickey and Mohan 2004, 6-9）。

5　本書の事例は農村開発ではなく都市の生活公害なので、チェンバースが捉える「都会」と「農村」という対照軸は当てはまらない。そのかわりに本書の事例では、「中央」と「地方」という対照軸で類似のギャップについて論じる。

6 「アウトサイダー」が参加型開発を推進する必要性を議論の前提としていることは、以下のような論調として見られる。農村の貧しい人々が貧困から脱出するためには、彼ら自身が自立しなければならない。しかし貧困の罠に落ちいってしまっている彼らが「より自立できるようになるためのイニシアチブは、… アウトサイダーがとらなければならない」（Chambers 1983=1995, 22）。

7 本書では、「政治」の意味をウェーバーに倣い「権力の分け前にあずかり、権力の配分関係に影響を及ぼそうとする努力」、「権力の配分・維持・変動に対する利害関心」（Weber 1919=1980, 10）と考える。たとえばここで参加型開発を政治的行為と解釈するのは、社会のありようを誰が決定し、誰がそれに従うのかという権力関係の側面を指している。ドナーは、当該社会のありようを決定したり、それに即して人々の行動を制御したりする形式的な権利を有さない。しかし、ドナーの経済的・技術的な優位性により、その実質的な影響力を有している可能性が高い事態を指している。

8 チェンバースは、アウトサイダーによる農村社会に対する理解が「6つの〔顕著な〕バイアス」によって妨げられていると指摘する。その6つとは、場所、プロジェクト、接触する相手、乾季、礼儀正しさや臆病さ、専門分野である（Chambers 1983=1995）。本書では「参加」という理想像もまた、7つ目の顕著な「バイアス」として、ドナーによる援助対象社会の理解を妨げる要素になっていると考える。

9 たとえばウェーバーは以下のように心情倫理と責任倫理を同居させて用いている。「心情倫理と責任倫理は絶対的な対立ではなく、むしろ両々相俟って『政治への天職』をもちうる真の人間を作り出すのである」（Weber 1919=1980, 103）。

10 チェンバースも、多分に心情倫理に動機づけられている開発論者の一人である。それは以下のような論調として現れている。「一つの世界」に住んでいながら、「自分たち〔裕福なアウトサイダー〕ができることのほんのわずかしかしない」。私たちはもっと行動を起こさなくてはいけない（Chambers 1983=1995, 23）。「アウトサイダーと農村の貧しい人々との関係は … 強者が弱者のために状況を変えてあげようとする関係…。… 行動しないという決定も、それ自体が一つの行動である。… 不作為による"介入"をしているのである」（Chambers 1983=1995, 266-267）。このようにチェンバースは「アウトサイダー」が農村に介入した後の問題よりも、介入することへの「善い動機」づけや、介入のための「善い手段」を示すことに重点を置いているように思われる。

11 ゲノッセンシャフト的な組織原理を持ち、かつ法的には機関をもってそれが意思決定をする団体が社団（ケルパーシャフト）である（春日 1993）。

12 「領域社団」という概念がどのレベルの政治団体を指示するのかということでは、ギールケやその弟子のフーゴ・プロイス（Hugo Preus）や、そしてウェーバーなど、

それぞれに異なる見解を持っている。ウェーバーは「領域団体」という概念で基本的には財団としての国家を想定している。しかし、名和田はドイツにおける「領域社団」の概念史とウェーバーの「諒解」概念を検討し、ウェーバーの「領域団体」概念においても、その社団的な特徴と国家以外の地域的まとまりへの適用を認める契機が内包されていると指摘する（名和田 2003c）。

13 「地域共同管理」概念は、社会学者の中田実のそれを名和田が法学的に把握することを志向したものである。両者の「地域共同管理」概念の差異は、それが「コミュニティ・レベルの狭域的な機能」に限定されるのか、それとも行政サービスが担う公共的機能をも指示するのかという点で違いがあると名和田は説明している（名和田 2003a, 40）。実は中田も地域共同管理の範疇として自治体行政も含めている（中田 1993, 38-45; 1998, 24-27）。しかし、名和田が指摘するように、自治体とコミュニティとの同質性よりも、異質性が強調されている。これは、中田がコミュニティ内在的に重層性を把握する傾向があるのに対して、名和田が重層性の中にコミュニティを見出そうとする傾向があるという、両者の視点の差異に由来するように思われる。

14 池田寛二は「補完性の原理」について「単に地方自治体の権力のみを再審する契機となるのみならず、国家主権と地方自治体およびその他の多種多様な政治体の権力のあり方をひとつながりにして再審する契機を内包している」と指摘する（池田 2005, 15）。本書における地域的まとまり論の意義もこれと同様の問題意識に基づいている。なお、名和田も池田も、家族、自治体、国家などの団体それぞれが同質的もしくは同等に権利主体であるような世界像を想定するが（池田 2005, 27）、両者の関心によって強調する側面が異なる。名和田が領域にこだわって地域共同管理機能における同質的な連続性の側面を強調するのに対し、池田は脱領域的で多種多様（異質）な政治体の対等な共生関係（政治）の側面を強調する。

15 「地域共同管理」ではなく「地域管理」とするのは、二つの理由による。一つは、本書が意味する「地域管理」は、中田の言う「共同管理型」を目標値として志向するものではなく、「共同体型」や「所有者支配型」のそれも含めて（中田 1993, 40-42）、一定集団がなんらかの秩序を共有して地域を運営しているという現象すべてを指し示す概念だからである。二つ目は、「共同」がやや多義的な概念だからである。「共同」という用語を、同じ団体に属し、目的を共有するという意味で用いる場合、国や国際社会（地球）も共同管理の対象となる。ただし、本書では「共同」を、不特定多数の社会関係を意味する「公共」と対置して、顔の見える社会関係として用いることが多い。よって、「地域共同管理」という用語を用いるならば、たとえば「公共的な地域共同管理」という紛らわしい言い回しが登場することになってしまう。これらの理由から、本書では「地域管理」という用語を採用する。

16 ガンジス川浄化計画は都市レベルの地域管理を改善することを目標としている。よって、地区レベルへの影響は派生的なものとして現れる。この図ではその部分を点線で示した。

17 日本でいうと単位町内会程度の住宅地域のまとまり、北インドでは「コロニー（colony）」や「モハラ（*mohalla*）」と呼ばれる単位を本論では「地区」と呼ぶ。

第2章

国境を越えることの重さ

　前章にて、「同心円状に重層構造をなす地域的まとまり」に介入のベクトルを位置づけて開発援助を捉え、援助対象となる都市から見た場合に、外国のODA実施機関も被援助国の国や州政府機関もともに都市レベルの地域管理に介入していると説明した（図1-2）。そのように介入論において、国境を越える開発援助と被援助国の国内政策は連続的に捉えられる。しかし同時に、国境を越える開発援助と被援助国の国内政策には決定的な差異も存在する。本章では、決定的な差異について考察・確認しておきたい。

　ODAの一方向性はODAが国境と文化を越える政策であるという決定的な事実に大きく由来している。国境と文化を越えるということは、ドナーと援助対象の地域社会の人々が政治的にも文化的にもスムーズな相互関係を取り結ぶことが困難だということである。文化を越える困難は、しかし、より多くの文化人類学者や社会学者が実質的にODAの実践に関与できる環境を創出することで乗り越えられる可能性があるかもしれない（第8章）。ところが、国境を越える困難を乗り越えることは、現在の国際政治秩序においてはおおよそ不可能なのである。

第1節　政策上の包摂要請と制度上の包摂関係とのギャップ

　ODAには「地球公共政策」としての側面がある[1]。現在の（少なくてもDACに属する伝統的ドナーの[2]）ODA政策は、各国がまったくバラバラの目的や手法をもって実施しているのではなく、地球規模の目標（たとえば国連の開発目標）を共有し、援助の規模や手法などに関して一定の相互監視の中

で実施されている。世界の貧困問題は、貧困問題を抱えるその国の政策課題であるだけではなく、先進諸国の政策課題とも認識されており、各ドナー国にODA政策の実施義務が暗黙裡に条件づけられている。ここに、先進国が途上国に住む人々に向けて政策を実施するという、国境を越えた政策上の包摂要請が存在する。

ただし、これはあくまでも政策上の包摂を要請するものであり、政治的包摂の制度を伴うものではない。よって、国際機関や各先進諸国が途上国に住む人々と政治的な関係性を持つことを直接に保証する制度は用意されていない。ODA政策（二国間援助）の民主的正当性は、供与国の国民（主権者・負担者）から調達されるものであり（**図2-1の①**）、政策の要求も監視の役割も、政策の対象（受益者）から遠く離れた場所で生活する先進諸国の国民（主権者・負担者）に委ねられている。政策の対象（受益者）である途上国の人々には、ODA政策を要求することや拒否すること、政策のあり方を監視すること、政策の意思決定者を民主的に選ぶことといった政治的権利はない。

途上国の人々は、自国の政治制度、つまり途上国の政治制度（**図2-1の③**）を介すことによって唯一間接的に、ODA政策を要求、拒否、監視することが可能となる。もし、ODA供与国である途上国の民主的メカニズム（図2-1

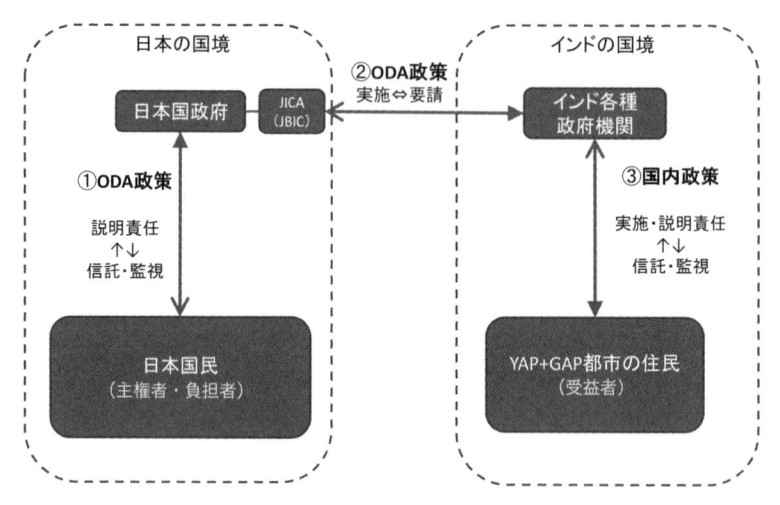

図2-1　ガンジス川浄化計画をめぐる政治的コミュニケーションの流れ

の③）が機能しない場合、ODA の実施主体と受益者との間には、いかなる要求と実施、あるいは監視と改善の相互作用も存在しないことになる。この"もし"が往々にして現実である。本書の第Ⅱ部では、ガンジス川浄化計画をめぐるインド国内における民主的メカニズムの機能不全を、"中央と地方の溝"、"行政機関の無応答性"、"冷めた距離感" などと呼んで紹介する。また、多くの援助事例を見てきたジェトロ・アジア経済研究所の佐藤寛は、「援助は、極論すればある日天から突然降ってくる贈り物」（佐藤寛 1996a, 132）、「援助はえこひいき」（佐藤寛 2005, 215）といった表現を用いている。これらの表現には援助対象となる受益者の、ODA 政策に対する民主的コントロール能力の欠如が表現されている。

　このように、ODA 政策は途上国の受益者から見れば、事実上コントロール手段のない政策になってしまう場合が少なからず想定される。たとえば、それがえこひいきや、無駄遣いや、迷惑施設の建設や、理念の押しつけであったとしても、その政策のあり方をコントロールする現実的な手段がないかもしれない。そして、一方向に垂れ流される ODA 政策をコントロールできない受益者（地方アクター）は、自らの都合に合わせて政策のハードやソフトの成果物を活用したり、無視したり、抵抗したりすることになるのである（第Ⅱ部）。

第 2 節　国境を越える政策の責任：法的ではなく道義的な問題

　以上のように、開発援助には二つ以上の政治システムが内包されており[3]、ドナーによる国際政策の領域（図 2-1 の①と②）と ODA 受入国の国内政策の領域（図 2-1 の③）では、政策の責任に対する法的な重みが異なる。

　たとえば、インドネシアのコトパンジャン・ダム建設に対する ODA をめぐる裁判はこの問題の性質を明確に示している。ダム建設によって移転を強いられたインドネシア人の原告による日本国の各種 ODA 関係機関に対する法的責任の訴えは、2009 年に東京地裁において棄却された（2012 年には東京高裁にて控訴棄却、2015 年には最高裁にて上告棄却）。インドネシアの国家政策の内実はインドネシア政府の「内政上の問題であり」、日本国がその事業の

ありようを制御することは「外交交渉の一環として行われるべきもの」であり、その責任追及は「司法権の限界を超えるもの」と判断された（東京地方裁判所 2009; 福永 2014）。

　元田も指摘するように、「ドナーに援助を行う法的な義務はな〔く〕……、被援助国に対してアカウンタブルである必要もな〔い〕」。そもそも、「被援助国の国民から見ると、ドナーは無責任で非民主的な存在」なのである（元田 2007, 76, 245）。言い換えると、ODA 政策の送り手と受け手の間の権利義務関係というものは、法的に保障されていない。援助の結果として援助対象社会がどのような経験をしているのかに配慮し、人々の苦情や意見を受け止める法的責任をドナーは有していない。それでもドナーが援助対象国の内奥にまで踏み込み、援助対象社会となんらかの双方向性を築こうとするのかしないのかということは、法的な問いではなく、道義的もしくは政治的な外交交渉としての問いなのである。

第3節　「内政不干渉の原則」と「対外的アカウンタビリティ」の両立問題

　国際社会には、開発援助における政策の送り手と受け手の権利義務関係を保障するための超国家的な制度が存在しない。しかし、その問題に対してまったく無関心なわけでもない。本節では、対外的アカウンタビリティをめぐる諸制度の成立過程を概観することで、政策の責任問題が国境を越えることの意味と限界を確認しておきたい。

(1)　対外的アカウンタビリティ

　「対外的アカウンタビリティ（external accountability）」とは、援助主体が援助事業から影響を受ける人々に直接的になんらかの責任を有するという考え方である。たとえば国際機関の場合、事務局が理事会に対して負うアカウンタビリティが「対内的アカウンタビリティ」であることに対して、国際機関が「外部の私人」あるいは「自らの活動によって影響を受ける人々」に対して負うアカウンタビリティが「対外的アカウンタビリティ」である（Park 2010, 14; 佐俣 2010, 142）。

世界銀行の査察パネル制度導入を先頭に、2010年時点で、アジア開発銀行、欧州開発銀行、欧州復興開発銀行、アフリカ開発銀行などすべての国際開発金融機関と、カナダ、日本、米国の二国間援助機関も対外的アカウンタビリティのための制度を導入している（Park 2010, 15; 佐俣 2010, 126）。スーザン・パーク（Susan Park）はその制度を「対外的アカウンタビリティ・メカニズム」（Park 2010）と、佐俣紀仁は「独立査察制度」（佐俣 2010）と総称している。

　佐俣の言う「独立査察制度」の定義は以下の要件を満たすものである（佐俣は国際機関を対象に論じているので、この定義も二国間援助ではなく多国間援助についてのものである）。

① 国際開発金融機関の内部に設置され、
② 国際開発金融機関が融資を行ったプロジェクトにより被害を被ったと主張する私人からの申立を受けつけ、
③ 国際開発金融機関が自ら策定した特定の規範を遵守していたか否かを調査してその結果を各機関の理事会に報告する権限〔遵守審査の機能〕、または実質的な問題の解決に向けて私人、借入国の関係当局および国際開発金融機関事務局の三者間の仲介を行う権限〔問題解決の機能〕を付与された、
④ 各国際開発金融機関の事務局から独立した制度である。（佐俣 2010, 126）

「国際開発金融機関」を「JBIC」や「JICA」に置き換えれば、日本の新旧「環境社会配慮ガイドラインに基づく異議申立」制度もこの要件を満たしている[4]。

　開発援助における対外的アカウンタビリティが広く認識され、制度化されるきっかけとなったのが、インドのナルマダ・ダム・プロジェクト（正式には「サルダル・サロバル・プロジェクト」）である。この案件においては、大型ダム事業から被害を受ける住民の側に立つ（とされる）インド国内や世界の知識人や市民活動団体が、インド政府に資金を融資していた世界銀行と日本海外経済協力基金（OECF。旧JBIC、現JICA）に向けて大規模な抗議を行った。

インド国内の開発をめぐるインドの国家と国民の間の政治問題が、世界の諸国家や世界市民といった外部者の介入にさらされた象徴的な事例である。

　ナルマダ渓谷開発構想の始まりは1940年代後半に遡る。その構想に対して、70年代後半には、政党や都市部在住の知識人（近いよそ者）のバックアップを受け、ダム建設地の住民からの抗議が始まっていた（Baviskar〔1995〕2005, 199, 202; Divan and Rosencranz 2001, 441）。そのような中、インド政府は1987年に世界銀行と日本のOECFからの協調融資をもとに、同プロジェクトに着手した。

　すると、インド国政府に向けられていた市民の抗議活動は、世界銀行と日本のOECFにも向けられることとなった。そして両援助機関に対する抗議が、インド国内のみならず、アメリカや日本の市民団体や知識人を含めた抗議に広がった。結果的に、1990年に日本のOECFが融資を凍結、1993年に世界銀行も融資を中止することになった（後藤監修 2004, 156; Divan and Rosencranz 2001, 441; 段 2005, 80）。問題の規模はまったく異なるが、構造としては第6章で見るガンジス川浄化計画のバラナシの事例と重なる。インド国内において開発をめぐる対立構造があるところに、中央政府の側に外部からの大型資金が投入される構造である。

　ナルマダ・ダムに話を戻すと、世界銀行総裁が銀行職員から独立した外部調査団（モース調査団）を指名した。9か月にわたる調査の結果、1992年6月にモース報告書が公表された。そこで、銀行の援助活動に批判的な見解が示され、対外的アカウンタビリティの制度構築が勧告された（段 2005, 79-80; Park 2010, 25; Divan and Rosencranz 2001, 445; Kirk 2010, 35）。これを契機に米国で世界銀行の対外的アカウンタビリティ制度構築への機運がさらに高まった。市民社会団体（civil society organizations: CSOs）が、世界銀行の最大の出資国であり、よって世界銀行の運営方針に対して最大の投票比率を有する米国議会に働きかけ[5]、査察パネルの成立を促したと報告されている（Park 2010）。

　これは「ナルマダ効果」と呼ばれている。世界銀行から見ると外部者である市民団体の潜在能力を可視化したのみならず、銀行内部の人間に対しては「改革か死か（reform or die）」という教訓をかき立てたという（Kirk 2010, 38）。

(2) 内政干渉の問題：どこまで踏み込めるのか

　以上のように査察パネルは、援助主体が、援助から影響を受ける私人に対してなんらかの責任を有しているという認識において誕生した制度である。その認識は「ナルマダ効果」によって直観的には定着しつつあると言ってよいだろう[6]。しかし、その責任の根拠やそれに基づいて許容される介入の程度についての線引きは論争的である。

　査察パネルの成立以前、1992年10月、世界銀行の理事会で、ナルマダ・プロジェクトへの融資の中止をめぐって討議が行われた。中止を主張したのは、米国や日本を含めた先進国のみだったため過半数を得られず中止は決定されなかった。被援助国である途上国からの政府代表者はみなインド側に立ち、環境対策と移転補償を実施するために半年の猶予を与えるという選択肢に投票した（Kirk 2010, 37; 段 2005, 80）。それほどまでに強烈な世界市民からの抗議を受けてもなお、途上国には途上国の大型開発を支持する合理性があるということである。環境や人権といったユニバーサルな価値を擁護することも重要だが、飲料水、電力、かんがい用水などの確保といった国家発展の基礎を固めることも、途上国政府にとっては喫緊の政策課題なのであろう。

　半年後、結局、インド政府は理事会で決定された融資継続の条件を満たすことができず、期限の前日に自ら融資を返上した。その後、インド政府は世界銀行からの干渉を受けない自主財源でダム事業を継続し、国内および世界の市民団体や活動家からの抗議、そして公益訴訟（第4章2節で説明）を経験しながらも、ナルマダ渓谷の開発事業を続けている[7]。

　段家誠は世界銀行の査察パネルについて、「貸し手側である先進国理事は‥‥世銀改革の表れとして‥‥評価する国がある」のに対して、「借り手側である開発途上国の理事からは、パネルを外国からの介入とみなす傾向があるように思われる。これでは理事会がいわゆる『南北対立』の場に発展する可能性がある」と指摘する（段 2005, 94）。

　JBIC（現 JICA）の異議申立制度を設計する公開協議においても、このような内政干渉の問題が問われた。松本悟によると、JBIC の「環境・社会配

慮ガイドライン」はFoE-Japanやメコン・ウォッチなどNGOの働きかけで生まれた。ガイドラインに基づく異議申立制度の設置についても、NGOがそれを主張し、財務省と外務省は前向きであったが、JBICおよび産業界は反対したという。その理由は「相手国で起きている問題に融資機関が勝手に介入するのは主権の侵害」というもので、融資によって引き起こされた環境・社会被害に対して貸し手には責任がないという主張、そして融資プロジェクトに対する影響住民からの異議申し立てはそれを承認した自国の政府に対してするべきだという主張であったという（松本2003, 205）。

このように、世銀の査察パネル制度もJBICの異議申立制度も、その成立過程において、対外的アカウンタビリティと内政干渉の線引きについて様々な見解が示された。ODAという国境を越える政策において、援助する側にいかなる責任があるのか。責任があるならば、援助する側は責任ある援助活動を実現するために、相手国の内部のどこまで踏み込むべきなのか、または踏み込んでもよいのか。独立査察制度をめぐっては、ODAの国境を越える困難が可視化され、実践的な水準で対応策が議論された。

⑶ 内政不干渉の制度設計

世界銀行などの国際開発金融機関では、加盟国の国家管轄権を保護するために「加盟国の政治問題への不干渉」の規定が設けられている（佐俣2010, 136）。日本の2003年新ODA大綱でも、「国際連合憲章の諸原則（特に、主権、平等および内政不干渉）……を踏まえ、……ODAを実施するものとする」と宣言されていた[8]。このような内政不干渉の原則を踏まえ、独立査察制度は、非援助国の過失ではなく、援助主体の過失、つまり援助機関における内部規定の不遵守を問う設計になっている。

独立査察制度には「借入人としての借入国による自国民に対する人権侵害、環境破壊といった問題」が提起されうる。しかし、「借入国政府が自国民に対して負う国内法違反の責任、借入国政府が自国の政治慣習に違反した結果負う自国民に対する政治的責任、さらには、借入国の人権、環境に関する多数国間条約上の責任といった様々な問題」について、独立査察制度において

は論点とはなりうるが、査察の対象外とされている。なぜならば、援助機関は借入国に国内法や条約の遵守を強制できる「超国家的な機関」ではないからである[9]（佐俣 2010, 131）。

このように、「内政不干渉の原則」と「対外的アカウンタビリティ」を両立するための独立査察制度は、国境を越えずに、国境の内側、つまりドナーの側でルールを作って自らそれを守るという制度設計になっている。

(4) 独立査察制度の評価

元田は独立査察制度（インスペクション・パネルのような特別な制度）はしょせん各援助機関が個別に定めるもので、「被援助国の国民から見れば『他者』による活動」であり、「被援助国の国内政治過程を通した民主的なメカニズムに代替するものではないことから、被援助国の国民から見ると、ドナーは〔あいかわらず〕無責任で非民主的な存在」にかわりはない。よって独立査察制度は「下向きのアカウンタビリティ」（ドナーが被援助国の国民に負うアカウンタビリティ）を保証する制度にはなりえないとこれを一蹴する[10]（元田 2007, 245）。

ルース・グラント（Ruth Grant）とロバート・コヘイン（Robert Keohane）はグローバルレベルのアカウンタビリティ（権力の乱用を制限するしくみ）は国民国家のそれとは異なる。よって、グローバルレベルのアカウンタビリティにおいては、国民国家において有効な「民主的なアカウンタビリティ」概念に固執せず、より広く実践的な（pragmatic）アプローチを模索する必要があると指摘する。そして査察パネルを、そのような実践的なアプローチの一つとして評価している（Grant and Keohane 2005）。

両者が指摘するように、独立査察制度の「対外的アカウンタビリティ」は「内政不干渉の原則」との両立を図るために、やや中途半端な恰好をした制度であることは否めない。独立査察制度は、本書で議論しているODAの国境を越える困難が、最も明確な形で追究されているテーマの一つである。その独立査察制度の考察からも明らかなように、ドナーが責任を持って介入の帰結を見届けるためには、被援助国の国内問題の領域にどこまで踏み込むべきな

のか、またどこまで踏み込んでもよいのか、関与のさじ加減は中途半端で曖昧なものにならざるをえない。それでも、援助活動が存在する以上、ドナーは"踏み込むべき"と"踏み込んではいけない"という両方の行動規範の狭間で妥協点を見出していかなくてはいけないのである。

第4節　ドナーの立ち位置の再確認

　このように ODA は国境を越える政策であり、受益者との直接的な相互作用に決定的な限界を持つ。これが ODA の国境を越える困難である。さらに、現状の ODA の実施環境においては文化人類学者が指摘する文化を越える困難も存在する（第8章）。つまり、ドナーと援助対象地域の人々との間には、国境と文化を越える困難が存在している。ドナーがこの事実を受け止め、国境と文化を越える他者としての立ち位置から双方向性を創出する工夫をしない限り、無自覚のままに地域社会に介入の副作用を引き起こす可能性が抑制されることは見込めないというのが本書の主張である。

　実は類似する見解が元田からも指摘されている。元田は「開発援助を論じる場合には … 国際開発の『国際』と『開発』のバランスが重要」だと主張する（元田 2007, 8）。「国際」は「地球公共政策」やドナー諸国の外交政策などの領域のことで、図 2-1 で言うと①と②の「ODA 政策」の部分である。「開発」は被援助国の国内政策のことで図 2-1 の③「国内政策」の部分である。

　開発（国内政策の領域）はそもそも政治的な活動であり、そこに他者であるドナーが関与することで「関連行為主体間の関係は複雑化する」。それでも、ドナーは自らを重要な行為主体ではなく透明な存在とみなし、「他者が関与するという『国際』の側面を軽視する」おそれがある。そこに「現在の国際開発を巡る内在的限界」が立ち現われると元田は警告するのである（元田 2007, 8-9）。地域的まとまりの最も遠いよそ者が、あたかも透明な存在であるかのように国境を越えて国内政策の領域に入りこみ、影響力を一方向に発揮してしまう状況を警告している。

　元田が指摘する開発援助の内在的な問題は、本書が論じる一方向的介入の問題と相当程度の近接性を持っている。本書の議論を補強する目的において、

元田が指摘する開発援助の内在的な限界を概観しておきたい。

　元田は「開発援助政策に内在する、ドナーの活動に影響を及ぼす四つの要因」として、①「ドナーの優位」、②「マネジメントの要請」、③「責任の所在の不明確性」、④「越境活動」を挙げている（元田 2007, 25）。これが、開発援助の内在的な限界であり、興亡するアジェンダの行き詰まりの根本原因だというのである。開発援助の歴史において、その行き詰まりを克服するために、援助のあり方はトップダウンからボトムアップの手法へと移行した。本論ではこれを参加型開発の展開として論じた。しかし、その新しい「市民社会支援」と「参加型開発」（本書ではどちらも〈直接統制型介入〉として論じる）もまた旧来の四つの要因の作用下にあり、つまり根本的な行き詰まりの原因から解放されていないと元田は結論づけている。元田が開発援助の内在的な限界の根拠と指摘する「ドナーの活動に影響を及ぼす四つの要因」を順番に確認していこう。

　①「ドナーの優位」とは、被援助国の開発問題において、第一にドナーが出資者として経済的な優位にあることを意味する。「被援助国側がドナーの提供する資金に依存する度合いが大きいほど、……ドナー側の知識を反映させた主張を受け入れる必要性も高くなる」（元田 2007, 18-19）。ゆえに、第二に、被援助国の国内問題であるはずの開発の領域において、ドナーは知識・資本の両面を含めて問題解決能力のあるものとして優位に立つことになる。この論点は本書では深く取り扱わないが、欧米系の高度な直接統制型の介入においてこのような問題状況が強く顕在化するものと考えられる。

　②「マネジメントの要請」とは、図 2-1 で言うと左側の「国際」の領域における民主的経路の話である。援助実施機関は開発援助の資金を適切に使用する責任を自国の納税者に対して負っている。ゆえに、目標に即して目に見える実績を上げる「介入のマネジメント」を充実させなければならない。言い換えると、「マネジメントを行うドナーが、自己の想定する開発過程に合致した行動を援助対象に要求することを意味する」のである（元田 2007, 19）。「広範な地域を遠方から掌握する必要性からも」「ロジカル・フレームワーク・アプローチに代表されるように、コード化、数値化、単純化を通じて、ドナー

が扱いやすい形に加工された情報に基づいて、モデルにしたがって計画・実施・評価するのが典型的な運営方法である」。開発過程を技術的な問題として扱い、知識を価値中立的な道具として用いる。結果的に、根深い困難な問題を回避して問題の表層的な解決にとどまる（元田 2007, 19-20）。本書では、「自国の納税者」に対する「目に見える実績」の問題は第 7 章で扱う。「介入のマネジメント」は第 8 章で参照する「開発援助コミュニティの文化」と重なる議論である。

　③「責任の所在の不明確性」とは、本書のドナーの責任倫理の欠如と同様の論点である。開発は「平行行政」の体制で実施されており、開発途上国の「受益者」に対する説明責任は開発途上国の政府が負っている。しかしそれが現実的には機能していない、といった前節の論点が取り上げられている。「ドナーが受益者に対して直接アカウンタブルであることは想定されていない」、「特別な配慮がない限り、開発援助にはドナーの受益者に対する責任を問う経路が欠けているのが原則」という前節と同様の問題意識に加えて、「たとえ被援助国政府が自国民に対してアカウンタブルであったとしても、その政府がドナーと対等の関係で開発援助の内容を決定できなければ、受益者にとって意味をなさない」ことも指摘されている。また、「上向きのアカウンタビリティ〔援助実施機関から見て自国民に対するアカウンタビリティ〕が下向きのアカウンタビリティ〔援助実施機関から見て被援助国の受益者に対するアカウンタビリティ〕を凌駕しやすい状態」にあることも指摘されている（元田 2007, 21-22）。

　④「越境活動」とは、開発援助が越境活動であるという当然の定義、「『他者』としてのドナーによる関与」を再検討する必要性を意味している。つまり、先の 3 点の要因は越境活動を前提に立ち現われる開発援助の特徴だということである。開発援助が越境活動であるがゆえに、「ドナーの優位」、「マネジメントの要請」、「責任の所在の不明確性」という特徴が突出し、結果として「援助の対象活動において、『被援助国にとっての開発とは何か』という観点が弱まり、ドナーの利害関心が反映される余地が大きくなりやすい」ことを警告している（元田 2007, 24）。本書の言葉に引き寄せるならば、地域的まと

まりの重層構造の最も遠いよそ者が、国境を越えて他者の地域管理（国、州、都市、地区の各レベルのそれぞれ）に関与する際に、重層構造の立ち位置に即した役割を再検討する必要があるという問題意識と通底する。

本書は、ガンジス川浄化計画に対する日本のODAという一つの特定の事例に特化し、ODA事業の現場、つまり援助される人々の生活世界から問題を立ち上げてきた事例研究である。ところが、興味深いことに、国際機関や欧米ドナー諸国の動向を広く精査し「ドナーが提示する理論や実践の成り立ちに遡る形で、ドナーの活動を分析」している元田の理論研究と（元田 2007, 17）、アプローチがまったく異なるにもかかわらず、上述したように細部の論点にわたって同調する。このことは、本書が扱う事例にまつわる問題状況が、ひどく特殊なものなのではなく、むしろ世界中のドナーが経験している問題状況と根を共有していることを示唆している。

そして、ODAの行き詰まり、あるいはODAの一方向性を乗り越えるために二つの異なる研究から導き出された対処方法は、元田の言葉では「国際」と「開発」のバランスを再検討すること、本書の言葉では地域的まとまりの重層構造における適切な役割分担を再検討することである。つまりドナーは援助対象社会から見ると国境を越える最も遠いよそ者であるという立ち位置を再確認し、その現実の立ち位置から、他国の国内問題に対していかにどこまで踏み込まなくてはいけないのか、また踏み込むことができるのかをよく検討し、介入のあり方を意識的に選択する必要があるということである。第Ⅱ部では、これまでみてきた介入の理論に基づいて実際のODA事例における介入の問題を検証する。

注

1 「地球公共政策（global public policy）」という用語は辞書には載っていないが、国際関係の議論において実務者や研究者によってしばしば用いられている。「グローバル・ガバナンス（global governance）」が地球環境問題などに見られる異なる利害の調整といった側面において使用されるのに対して、「地球公共政策」は

ODAなどのように各国が（理念的には）共同で組織する公共サービスの意味合いを持つ傾向があるように思われる。

2 DACの正式名称は、「経済協力開発機構（Organization for Economic Co-operation and Development）」の「開発援助委員会（Development Assistance Committee）」。「伝統的ドナー」とは、中国やインドなどDAC非加盟の新しい援助供与国、「新興的ドナー」に対置して用いられる用語で、「先行ドナー」という言い方もされる。

3 ODAには二国間援助と多国間援助があり、本書は二国間援助を対象に論じている。

4 本書の事例であるガンジス川浄化計画のうち、YAP-IとYAP-IIは同制度の対象外である。JBICは「環境社会配慮確認のための国際協力ガイドライン」を2002年4月に定め、それに基づく異議申立制度を2003年5月に制定、10月から運用している。その対象が2003年10月1日以降に「実質的な融資要請に至った案件」である（JBIC 2003b, 11）。よって、2003年3月31日に借款契約を締結したYAP-II、およびそれ以前に実施されていたYAP-Iは制度の対象外となる。なお、JBICとJICAの統合に伴い本制度は改正されている。現在は「国際協力機構環境社会配慮ガイドライン」とそれに基づく異議申立制度が2010年4月から運用されている。

5 世界銀行の投票権は、国連のような一国一票制ではなく、貢献度に応じて票数に差を設ける加重投票制である。

6 独立査察制度の広がりがそれを反映している。なお、佐俣は「国際金融機関のアカウンタビリティ」の概念の展開を、主に国際法協会（International Law Association）による「国際組織のアカウンタビリティ」についての最終報告書から、また具体的な独立査察制度の事例をもとに整理、検討している（佐俣 2010）。

7 「Friends of River Narmada」という市民団体のホームページにナルマダ渓谷開発事業について豊富なデータが掲載されていた（FRN 2011）。また、サルダル・サロバル・プロジェクトの環境影響や強制移住者への補償に関しても相変わらず問題状況が報告され続けている。たとえば、Jain (2011)、*The Hindu*, 2010.3.31 "A damaging report"、*The Times of India*, 2015.8.14 "Sardar Sarovar water to sink 245 villages: Dam oustees" など。

8 国際連合憲章第2条第7項および2003年新ODA大綱の「援助実施の原則」に内政不干渉の原則が明記されている。ただし、2015年に改定された開発協力大綱ではその文言は削除されている。

9 ただし佐俣は、国際開発金融機関が国際法規範を内部規定に取り込んでおり、それが貸付協定の中に融資条件として盛り込まれることで、借入国の国際開発金融機関以外に対するアカウンタビリティを促進する要素になっていると指摘する

（佐俣 2010, 136)。
10 元田も、ODA の内在的な限界を認識することの必要性を主張している。ここでは、査察パネルを否定しているわけではなく、それがすべての問題を解決するような十分な制度ではないことを指摘しているのである。

第Ⅱ部　事例検証

第3章

事例の概要：ガンジス川浄化計画

　本章では、本書の事例対象であるガンジス川浄化計画の歴史的・制度的背景および事業概要を概観する。第1節ではガンジス川水系汚染問題の実態と原因を確認し、第2節ではガンジス川浄化計画と関連の深いインドの諸制度を概観する。第3節でガンジス川浄化計画の事業概要を確認し、第4節でインド社会における同計画に対する評価を概観する。

第1節　ガンジス川水系汚染問題の実態と原因
(1)　地理的概要

　ガンジス川の幹川流路延長は 2,525 キロメートル。ヒマラヤ山脈から流れ出て、バングラデシュでベンガル湾に注ぐ国際河川である。また、ガンジス川水系にはヤムナ川（Yamuna）やゴムティ川（Gomati）、ダモダル川（Damodar）など多くの支川や派川が含まれる。流域面積は 106 万平方キロメートルでネパール、バングラデシュ、中華人民共和国にもまたがる（図 3-1）。日本の急勾配河川とは異なり、ガンジス川は広大なガンジス平原（Gangetic plain）をゆっくりと流れる大河である。

　次に、本書の事例対象であるインド国内に絞ってガンジス川水系の地理的概要を確認する。流域面積は 861,404 平方キロメートルでインド国土の 25%強を占める。11 の州をまたいでおり、日本でも知られている地名でいえば、デリー、アーグラ、バラナシ、コルカタ（Kolkata）などの都市がガンジス川流域に含まれている。流域人口は 4 億 9,000 万人（インド人口の 43%）で、すなわちガンジス川水系は日本人口の 4 倍ほどの人々の生活を支えてい

る（NRCD 2009, 3; Parua 2010, 23）。

図 3-1　ガンジス川水系（点線で囲まれた部分が流域）
出典）Prokerala.com（2011）に筆者和訳等を追加。

(2) 汚染実態

次にこの大河がどれほど汚染されているのかを確認する。2014年現在、インド中央公害規制委員会（Central Pollution Control Board：CPCB）のホームページで確認できる包括的な水質データの最新版が2011年のものである。これを見ると、ガンジス川幹川は観測地点56か所のうち47か所、ヤムナ川は25か所のうち21か所、両川あわせて観測地点の約84％において「処理しても飲用水として適さない」水質である「D」クラスかそれ以下を示している（CPCB 2011c）[1]。

基準項目のうち流域の広い範囲で基準値に触れているのが、屎尿汚染の指標として使われる大腸菌群数（total coliform）である。観測地点の70％で5,000mpn/100ml以上、つまり「D」クラス以下の値を示している[2]。その中には基準値を大幅に超える値も散見される。たとえば、最も数値の高いデリーの観測地点の大腸菌群数は、平均値で2億5,000万 mpn/100ml（最大値

11億 mpn/100ml）である（CPCB 2011c）。

1960年代に初めてのシステマティックな水質調査が行われたとき、「ガンジス川は細菌の悪夢」だったという（McNeill 2000, 130）。1982年に科学環境センター（Centre for Science and Environment：CSE）は「インドの河川汚染は危機的な状況に達した」と警告を発し、それがさらに悪化していると1999年に再警告している（CSE 2002a, 59）。科学環境センターが示す1996年と2005年のヤムナ川の水質比較を見ると、水質（特に糞便性大腸菌群数）は全域的に悪化傾向にあることが読み取れる（CSE 2007, 17-19）。そして2011年アラハバッド高裁は「今日までに水質は驚くほど悪化した」と言う（Allahabad High Court 2011）。つまり、この半世紀、ガンジス川水系の水質は常に危機的な状況にあり、さらに今なお悪化が進行している地点やパラメーターは少なくない。次に、ガンジス川水系がなぜこれほどまでに汚染され続けているのか、その原因を整理しよう。

(3) 汚染原因

人間は河川からきれいな水を得て生活や生産に利用し、利用後の汚れた水や汚物を河川に戻している。単純に言って、川の浄化能力と汚濁負荷量のバランスが崩れると、河川は汚染される。つまり、ガンジス川水系汚染問題の要因は、川の浄化能力の低下と汚濁負荷の増加にある（**図3-2**）。

(a) 浄化能力の低下

まず、川の浄化能力の低下からみていこう。河川の流量が減少すれば、希釈・浄化能力が低下する。ガンジス川水系の流量減少の要因としては、一つには、ヒマラヤの氷河融解といった自然現象としての要因（あるいは温暖化という間接的な人口要因）も指摘されている（たとえばUNEP 2007）。しかしより多くの議論によって、河川水の乱用が問題視されている（たとえばSrivastava 2006、Shankar 1992など）。

ガンジス川とヤムナ川にはいくつかのダムや堰が作られており、生活用水、工業用水、農業用水、発電用水など様々な用途のために分流されたり取水さ

60　第Ⅱ部　事例検証

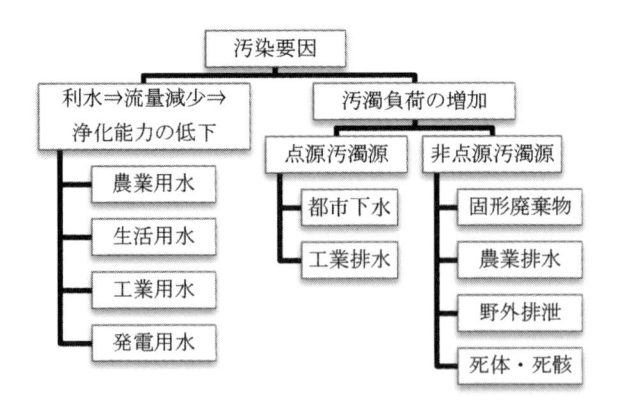

```
                    汚染要因
          ┌───────────┴───────────┐
    利水⇒流量減少⇒              汚濁負荷の増加
    浄化能力の低下          ┌────────┴────────┐
        │                点源汚濁源        非点源汚濁源
    ┌───┤                    │                │
    │ 農業用水              都市下水          固形廃棄物
    │ 生活用水              工業排水          農業排水
    │ 工業用水                                野外排泄
    └ 発電用水                                死体・死骸
```

図 3-2　ガンジス川の汚染要因

れたりしている（Parua 2010, 128; NRCD 2009, 4,7,26-27）。様々な用途の中でも農業用水が顕著で、1974 年時点におけるインドの表面水利用率の実に 96％が灌漑用水である（CSE 2002b, 26）。インド全国の灌漑農地は、1950-51 年に 2,256 万ヘクタールであったのに対して、1992-93 年には約 3 倍の 6,614 万ヘクタールに拡大している[3]（CSE 2002b, 37）。

作物別の灌漑農地内訳は、1992-93 年、小麦が 2,065 万ヘクタール、米が 1,963 万ヘクタールで、全体の 61％を占める。三番目に広いサトウキビが 361 万ヘクタールで、以下広い順から、セイヨウアブラナとマスタード、綿花、豆類、ピーナッツ、ヒヨコマメ、トウモロコシ、飼料モロコシ（*jowar*）、トウジンビエ（*bajra*）、大麦、シコクビエ（*ragi*）、タバコである（CSE 2002b, 38-39）。

灌漑農業の増加には 1960 年代後半から展開された緑の革命の影響がある。インドを「飢餓の縁から穀倉の宝庫」（*Hindustan Times*, 2006.11.4）へと導いた緑の革命であるが、それは河川汚染を助長した。緑の革命は、高収量品種のコメと麦を、大量の水、化学肥料、そして農薬を用いて生産する農業形態の導入・移行のことである。それは、取水量の増加、流量の減少、そして浄化能力の低下という因果連鎖を引き起こした。加えて、汚濁負荷の増加にも影響しており、その影響は化学肥料や農薬の流出だけにとどまらない。緑の革命は大規模・機械集約型を意味し、つまり富裕農民層に有利な農業形態であ

る。よって農村における貧富の格差を増大させ（秋山 1994）、それがひいては農村から都市への人口移動、すなわち都市地域における急激な人口増加とそれに伴う汚濁負荷の増加につながった側面もある。

(b) 汚濁負荷の増加①：点源汚濁源

次にもう一つの汚染原因である汚濁負荷について見ていこう。汚濁負荷は大きく二種類に分けられる（図 3-2）。排出ポイントが特定できる点源汚濁源（point source）と特定できない非点源汚濁源（non-point source）である。**図3-3** のグラフでいうと下部の2つ（78.2%と16.0%）が点源汚濁源で、上部の3つ（2.1%と0.5%と3.2%）が非点源汚濁源である。

図 3-3 のように、点源汚濁源には都市下水（municipal sewage）と工業排水（industrial wastewater）がある。中央公害規制委員会による 2006 年時点の報告によると、インド都市部における点源汚濁源の排出量は都市下水が 22,900mld で工業排水が 13,500mld である[4]。それに対して 2006 年時点の処理能力は、都市下水が 5,900mld で工業排水が 8,000mld。圧倒的に都市下水の処理能力の不足が目立っている。

都市下水とは、トイレからの屎尿（ブラックウォーター）および台所や浴室からの排水（グレイウォーター）である（CPCB 2005）。先の糞便性大腸菌群の数値からもわかるように、インドでは下水道整備が遅れており、ガンジス川

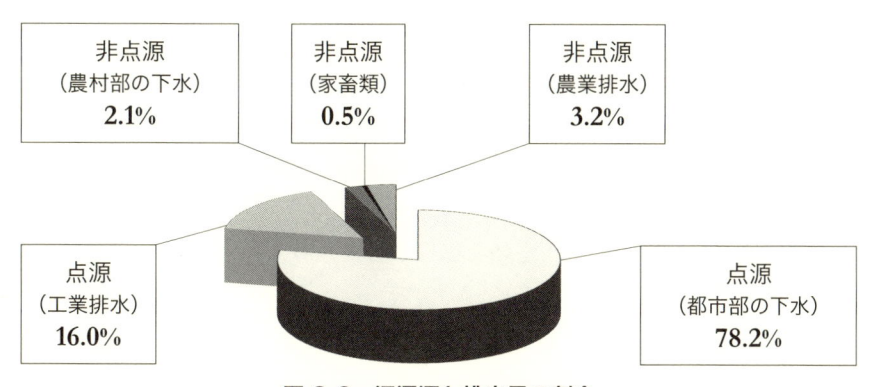

図 3-3　汚濁源と排出量の割合

出典）NRCD（2010）を筆者和訳。

浄化計画が始まる 1985 年以前の下水道普及率は全国で 5％未満だった（CSE 2002b, 59）。2011 年時点では、中央公害規制委員会によると、都市部からの下水排出量は全体で 29,129mld、それに対する下水処理能力は、計画中および建設中の下水道施設を見込んでも 30％に満たないという（CPCB 2011b）[5]。それはつまり、インド都市部において 70％の下水は未処理のまま河川などに放流されているということで、ガンジス川はまさに「大きな下水道」（"Sewage Canal" や "Capital Drain"）である（CSE 2007; Srivastav 2002）。

その「大きな下水道」に含まれる大腸菌による健康被害について、WHO が以下のように警告している。「ガンジス川に毎分 110 万リットルも放流されている未処理排水 …… に含まれる糞便 1 グラム当たり、1,000 万個のウィルス、100 万個のバクテリア、1,000 個の寄生虫卵、そして 100 個のぜん虫卵が存在するだろう。それらから生じる疾病は、下痢、コレラ、赤痢、腸チフス、ギニア虫、回虫、そしてトラコーマなどである」（*WHO News releases*, 2004.6.22）。以上、都市部の下水、すなわち流域都市における下水処理システムの欠如が、ガンジス川水系汚染問題の最大の汚濁源となっている。

次に、もう一つの点源汚濁源に工業排水がある。汚濁源として指摘されている工場をガンジス川幹川の上流域から列挙してみる。上流域ではリシケシュ（Rishikesh）の製薬工場および重電気工場がある。中流域では、カーンプル（Kanpur）のなめし革、毛織、織物、麻などの工場、そしてアラハバッドの化学肥料工場、南部ビハール州（Bihar）の石油精製、化学肥料、製靴工場がある。そして、下流域には汚濁排出源となる様々な工場があり、パルプ、製紙、蒸留、酵母、ビスコースレーヨン、綿織物、なめし革、塗料やうわ薬、ゴム、鋼鉄、マッチ、化学薬品、火力発電、農薬、石鹸などがある（Srivastava 2006, 20-21）。

工業排水の内排水処理対策を特に徹底していないのが、密集した居住地域にある小さな工場である。処理施設の設置スペースと投資コストの欠如が要因だという（CPCB 2005）。工業排水には毒性があり、人間の肝臓、腎臓、生殖系、呼吸系、そして神経系などを害する危険性がある。しかし、インドでは水道水の浄水過程において微量汚染物質を除去する高度な浄水処理が施さ

れないため、工業排水に含まれる重金属および農薬は除去されないという（CSE 2002a, 63; JNNURM 2006, 25）。人が住むところならどこでも必然的に生起する都市下水の汚染に比べると、工業排水による汚染はより局所的な課題であるが、より深刻な健康被害に結びつく可能性を有している。

(c) 汚濁負荷の増加②：非点源汚濁源

次に、排出ポイントが特定されにくい「非点源汚濁源」（図 3-3）を確認する。環境森林省（Ministry of Environment and Forest。現環境森林気候変動省）は非点源汚濁源として、都市固形廃棄物、農地からの化学物質や肥料などの流出、トイレを所有しない人々による野外での排泄や水牛の水浴、そして河川に流されるヒトの遺体や動物の死骸を挙げている（NRCD 2010）。そのうちのいくつか、ガンジス川浄化計画で対処されているものについて概観しておこう。

インドでは都市固形廃棄物（municipal solid waste。日本の「一般廃棄物」とほぼ同意）の管理は自治体の責務であるが、1994 年スーラト市（Surat）のペスト騒動が象徴するように、多くの都市でその管理は不十分である[6]。そもそも、インドの多くの都市において、家庭からゴミを収集することができていない（西谷内 2009b; 2011b）。よって、町中のあちらこちらに処理されないゴミがあふれている。環境森林省の審議会でも「全国的に見て、家庭ゴミの収集率は60％ほどで、残りの40％は町にまき散らかされている」と指摘されている（MoEF 2010, 3, 12）。ゴミが直接川に捨てられるだけではなく、そういった町にまき散らされているゴミが雨期にまとめて川に流れ込む。また、うまく収集されたゴミさえも、川にほど近い最終処分場にそのまま放置（open dumping）され、そこから河川に流出したりする（CPCB 2006; JICA 2002, 21-22,44; FoV 2006, 2）。

しかし、廃棄物がより重大な問題となるルートは上述したような非点源汚濁源としてではなく、下水道システムに混入して、点源汚濁源の対策である下水処理システムの機能を妨げることにある。ガンジス川浄化計画の事業資料においても、「不十分な固形廃棄物管理は、インドの諸都市において、

排水および下水システムの障害の主要因」と明言されている（UPJN & JBIC 2007a, 7.11）。下水道システムにゴミが入り込んでいる様子は次章で報告する。また、廃棄物管理への対策については第7章で扱う。

　非点源汚濁源に話を戻すと、野外排泄も河川汚染の一要因として挙げられている。インドには、自宅にトイレを持たない人々が一定程度存在する。そこで、有料・無料の共同トイレが提供されてはいるが不十分で、インド全体の都市部で7,600万人分のトイレが不足しているという（Chary et al. 2003）。絶対的な数の不足に加えて、トイレの場所が遠い、あまりにも不衛生、使用料が高いなどの理由から、実質的な使用に適さない共同トイレもある。このようにトイレを持たない人々が、河岸などで排泄し、それが川に流れ込んで汚濁源になると考えられている。トイレの建設問題は、第4章と第5章で扱う。

　最後に人間の遺体や動物の死骸も河川の汚濁源とされている。インド人口の80％を占めるヒンドゥ教徒は、遺体を荼毘に付して遺灰をガンジス川に流す。「大いなる火葬場」（NHK 2003）と呼ばれるバラナシでは、川に沈む大量の木の灰も重大な汚染要因と指摘されている[7]（McNeill 2000, 129-130）。しかし、環境森林省が注目する問題状況は、焼け切らない死体や焼いていない死体のことである。死体を焼くための薪は経費が高くつくため、生焼けの死体が河川に流されることがある[8]。それが河川汚染の一要因と考えられている（JBIC 2001a）。火葬施設の整備事業については第4章で簡単に扱う。

　以上、ガンジス川流域に暮らす人々が、河川からきれいな水を得て生活や生産に使用し、使用後の汚れた水と付随する固形汚物（および遺体）を河川に戻す営みを概観した。これら浄化能力を低下させる過度な利水、および浄化能力を超えた汚濁負荷がガンジス川水系汚染問題を引き起こしている。

第2節　ガンジス川浄化計画と関係の深いインドの諸制度

　ガンジス川の汚染問題の深刻化に対して、インドの政府や市民は——当然ながら——何もせずに問題を放置しているわけではない。ガンジス川浄化計画も、まさにガンジス川汚染問題を解決するためにインド国が実施している政策である。この国家プロジェクトの議論に入る前に、このプロジェクトの

基礎となるインドの諸制度を概観しておきたい。具体的には、環境法および環境行政の機構、国家プロジェクトとその当事者たる地方都市政府の関係を規定する地方行政制度、そして市民が行政を監視する目的において比較的有効なツールである公益訴訟制度（public interest litigation：PIL）、これら三つの制度を概観する。

1. 環境法と行政機構

　まずは、ガンジス川浄化計画の法的成立条件に遡っておきたい。国内の一部の州にしか裨益しない、しかし州をまたいで強制力を持つ、そのような公共事業に対して、中央政府が公費を投じ、諸機関に命令を下す法的根拠はどこにあるだろうか。

　インド国憲法上「水」問題は州管轄事項である（第7付則 第2表 第17項）。これが意味することは、水質汚濁に係る法律を定めること、水質基準の設定、規制の権限、それらが中央の議会や政府に無条件では与えられていないということである。実際、中央での法制化に先駆けて、一部の州で水質汚濁の規制が法制化されていた。たとえば1953年にオリッサ州で河川汚濁規制法（The Orissa River Pollution Prevention Act, 1953）、1969年にマハラシュトラ州で水質汚濁防止法（The Maharashutra Prevention of Water Pollution Act, 1969）が制定されている（野村・遠藤 1994, 255）。

　しかし同時期に、全国統一的な河川汚濁規制の必要性も認識されていた。1962年、中央レベルでの立法化に向けて起草委員会が設置され、同委員会や州政府中央協議会などで議論が続けられた。そして、10年以上にわたる中央と州の共同議論を経て、1974年に憲法第252条「2以上の州の承認による当該州のための国会の立法権および他州による当該法律の採択」（孝忠・浅野 2006, 172）を根拠に、12州の採択をもって中央レベルでの水質汚濁防止法が実現された（**表3-1**）。

表 3-1　インドの環境法と行政機構の変遷

1971	人間環境委員会（Committee on the Human Environment）設立
1972	国家環境計画調整委員会（National Committee on Environmental Planning and Coordination）設立
1972	**(第一契機)**　ストックホルム国連人間環境会議
1974	**(法的根拠)**　水質汚濁防止法（the Water Prevention and Control of Pollution Act, 1974）制定
1974	水質汚濁規制委員会（Water Pollution Control Board）設立
1976	第 42 次憲法改正、環境政策の基本原則挿入
1980	環境庁（the Department of Environment）設立
1984	**(第二契機)**　ボパール（Bhopal）毒ガス流出事故
1985	環境森林省（Ministry of Environment and Forest）、環境庁より格上げ
1986	**(法的根拠)**　環境保護法（the Environment Protection Act, 1986）制定
1988	水質汚濁規制委員会が公害規制委員会（Pollution Control Board）に名称変更

　同法は、中央レベルと州レベルにおける水質汚濁防止規制委員会（現・公害規制委員会、CPCB と SPCB[9]）の構成や権限などを規定しているが、中央水質汚濁防止規制委員会の権限は各州水質汚濁防止規制委員会の調整に限定されており、排出基準の設定や規制の権限は、依然として、それぞれの州水質汚濁防止規制委員会に帰属していた（Divan and Rosencranz 2001, 177）。

　水質基準を含む環境基準および汚染物質の排出基準を設定する権限が中央政府に付与される根拠は、1986 年に制定された環境保護法による（Divan and Rosencranz 2001, 205）。同法は環境保護のアンブレラ的法律であり、その効力は州管轄事項である「水」にも及んでいる。同法の場合は、憲法第 253 条「国際協定実施のための立法」（孝忠・浅野 2006, 173）を根拠とし、国連人間環境会議の採択決議を実施するための法律として中央レベルでの法制化が実現された。なお、この法制化には、1984 年に発生したボパール毒ガス流出事故の教訓が込められている。同事故によって、権限が弱かった環境森林省（Ministry of Environment and Forests：MoEF。1985 年に環境庁より格上げ）に、環境保護のための権限を集中させる必要性が広く認識された（野村・遠藤 1994, 271）。こうして現在、「中央政府は、環境〔同法の定義で「水」を含む〕の質を保全・向上させ、環境汚染を予防・制御・削減する目的に適う手

段をとる権限を有する」（環境保護法 第二章 第三節 第一項）にいたっている。
　このような法制度のもと、ガンジス川浄化計画を含む河川保全のための政策は、環境森林省の国家河川保全局（National River Conservation Directorate：NRCD）が担当している。また、水質汚染問題の規制・管理・評価は、水質汚濁防止法に基づいて同省の中央公害規制委員会（CPCB）が担当している。

2. 地方行政制度

　ガンジス川浄化計画は中央政府が主導しているが、同計画で建設された下水道システムや共同トイレなどを実際に運用して日常的な汚濁負荷を軽減するのは都市である。次に、インドの地方行政制度を確認する。
　インドは28州と7つの連邦直轄領から構成される連邦国家である。連邦（中央）と州の管轄事項は憲法に明示されており、そのうち「地方政府（local government）」、すなわち地方自治（local self-government）または村行政（village administration）のための地方権力機関（local authority）の設置および権能に関する立法権限は州議会にある（第246条、第7付則）。先述した「水」事項と同様に、全国統一の地方行政制度の枠組みが成立したのは比較的最近の1993年のことである[10]。
　図3-4は憲法改正後、すなわち現在のインドに統一の地方自治行政の体系を示している。インドでは農村部と都市部で行政体系が異なる。農村部は一般制度が適用される領域で、都市部は都市ごとに特別法で法人格が授けられる領域である（山下 2010, 254）。2011年のセンサスによると、インド全人口1,210,569,573人のうち68.8％（833,463,448人）が農村部に、31.2％（377,106,125人）が都市部に居住している[11]。
　農村部の地方自治組織が「パンチャーヤト（*Panchayat*）」、都市部の地方自治組織が「都市政府（Municipality）」と呼ばれる。どちらも日本の「地方公共団体」とは異なり、一定の領域とその住民を構成員とするような「領域団体」を指し示す概念ではなく、「地方権力機関（local authority）」を指し示す概念である[12]。このことより、本書では農村部や都市部の自治組織の総称として「地方公共団体」や「自治体」という用語を用いずに、「地方政府」とい

```
                    ┌─────────────────┐
                    │  中央 (Union)   │
                    └────────┬────────┘
                    ┌────────┴────────┐
                    │  州 (States)    │
                    └────────┬────────┘
           ┌─────────────────┴──────────────────┐
   農村部 (Panchayats)                都市部 (Municipalities)
```

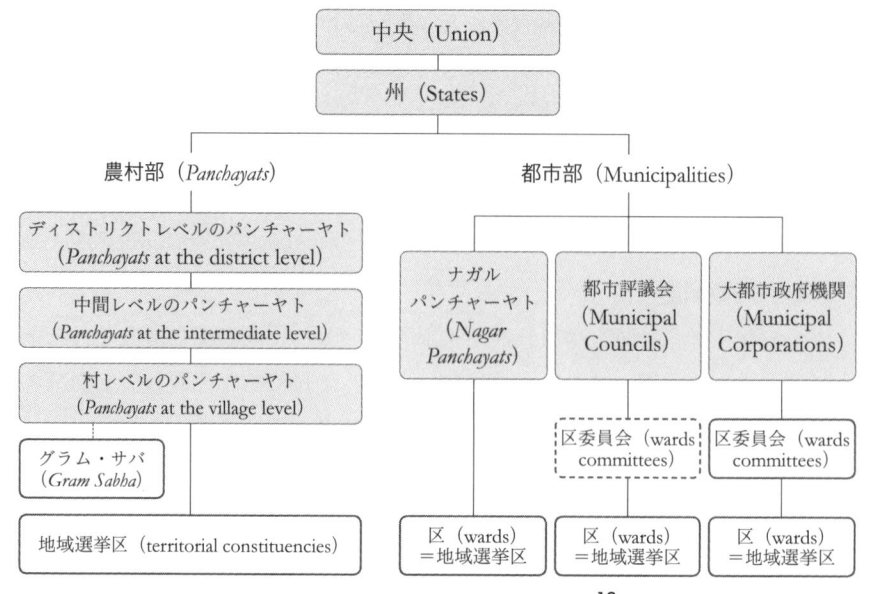

図 3-4 インド憲法上の行政体系 [13]

う用語を用いる。言い換えると、ガンジス川浄化計画に関与するそれぞれの行政アクターを「中央政府」「州政府」「地方政府」と呼び分ける。

　また、「地方政府」とは一義的に公選評議員（councilor）から構成される評議会を意味する。議会と首長が並列する我が国の二元代表制とは異なり、インドでは民主的手続きによって選出される評議会が議決権と行政権を有しており、非公選の一般公務員からなる執行部門を（少なくても形式上は）指揮下におく。つまり我が国の「首長」に匹敵するポジションをあえて言うならば「議長（chairperson）」がそれにあたる。他方、地方政府の執行部門を率いる首席行政官は地元住民の代表ではなく、州政府から派遣されるエリート官僚である [14]。

　まずは、地方政府の種類から見ていこう（第9編；第9A編）。農村部の地方政府である「パンチャーヤト」は、村レベル（village, *gram*） [15]、中間レベル（intermediate）、ディストリクトレベル（district, *zilla*）の三層構造になっている [16]（第243B条）。また、村レベルのパンチャーヤト区域内の選挙人名簿登録者を構成員とする団体として「グラム・サバ（*Gram Sabha*、村の議会の意）」

が定義されており、州法に定められた権限を行使することができるとされている（第243条；第243A条）。

次に、ガンジス川浄化計画と直接的に関係のある都市部の地方政府、「都市政府（municipalities）」は地域区分によって種類が異なる。大都市地域（larger urban area）には「大都市政府機関（Municipal Corporation、*Nagar Nigam*）」、小都市地域（smaller urban area）には「都市評議会（Municipal Council、*Nagarpalika Parishad*）」、移行地域（transitional area、農村地域から都市地域へ移行しつつある地域）には「ナガル・パンチャーヤト（*Nagar Panchayat*）」がそれぞれおかれる[17]（第243Q条）。これらの地域分類は人口、人口密度、非農業者比率などの要件により州政府が定める（第243Q条）。また都市部では、30万人ごとに区委員会（Wards Committees）が設置される[18]（第243S条）。

農村部の自治地域（*Panchayat* area）も都市部の自治地域（Municipal area）も共に選挙区に区割りされ、有権者の直接選挙によって評議会（＝地方政府）の議席が埋められる（第243C条；第243R条）。積極的差別是正措置として、指定カーストと指定部族[19]（地域内の人口比に相当する数）および女性（全体の1/3以上）に対して議席の留保が定められている（第243D条；第243T条）。評議会の任期は5年である（第243E条；第243U条）。

区人口は事例ごとに大きく異なり、たとえば小規模なUP州ブリンダバン町（Vrindavan）であれば2,500人前後、大規模なデリー市では50,000人前後である。このように、ブリンダバン町の場合は十分に、デリー市の場合でもある程度の規模で、社会的弱者も含めた民意を自治行政に反映させる制度の枠組みが憲法上で規定されている。

地方政府に期待されている責務事項が第11付則と第12付則に列挙されている。それら列挙された事項を含め、パンチャーヤトと都市政府がそれぞれ領域内の経済発展および社会正義のための施策を準備・実施し、自治政府機関（institutions of self-government）として機能するために必要な権能（power）と権限（authority）を、州議会は法律によって地方政府に委譲することができる（第243G条；第243W条）。

このようなインド全国統一の地方自治制度は比較的新しい1993年に施行

されたものであり、また州ごとの裁量に任されている部分が大きいため、その運用状況は州ごとにばらつきがある。たとえば 2010 年時点において、いまだ憲法が示す形態の地方政府が設置されていないケース、地方政府はあるが運用の計画段階にあるケース、州政府から地方政府へ権限が委譲され始めたケース、比較的良く運用されているケースなど様々であった（NIUA 2007; Harriss 2010; Ramanathan 2007; Mathew 2000; Oommen 2006; MoPR 官僚[20], 2006.5.16 など）。

3. 公益訴訟制度

ガンジス川水系汚染問題をめぐるインドの諸制度として最後に、公益訴訟制度（Public Interest Litigation：PIL）を確認しておく。ガンジス川浄化計画は多くの公益訴訟を経験している。そのように、司法府が行政府の活動に積極的に介入することは「司法積極主義（judicial activism）」と呼ばれる。佐藤創はインドの公益訴訟を「世界でもっとも活動的な司法積極主義」と評している（佐藤創 2001a, 3）。

もともとインドの公益訴訟は「政府の末端機関による不正をただし、貧しく抑圧されている階層へ正義をもたらすものとしてはじまった」という（佐藤創 2001a, 7）。それが 1980 年中頃以降に「公益訴訟担当室」および類似部局が最高裁や高裁に設置され、一つの訴訟領域として定着していった（Divan and Rosencranz 2001, 133; 佐藤創 2001a, 8）。1980 年から 1996 年までに公益訴訟によって下された中間・最終命令の数が 446 件のうち「環境などの公共政策に関わる問題」に対する訴訟が最も多く、全体の 39％を占めていたという[21]（佐藤創 2001a, 11）。

なぜ司法積極主義なのかと言えば、佐藤創が指摘するように「現代型訴訟」としてのユニバーサルな要請に加えて（佐藤創 2001b）、インドに特徴的な要因も関係している。ディヴァンとローゼンクランツによるインドの環境法に対する評価を引用しよう。

　　　　インドは、天然資源を保全し保護するための一通りの規制手段を有す

るが、それはうまく機能していない。立法府は産業および開発活動に関する様々な局面についての法律を制定することは速いが、そのための施行予算の承認や効果的な実施の要求については慎重である。行政府は、国内のいたるところで産業、鉱山およびその他の汚染者を規制することに絶大な権力を振るうが、違反者を訓練することに権力を使用したがらない。〔それに対して〕20年以上も環境破壊の目撃者であり続けた司法府は、最近は公的な教育者、政策決定者、最高の管理者、そしてより一般的に環境の友（*amicus* environemnt）としての積極的な役割を引き受けている。（Divan and Rosencranz 2001, 1）

環境問題を解決する目的において、インドでは「疾風のような立法とだらしのない執行」、すなわち立法府と行政府だけでは不十分であり、その代わりに司法府が立法や政策の分野において積極的な役割を担うようになったという。すなわち、先述したような国家河川保全局や公害規制委員会といった公式の行政機構は「片腕」でしかなく、市民と司法府による非公式でアドホックな実施メカニズムが別の「片腕」を補っていると説明されている（Divan and Rosencranz 2001, 1）。

ガンジス川浄化計画について言えば、ディヴァンとローゼンクランツの比喩は実に的を射ている。本書の主張はまさに、片腕のみによるガンジス川浄化計画の不十分な実施状況を報告することになる。行政府が実施する政策は事業地域の実態と乖離する傾向があり、想定される実効性を上げることができていない。それに対して、市民がその不備な政策プロセスに関与する、あるいは参加する最も有効な手段が公益訴訟なのである。佐藤創も公益訴訟の特徴として「オンブズマン的機能」や「フォーラム提供的機能」を指摘している[22]（佐藤創 2001b, 24）。

比較的容易な市民の司法関与を可能にさせているのが、公益訴訟の手続きの緩やかさにある。第一に、原告適格が直接被害を受けたものでなくても認められるだけではなく、判事宛の手紙などを令状請求として訴訟が開始されうる。また、原告が必ずしも十分な証拠を提示する必要はなく、裁判所が調

査委員会を任命して調査を実施させる。そして、裁判所は「判決」ではなく「中間的な命令」というかたちで、継続的に行政活動を指導し監督する（佐藤創 2001a, 14-18）。つまり、「十分には組織化されていない市民」が、「主張や立証の点で多大の困難を伴」う場合でも、立法府や行政府の「将来に向けた作為や不作為」に対して司法府に救済を求めることができるのが公益訴訟なのである（佐藤創 2001a, 5）。

　ここで留意しておきたいことに、積極主義とはいえ司法府の役割は、立法府や行政府のそれを補うことはあっても、当然ながらそれを置き換えるものではない（Divan and Rosencranz 2001, 4; 佐藤創 2001a, 19; 辻田 2005）。たとえば、「中間的な命令」の効力の問題は大きい。司法府の命令を行政府が着実に執行しないという話はまったく珍しくない（辻田 2005; Alley 2002; 佐藤創 2001a, 19）。その他にも、原告の主張が必ずしも被害者の主張を代表しているわけではないこと、裁判には時間がかかること、裁判による救済はアドホックなものでしかないことなどの問題点も指摘されている（辻田 2005, 125-126）。また、後述するカーンプル市のJ氏が指摘するように、市民が裁判で政府と争うことはあまりにも労力が必要で、継続には多大な困難が伴うという（2010.3.20）。公益訴訟とはそういった限界を持ちながら、しかしそれでも重要な、そして数少ない有効な市民参加のツールなのである。具体的な訴訟事例は後述する。

　以上、これまでガンジス川浄化計画の前提枠組みをなす基本的な諸制度を3つ、すなわち環境法と環境行政機構、地方行政制度、そして公益訴訟制度を概観した。次に、こういった諸制度を背景に成立している「ガンジス川浄化計画」を見ていくことにしよう。

第3節　ガンジス川浄化計画の概要

　河川汚染はインド社会において比較的関心の高い問題である。先述したように、水質汚染対策の立法化は各州で1950年代から進み、中央レベルでも環境保護法の成立に先駆けて水質汚濁防止法が成立している。また、ガンジス川の汚染問題は1960年代には問題化されている。第6章で紹介するバラ

ナシの地元 NGO は 1982 年にガンジス川の浄化を目的に立ち上げられているし、1985 年には後述する「ガンジス川汚染訴訟」が起こされた。インドにおいて河川汚染は早くから問題化され、1980 年代には社会的に広く認識されていた。そのような状況において、ガンジス川浄化計画（Ganga Action Plan）は環境保護法の成立と同時期に具体化され始めた。

ガンジス川水系はインドにおける 14 の主要州際河川の中で最も多くの流域人口を抱えていること、およびインド国民にとっての精神的重要性から国家河川浄化政策の第一号河川に選ばれた（Planning Commission 1985, 18.8,34; WHO/UNEP 1997, 1.3.1; CAG 2000, 1)。1985 年にラジヴ・ガンディ（Rajiv Gandhi）当時首相を筆頭に中央ガンジス川委員会（Central Ganga Authority：CGA、現 NRCA）が組織され、その執行機関として環境森林省下にガンジス川事業局（Ganga Project Directorate、現 NRCD）が設置された。そして、1986 年 6 月 14 日、首相の開始演説とともにガンジス川浄化計画が「国民のプロジェクト（a People's Project）」として公式に始まった[23]（MoEF 1987, 25; WHO/UNEP 1997, 1.3.1)。「開始当初は皆の心をつかんだ計画であった」という（CSE 2002a, 92)。

1. 計画の概要

浄化目標は水質基準「B」の「沐浴可能」な水質である[24]。大腸菌群数が 500mpn/100ml 以下、水素イオン濃度（pH）が 6.5 以上 8.5 以下、溶存酸素量（DO）が 5mg/l 以上、生物化学的酸素要求量（BOD）が 3mg/l 以下（NRCD 2007a)。日本の河川の環境基準と比較してみると、大腸菌群数が「A」クラス、それ以外の指標は「B」クラスに相当する[25]。

ガンジス川浄化計画は、先述した汚染要因の中でも、汚濁負荷の軽減を目的としている。また、その中でも、最大の汚濁源である都市下水への対応、つまり都市下水道整備を主な事業内容としている。第一期ガンジス川浄化計画の事業目標は、幹川沿い 3 州 25 都市に 882mld 分の下水処理施設を建設することで（1985 年時点、同範囲における下水量合計は 1,340mld)、予算 46 億ルピー（415 億円[26])、期間 5 年という計画であった（PAC 2004, 1.6)。実際

は261事業のうち1つの事業を残して、14年後の2000年3月31日をもって事業終了が宣言された（MoEF 2001, ch.6）。

表 3-2 のように、1993年以降は支川や派川にも事業が展開された。たとえば、日本のODAが継続的に支援しているヤムナ川浄化計画を見てみると、1993年に3州21都市で合計753.25mld分の下水処理施設を建設目標として開始された。2004年から3州15都市で第2期が開始され、2011年からはデリー市に特化して第三期が開始された（JICA 2011a）。今後本書では、ガンジス川水系における浄化事業の全体を指して「ガンジス川浄化計画」と呼び、具体的な個別事業を指す場合は「GAP-I」や「YAP-II」などと省略形を用いることとする。

1995年にはガンジス川水系以外の河川にも事業が拡大され、「ガンジス川浄化計画」の枠組みはより大きな「国家河川保全計画（National River Conservation Plan：NRCP）」に改組された。それに伴い、「中央ガンジス川委員会（CGA）」が「国家河川保全委員会（National River Conservation Authority：NRCA）」に、「ガンジス川事業局（GPD）」が「国家河川保全局（NRCD）」に改称された。

最新の動きとして、国家河川保全計画の枠組みとは別に、「GAP-I以降の問題点を考慮し、アプローチを刷新する必要性が広く認識されたため」（NGRBA 2010a）、2009年にマンモハン・シン（Manmohan Singh）首相を議長とする「国家ガンジス川流域委員会（National Ganga River Basin Authority：NGRBA）」が設置された。当面はガンジス川幹川の水質浄化に焦点を当て、2020年までに未処理下水を一滴も河川に放流しないことを実現するという目標のもと、組織能力開発および優先的な建設事業を実施する大型計画「国家ガンジス川流域事業（National Ganga River Basin Project）」が進行中である。これまでの計画が州／都市単位であったことに対して、新計画は水系単位で河川浄化を進める。さらには都市開発省や水資源省とも共同事業を計画するといったようにプレーヤーの幅を広げ、これまで積極的に対処してこなかった水量の問題にも取り組むとされている（World Bank 2011; MoEF 2011, 142-145）。

表 3-2 国家河川保全計画一覧[27]

計画		事業期間	州	都市	予算額(億ルピー)	執行額(億ルピー)	計画事業	完了事業	計画処理容量(mld)	完成処理容量(mld)
ガンジス川 GAP-I		1985 Jun - 2000 Mar	3	25	46.20	43.33	261	260	882	869
ガンジス川水系（広義のGAP-II）	ヤムナ川 YAP-I + 延長期	1993 Apr - 2003 Feb	3	21	70.55	68.22	269	269	753	753
	ヤムナ川 YAP-II	2004 Dec - 2008 Sep	3	15	62.40	67.99	32	-	189	189
	ヤムナ川 YAP-III	2011 Feb - 2018 Apr	1	1	165.60		-		887	-
	ゴムティ川 GoAP-I	1993 Apr -	1	3	5.58	5.29	31	29	48	47
	ゴムティ川 GoAP-II	2003 Apr - 2007 Mar	1	1	26.30	28.91	30	7	375	0
	ダモダル DAP	1996 Oct - 2001 Dec	2	12	0.44	0.43	14	14	13	13
	ガンジス川（幹川）GAP-II	1995 Jul - 1999 Mar 1996 Oct - 2001 Dec (西ベンガル)	8	60	59.14	43.06	315	257	276	186
	マハナンダ川 MAP	2005 Sep -	1	1	5.49	2.92	3	0	59	0
ガンジス川水系以外 NRCP		1995 Jul - 2005 Dec	14	70	240.14	193.36	385	271	2,621	2,197

2. 事業コンポーネント

　従来からのガンジス川浄化計画に話を戻し、事業コンポーネントを確認していく。先述したようにガンジス川浄化計画は点源汚濁源である都市下水の汚濁負荷を軽減すること、すなわち都市下水道整備が主な事業内容である。**図 3-5** で言うと、街から排水溝を通って河川に放流されている下水を遮断して、下水管で下水処理場（sewage treatment plant：STP）まで集めてそれを処理し、その後農業用水として再利用、あるいは河川に放流するという計画である。これが**表 3-3** の（a）「下水道システムの建設」に該当するコンポーネ

76　第Ⅱ部　事例検証

図 3-5　河川浄化計画のモデル

出典）NRCD（2010）に筆者和訳追加。

表 3-3　河川浄化計画の事業コンポーネント

(a)	下水道システム（遮集・系外放流・下水処理）の建設
(b)	公共／公衆トイレの提供
(c)	改良式火葬施設の供給
(d)	沐浴場建設、植林、その他河岸美化事業を含む河岸環境改善事業
(e)	持続可能な河川浄化のための住民参加・公衆啓蒙プログラム

出典）PMC 2004a。

ントで、下水道スキームと呼ばれる。

　それに対して非点源汚濁源に対応する非下水道スキームも用意されており、表3-3の（b）から（e）までのコンポーネントがそれにあたる。図3-5では河岸部分にそれぞれ絵で示されている。三角の絵「LCS」が（b）「公共／公衆トイレ（low-cost sanitation：LCS）」の提供、炎の絵が（c）「改良式火葬施設（crematoria）」の供給、そして階段の絵「RFD」が（d）「河岸環境改善事業（river front development：RFD）」を意味する。（e）「住民参加・公衆啓蒙プログラム」は絵で表わされていないが、施設を建設するなどのハード系の事業ではなく、啓発活動を主とするソフト系の事業である。

　これらガンジス川浄化計画の各事業コンポーネントについては、次章でブリンダバンの事例に即して詳しく報告する。ガンジス川浄化計画では基本的に、こういった一連の事業がほぼすべての事業都市で実施された。費用割

合は 2006 年時点までの実績で下水道スキームが 89％、非下水道スキームが 11％であった[28]（NRCD 2010）。

実施体制は、国家河川保全委員会（NRCA）が政策指針を定め、国家河川保全局（NRCD）が計画・実行・モニタリング・評価を監督する。水道公社などの州政府機関が都市ごとの計画・設計・工事を実施し、建設後の施設は都市政府が運転・維持管理を行う（CAG 2000, 5; JICA 2002）。実務については多くの場合、国レベルでも州レベルでも、また ODA の文脈でも、調査、計画、実施、あらゆる局面において開発コンサルタントや NGO などが請け負っている[29]。

施設建設費用に関しては国費や州費が当てられている。GAP-I は事業費の 100％が国費から支出されていたが（WHO/UNEP 1997, 1.3.1）、それ以降の計画は 70：30 や 50：50 などと、その都度負担割合が異なる。建設事業終了後の維持管理費用は維持管理機関（主に都市政府）が負担する。先述したように 1993 年に第 74 次憲法改正があり、州毎に地方分権化が進められている。それに伴い、GAP 施設が州政府から都市政府に順次移管され、費用負担が州から都市へ移行した。

3. ODA による支援の状況

このインドの国家プロジェクトであるガンジス川浄化計画に対して、海外の開発援助機関はこれまで有償・無償の開発援助を行ってきた[30]。そのうち、主要なものを**表 3-4** にまとめた。この表にはガンジス川浄化計画それ自体に対する援助案件のみを示している。この表には含まれないが、より広い枠組みで国家河川保全局や中央公害規制委員会に向けて支援が行われているもの[31]、あるいはガンジス川水系汚染問題への取り組みとして流域の市民団体に支援が行われているものなどがある[32]。それらも広くはガンジス川浄化計画に関わる ODA であるが、ここではガンジス川浄化計画に対する ODA に焦点を絞って援助事情を概観する。なお、先述した世界銀行が支援する「国家ガンジス川流域事業（National Ganga River Basin Project）」は、GAP-I や GAP-II の後継と位置づけられていることから、表に組み込んだ。

表 3-4　ガンジス川浄化計画に対する主な政府開発援助[33]

	契約時の事業期間	援助機関	事業名	事業対象地	約束額	円換算[34]（億円）
有償資金協力	1987-1996	世界銀行	Urban Development Uttar Pradesh Project など	UP 州	3.3 億ルピー	29.77
	1992-1997	日本（JBIC、JICA）	ヤムナ川流域諸都市下水等整備事業	UP 州、ハリアナ州、デリー準州	177.73 億円	177.73
	2003-2008		ヤムナ川流域諸都市下水等整備事業（II）	UP 州、ハリアナ州、デリー準州	133.33 億円	133.33
	2005-2012		ガンジス川流域都市衛生環境改善事業（バラナシ）	UP 州（バラナシ市）	111.84 億円	111.84
	2011-2018		ヤムナ川流域諸都市下水等整備事業（III）	デリー準州	325.71 億円	325.71
	2011-2019	世界銀行	National Ganga River Basin Project	ガンジス川幹川 4 州	10 億 US ドル	817.80
無償資金・技術協力	1987-1995	オランダ（Indo-Dutch Bilateral Cooperation Program）	Indo-Dutch Environmental and Sanitary Engineering Project	UP 州（カーンプル市、ミザプール市）	4.7 億ルピー	42.40
	1995-2001		Institutional and Community Development Project	UP 州（カーンプル市）		
	1998-		Ganga Action Plan Support Project	UP 州（カーンプル市）	5,124 万ギルダー	33.49
	1995-2000	英国（DFID）	Gomti Pollution Control Project at Lucknow: Phase 1	UP 州（ラクナウ市）	476 万英ポンド	7.51
	2003-2005	日本（JICA）	ガンジス河汚染対策流域管理計画調査	UP 州（バラナシ市、アラハバッド市、カーンプル市、ラクナウ市）	—	—

　日本国は世界銀行と並んで、ガンジス川浄化計画に対する資金援助主体であり、1992年より継続的に資金および技術支援を行っている。広大な規模の都市下水道整備を主目的とするガンジス川浄化計画において「資金」は常に大きな課題であり、日本の円借款はヤムナ川浄化計画（I期～III期）およびバラナシにおける GAP-II の決定的な推進力である。

世界銀行とオランダ国はGAP-Iの発足当初から支援している。世界銀行は、GAP-Iで下水施設の建設に対して比較的小規模な資金援助を実施した。そして、2010年以降は先述した国家ガンジス川流域事業という大型の借款事業に取り組んでいる。オランダ国はカーンプル市におけるガンジス川浄化計画（GAP-IとGAP-II）に対して無償支援を実施していた。

　英国はゴムティ川行動計画の中でラクナウ市に対する支援を行った。本格事業への準備段階として、GoAP-Iでマスタープランを作成したが、GoAP-IIの本格事業への支援は取り止めている。英国国際開発省（Department for International Development：DFID）は、インド政府との「目標、コミュニケーション、意思決定経路」の相違から事業効果が得られなかったため同計画から撤退したと説明している（TROPICS 2006; DFID 1998, 21; MoEF 2000, ch.6）。この事例は第8章で再述する。

　以上、ガンジス川浄化計画の事業概要を確認した。次に、事業実態について見ていこう。

第4節　ガンジス川浄化計画に対する評価

　ガンジス川浄化計画を主導している国家河川保全局によると、2014年時点において、下水道施設の建設目標はほぼ達成されている（表3-2; NRCD 2014）。ところが、水質評価を担当している中央公害規制委員会によると、2011年時点において、事業対象域内の観測地点81か所のうち84％において「処理しても飲用水として適さない」水質の「D」クラスかそれ以下を示している。つまり下水道施設等の建設目標はほぼ達成されているが、水質上の目標値には成果が反映されていない。

　その点について国家河川保全局は、流域の都市化や工業化が進行しているにもかかわらず、指標限定的（特にBOD）に見れば1986年以前よりも水質が改善している測定箇所があることを強調している。もしガンジス川浄化計画が実施されていなければ、河川の水質は今以上に悪かったであろうという主張である。また、河川保全に対する公衆の意識を向上させたこともガンジス川浄化計画の成果だとしている。他方で、ガンジス川浄化計画が部分的な

成功にとどまることにも言及している。水質改善を妨げている直接的な課題としては、後述するような、政策デザインの限界、下水処理デザインの問題、そして建設された施設が十分に維持管理されていない問題を挙げている（NRCD 2009）。

　それではインド社会は、ガンジス川浄化計画をどう評価しているだろうか。以降本節では、ガンジス川浄化計画に対する、実施機関以外のアクターからの評価を概観する。結論から言うと、ガンジス川浄化計画に対しては、これまでのところ概して批判的な評価が優勢である。それらの批判論はいくつかに分類される。第一に単純に河川が浄化されていないという批判。これは、ラジヴ・ガンディが浄化を約束したにもかかわらず、あるいはそれなりの投資がなされているにもかかわらず、浄化の効果が目に見えないというもの。第二に、ガンジス川浄化計画の政策デザインに対する批判。たとえば、河川流量の問題を除外しているという指摘などである。第三に、下水処理システムのデザインに対する技術的、経済的な効果や効率性についての批判。たとえば、ガンジス川に直接放流されている下水を遮断するという発想ではなく都市全体の下水道整備を検討すべき、あるいはその反対の意見などがそれにあたる。第四に、何はともあれ承認された事業計画が実行されないことへの批判。つまり、計画上の施設が計画通りに建設され、計画通りに維持管理され、計画通りの下水量を処理することができていないという組織、人的、社会的な問題についての指摘である。第三の批判と第四の批判は密接に関連している。たとえば、建設された下水道処理技術が現実の地方政府の能力と乖離しており、よって地方政府が施設の使用を放棄するという図式がそれである。

　実際の批判論を年代に即して概観していこう。まずは新聞、雑誌、書籍など、実施機関以外の主体から一般に向けて公表されているガンジス川浄化計画に対する評価のうち、初期のものを取り上げる。次に公益訴訟と国会における公式の評価を概観する。最後に、最近の報道の論調と実施関係機関側からの擁護論を確認する。

(1) マスメディア①　初期の段階

　ガンジス川浄化計画に対する批判論は、GAP-I の施設が完成し始めたころにすでに見られる[35]。1989 年に出版された書籍『ガンジス川を浄化できるのか（Can the Ganga Be Cleaned?）』には、先に分類した批判事項がほぼすべて述べられている。

　第一の批判としては、「UP 州水道局の巧みな数字の使用と声高な主張、そして組織的な政策宣伝にもかかわらず、ガンジス川はこれまで以上に汚れたままである」（Banerjee, B. N. 1989, 164）とある。第二の批判としては、ガンジス川浄化計画は河川を浄化するための計画であるはずなのに、下水処理に特化しており、河川流量の問題、延いてはヒマラヤ山脈の森林伐採、あるいは工場排水や農場から流出する化学肥料など、河川全体のエコシステムを除外していると指摘されている（Banerjee, B. N. 1989, 177-179）。

　第三の批判としては、「断片的な〔包括的ではない〕ガンジス川浄化計画は悪夢であり国家の災難になりうる」といった強い表現が用いられている。都市全体の下水を処理する総合的な見通しがないままに、対症療法的に下水路（どぶ）を遮断して迂回させるという手法に、河川浄化の実効性どころか、地下水汚染などの悪影響が危惧されているのである（Banerjee, B. N. 1989, 164）。そして、第四の批判につながる論点として、「中央ガンジス川委員会は事態を慎重に把握しないままに意思決定は早い」。ゆえに実行可能性が弱いと指摘されている（Banerjee, B. N. 1989, 177）。このように、1989 年の書籍において、この先 20 年以上ガンジス川浄化計画をめぐって提起され続ける課題群がすでに網羅されている。

　GAP-I 以降、ガンジス川浄化計画は頻繁に「期待外れ」「失敗」などと新聞や雑誌で評されることになる。その中で、インドの主要な環境雑誌である *Down to Earth* に 1992 年に掲載された記事から第三と第四の批判に焦点を当てて見てみよう。同記事は「ガンジス川浄化計画はガラクタ（hogwash）」といった元州議会議員の発言や、「政府は河川を浄化するという以上に、ガンジス川浄化計画を豪華で壮観なものにしたい」のだという大学教授（環境科学）の発言を引用している。後者の発言の趣旨は、ガンジス川浄化計画が、これ

まで各地域で実践されてきた安価で自足的な下水灌漑（sewage farm）のような手法を軽視し、下水道を張り巡らして電気ポンプを用い、集中的に下水を処理する高コストの計画（pumps-and-pipes scheme）を選択していることにある。これが第三の批判で、これが第四の批判につながっている。州政府や都市政府は経済的にも技術的にも施設を維持管理することが困難であり、また仮に通常の維持管理が可能であっても頻繁な故障や停電に対処できないことが指摘されている（Shankar 1992）。

また、維持管理をさらに困難なものとさせる要素として、下水が自然流下しない設計上および建設上の問題や、各都市において都市固形廃棄物管理が不十分なので、ゴミが下水道システムを詰まらせる問題も指摘されている。そして、新たにGAP-IIの事業計画が承認される前に、GAP-Iにみられるこれらすべての課題を精査する必要があるとの環境活動家らの主張が紹介されている（Shankar 1992）。

(2) 公益訴訟

GAP-Iの課題を精査するという環境活動家らの主張は、公益訴訟を通じて実現されている。先の *Down to Earth* の記事にも紹介されていた環境活動家のM.C.メータ（Mahesh Chander Mehta）はインドの環境公益訴訟において最も著名な人物の一人で、「今日最も重要な水質汚染の訴訟」である「ガンジス川汚染訴訟（Ganga Pollution Cases）」（M.C.Mehta vs. UOI & Ors, supreme court Writ Petition 3727 of 1985）を起こした人物である（Divan and Rosencranz 2001, 210）。同訴訟の発端はカーンプル市の工業汚染であったが、この訴訟は長期にわたってガンジス川浄化計画に多大な影響を与えてきた。その一つがGAP-Iの精査である。

1992年から1995年まで、メータは訴訟の争点をカーンプル市から広くガンジス川流域の都市や工場に拡大した。そのために最高裁は毎週金曜日をメータからの訴状の審理に当てることにしたという。最高裁は1993年10月にガンジス川流域における全都市の下水処理状況の実態調査を国立環境工学研究所（National Environmental Engineering Research Institute：NEERI）に命

じた。その際に、他都市はもとより GAP-I 都市でさえ下水処理が不十分という回答であったため、改めて GAP-I 事業実態の詳細な調査を命じた（Alley 2002, 150）。

その調査結果が 1994 年 8 月に提出された。「第一期で計画された下水処理システムの多くが未だ建設されていないか、もしくは〔維持管理機関に〕引き渡されていない。そして、完成した〔はずの〕下水処理施設の多くが機能していない」と報告された（*Down to Earth,* 1994.10.31）。9 月 30 日、最高裁はメータの訴状を基に、ガンジス川事業局と州政府に対して、GAP-I の事業評価を実施し、それが終了するまで GAP-II の事業を開始しないことを命じた（Bhattacharya 1994）。

このように、建設計画の大幅な遅延と、さらには建設された施設の不備が司法介入により明らかにされた。これ以外にも、ガンジス川浄化計画をめぐっては複数の公益訴訟が起こされ、課題が指摘されている。たとえば、カーンプル市の Eco-Friends という地元 NGO の代表ラケッシュ・ジャイスワール（Rakesh Kumar Jaiswal vs. State of U.P. and others, Allahabad High Court, Writ Petition 725 of 1994）や、マツーラ町の学校教員ゴープシュワー・チャトゥルヴェディ（Gopeshwar Nath Chaturvedi vs. State of U.P. and others, Allahabad High Court, Writ Petition 1644 of 1998）が訴訟を起こしている。また、バラナシ市からの訴訟事例は第 6 章で詳述する。

(3) 公共会計委員会

2004 年、インド国会（連邦議会）の「公共会計委員会（Public Accounts Committee：PAC）2003-2004」は「1993-2000 年度までのガンジス川浄化計画において、建設された下水処理施設は目標値の 39％にしか達していない[36]。……さらに、2000 年までに 98 億 7,880 万ルピー（約 337 億円[37]）を投入して建設された施設の多くが、全面的にもしくは部分的に機能していない」と指摘した（PAC 2004, II.2.1）。

これは、2000 年 12 月に提出された「会計監査局（Comptroller and Auditor General：CAG）」の調査報告を基に、公共会計委員会が環境森林省や州政府

関係者に直接ヒアリングして精査した後に国会に提出したものである。先に紹介した国立環境工学研究所による 1994 年の調査報告から 10 年後、画期的な進歩は見当たらない。報告内容の一部を引用しよう。

　環境森林省は州政府の事業進捗をモニタリングしていない。最高裁に指令を受けるまで GAP-II の事業詳細報告書の提出期限を定めていなかった。ガンジス川浄化計画を監督するはずの国家河川保全委員会は 1994 年から 1997 年の間に 2 回しか会議を開催していない。国家河川保全局は現場視察、実施機関とのレビューミーティングなどを実施した証拠を示すことができなかった。州レベルの市民監査委員会は設置されていないか、設置されていても監視活動をほとんど実施していない。環境森林省は建設された施設の確実な有効利用を確認していないし、州政府およびその実施機関は維持管理を放棄している。環境森林省は資金不足を理由に水質モニタリングを 1999 年より停止している。二次的調査によると、水質はすべてのパラメーターにおいて悪化している。事業資金の管理がずさんである、といったような内容が報告されている[38]（PAC 2004; CAG 2000）。

(4) マスメディア②　GAP-II 以降

　これら、公益訴訟や公共会計委員会におけるガンジス川浄化計画の評価は、雑誌や新聞、そして書籍などの媒体を通じて逐一インド国民に伝わっている。「開始当初は皆の心つかんだ計画であった」（CSE 2002a, 92）だけに、ガンジス川浄化計画に対する国民の関心は高く、そして失望も大きかったことが予想される。ガンジス川浄化計画が「失敗」との評価は、裁判所や国会による公式な審判を経て、一般論として定着したと言ってよいだろう。

　インドの有名な環境 NGO である科学環境センターは 1999 年発行の『市民のための第 5 次報告書（*The Citizens' Fifth Report*）』においてガンジス川浄化計画の全体像を（CSE 2002a, 91-108）、2007 年発行の『下水運河：ヤムナ川をいかに浄化するか（*Sewage Canal: How to Clean the Yamuna*）』において特にヤムナ川浄化計画に焦点を当てて、事業実態を包括的に報告している（CSE 2007）。両者ともガンジス川浄化計画を擁護するための雑誌ではないので、当然なが

ら、客観的な数値データと多くの批判的な主張を掲載している[39]。

　新聞記事の論調も批判的なものが目につく。2011年度に発行された情報記事の見出しだけをピックアップしてみよう。たとえば、「ガンジス川汚染、努力が無益であったことは証明された」(*The Times of India*, 2011.1.12)、「ガンジス川浄化計画の25年、そしてガンジス川はいまだ絶望の中にある」(*The Times of India*, 2011.6.14)、「ガンジス川浄化計画は結果を出さなかった」(*Outlook India*, 2011.8.2)などとある。

　インド国民はこれまで何度も、政策宣伝と、「失敗」との批判報道、そして見直しの政策宣伝と、同じような批判報道を繰り返し目にしてきた。よって、世界銀行の借款を受けて2011年に開始された大型事業である国家ガンジス川流域事業に対しても懐疑的な論調が見られる。*Times of India* は「世界銀行のローンは今後9年間にガンジス川を浄化するという目標を達成できるのか」という問いを立て、それに対する回答としてバラナシの環境活動家の懐疑的な発言を引用している。「政府はガンジス川浄化計画の失敗から学ぶことを拒否し、同じ過ちを犯している。…ガンジス川浄化計画の失敗を説明できた官僚や技術者がいただろうか？　過ちによって制裁を受けた人間がいるだろうか？…世界銀行からの巨額の資金は再び果実を生まずに使い尽くされるだろう」(Singh, B. 2011a)「…説明責任の制度が修正されないことにはガンジス川を浄化することはできない。〔今回も〕そのパターンは同じで、ラベルを変えただけ」(Singh, B. 2011b)。

　このように、ガンジス川浄化計画の評判はおおむね批判論が優勢である。最後に公平を期して、実施関係機関の側から発信されているガンジス川浄化計画の擁護論も見ておこう。

(5) 擁護論

　インドの有名なシンクタンク「エネルギー資源研究所（The Energy and Resources Institute：teri）」はヤムナ川浄化計画の啓発プログラムに関わった経緯もあり、大別すると実施関係機関に属すると言ってよいだろう。*TerraGreen* というオンライン月刊誌ではヤムナ川浄化計画の実効性を懐疑す

る市民感情に寄り添いつつ、政府側の言い分を紹介し、市民側の問題も提起している。政府側の言い分とは本章第1節や第2節で紹介したような河川汚染をめぐる問題群の整理とヤムナ川浄化計画がそれに対応した事業であるという説明である。そして、「デリーの多くの市民はヤムナ川が直面する危機と向き合っていない」といった市民側の無関心や、川に物を投げ捨てる習慣について問題提起している（Srivastav 2002）。

次に、新しい大型事業のスポンサーである世界銀行の事業報告書は、ガンジス川浄化計画が失敗や巨額の無駄遣いだと広く認識されていることは、第一に広報活動（public relations）の失敗であり、実際の成果が過小評価されているためと指摘する。すなわち、実際の費用対効果としてはそれなりに成果を上げているにもかかわらず、過度に批判論が流布しているという指摘である。これまで費やされた事業資金額は実際に必要な額に比して小規模であり、つまり事業効果を示せないことは、ある程度仕方がないという見解である。加えて、同報告書は過去の問題点を「不十分な投資、建設容量の不完全活用、実施機関の当事者意識の欠如、大幅な遅延、そしてコミュニケーション不足」と分析し、新しい事業計画を推進するに当たり、次の事業はそれを克服するものであることが示されている（World Bank 2011, 8-9, 46）。

過去からの教訓とそれに対する対応策はこれまでのガンジス川浄化計画の事業資料にも広く見られてきた内容なので、ここではあえてそれら一つひとつを取り上げることはしない。ここでは、ガンジス川浄化計画の「広報活動の失敗」あるいは「コミュニケーション不足（poor communication）」という指摘に注目したい。実はこれこそが本書にとって最も注目すべきガンジス川浄化計画の問題点である。

本書はガンジス川浄化計画に対する数々の批判が、技術的、工学的、経済的にどれほど的を射ているのかを評価することにはそれほど関心を向けていないし、そもそもそれは筆者の能力を超える。むしろ、ガンジス川水系汚染がインド国内においてどのように問題化され、誰がどのような活動を行い／行わず、それがどのような変化を生み出し／生み出さないのかという社会的な現象に関心がある。言い換えると、ガンジス川水系汚染問題をめぐる地域

的まとまりの重層構造において、行政や住民やその他のアクターがどのような関係性の中で都市や国といった地域的まとまりを運営管理しているのだろうかということに関心がある。

このような問題関心において、事業実施主体と市民・住民の「コミュニケーション不足」は、副次的あるいは派生的な問題ではなく、まさにガンジス川浄化計画の核心的な問題である。本書が明らかにする「コミュニケーション不足」は、「広報活動の失敗」よりずっと広い意味を持つ。単に事業計画の技術的、経済的な効果や限界を政府から市民・住民に正確に伝達できていないだけではない。より重要なことに市民・住民側の情報も政府に伝達されていないことを意味する。つまり、政策の一方向性のことである。

次章以降は、本節で分類したところの主に第四の批判（計画が計画通りに実行されない問題）、およびそれと関連する課題として第三の批判（事業計画の問題）に焦点を絞って、事業実施都市、すなわち受益者の生活世界からガンジス川浄化計画を見ていく。そこでは、政府から事業都市住民へ向けた情報の発信と受信の不具合、および住民から政府へ向けた情報の発信と受信の不具合、つまり政策の「コミュニケーション不足」の中、地域社会の実態と乖離したままで、事業計画が中央政府から都市に一方向に垂れ流されている様子を様々な角度から見ていくことになる。

注

1 これ以前の包括なデータは2005年度のもので、ガンジス川水系の水質は、観測地点125か所の70％以上において「処理しても飲用水として適さない」水質である「D」クラスかそれ以下を示している。
2 大腸菌群数は最大値ではなく平均値を用いてクラスを判断した。「mpn」は大腸菌群数の表示単位で「最確数（most probable number）」のこと。2005年時点は、観測地点の56％において同項目が「D」以下だったことと比較すると（CPCB 2011a）、観測地点が同一ではないので正確な比較にはならないが、河川汚染がさらに進んでいるように見受けられる。
3 うち、ガンジス川流域に完全に含まれる4州（Uttaranchal、Uttar Pradesh、

Bihar、Delhi）の灌漑農地合計は 2,008 万ヘクタール、部分的に流域に含まれる 6 州（Punjub、Haryana、Himachal Pradesh、Rajasthan、Madhya Pradesh、West Bengal）の灌漑農地合計は 2,410 万ヘクタールである（CPCB 2007, 26; CSE 2002b, 38-39）。

4　「mld」は「100 万リットル／日（million litres per day）」のこと。2010 年の資料である図 3-3 では本文中に引用した 2006 年のデータより都市下水の割合がより大きくなっている。

5　CPCB（2011b）は、CPCB（2005）のデータを基にインドの下水処理状況を紹介している。

6　McDonald（1994）は、多くの都市政府がそれまで廃棄物管理に無関心であったが、スーラトの教訓によって問題解決に関心を向け始めたと報告している。それでもなお、現在インドの多くの都市で抜本的な解決にはいたっていない。

7　バラナシにある最大の火葬場、マニカルニカー・ガートでは、茶毘に付される遺体の数は年間約 2 万体、遺体を焼くための薪は年間 1,000 トンに達するという（NHK 2003, ch.4）。

8　重油や電気で火葬するという選択肢もあるが、ヒンドゥ教義上、火の神アグニの種火で茶毘に付され、魂が煙とともに天に昇ることに意味があるとされ、焼け切らずとも薪による茶毘が好まれやすいという。なお、低所得者層に、または教義上の理由から火葬せずにあえて水葬する習慣もある。また身寄りのない死体がそのまま川に投棄されることもある（CSE 2002a, 98; 篠田 1993）。

9　「SPCB」は「州公害規制委員会（State Pollution Control Board）」のこと。

10　憲法改正までの経緯については西谷内（2009a）にまとめた。

11　2001 年のセンサスにおける農村と都市の人口比率は約 72：28 であり、2011 年のセンサスでは都市人口の割合が 3.4 ポイント増加している。

12　「地方自治体」と「地方（行政）当局」の差異については、山下が「地方自治単位の捉え方」としてわかりやすく説明している（山下 2010, 28-29）。

13　自治体国際化協会の「インド憲法が定める行政階層」図（自治体国際化協会 2007, 12）を参考に筆者作成。憲法上の用語をそのまま併記した。なお、区委員会は人口 30 万人以上の地域に設置することが定められており、都市評議会については該当性が低いことからそれを点線で示した。

14　これは都市部の自治行政を念頭においた説明である。ガンジス川浄化計画は都市部でのみ実施されているため、本論では特記しない限り都市部の地方政府について言及する。ちなみに、農村部のパンチャーヤトには首席行政官は設置されず、一人の事務員（secretary）が数村をかけもって事務に当たっている。

15　ここでいう「村（village, *gram*）」は行政村を意味しており、1 つもしくは複数の自然村からなる。UP 州マツーラ・ディストリクトの州行政官はそれを「revenue village」と呼んでいた。マツーラ・ディストリクトの農村部には 734 の居住村（inhabited village）と 152 の非居住村（uninhabited village、乾季に農業が営まれる氾濫原など）があり、そこに 479 の村レベルパンチャーヤトがおかれている（District Panchayat Raj Officer, Mathura (U.P.), 2006.5.22）。

16　ただし、人口が 200 万を越えない州では中間レベルのパンチャーヤトはおかなくてもよいとされている（第 243B 条）。パンチャーヤトラージ省（Ministry of Panchayati Raj）の年次報告 2005-2006 をみると、インド全体（28 州 7 連邦直轄領）で、「地域レベルのパンチャーヤト」が 537、「中間レベルのパンチャーヤト」が 6,097、「村パンチャーヤト」が 234,676 存在する（MoPR 2006, 7）。

17　2004 年に提出された第 12 次財政委員会の報告によると、インド全体で大都市政府機関が 109、都市評議会が 1,432、ナガル・パンチャーヤトが 2,182、計 3,723 の都市部自治組織が存在する（ISS 2008）。

18　厳密には、人口が 30 万人を越える地域に 1 つかそれ以上の区からなる委員会をおくという規定である。それは区ごとに設置される委員会ではなく、通常、複数の区から構成される委員会である。

19　「指定カースト（scheduled caste）」はインド憲法第 341 条に基づき、「指定部族（scheduled tribe）」は第 342 条に基づいて、「大統領令によって州もしくはその一部ごとに指定された」（辛島ほか 2002, 316-317）諸カーストおよび諸部族の総称。社会経済的後進性を示す集団で、歴史的に差別を受けてきた諸カーストやマイノリティの諸部族である。

20　インド政府パンチャーヤトラージ省の官僚（Deputy Secretary）から聞き取り。

21　佐藤創は先行文献に倣って公益訴訟事件の内容を大きく 3 つに分類している。第一分類は「政府末端機関による不法や、貧困にあえぐ弱者層に関わる訴訟」で 36％。第二分類は「市民一般の利益に関わるような訴訟」で、上述した「環境などの公共政策に関わる問題」の 39％と「統治機構の問題」の 18％を合わせて 57％。第三分類は「都市の問題」で 7％である（佐藤創 2001a, 11）。

22　公益訴訟のこれら執行的および立法的機能は、問題解決に向けた同制度の有効性を示すとともに、「司法部の役割を越えている」というネガティブな評価を示すものでもある（佐藤創 2001a, 19; 2001b, 23）。

23　開始演説について、1985 年 6 月 14 日とする資料（CSE 2002a, 92; Haberman 2006, 160）もある。しかしここでは「環境森林省年次報告書 1986-1987」を含む多くの資料に記載されている 1986 年 6 月 14 日を採用した。

24　開始当初の目標値は「汚染防止のための適切な値」であったが、1987 年 6 月のモニタリング委員会において明確な目標値が定められた（NRCD 2011）。

25　日本の河川の環境基準は「AA」から「E」までの 6 段階評価。「A」は「水道 2 級」（沈

殿ろ過等による通常の浄水操作 ⋯）、「水産1級」（ヤマメ、イワナ等貧腐水性水域の水産生物用 ⋯）、および「水浴」に適している水質。「B」は「水道3級」（前処理等を伴う高度の浄水操作 ⋯）および「水産2級」（サケ科魚類およびアユ等貧腐水性水域の水産生物用 ⋯」に適している水質（環境省 2009）。

26　為替レートは1990年1月4日の1INR=9.02JPYを採用した（注35参照）。

27　国家河川保全局の「River Action Plan」（NRCD 2014）を基本データとした。ただし、全体的に情報のアップデートがしばらくなされていないようである。そこで、本書で主要に扱うYAP事業に関してのみ、MoEF（2013）とJICA（2011a）を参照し補足修正した。空白部分はデータがないもの。なお、インドルピーの為替変動が1990年代に大変激しく、長期にわたる事業費を円換算表示することは困難なため、日本円換算の表示はしていない。

28　内訳は、遮集工事が52%、下水処理場が37%、公衆／共同トイレが7%、火葬施設が0.6%、河岸整備が1.2%、啓発活動が0.3%。同資料にはデータの年限が示されていないが、同資料の前身であるNRCD（2006）と同様の内容であるため、これは2006年度時点までの費用割合だと思われる。

29　本書で「NGO」として登場する組織のうちいくつかは「開発コンサルタント」と呼んだ方が語感として適当な場合が多い。インドでは「NGO」という名称で、「非政府」と言うよりは、政府の下請け機関のような活動をしている団体も多くある。

30　今日、世界主要河川の汚染問題は当該国の政策課題のみならず世界的な政策課題ともみなされている。第1章のイースタリーの引用にあった1977年の「国連水会議」が水資源に関する最初の国際会議であった。1992年の国連環境開発会議（地球サミット）や2000年の国連ミレニアムサミットにおいても、水資源関連分野の国際目標が設定されている。また、国際シンクタンクの「世界水会議」が運営する世界水フォーラムも世界の水政策の中心的存在である（国土交通省 2010b; WWC 2010）。本書の事例であるガンジス川浄化計画（ヤムナ川浄化計画を含む）に対するODA案件も国際的な水問題に対する我が国の取り組みの一環と位置づけられている（外務省 2006b; 2010b）。

31　たとえば、JICAの「河川水質浄化対策にかかる技術移転プロジェクト」（2004-2006、対国家河川保全局）、「下水道施設の維持管理に関するキャパシティ・ビルディング・プロジェクト」（2007-2011、対国家河川保全局）、ドイツGIZの「Advisory Service in Environmental Management」（2002〜、対中央公害規制委員会など）など。

32　たとえば、第6章で詳述する米国USAIDなどのバラナシ市地元NGOに対する一連の支援や、第4章や第7章で紹介するブリンダバン町地元NGOに対する日本の「草の根・人間の安全保障無償資金協力」など。

33　「無償資金・技術協力」における事業費は無償資金援助額を計上。世界銀行

のODAは前者についてはWorld Bank（1987a）とWorld Bank（1987b）、後者については World Bank（2011）を参照した。前者のGAP-IへのODAは"Urban Development Uttar Pradesh Project"などに含まれている（JICA 2002, 99）。同プロジェクトの融資約束額は1.5億USDだが、そのうちGAP-Iのコンポーネントに支出されているのは3.3億ルピー分である（NRCD 2014）。日本のODAはYAP-Iについては事後評価（JBIC 2005b）、YAP-II、GAP-IIバラナシ、YAP-IIIについては「事業事前評価表」（JBIC 2003c; 2004b; JICA 2011a）とJICA（2002）を参照した。オランダのODAはIDP（2006）とUPJN（2011）および環境NGOの代表で先述したJ氏からの聞き取り（2010.3.20）を参照した。なお、1987-1995年の事業フェーズにおいて、IDP（2006）では3.56億ルピーの事業費が計上されているが、NRCD（2011）の数字を優先した。英国のODAはTROPICS（2006）を参照した。

34　為替レートは事業開始年度の初値を用いた。しかし、1990年以前に開始された事業についてはすべて1990年1月4日の1INR=9.02JPYを採用した。その他レートの詳細は以下の通り。2011年1月4日、1USD=81.78JPY。1998年1月5日、1NLG=65.35JPY。1995年1月4日、1GBP=157.86JPY。インドルピーは90年代に大きく変動しているので、円換算はあくまでも目安であることに留意されたい。

35　GAP-Iは当初事業費25.6億ルピーの計画で始められ、1994年に46.2億ルピーへと拡大修正された。

36　処理能力目標値が2,794.14mldのところ、達成値が1,095.69mld（CAG 2000, 14）。

37　1993年1月4日の為替レートが1INR=4.44JPY、2000年1月4日の為替レートが1INR=2.38 JPY。ここでは、中間値の1INR=3.41JPYで換算した。

38　公共会計委員会2003-2004から提示された44の所見／勧告に対する政府からの応答が公共会計委員会2005-2006から国会に報告されている（PAC 2006）。

39　多くの批判論を発信している *Down to Earth* は、科学環境センターが、姉妹組織である「Society for Environmental Communications」の協力を得て製作している雑誌である（CSE 2011）。

第4章

ブリンダバン①：介入の連鎖の不具合

　本章の事例検証では、開発援助における一方向性の主要因の一つである、介入の連鎖の不具合を事例に即して見ていくことになる。第1章の介入論の言葉で再説するならば、"介入の連鎖"とはドナーによる国際社会レベルの地域的まとまりからの働きかけが、国、州レベルの地域的まとまりを経由して都市レベルあるいは地区レベルの地域管理のありように影響を及ぼすことである。その介入の連鎖（図1-2）のうち、本章の事例では、「インド国」から「都市」や「地区」までの介入のベクトルが、政治的コミュニケーションの図（図2-1）でいえば「③国内政策」の部分におけるベクトルが、両方向にうまく機能していない状況が見てとれる。

　本章では、ヤムナ川浄化計画における最も小さい事業都市であるブリンダバン町の事業現場から、第1期ヤムナ川浄化計画（YAP-I）の事業コンポーネントの帰結を一通り概観する。この期の日本の介入のあり方は、介入の4類型にあてはめると〈自由放任型介入〉である。ドナーがもっぱらインド政府に事業支援をするのみで援助対象都市のアクターとはほぼコミュニケートしない間接介入であり、なおかつ事業が目指す変化の方向性もインド側アクターにほぼ一任するものである。国境を越える開発援助における介入のあり方としての基本の型である。援助受け入れ国の自律的な内部の地域管理のありようを最大限尊重するこの介入の型が、介入の連鎖の向こう側でどのように展開されていったのかを、見ていこう。

　結果的に本章では、第3章で見たガンジス川浄化計画に対する批判のタイプでいうと第4番目、"何はともあれ承認された事業計画が実行されない"

という状況がみてとれる。インドの報道や公益訴訟で問題視され、公共会計委員会では次のように明確な批判がなされていた問題群である。

> 1993-2000 年度までのガンジス川浄化計画において、建設された下水処理施設は目標値の 39％にしか達していない。…… さらに、2000 年までに 98 億 7,880 万ルピー〔約 337 億円〕を投入して建設された施設の多くが、全面的にもしくは部分的に機能していない。（PAC 2004, II.2.1）

　本書ではこの現象に、技術や経済の側面からではなく、介入の側面からアプローチする。その場合この現象は、"介入の連鎖の不具合"、"中央と地方の溝"、"計画と実態の乖離"、"事業の垂れ流し"、事業の "一方向性" などという言葉で表現されることになる。介入の問題を捉える目的において、これ以降本書ではインド国内のアクターを模式的にそれぞれ「中央」アクター（国と州のレベル）と「地方」アクター（都市のレベル）と呼ぶことにする[1]。

　本章を通して明らかにされる介入の問題とは以下のようなものである。政策実施主体である「中央」アクターと現場にいる「地方」アクターのコミュニケーションが欠如し、中央で策定された計画が地方の実態と乖離したままで、中央から地方に一方向に実施される（垂れ流される）。反対に地方から中央へ向かうボトムアップの働きかけは想定されていない。生活者および都市政府は、ある日天から降ってきた事業の成果物を、中央との交渉がないままに、自分たちの都合で利用したり、利用しなかったり、別の用途で利用したりする。

　写真 4-1 は計画と実態の乖離を象徴する一枚の写真である。「YAMUNA ACTION PLAN」「JAPAN」と書かれた下水ポンプ場の看板が[2]、チャイ（紅茶）を売る茶屋の柱および日よけとして活用されている。これでは看板の文字が隠れてしまい、本来の看板としての役割を果たさない。実際に、YAP-II 施設を見つけ出せずに困ったことのある、地元の YAP 下請けコンサルタントが、店主および町政府に茶屋の撤去を求めたがなんら改善はなかったという（2007.3.28）。

第 4 章　ブリンダバン①：介入の連鎖の不具合　95

写真 4-1　ODA 看板の意図せざる使われ方
(ブリンダバン, 2007.3.25 撮影)

　筆者は現地の知人とともにこの茶屋を「YAP tea shop」と呼び、このブリコラージュ作品を興味深く鑑賞している。計画と実態の乖離といっても、この程度ならばそれほど大きな損失や被害を伴わないだろう。ところが、これがガンジス川浄化計画の全体を通して広範囲に、多様に、そして時として大きな損失や被害を伴って立ち現われるところに問題の深刻さがある。すなわち、中央で計画され現場に投入された事業が、その意図通りに現場で実施され、活用され、実効性が発揮されることが直ちには期待できないということである。
　たまたまうまくいって、中央の計画が現場で受け入れられ実効性につながる場合もあるし、そうではない場合もある。そうではない場合でも、現場の実態に即して計画が調整されるようなボトムアップのコミュニケーション経路は極端に限定的である。つまり、中央の計画がうまくいくのか、うまくいかないのかということは「神の世界」、すなわち様々な条件の組み合わせに委ねられた事項であり、人間社会において「結果」が人為的にコントロールされることがない。ウェーバーの責任倫理論で言うならば、介入のすべての段階において政策者の責任倫理が欠如している（Weber 1919=1980）。このようなガンジス川浄化計画の一方向性は第Ⅱ部すべての事例に共通してみられる現象で、本章ではそれが「無駄遣い」と呼ばれ、第 5 章では迷惑施設の建

設につながり、第6章では地元住民からの大きな反発を招く。

　これから4章にわたる事例研究では、このような介入の連鎖の不具合によるGAP事業の一方向性、それに基づく計画と実態の乖離を様々な角度から示すことになる。第5章と第6章ではたまたま負の帰結が先鋭であったケースを取り上げることになるが、本章と第7章では、介入の連鎖の向こう側を、できるだけ公平に観察する目的において、たまたまうまくいったケースも、たまたまうまくいかなかったケースも合わせて事業コンポーネントを一つずつ順番に概観する。

第1節　ブリンダバン町の概要

(1) 事例対象の選択について

　第5章のデリーと第6章のバラナシの事例は、先述したように、たまたまうまくいかなかったケースで、かつ日本のODAとの関わりが見えやすい事例を選択した。それに対して本章と第7章のブリンダバンの事例は、事業群を包括的に概観することで、介入の連鎖を実証的に解明することを目的としていることから、ブリンダバンという小都市を事例対象に選択した。

　ブリンダバン町は、事業実施都市の中で最も規模が小さく、人口が10万人に満たない。よって都市の全体像を見渡しつつ、比較的コンパクトにまとまった事業群（YAP-IとYAP-II）を概観するという目的において好都合である。かつ、ブリンダバン町は極端に小規模な事例であるが、ある程度の一般性も備えた事例である。同町が属するウッタル・プラデシュ州（Uttar Pradesh州、以降「UP州」）は、ガンジス川水系の最大の流域面積を占めており、また主要な流路を有することから、ガンジス川水系と最も関係の深い州である。ガンジス川浄化計画のその他多くの主要都市と、文化的にも、州行政との関係性という意味でも近接している。

(2) 地理的概要

　ブリンダバン町はインドの首都デリー市から南東約150キロメートル、車で3時間ほどの距離にある。ガンジス川の最大の支川ヤムナ川に面しており、

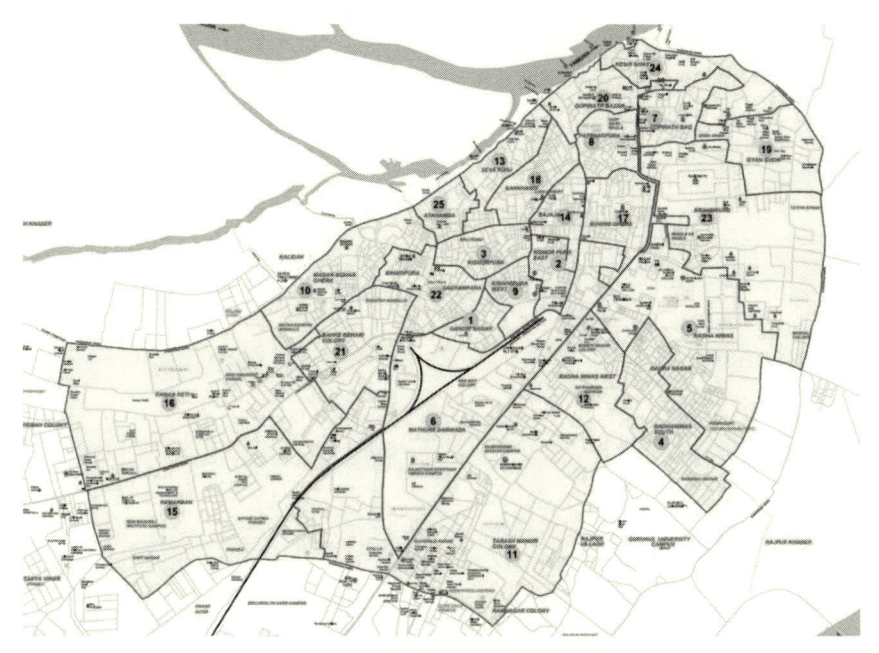

図 4-1　ブリンダバン町の行政地図

出典）UPJN & JBIC 2007。

　上流のデリー市と下流のアーグラ市（Agra）のほぼ中間に位置する。すぐ下流の隣町がマツーラ町（Mathura）で、ディストリクトの役所がおかれている。
　ブリンダバン町の行政区域（**図4-1**）は約4平方キロメートル。その周辺は、スンラック村（Sunrakh）、ラージプル村（Rajpur）、チャッティカラ村（Chhatikara）など村パンチャーヤト（Village *Panchayat*、*Gram Panchayat*）の行政区域である。しかしブリンダバンの生活経済圏は近隣村領域に拡大しており、それらの地域は都市計画（Mathura-Vrindavan Master Plan 21）上でも「都市延長地域（urban extention area）」とされている。今後、都市境界が変更され次第、順次ブリンダバン町に組み込まれる予定だという（UPJN & JBIC 2007a, 4-12）。
　このように「ブリンダバン町」といえば、厳密にはブリンダバン町都市評議会（Municipal Council of Vrindavan、Vrindavan *Nagarpalika Palished*）。以降「ブリンダバン町政府」）の管轄領域を指す。ところが、実質的に「ブリンダバン」という名称が指す領域は、町政府の管轄領域をしばしば越える。たとえばブリ

ンダバン町と接している地区に住む人は、それが厳密には村領域であっても、村より「ブリンダバン」に帰属意識を持っている。また、これから紹介するYAP-I 事業も「ブリンダバン町」領域を越えて実施されている。よってこれ以降、ブリンダバン町政府の管轄領域を特定する場合にのみ「ブリンダバン町」と呼び、その領域を越えた地域的まとまりを指す場合は「ブリンダバン」と呼ぶことにする。

(3) 行政機構
(a) UP 州の行政機構

次にブリンダバン町の行政機構を確認するが、その前に州レベルの行政機構を簡単に確認しておきたい。第 3 章で見たように、「地方自治」は州管轄事項であり（インド国憲法第 7 附則第 2 表第 5 項）、ブリンダバン町の地方自治の枠組みも「UP 州都市自治法（The UP Municipalities Act, 1916）」に規定されている。

UP 州は面積が約 24 万平方キロメートルで国内第 5 位、人口が 2 億人弱で国内第 1 位の大きな州である[3]（Census 2011）。日本の国土面積の約 3 分の 2 弱、人口は 1.5 倍にもなる[4]。経済的に遅れた州であり、1 人当たり収入は全国で最下層にある（Press Information Bureau 2015）。識字率は 67.68％で、国内で下から 7 番目である（Census 2011）。

UP 州政府は二院制で議院内閣制がとられており、2011 年時点では大衆社会党（BSP：Bahunjan Samaj Party）のマーヤーワティー（Mayawati Kumari）党首が UP 州首相に就いていた。大衆社会党は非差別階級を支持母体としてきた政党で、マーヤーワティー首相は 1995 年にインドで初めての非差別階級女性の州首相となった人物である。それ以降、断続的に州首相に就任している（Wyatt 1999; Mate and Naseemullah 2010; UP Govt 2010）。

UP 州の州都はラクナウ市（Lucknow）で、ブリンダバンから 450 キロメートルほど離れている。大きな州であるから、ブリンダバンから見ると州都ラクナウは、他州である国家首都デリーよりはるかに遠い場所にある。そのように広大な UP 州領域は 71 のディストリクト（district）に区割りされ

ており（2011年国勢調査時点）、各ディストリクトに高級国家官僚（Indian Administrative Service：IAS）である長官（district magistrate）が配置されている。ブリンダバンはマツーラ・ディストリクトに属するので、長官は隣のマツーラ町に駐在し、そのオフィス周辺に州行政の出先機関が揃っている。

　第4章で確認したように、1993年の第74次憲法改正で18項目が都市政府の責務として第12附則に列挙された。UP州の場合、2007年時点において、18項目のうち8項目はもともと「UP州都市自治法」に組み込まれており、7項目について法改正がなされ、3項目はまだ対応されていなかった（JBIC, NRCD & UPJN 2007, 108-110）。ガンジス川浄化計画の諸事業についても、州政府と地方政府が部分的に役割分担をするかたちになっていた。

　UP州におけるガンジス川浄化計画の主要実施機関はUP州水道局（Uttar Pradesh *Jal Nigam*）である。1975年にUP州上下水道法（Uttar Pradesh Water Supply and Sewerage Act, 1975）で設置され、第74次憲法改正までは、各都市の下水道事業をほぼ全面的に管轄していた（UPJN & JBIC 2007a, 17.2; JICA 2002, 52）。本部を州都ラクナウ市におき、州内に5つの地域オフィスと、大規模都市に事務所をおいている。ブリンダバンの最寄りのUP州水道局の事務所はマツーラ町にある。

　ガンジス川浄化計画の役割分担については、おおむね、計画と施設の建設はUP州水道局が、建設後の維持管理は地方政府が責任主体となっている（UPJN & JBIC 2007a, 17.2, 17.5）。ただし、地方政府が十分な技術を有していないという理由から、施設の維持管理についても、地方政府がUP州水道局に委託している場合がある。後述するようにブリンダバン町の場合もそのようなケースであった。

　ガンジス川浄化計画の実施体制は、事業ごとに担当事務所が異なっている。YAP-Iの事業計画と実施は基本的にマツーラ事務所が担当した。YAP-IIの下水道計画策定事業と改革行動計画（RAP）は地域オフィスであるガジアバッド（Ghaziabad）事務所がコンサルタントを用いて監督していた。YAP-IIの公衆参加啓発プログラムはアーグラ事務所が監督していた。

　このように責任部局が事業ごとに異なることは、市民が事業関連情報を得

ることの難しさを助長している。たとえばブリンダバンの住民がガンジス川浄化計画の情報を得たいと思っても、どの事業についてのどのような情報を得たいのかによって、国家河川保全局なのか、UP州水道局なのか、地方政府なのか、そしてUP州水道局でもマツーラ事務所なのか、ガジアバッド事務所なのか、アーグラ事務所なのかと、適切な窓口をその都度見つけ出す必要がある。そして、行政の住民対応は必ずしも丁寧なものではないので（行政機関の無応答性）、一般市民が適切な行政窓口にたどり着くことは大変困難な作業である。実際、本書のブリンダバン町におけるYAP事業の情報収集のためにも、筆者はデリー市、ガジアバッド市、アーグラ市、マツーラ町、そしてブリンダバン町の諸担当部局を何度も行き来しながら、断片的な資料を少しずつ集めていく必要があった。

(b) ブリンダバン町の行政機構

次に、「ブリンダバン町」の行政機構を概観する。2011年の国勢調査で「ブリンダバン町」の人口は63,005人である[5]。YAP当局は、2010年時点のブリンダバンにおけるヤムナ川への汚濁負荷の対象人口、すなわち「ブリンダバン」の住民およびその地域への旅行者を含めて88,614人と推定している[6]（UPJN & JBIC 2007a, 4.12）。

ブリンダバン町は1866年に法人格が授けられ、都市評議会が設置された（Census 1989, 9）。第4章で紹介した現在のインドの地方政府の種類で言うと（図3-4）、都市部における中間規模の自治組織「都市評議会（Municipal Council, *Nagarpalika Parishad*）」である[7]。

町域は25の選挙区に区割りされており（図4-1）、それら25区のそれぞれから選出された評議員が25名と議決権を持たない指名評議員が5名[8]、そして議長（chairman）が都市評議会（町政府）を構成している。

次に、公務員集団を率いる執行部門のトップは州政府官僚の「首席行政官」（Executive Officer）である（図4-2）[9]。全国的に、この首席行政官が都市評議会ではなく州政府の意向に沿って、町行政の実質的な権力を握っている傾向があることが指摘されているが（UNESCAP 2006, Lama-Rewal 2007）、本章の

ブリンダバン町の事例においては首席行政官の立ち位置を問題にすることはない。両者の力関係は、第6章のバラナシの事例においてより大きくクローズアップされる。

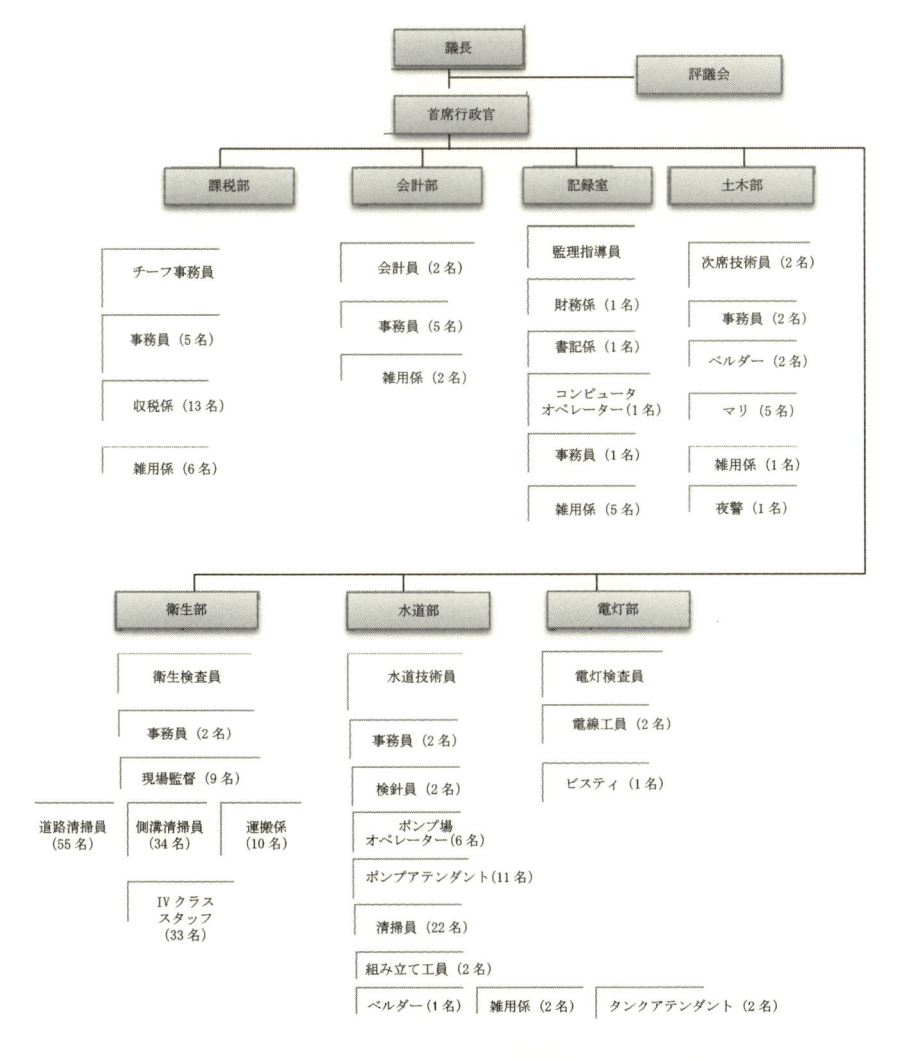

図4-2　ブリンダバン町政府（都市評議会）の組織図
出典）JBIC, NRCD & UPJN（2007, 13）を筆者和訳。

図 4-2 にあるように、ブリンダバン町政府には 7 つの行政部門（department）がある。それぞれのトップおよび要職にはやはり州政府官僚が配置されている[10]。町政府で「オフィサー（officer）」と言えば、それらの州政府官僚を指す。これに対して、現地採用の公務員は「事務員（clerk）」「スタッフ（staff）」「雑用係（peon）」「オペレーター（operator）」などと職掌限定的に採用されている。

(4) 歴 史

「ブリンダ・バン」は「ホーリーバジルの森」という意味で、ヒンドゥ教のクリシュナ神（Lord Krishna）にまつわる聖地である。5,000 年前にクリシュナ神が幼少時代を過ごした場所とされており、寺院、ガート、木、池、庭園などにはクリシュナ神の神話が織り込まれている。ブリンダバンを含めて、近隣のマツーラ、ゴークル（Gokul）、バルサナ（Barsana）、ゴーバルダン（Goverdhan）なども同様にクリシュナ神の神話が織り込まれており、このあたり一体がブラージ（Braj）と呼ばれ、住民たちの強い帰属意識を伴う一種の地域的まとまりをなしている。

そのクリシュナ神の生まれ変わりとされている一人の聖人、チャイタンニャ・マハプラブ（Chatitanya Mahaprabhu）が 1515 年にブリンダバンの森を訪れたのが、ブリンダバン町開発の始まりとされている。彼の命を受けた 6 人の弟子たちが、クリシュナ神への献身と失われた聖地の復興に着手した。その評判を聞いたムガル帝国のアクバル皇帝が 1570 年にこの地を訪れ、その聖性に感銘を受け、聖人の一人に 4 つの大きな寺院の建設を許可した。その一つが、1580 年に建設されたマダンモハン（Madan Mohan）寺院で、ブリンダバンにおける最初の寺院である。それ以降は、クリシュナ神への献身というテーマを中心に、多数の寺院が建設され、人口が増加し、町が発展していった。現在でも主要産業は宗教観光業（寺院、宿泊施設、礼拝用具の製造と販売、土産物の製造と販売等）である。それほど広くないこのブリンダバンの町の中に、現在 5,000 を越える寺があるという（Brahmacari 2000; UPJN & JBIC 2007b, 2-5）。

1960 年代、このクリシュナ信仰が海を越えた。1965 年に一人の聖人、シュリーラ・プラブパーダ（Srila Prabhupada）が、先述した聖人チャイタンニャ

の教えを説くために米国を訪れ、1966年ニューヨークに「クリシュナ意識国際協会（International Society for Krishna Consciousness：ISKCON）」を創設した（Brahmacari 2000）。同協会は世界96か国に422の寺院を持つ[11]（ISKCON 2010）。よってブリンダバンには、インド国内のみならず世界各国から、クリシュナ信者と寄付金（人と金）が投入されるルートが存在する。後述する二つの地元NGOも国内外のクリシュナ信仰とのつながりを持つ。

(5) 信仰のまち

インド人の多くが信仰を重んじているが、この町の住民も実に信仰深い。インドにいると、この社会を支える柱はインド国憲法ではなくマヌ法典などのヒンドゥ教義ではないだろうかと思うことがある。行政制度や公共政策といった憲法に基づく地域管理のしくみからこの社会を観察する場合、実に秩序がなくバラバラな社会として立ち現われる場合が少なくない。しかし、ヒンドゥ教義に基づく地域管理のしくみからこの社会を観察すると、思いのほか秩序づけられた社会が見えてくる。廃棄物管理のしくみも行政制度から見るよりも、慣習から見た方が説明しやすい（西谷内 2009b）。アメリカ人の文化人類学者ケリー・アレイ（Kelly D. Alley）も、バラナシにおける河川汚染の調査を経て、科学＝行政の意味世界よりもヒンドゥ的意味世界の方が人々の間にヘゲモニーを獲得していると指摘している（Alley 2002, 233）。この議論に深く踏み込む余裕はないが、簡単にブリンダバンの日常世界における信仰の風景を紹介しておきたい。

1980年代のデータで、ブリンダバン人口の約95％がヒンドゥ教徒である（UPJN & JBIC 2007a, 2.7; Census 1989, 1,55）。そして、ブリンダバン住民の多くがクリシュナ神の信者である。この町を含めたブラージ地域には独特の挨拶があり、顔見知りでもそうでなくても、誰かと顔を合わせたら「ハレ・クリシュナ」「ラデー・ラデー」などとクリシュナ神、およびその恋人を称える言葉を掛け合う。

たいていの家にはクリシュナ神とその他のいくつかの神様が祭られている。神様とは、ペットのようにお世話が必要な存在である。朝、神様を起こして

朝食をささげる。お昼には昼食をささげてから昼寝をさせる。夕方にまた起こして夕食をささげ、それからまた寝かせる。これを決まった時間に毎日行わないといけないので、家族の中で朝食係や昼食係などと担当を決めて分担している。裕福な家庭は専属の祭祀（*pujari*）を雇っている。

　クリシュナ信者は強い菜食主義である。この町には「肉食は限りない非道」というローカル・ルールが強く効いており、肉食の実践はおろか、肉食者であることを公言することさえはばかられる。また、法的にもブリンダバン町は肉類とアルコールの販売が禁止されている（NPPV 1930; *Vrindavan Today,* 2010.8.28）。

　ブリンダバンを含めたブラージ地域で代々生まれ育った人々はブラージワシ（*Brajwasi*）と呼ばれる。これは、クリシュナ神話が織り込まれた地域的まとまり（Braj *Mandal*）の構成員を意味する。言い換えると、自らをクリシュナ神話に帰属する意識といえるだろう。ブリンダバン住民がすべてブラージワシと呼ばれるわけではなく、東京で言えば「江戸っ子」のようなある種のプライドを兼ねた条件を伴う。よって、正式なブラージワシの範疇をめぐって、旧住民と新住民の間に微かな対立が潜在している。すなわち多くの人々がブリンダバンの住民であることに誇りを持っているのである。

　ヤムナ川は、クリシュナ神話を構成するブラージ地域の重要な舞台装置なので、地元住民にとってはそれだけでもヤムナ川を大切に思う大きな理由がある。それだけではなく、ヤムナ川もまた神様である。ブリンダバンの人々は愛着と尊敬をもってヤムナ川を「ヤムナさん（Yamuna *ji*）」と呼ぶ。

　このように、信仰の強いインドの中でも、ブリンダバンは際立って信仰に特化した町である。そのようなブリンダバンの人々が、強い宗教的重要性をもつヤムナ川の汚染問題、そしてそれを浄化するための国家政策をどのように経験していたのか、YAP-I（ヤムナ川浄化計画第一期）の帰結、すなわち建設された施設の運用状況を見ていこう。

第2節　ヤムナ川浄化計画第一期（YAP-I）事業概要（1993-2003）

　ヤムナ川浄化計画第一期（YAP-I）では主に施設の建設、すなわちハード

系の事業が行われた。**表 4-1** は第一期でブリンダバンに実施された事業の一覧で、**表 4-2** はそれぞれの事業費である。

表 4-1　YAP-I ブリンダバンの事業アウトプット一覧[12]

	事業項目	初期計画事業	追加事業
下水道事業	下水管工事	2km	0.5km 追加施設および修復工事
	下水ポンプ場	2箇所	—
	下水処理場	2箇所 (4MLD+0.5MLD) 酸化池法	下水処理場池の内壁工事
非下水道事業	公衆／共同トイレ事業	10箇所/100個室	15箇所/150個室
	火葬施設	改良式薪炭火葬炉 4機	追加施設
	植林	実施	
	公衆参加啓発	実施	実施
	情報処理	—	コンピュータ設置

出典）PMC（2005）を筆者和訳。

表 4-2　YAP-I ブリンダバンの事業費一覧

	事業項目	インドルピー	日本円換算[13]
下水道事業	遮集工事（I&D Works）	Rs 35,341,000	¥123,340,000
	遮集修復（I&D Restoration）	Rs 7,451,000	¥26,004,000
	下水処理場（STP）4 MLD	Rs 5,109,000	¥17,830,000
	土地収用（Land Acquisition）	Rs 1,633,000	¥5,699,000
	小計	Rs 49,534,000	¥172,874,000
非下水道事業	公衆／共同トイレ事業（LCS）	Rs 2,890,000	¥10,086,000
	火葬施設（Crematoria）	Rs 481,000	¥1,679,000
	植林（Afforestation）	Rs 487,000	¥1,700,000
	河岸整備（River Front Development：RFD）	Rs 147,000	¥513,000
	公衆参加啓発（Public Participation & Awareness）	Rs 971,000	¥3,389,000
	小計	Rs 4,976,000	¥17,366,000
	合計（Total）	Rs 54,510,000	¥190,240,000

出典）JBIC, NRCD & UPJN（2006, 140）から転記。

表 4-2 にあるように、事業費は圧倒的に下水道事業の比率が高く、全事業費の約 9 割を占めている。非下水道事業では、公衆／共同トイレ事業の事

費比率が高く、非下水道事業費全体の約6割を占めている。次いで公衆参加啓発事業の事業費比率が高い。圧倒的な事業費比率を占め、また河川浄化という目的において最も重要な下水道事業から見ていくことにしよう。

第3節　下水道事業

(1) 背　景

　かつてブリンダバンの下水処理はタンクに溜める方法がとられていた。しかし、1906年から1909年にペストが流行したことにより、1911年に町政府に衛生検査員が設置された。1920年にはタンクシステムが廃止され、現在の下水道システムへと発展していった（Census 1989, 13）。

　ヤムナ川浄化計画以前のブリンダバン町は約60％が排水システム（汚水・雨水・雑排水をまとめた排水路）に覆われていた。道の両脇を流れる開渠の側溝（side drains, *nali*）と18の大きな排水路（*nala*）のネットワークである。町の中央のごく一部に、暗渠の下水管も敷設されていた。それら排水システムが整備されているエリアの各戸接続率は約80％だったと見積もられている（UPJN & JBIC 2007a, 6.1）。

　その18の排水路のうちの11の流れはすでに下水処理場へ接続されていた。中継ポンプ場（3箇所）と主ポンプ場（1箇所）、そして下水農場（sewerage farm）（1箇所）があった。ただし、そのシステムのうち30％が詰まったり壊れたりして機能せず、「町の大部分において腐敗槽（septic tank）が利用されるか、集められた下水がそのまま川に放流されていた」という[14]（UPJN & JBIC 2007a, 6.1）。

(2) 事業概要

　前節で確認したように、YAP-Iは都市下水道の整備ではなく、ヤムナ川への下水放流の阻止を目的としている。ゆえに、新たな枝管整備や分流式下水道の整備ではなく、既存排水路からの未処理下水の遮集（interception and diversion）とそれに伴う下水処理機能の強化が行われた。具体的には、既存の18の排水路のうち、下水処理場に接続されていない7つの排水路の遮集

工事と、ポンプ場および下水処理場の増築、加えて既存排水システム全体の修復工事が実施された（図4-3）。

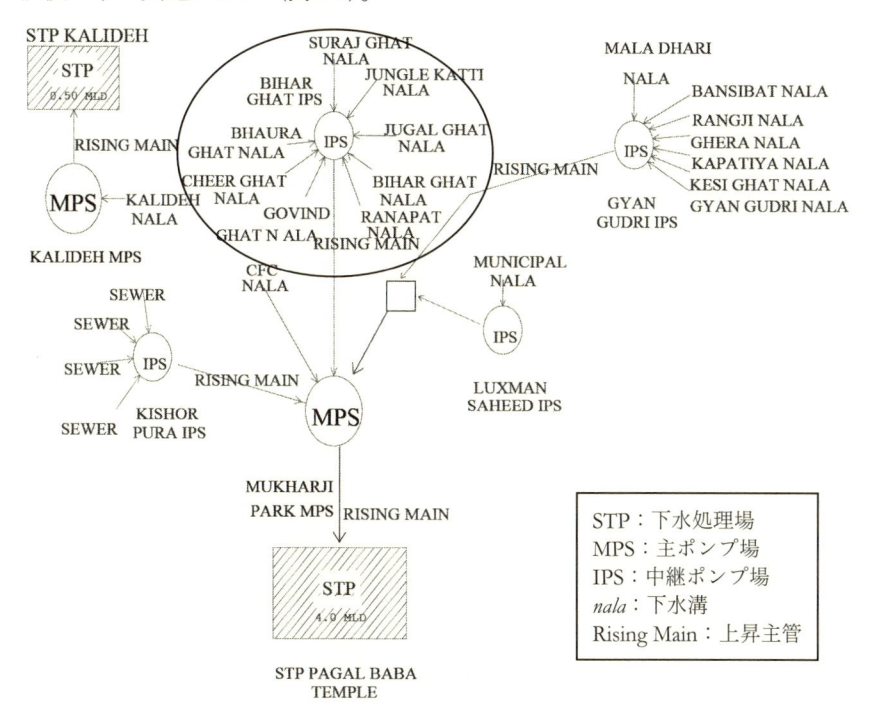

図 4-3　YAP-I ブリンダバンの下水整備計画概要
出典）UPJN & JBIC（2007, 6.3）に筆者和訳追加。

　これらの事業の中から、一つの集水エリアを事例として、排水路が遮断され、下水がポンプ場を経由して下水処理場に集められて処理されるまでの経路を、写真を見ながらたどっていきたい。その目的において、「ビハルガート中継ポンプ場（Bihar Ghat IPS）」の集水エリア（図4-3と図4-4の丸で囲んだ部分）を事例対象とする。
　本書はガンジス川浄化計画の技術的あるいは経済的な有効性を評価するものではない。よって、河川浄化に向けた事業戦略や技術選択の合理性や妥当性については、それが社会で表明されない限り、本書でも取り扱わない。本書ではむしろ、ガンジス川浄化計画が事業現場の生活者とどのような関係を

もって展開されているのか、生活者が下水道事業をどのように経験しているのかに焦点を当てている。同集水エリアは、後述するように、ブリンダバンの住民がYAP-Iの下水道事業を最も身近に経験している場であることより、同研究目的に適している。

⑶ 施設の現状：ビハルガート中継ポンプ場の集水エリア（旧河岸通り）

ビハルガート中継ポンプ場の集水エリア（**図 4-4**）は、聖地ブリンダバンの伝統的建造物とヤムナ川が交わる場所で、ブリンダバン随一の観光スポットと重なる（**写真 4-2**）。

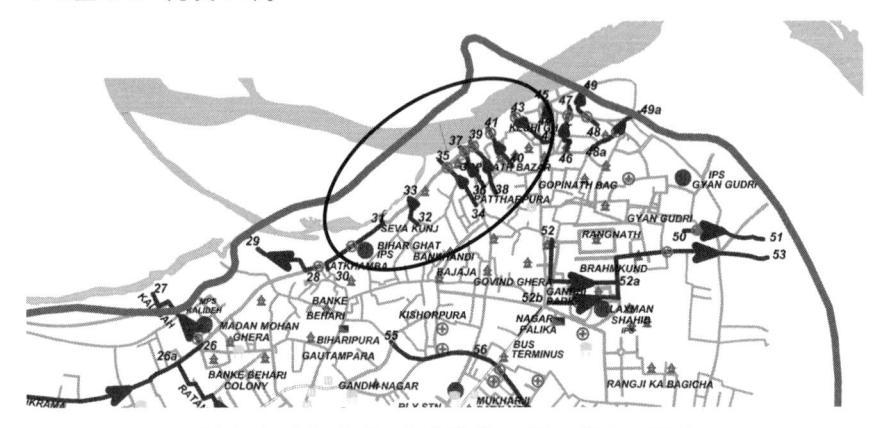

図 4-4　ビハルガート中継ポンプ場の集水エリア
出典）UPJN & JBIC（2007）に筆者和訳追加。

「ビハルガート」の「ガート」とは、宗教目的や生活目的で作られた階段状の河岸建造物である。しかしヤムナ川の川筋の変化と流量減少のため、現在ヤムナ川と接触しているガートはケシガート（Kesi Ghat）のみになってしまった（**写真 4-3**）。よって、ケシガートは、ブリンダバンを訪れた人すべてが必ず訪れる場所だと言っても過言ではない。

写真 4-2　ヤムナ川から見たガートエリア
（2008.3.7 撮影）

ケシガートでは毎晩ヤムナ川（＝ヤムナ女神）を讃える盛大なお祈り、ヤムナ・アルティ（Yamuna arti）が行われている（**写真 4-3 右**）。そのイベントには誰もが参加可能で、毎晩、地元の人や観光客など 50 人ほどが集って、お祈り、灯篭流し、そして大合唱が繰り広げられている。

写真 4-3　ケシガート（Kesi Ghat）
（2008.3.7 撮影）

この有名なケシガートのすぐ隣にあるのがブラマリガート（Bhaura Ghat）（**写真 4-4**）で、そこからかつての河岸通りに沿ってビハルガート中継ポンプ場への遮集ポイントが続いている。ブラマリガート以北のガート群は現在ヤムナ川から離れてしまったが、それでもクリシュナ神およびブリンダバンの町を開発した聖人らにまつわる神話がふんだんに織り込まれた宗教遺跡である。さらに、旧河岸通りはパリクラマー通り（Parikrma Marg）という周回巡礼路の一部であり、多くの観光客や地元住民が祈りをこめて巡る通りである。

このように、ビハルガート中継ポンプ場集水エリアの旧河岸通りは、ヤムナ川と離れてしまった今日でも、住民のみならず、この地を訪れた観光客なら誰もが訪れるであろう、ブリンダバンの中で最も人気の高い、人目に付きやすいエリアと合致している。つまりブリンダバンにおいて、ヤムナ川浄化計画が最も可視化されている場所である。

(a) ブラマリガート（Bhaura Ghat）排水路[15]

ケシガートへの入り口付近にあり（**写真 4-4 ①**）、町で最も目に付きやすいのがブラマリガート（Bhaura Ghat）排水路である。ここでは、集められた下水がそのままヤムナ川に放流されている。

① ケシガートへの道　② 集められた下水　③ 道路の下を通って川へ放流

写真 4-4　ブラマリガート排水路の構造

（2008.12.1 撮影）

この排水路に集められた下水（**写真②**）は雨水吐へ落ちてゆき、道の下に埋設された下水管を通ってそのままヤムナ川に放流されている（**写真③**）。いつからこの状態であるのかは後述するように定かではなく、筆者の知る限りでは 2006 年時点にも集められた下水がごうごうとヤムナ川に放流されていた。ただし、それが流量増大によって一時的に雨水吐から放流されていたのか、2008 年時点のように恒常的に機能していなかったのかは不明である。

下水がなぜ放流されているのかというと、YAP-I で新設された下水管が壊れたからだと思われる。**写真 4-5 ①**は、写真 4-4 ②の排水路の一部を拡大したものである。右側に下水管が接続されていることが見てとれる。ここに流れてきた下水は本来この部分で遮断され、右側の下水管へと流れ込み、ビハルガート中継ポンプ場へと送られるはずなのである。ところが、その「遮集

用の堰が外されている。なぜならば、ビハルガート中継ポンプ場へとつながる下水管が壊れているからである。

① 取り払われた堰　② 道の崩壊と下水管の露出　③ 破けている下水管

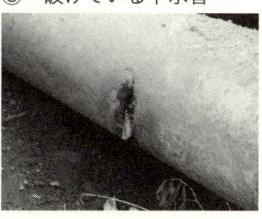

写真 4-5　ブラマリガート排水路の不具合

(2008.12.1 撮影)

写真 4-5 ②のように河岸道路が一部崩壊しており[16]、下水管がむき出しになっている。むき出しになった下水管は穴があいており、管の中が泥やゴミで詰まっている様子がうかがえる（**写真③**）。道路が崩壊したために下水管が壊れたのか、その前に下水管が詰まってしまったのか、いずれにしても現在この管は下水管として機能していない。だから、遮集用の堰が取り払われ、すべての下水が雨水吐からヤムナ川に放流されるようになっている。筆者のアルバムで確認できる限りでは、2007 年 3 月 26 日の写真ではすでに堰が取り払われている。そして 2014 年 3 月の調査時点でも同じ状態だった。つまり少なく見積もっても 7 年間以上は未処理下水が放流され続けている。

(b)　チルガート（Cheer Ghat）排水路

ケシガートを背にして川上方面に歩き、次に見えてくるのがチルガートである（**写真 4-6 ①**）。建造物の裏手に回ると、排水路が汚水ますの手前でオーバーフローしている（**写真②**）。その下水が遺跡の間を縫って流れ出ている（**写真③**）。この写真には、壊れて放棄された YAP-I の下水管もみてとれる。ここでも、旧河岸通りの下を通した大きな下水管を通って下水がヤムナ川へ放流されている（**写真④**）。

112　第Ⅱ部　事例検証

① チルガート　　② 排水路のオーバーフロー

③ 放棄された YAP-I 下水管　　④ 川へ放流

写真 4-6　チルガート排水路

(②は 2008.12.14、それ以外はすべて 2008.12.1 撮影)

(c)　ゴビンドガート（Govind Ghat）排水路

　次に見えてくるのがゴビンドガート排水路である（**写真 4-7**）。道路の両脇の側溝（**写真①**）は、**写真②**の装置によって道路の下を通って合流する。

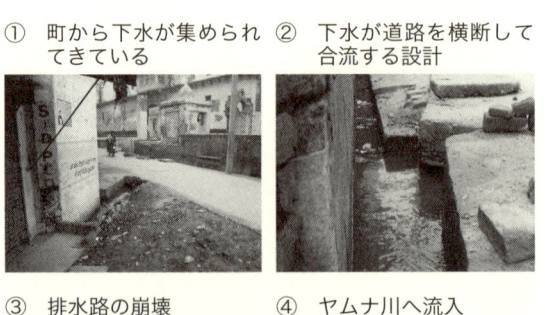

① 町から下水が集められてきている　　② 下水が道路を横断して合流する設計

③ 排水路の崩壊　　④ ヤムナ川へ流入

写真 4-7　ゴビンドガート排水路

(2008.12.1 撮影)

なかなか整然とした排水設備であるが、これが旧河岸通りにくると不自然に崩壊する（**写真③**）。交差点のかどに下水がたまるようになっており、そこから旧河岸通りの下を通るパイプを通って、ヤムナ川に放流されている（**写真④**）。

(d) ラナパットガート（Ranapat Ghat）排水路

ラナパットガート排水路は機能しているようである。側溝の下水がますに落ちるようになっており（**写真 4-8 ①**）、それが河岸を通る下水幹線に接続してビハルガート中継ポンプ場へと集められている。**写真②**の山羊が上に載っている構造物がマンホールである。蓋を開けると集められた下水と流れ込んだ大量のゴミがみえる（**写真③**）。

① 側溝から下水ますへ　② マンホール 　③ マンホールの中。大量のゴミ

写真 4-8　ラナパットガート排水路

（2008.12.1 撮影）

(e) スーラジガート（Suraj Ghat）排水路[17]

スーラジガート排水路も機能しているようだ（**写真 4-9**）。こちらも排水路の下水（**写真①**）が下水ますに落ちるようになっている（**写真②**）。

① 下水路　② 下水路から下水ますへ

写真 4-9　スーラジガート排水路

（2008.12.1 撮影）

114　第Ⅱ部　事例検証

(f)　ビハルガート（Bihar Ghat）排水路

　ビハルガート中継ポンプ場のそばに、下水がヤムナ川へ放流されている箇所がもう一つある[18]。こちらは集められてきた経路がわかりにくいので、河川への流入ポイントのみ紹介する。

　旧河岸通りの下から突き出している排水管から下水が流出している。**写真4-10 ①**では流出ポイントにゴミがたまっていることがわかる。**写真②**は同じ場所を乾季に撮影したものである。乾季にはここは川の流れが遠くなってしまうので、下水は氾濫原をじわじわと伝わってヤムナ川へと合流する。

① 放流　　　　　　　　② 放流　乾季

写真 4-10　ビハルガート排水路
（①は 2010.3.8、②は 2008.12.1 撮影）

(g)　ビハルガート中継ポンプ場（Bihar Ghat IPS）

　これまで、ケシガートを背にして、ブラマリガート排水路から旧河岸通り沿いに6本の排水路をみてきた。計画上は、これらの排水路に流れる下水はすべて遮断されて、このビハルガート中継ポンプ場（**写真 4-11**）に集められることになっていた（図 4-3）。

　オペレーターによると、このポンプ場には機能上の問題点はないということだ。ここで問題にされていたのはゴミである。下水に大量のゴミが混ざっているため、時折ポンプ場への下水の流れを止めて、清掃員がはしごで下に降りて（**写真②**）ゴミを取り出すのだという。**写真③**はそうして取り出したゴミである。

① ポンプ施設　② 施設内部とはしご　③ 取り出したゴミ

写真 4-11　ビハルガート中継ポンプ場

(2008.12.1 撮影)

(h)　パーガルババ下水処理場（Pagal Baba STP）

　ビハルガート中継ポンプ場を出て、ムカジー公園主ポンプ場を経由した下水はパーガルババ下水処理場に到着する（**写真 4-12**）。日本の ODA シンボルマークが掲げられている入口（**写真①、写真②**）から処理場の中に入ると、**写真③**のように広大な池が広がっている。この処理場はラージブル村領域にある。

① 日本の ODA 看板　② 正面ゲート（Main Gate）　③ 池が広がる

写真 4-12　パーガルババ下水処理場

(2006.5.24 撮影)

　ブリンダバンの下水処理は酸化池法（Oxidition pond）という下水処理技術が採用されている（UPJN & JBIC 2007a, 6.5.1）。この手法は広大な土地を必要とするが、機械設備が簡単で電力消費が少なく維持管理が比較的容易なのだという（たとえば北脇 2000, 234）。YAP-I で二つの下水処理場が建設されたうちの、こちらがメインの処理場で 4MLD の下水処理能力を持つ（概算で 40,000 人弱分の下水処理容量）。

116　第Ⅱ部　事例検証

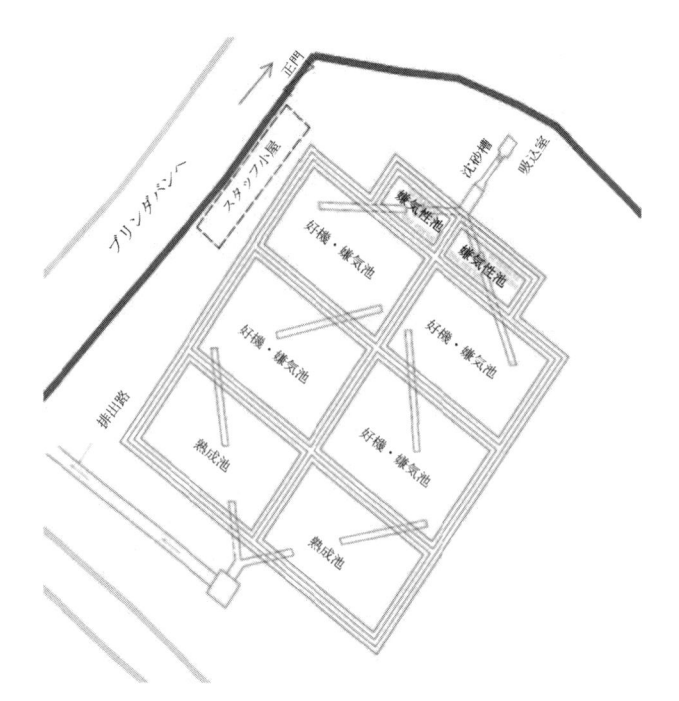

図 4-5　パーガルババ下水処理場のレイアウト
出典）UPJN & JBIC（2007, 6-5）を筆者和訳。

　図 4-5 はパーガルババ下水処理場のレイアウトである。下水処理場に到着した下水は、右上から順番に、沈砂槽（Grit Chamber）、嫌気性池（Anaerobic ponds）、好機・嫌気池（Facultative ponds）、熟成池（Maturation ponds）を通って浄化処理される。その後、処理水は隣接する下水農場（sewage farm）の灌漑用水として再利用される。

　2008 年時点、二つある嫌気性池の一つが故障しており使用されていなかった。写真 **4-13 ①**に写っているの二つの池（嫌気性池）の左側と右側の水位が異なっている。右側が故障のため下水の放流が止められて水位が下がっている（**写真②**）。2010 年時点（**写真③**）にもまだ修理はされていなかった。

第4章　ブリンダバン①：介入の連鎖の不具合　117

① 向かって右側が故障した池　② 故障した池（2008年12月）　③ 故障した池（2010年3月）

写真 4-13　パーガルババ下水処理場の不具合
(①は 2008.12.15、②は 2008.12.6、③は 2010.3.5 撮影)

(4) 行政の見解

これまで、ビハルガート集水エリアを事例として、YAP-I で建設・修復された下水道施設を一通り概観した。機能している施設もあれば、まったく機能していない施設もあった。実は、ここでは紹介しなかったポンプ場や下水処理場のより詳細な問題点が専門家から指摘されてもいるが[19]、ここではそれらを網羅はしない。ここでは、筆者が目視した、つまり住民や観光客からでも容易に可視できるわかりやすい下水道システムの不具合を対象に、行政の見解を確認しておきたい。

(a) 実施体制

YAP-I 下水道施設の設計担当は UP 州水道局で、維持管理責任はブリンダバン町政府にある（UPJN & JBIC 2007a, 17.7）。この役割分担については、（後述するトイレ事業のそれと異なり）UP 州水道局もブリンダバン町政府も見解を共有している[20]。

ブリンダバン町政府はもともと、YAP-I 下水道施設の維持管理を UP 州水道局に委託していた。しかし委託費用を滞納したため、UP 州政府の決定により 2006 年 5 月 1 日より UP 州水道局のサービスが差し止められた。それ以降は、ブリンダバン町政府が自ら施設の維持管理を実施している[21]。

よって 2010 年 3 月時点、筆者が UP 州水道局で聞き取りをした際、アーグラ事務所もマツーラ事務所も、ブリンダバンの下水道施設の維持管理についても不具合についてもいかなる責任も認めていなかった[22]。

他方、ブリンダバン町政府は YAP-I 施設の維持管理責任を認めてはいたが、施設の不具合を修理する意向はなかった。各担当者の見解を単刀直入に代弁するならば、YAP-I 施設を十全に維持管理して活用することは町政府の能力を越えることであり、多少の不具合はしかたがないということである。それは後述するように、各担当オフィサーの曖昧な応答に表れているし、そして首席行政官がそれを明言していた。それら行政担当者の見解を、先に見たチルガートにおける未処理下水の放流と下水処理場の故障について見ていこう。

(b) チルガート排水路における未処理下水の放流

先述したように、チルガートの排水路では未処理下水が直接ヤムナ川に放流されている（写真 4-6）。YAP-II 事業に関わった地元エンジニアの指摘によると、チルガート排水路の下水管は本来なら直径 200-250mm の太さは必要であったのだが、150mm の管を使用しているために、管がすぐに詰まってオーバーフローをしてしまうらしい。この下水管サイズの問題は UP 州水道局による計画の失敗だという。

次に、下水がオーバーフローをして聖地ブリンダバンの観光名所である河岸道路に流れ出るのはよろしくないという抗議を受け、町政府が修復工事をしたという。細い管から太い管に取り替えると 8 本の下水管が必要なところを、5〜6 メートルの管を 2 本調達し、詰まっている部分をカットして、下水が歩道の下を通って河川に放流されるように工事をした。これが町政府による政策の失敗だと地元エンジニアは指摘していた（2008.11.23）。

この見解を町政府の水道技術責任者に確認したところ、チルガートの工事を実施したのは UP 州水道局なので自分は知らないと、自らの関与を否定していた（2008.12.5）。次に、UP 州水道局のオフィサーに確認したところ、それは施設移管以降の工事であり自分たちにはわからないと自らの関与を否定していた（2008.12.6）。町政府と UP 州水道局の見解は完全に食い違っている。

ここで注目したいことは、どちらの見解が正しいのかということではない。そうではなく、まずは、真相が直ちにわからないことである。ガンジス川浄化計画をめぐる事実関係の調査において、これは頻繁におきることである。

つまり、事実経過がうやむやで、誰も責任を取らないままに事業の不具合がそのまま放置されている。この程度の不具合は常態化しており、特に問題視されることはない。責任主体や敗因が明らかにされず、よって責任を持って問題を解決する主体がいない事態が事実上容認されているのである。

次に、町政府も UP 州水道局もどちらも限られた責任役割を主張していることに注目したい。一方で町政府の水道技術責任者の言い分としては、彼らは州政府から移管された施設をそのままの状態で維持管理する責任を果たしているということになる。未処理下水の放流がヤムナ川の汚染につながるとしても、それは町政府の役割責任の範囲を越える問題ということである。

他方で UP 州水道局オフィサーの言い分としては、YAP-I 施設の維持管理は一義的に町政府にあるのだから、たとえ水道局の計画に問題があったとしても、水道局には現状に対する責任はないということである。また、彼らは「ヤムナ川汚染制御ユニット」という部署にはいるが、「汚染制御」の政策方針は中央政府や州政府の本部から降りてくるものであり、彼らの役割はその青写真の枠組みに限定されている。目の前に下水放流があろうとも、彼らには青写真の枠組みを越えて「汚染制御」に配慮する責任はないということである。

(c) パーガルババ下水処理場の不具合

2008 年 12 月 6 日、筆者の問題提起を受けて JBIC デリー事務所の担当者がブリンダバンまで視察に来てくれた。その際に、UP 州水道局および町政府の技術員らとともに筆者もパーガルババ下水処理場の視察に同行した。

JBIC 担当者が、先の嫌気性池の故障（写真 4-13）を指摘して、このような維持管理の状況では今後の借款契約を考え直さなくてはいけないと UP 州水道局のプロジェクト・マネージャーに忠告した。すると、UP 州水道局とブリンダバン町政府の技術員の間でしばし論争が始まった。先のような責任所在の押しつけ問答であろう。最終的には、町政府の土木部次席技術員が、池の故障は 1 週間で、筆者が事前に問題提起していた旧河岸通りの下水管の故障も 1 か月以内に修理すると言明した。

ところが先述したように、ガートエリアの下水管の不具合も下水処理場の不具合もともに、それから1年3か月後の2010年3月時点で改善されていなかった（写真4-13③）。2010年にブリンダバンの町役場でその技術員に再会した際、結局修理していなかったことを指摘したところ、照れ笑いを浮かべながら「もうすぐ直す」と返答していた（2010.3.12）。

(d) 維持管理能力を超える施設

これらYAP-I下水道施設の不具合について、2010年3月ブリンダバン町政府の首席行政官に説明を求めた。すると、「財源不足（lack of fund）」との明快な即答であった。二つの下水処理場を含めた下水道施設の運転（operation）に年間で186万ルピー（372万円）、メンテナンスに40万ルピー（80万円）、合計約230万ルピー（460万円）を支出している。それに対して、下水処理場の修理には推定で50万ルピー（100万円）、下水道管の修理には500万ルピー（1,000万円）が必要だという。つまり、ブリンダバン町政府は自主財源でYAP-I施設の毎月の運転資金を工面することは可能でも、イレギュラーな事態には対応できないという言い分である[23]。

実は、下水道施設の維持管理と地方政府の財政問題は新しく発見された課題というわけではない。これは古くから指摘されていることで、たとえば、1998年に国家河川保全局は14の関係州政府に対して以下のような通達を出している。「河川浄化計画の成功はそれら施設を維持管理する都市政府の能力にかかっている。しかしそれら都市政府の財政不足から浄化計画の施設は深刻な損害を受けている。これ以降は、かかる都市政府の維持管理能力が証明されない限り、詳細事業報告書（Detailed Project Report：DPR）を承認しないことを決定した」として、具体的には財政状況を示すデータや市民監視委員会（Citizen's Monitoring Committee）の設置状況などを報告することとしている。しかし実際はYAP-Iで建設された施設の維持管理の財源問題が解決されないまま、YAP-IIで新たな下水道計画が作成された。

「説明責任の制度が修正されないことにはガンジス川を浄化できない。〔今回も〕そのパターンは同じで、ラベルを変えただけ」（Singh, B. 2011b）とい

う、前章で見たバラナシの環境活動家の指摘は実に的を射ている。政策方針を提示するまでしか責任を持たない中央政府が政策を主導し、設計までしか責任を持たない州政府が施設を設計し、町政府は能力の限りまでしか維持管理責任を果たさない。各レベルの政府は定められた役割を（限定的に解釈して）上から順番に果たすだけで、それが全体として何を実現できているのかが確認されることはない。ガンジス川浄化計画は、計画と実態の乖離がどのようなものであったとしても、誰も責任を取らないし、それが実質的に許されてしまう状況の中で、実態に即した調整がなされることなしに、中央から地方に一方向に垂れ流され続けているのである。

(e) 評議員

次に、町政府（都市評議会）の主要な構成員であるはずの評議員に目を移し、彼らのヤムナ川浄化計画に対する態度を見てみよう。先述したように、ブリンダバンには25の行政区があり、それぞれの区から、区の代表である評議員が一人ずつ公選されている。筆者は2006年から2010年にかけて、10名程の評議員と話したが、その中に、ヤムナ川浄化計画に積極的に関わろうと意欲している人物はいなかった。ここでは2名の評議員のエピソードを紹介する。

まずは、先述した旧河岸通り沿いの地区の評議員のエピソードを紹介する。彼はヤムナ川浄化計画については、何ら関心がないようであった。話が曖昧だし、的を射なかった。最初はヤムナ川の汚染問題について区民から苦情を受けたことはないと言っていたが、あとで区民からの苦情を受けてUP州水道局に苦情を申し立てたと言い直した。それでは申し立てのためにアーグラ市まで行ったのかと尋ねたところ、ブリンダバンの事務所に行ったとの回答だった。ブリンダバンに水道局の事務所があるのだろうかと尋ねたところ、しばし考えて、UP州水道局ではなく、ブリンダバン町政府に問題を上げたのだったと発言を訂正した（2008.12.8）。

このエピソードにはヤムナ川浄化計画に対する評議員の非当事者性が示されている。彼には自らYAP事業を監視・制御するという意思は見られず、

住民からの苦情をどこかに伝達する役割だけが述べられている。加えて、その先が UP 州水道局なのか町政府なのかも曖昧である。

　この評議員とは対照的に、非常に現実的で、説得力のある情報を提供してくれる評議員がいる。隣の区の代表で、彼は区内の現実の生活課題をよく理解しているように見えるし、廃棄物管理の実態解明に際しては多くの貴重な情報を提供してくれた人物である。

　その彼にヤムナ川の汚染問題について尋ねたところ、それはイッシューが大きすぎる。アッパーレベルが話し合うことだとの即答であった（2008.12.9）。つまり、第74次憲法改正を受けた国家政策への地域参加などは、彼にとっては非現実的な理想論でしかないのである。彼の現状認識によると、ヤムナ川の汚染問題や浄化政策はあくまでも国家や州レベルのイッシューであり、そこに彼らの役割は事実上想定されていない。

　彼の現状認識は実態を適確に反映していると思われる。ガンジス川浄化計画においては、「中央」（国家と州）が計画した通りの限定された役割を「地方」（都市）が担う局面があったとしても、「地方」からボトムアップに事業を制御する経路は想定されていない。それを実現しようとしたのがバラナシ市の事例であり、それがどれほど困難な道のりであったのかは第6章で改めて議論する。

(5) 住民側の反応
(a) 冷めた距離感

　前章で見たように、インドではガンジス川浄化計画の評判は一般的に良くない。GAP-I が開始されてまもなく様々な課題や問題点が明らかになり、環境 NGO や環境シンクタンクがそれらの問題を指摘し、いくつもの公益訴訟が起きて、裁判所や公共会計委員会などの公的機関も事業実態にマイナスの評価を下した。それらの状況が逐一マスコミを通じて国民に報じられていたのであるから、ガンジス川流域に住んでいない国民でさえも、ガンジス川浄化計画が多くの課題を抱えていることは知っている。

　それに加えて、ブリンダバンの住民は、それら報道されている政府や政策

への批判に同調する根拠を間近に有している。いつまでたってもヤムナ川の水質が改善されることはなく、昔のように沐浴や水遊びができない。さらに、最愛の「ヤムナさん」が下水とゴミにまみれている姿を日常的に目撃している。彼らは冷めた距離感で国家政策を見つめている。

　ブリンダバンの住民にヤムナ川浄化計画の話を尋ねれば、たいていは大いなる行政批判が返ってくる。まずは、ヤムナ川が女神として、もしくはクリシュナ神話との関わりにおいて、非常に尊い存在だという宗教的説教が一通り行われる。それから、先述したガート沿いの下水放流を例に出して、大切なヤムナ川を浄化できない、もしくは汚染を放置しているヤムナ川浄化計画は「失敗」や「無駄遣い」であり、その実施主体である政府は「無能」あるいは「大型事業で私腹を肥やすことしか考えていない」とおなじみの中傷が述べられる。しかしその批判や中傷の根拠を教えてほしいと尋ねると、「そう聞いた」というあいまいな返答がほとんどである。

　根拠に基づかない政策批判は、ガンジス川浄化計画におけるコミュニケーションの欠如、あるいは行政機関の無応答性の裏返しとも言える。事業実態を確認したくても、情報へのアクセスが困難である。町役場や州政府機関に問い合わせても、あたかも何も聞こえていないかのように無視されることが容易に想像できる。住民（市民）が何らかの要請や提言を持っていたとしても、ボトムからアップへのコミュニケーションの経路はないに等しい。情報を得る経路も、政策に参加する経路も遮断されている住民が、冷めた距離感で国家政策を眺め、根拠のない政策批判を繰り広げる。これがブリンダバンに最もありふれているヤムナ川浄化計画と住民の距離感である。

(b)　「どうして日本政府は無駄遣いをしたいのか？」

　ある地元住民から「どうして日本政府は無駄遣いをしたいのか？」と問いかけられたことがある。その住民は、上述した住民たちとは少々異なり、ヤムナ川浄化計画のことをよく知っている。彼は地元で小さな設計事務所を経営しており、もともとブリンダバンの町政府のことや下水道システムに詳しい。それに加えてYAP-IIでブリンダバンのマスタープラン策定事業の下請

けをしたので、ブリンダバンの下水道事情については最も詳しい人物と言える。

「無駄遣い」というのは YAP-I 下水道事業のことで、それがどう無駄遣いであるか証明してあげようということで、先に紹介した旧河岸通りの下水道施設や、その他の近隣村への下水越境被害の現場、旧河岸通り以外での下水管切断の現場などを案内してくれた。

彼が説明する失敗のメカニズムは以下の通りである。JBIC 資金獲得のために UP 州水道局が早急に下水道計画を策定する。その計画が不適切なので建設された施設に不具合が生じやすい。それに加えて下水道施設がブリンダバン町政府に移管され、場当たり的に不具合を処置するので、当初の計画からどんどん乖離していく。結果的にヤムナ川浄化計画の事業費は「無駄遣い」に終わってしまう（2008.11.23）。

彼はこれらの「失敗」における日本の ODA の責任にも言及している。日本政府はインド政府が事業を適切に実施できないことを知らないのか。なぜ日本政府は、インド政府に莫大な事業費を支出し続けるのか。インド政府に無駄遣いをさせたいのか、という指摘である。日本政府は、インド政府に任せきりではなく、自らが事業のモニタリングをして、初期の目的に適うもののみ事業資金を支出すべきという意見であった（2008.3.16）。これと類似の意見で、日本の ODA の事業モニタリングの甘さについては、デリー市在住の開発コンサルタントからも指摘されたことがある（2006.5.16）。

日本の介入のあり方は、もっぱらインド国の中央政府に対して事業支援をし、中央政府を介して地方に影響を与えたり情報を収集したりする〈間接介入〉である。ゆえに日本政府が自らインドの国内政策の領域に入り込み、徹底した事業モニタリングをするということはない（第7章）。このような間接介入を実施するドナーは、援助事業がたまたまうまくいかなかった場合、中央アクターの共犯者であり無駄遣いの源泉として、このように地方アクターから非難されることもある。

第4節　CTC（共同／公衆トイレ）事業

(1) 背景と事業概要

　下水道事業に次いで二番目に事業費が大きいCTC（共同／公衆トイレ）事業に目を移そう。これは、河川汚濁源の一つとされている野外排泄を防止するための事業である[24]。対象人口は、トイレを所有していない低所得者層（居住人口）と観光客など（交流人口）である（UPJN 1994, 4）。

　この「共同／公衆トイレ施設」の呼び名は様々である。YAP事業関係書類において、事業当初は「低コスト衛生設備（Low Cost Sanitation：LCS）」と呼ばれており、次第に「共同トイレ多目的設備（Community Toilet Complex：CTC）」という名称が使用されるようになった。もともとインドではスラブ・インターナショナル（Sulabh International Social Service Organisation）というNGOが広くインド国内でトイレ施設サービス事業を展開しており、「スラブ」や「スラブ・コンプレックス」という呼び名も一般的である。その他に、「ジャン・スビダ・コンプレックス（*Jan Suvidha* complex）」（「人々の便利な多目的施設」の意）やその英語版「Public Convenience Complex」という呼び方もある。本書ではヤムナ川浄化計画において最も広く用いられている「CTC（共同トイレ多目的設備）」という名称を使用する。

　CTCは図4-6のような施設である。これは、第一期の事業資料にあるCTCの見取り図で、第一期で建設された10か所すべての施設に同様の設計プランが適用されている。第一期延長期で建設されたCTC施設や他都市のCTC施設など、時期や場所によってデザインや個室数にバラエティがあるが、内容はほぼ同様である。第一期のプランでCTC施設の輪郭をつかもう。

　図の下中央が入り口で、向かって右側が女性用のスペースである。水浴設備が1つとトイレ用の個室が4つ、そして使用後の水を汲むタンク（図の右下）がある。インドでは使用後の処理は紙ではなく水を使用するので、そのための水が用意されている。

　入り口からまっすぐに進んだ奥が男性用のスペースである。こちらは水浴設備が1つとトイレ用の個室が6つ、そして使用後の水を汲むタンク（図の左上）が用意されている。ちなみに男性用の小便器は建物の外、図の右下に

設置されている。

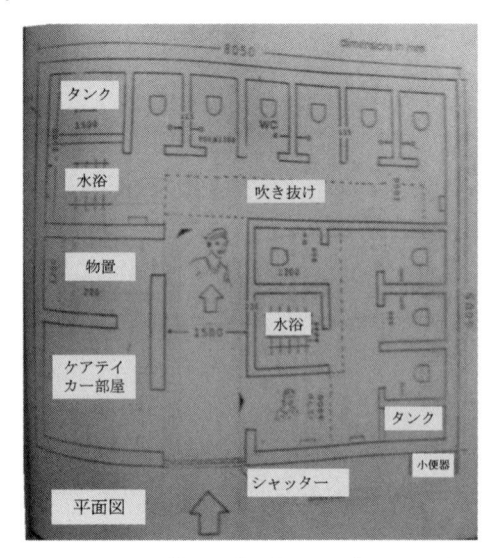

図 4-6 CTC（共同／公衆トイレ）の見取り図
出典）UPJN（1994a）に筆者和訳追加。

　入り口から向かって左側は「ケアテイカー（care taker）」が利用するスペースである。ケアテイカーとは利用者からお金を徴収したり、施設のメンテナンスをしたりと、施設を管理する人のことで、計画上は CTC の維持管理を請け負った業者から派遣される。なお、トイレを掃除する人は「スウィーパー（sweeper）」[25] と呼ばれ、通常は通いである。ただし、これから見ていくように、事実上「スウィーパー」が「ケアテイカー」を兼務している場合もある。
　このように CTC は、トイレだけではなくその他の設備（ここでは水浴用の設備）も用意されていることから複合施設（complex）と呼ばれる。デリーでは、洗濯スペースが設けられている YAP-CTC もある。
　CTC 事業の実施体制はというと、下水道事業と同様、計画と建設は UP 州水道局マツーラ事務所が実施し、建設後の施設はブリンダバン町政府に移管された。トイレの建設用地はブリンダバン町政府が調達し、場所の選定は当時の議長と協議の上で決定されたようだ。維持管理については、町政府が「スラブ方式」で実施するとされており、その旨について町政府の同意文書

が作成されている[26]（UPJN 1994a）。

　その「スラブ方式」の維持管理というのは、施設利用者から利用料を徴収し、その売上金でCTCの維持管理を行う利用料徴収型（pay and use）である。この方法によって、維持管理主体はトイレを清潔に維持することで利用率（売り上げ）を上げ、利用者はきれいなトイレを利用し続けることができる。さらに、町政府はCTCの維持管理費用を拠出せずに済むという構想である。

　「スラブ方式」における計画上の雇用体制は以下の通りである。町政府は、NGOにCTCの運営を委託する。NGOが各トイレ施設に給料制でケアテイカーを配置する。ケアテイカーが利用者から回収した料金はNGOの売り上げとなる。スウィーパーの人件費を含めた維持管理に係る経費はNGOが支出する。ブリンダバンのYAP-CTCは、本来であればこのようなかたちで運営されているはずだったが、実際はこれから見ていくように多種多様である。

(2) 事業概要

　ブリンダバンのCTC事業については特に（他の案件も同様であるが）、国家河川保全局、UP州水道局、ブリンダバン町政府のいずれからもまとまった資料や回答が入手できなかったし、矛盾する記述や回答が多くある。よって、不明な点が多いのだが、知りえた情報の限りで、YAP-Iブリンダバンにおける CTC 事業の概要を見ていきたい。

　YAP-Iのオリジナル期で10か所、延長期に15か所、計25か所のCTCが建設された（YAP-Iの「オリジナル期」と「延長期」の意味は次章で詳述する）。建設を受注した業者についての情報も一通りではないが、UPJN（2010b）によると、25か所のうち16か所をLok Seva Samsthan（以降「ロックセヴァ」）、8か所をスラブ・インターナショナルが受注しており、もう1か所はUP州水道局が建設工事を実施した[27]（表4-3）（UPJN 2010b）。

　建設工事完了後、それら25箇所のCTCがブリンダバン町政府に移管された。UP州水道局から収集した資料では、2003年に全25か所のCTCがブリンダバン町政府に移管され、5年間の維持管理契約が建設を受注した業者

にそのまま引き継がれたとある（UPJN 2010b; JGM 担当者, 2008.3.11）。しかし、YAP-I オリジナル期の事業報告書によると、10 箇所のトイレ建設が 1999 年に終了したと記載されている。よって、その 10 箇所の CTC の 1999 年から 2003 年までの維持管理状況は不明である。

　2003 年以降の経緯についても見解は一定していない。後述する YAP-II の公衆参加啓発プログラムを請け負った NGO、Jai Gayatri Maa Bat Vidya Mandir Samiti（以降「JGM」）の担当者からの聞き取りによると、ロックセヴァとスラブ・インターナショナルは建設した施設すべてではなく、それぞれ以下の 3 箇所ずつの CTC を運営することにしたという（2008.3.11）。

【ロックセヴァ】
R4A Ranji Temple-A（ラングナート寺院 A）
R11 Tanga Stand（タンガスタンド）
R13 Cheer Ghat（チルガート）

【スラブ・インターナショナル】
R1 Keshi Ghat（ケシガート）
R2 Sudama Kuti（スダマクティ）
R3 Bihar Ghat（ビハルガート）

後述するように、これも現場での聞き取りと異なる部分が多いし、先ほどの UP 州水道局の報告書（UPJN 2010b）とも決定的に矛盾する[28]。このように、先に見た下水道事業の場合以上に、CTC 事業では責任をもって事業全体を見届ける主体が欠如しており、建設から維持管理にかけての大局的な経緯についての真相を知る者が不在である。

　CTC が都市政府に移管されたのち、ブリンダバンのみならず事業都市の多くで、利用率の低さが問題視され、YAP-II でトイレ施設の利用率向上のための住民参加と啓発プログラム（Socio-economic and Environmental Upgradation of CTC Neighbourhood Community Program）が 2006 年から 2009 年に

かけて実施されることになる（第7章）。そのブリンダバンでの事業実施を受注したNGOがJGMで、彼らがブリンダバンにオフィスを構えた2006年11月15日時点において、運営されていたCTCは6か所のみだったという[29]（JGM担当者, 2008.3.11）。CTCをスラブ方式で運営した場合、契約期間内であっても儲けの出ないCTCはNGOから運営放棄され、事実上閉鎖（運営されていない）となる。2006年の時点で、25か所のCTCのうち17か所がそのような閉鎖状態にあったということである。

(3) 維持管理責任の所在

2010年時点において、CTCの維持管理体制はおおよそ秩序を見出しにくい状態であった。まずUP州水道局の見解では、下水道施設同様、維持管理に関する責任はブリンダバン町政府にあり、施設移管後の管理について下道局にはまったく責任がないという認識である（UPJNアーグラ事務所オフィサー, 2008.3.24, 2010.3.9）。

たとえば、2008年3月にUP州水道局アーグラ事務所で、公衆参加啓発プログラムの担当者に、ブリンダバンのCTCの現状を尋ねたところ、それはブリンダバン町政府の所有物なので関係ないとの回答であった。CTCの利用率向上を目標とする啓発事業の責任者が、現状をまったく知らないというのはなぜだろうかと尋ねたところ、重い腰を上げて図4-7（133頁）の地図を見せてくれた。そしてその地図をもとに質問を重ねたところ、それはJGM（下請けのNGO）に確認しないとわからないという回答であったので、それならばブリンダバンに戻って直接ヒアリングするので結構ですと、諦めてアーグラ市を後にした。このように、UP州水道局は、CTCの状況についてほとんど関知していなかった。

次に、ブリンダバン町政府もトイレ施設の維持管理について一切の責任を放棄していた。2010年3月、首席行政官にトイレ施設の維持管理実態について尋ねたところ、着任早々の彼にとってはまだ知らない案件だったようで、衛生部の事務員を呼び出して問いただした。その時、衛生検査員のポストが空白だったため、事務員である彼が部門責任者だったのである。そしてその

彼が、トイレ施設の所有者は確かにブリンダバン町政府であるが、維持管理の責任主体はUP州水道局だと回答した（2010.3.6）。

　そのブリンダバン町政府の見解をUP州水道局アーグラ事務所に伝えて事実関係を再確認したところ、ジェネラルマネージャーが2010年2月にJBICに提出したばかりの報告書を見せてくれた。そこには、「現在はすべてのトイレがブリンダバン町政府によって維持管理されている」と書かれていた（UPJN 2010b）。

　その資料を持って、再度ブリンダバン町政府の首席行政官に回答を求めた（2010.3.12）。今回も首席行政官は衛生部の事務員を呼び出して詰問した。結果、首席行政官はUP州水道局の記述が間違いだと判断した。そして、上の人たち（JBIC、国家河川保全局、UP州水道局）がローカルの実態を把握していないのだろうと説明してくれた。

　それでは、たとえ維持管理の責任主体がUP州水道局だとしても、それがブリンダバン町政府の所有物である以上、少なくても、25か所のトイレの位置を明記した書類やNGOと取り交わした維持管理の契約書は所有しているはずなので見せてほしいと首席行政官に要求した。首席行政官はその意見に賛同してくれ事務員に書類を持ってくるよう命じたが、見つからなかった。そして、首席行政官は、やはりそれもUP州水道局のイッシューであるとして、資料もそちらに請求せよということであった（2010.3.6）。

　相反するUP州水道局とブリンダバン町政府のどちらの言い分が理にかなっているのかと言うと、形式上はUP州水道局に分があると思われる。先述したように、CTCが建設後にブリンダバン町政府に移管され、維持管理の責任主体がブリンダバン町政府であることは、事業開始当初からの合意事項であり、その旨の合意文書が1994年に作成されている（ただし、その合意事項に修正があったか否かは不明である）。

　ここより重要なことは、結果的に2010年3月時点において、YAP-Iで建設された25棟のCTCの維持管理責任を自認する政府機関が不在という事実である[30]。そして、この責任主体の空白という事態の中、地域社会に垂れ流されたCTCは、次に見ていくように、地元の論理に即して様々に自

由な展開をみせている。

(4) CTC の現状

先述したように、過去からの経緯についても、現在の状況についても、CTC 事業についての信頼できる唯一のデータというものは存在しない。よって、筆者が入手した限りで最も包括的なデータである JGM の資料（写真 7-3 ②）(JGM 2008) と UP 州水道局の事業報告書類 (UPJN 2010b) をもとに、各 CTC 情報の一覧表を作成した（**表 4-3**）。以降、前者を「JGM データ」、後者を「UPJN データ」と呼ぶことにする。どちらも元をただせば JGM からの情報であるが、事業途中で JGM の担当者の交代があったせいか、後者が UP 州水道局によって手直しされたせいか、両者間の情報も矛盾が多い。

表 4-3 の一番左の列の「記号」は「JGM データ」の分類を元にしている。「R」から始まるものが 2007 年 10 月 3 日時点に「運営常態（Running Position）」の CTC、「C」から始まるものが「閉鎖（Closed CTCs）」の CTC である（JGM 2008）。この CTC の位置をブリンダバン地図に配置したものが**図 4-7** である。

表 4-3 に目を戻して、「状態」の列は「UPJN データ」の情報を転記した。「機能している（Functional）」を「○」、「機能していない（Not Functional）」を「×」、「部分的に機能している」を「△」とした（UPJN 2010b）。そして「変化」の列は「JGM データ」に基づいており、同プログラムが始まった時点から継続的に運営されている CTC、つまり上記の 8 か所の CTC を「継続」、同プログラム以降に「閉鎖」常態から「運営」状態に移行したものを「再開」と記した（JGM 2008）。

「UPJN データ」によると YAP-II で雇用された JGM の 3 年間の活動により、運営されている CTC が 8 か所から 17 か所に増加した。そして 7 か所は閉鎖状態のままで、1 か所は道路の拡幅工事のためブリンダバン町政府によって取り壊された[31]（UPJN 2010b）。しかしこの「閉鎖」「運営」「再開」等の情報は、筆者の調査データと必ずしも一致するものではない。また、後述するように、JGM の公衆参加啓発活動と CTC の運営状態の因果関係も曖昧である。

表 4-3　YAP-I ブリンダバンの CTC の詳細リスト

記号	名称	状態	変化	特性	建設・運営	本研究の分類
R1	Keshi Ghat（ケシガート）	○	継続	共同＆公衆	UP 州水道局	A 公衆-NGO 経営
R2	Sudama Kuti（スダマクティ）	△	再開	共同＆公衆	スラブ・インターナショナル	D スウィーパーの住居-経営
R3	Bihar Ghat（ビハルガート）	○	再開	共同＆公衆	スラブ・インターナショナル	C 公衆-慈善事業
R4-A	Rang ji Temple – A（ラングナート寺院 A）	○	継続	公衆	ロックセヴァ	B 公衆-スウィーパー経営
R4-B	Rang ji Temple – B（ラングナート寺院 B）	△	再開	公衆	ロックセヴァ	H 共同-自主管理
R4-C	Rang ji Temple – C	○	再開	共同＆公衆	ロックセヴァ	
R5	Garela Bag（ガレラバーグ）	○	再開	共同	スラブ・インターナショナル	D スウィーパーの住居-経営
R6	Gaura Nagar	○	継続	共同	スラブ・インターナショナル	
R7	Kailash Nagar, Satya Devi School	○	再開	学校その他	ロックセヴァ	
R8	Gaushal Nagar, Saraswati Dhanuka School	○	再開	学校その他	ロックセヴァ	
R9	Mithila Ashram	○	再開	学校その他	ロックセヴァ	
R10	Kotwali (in front of), Ghandhi Park（警察署前、ガンディ公園）	○	継続	公衆	スラブ・インターナショナル	A 公衆-NGO 経営
R11	Tanga Stand, Pathanpura	○	継続	公衆	ロックセヴァ	A 公衆-NGO 経営
R12	Raman Reti, near Police Chawki（ラーマンレティ、交番横）	○	継続	公衆	ロックセヴァ	
R13	Cheer Ghat（チルガート）	○	継続	公衆	ロックセヴァ	B 公衆-スウィーパー経営
R14	Nagar Palica Girls School	×	継続	学校その他	ロックセヴァ	

C1	Somani School ground	×	—	学校その他	ロックセヴァ	
C2	Govind Kund（ゴビンドクンド）	×	—	共同	スラブ・インターナショナル	G 共同 - 放棄
C3	Kalidah, Ratan Kshatri（カリダー）	△	再開	共同＆公衆	ロックセヴァ	D スウィーパーの住居 - 経営
C4	Kishorpura, Ghandi Marg（キショルプラ）	×	—	共同	スラブ・インターナショナル	G 共同 - 放棄
C5	Gurukul Ashram（グルクル道場）	×	—	共同	ロックセヴァ	F 需要なし - 放棄
C6	Mala Dhari Ashram（マラダーリ道場）	×	—	共同＆公衆	スラブ・インターナショナル	E スウィーパーの住居 - 閉鎖
C7	Pagal Baba Mandir, near（パーガルババ寺院の近く）	△	再開	公衆	ロックセヴァ	D スウィーパーの住居 - 経営
C8	Atalla Chungi	取り壊し	—	公衆	ロックセヴァ	
C9	Prasuti Grah Hospital Campus	×	—	学校その他	ロックセヴァ	

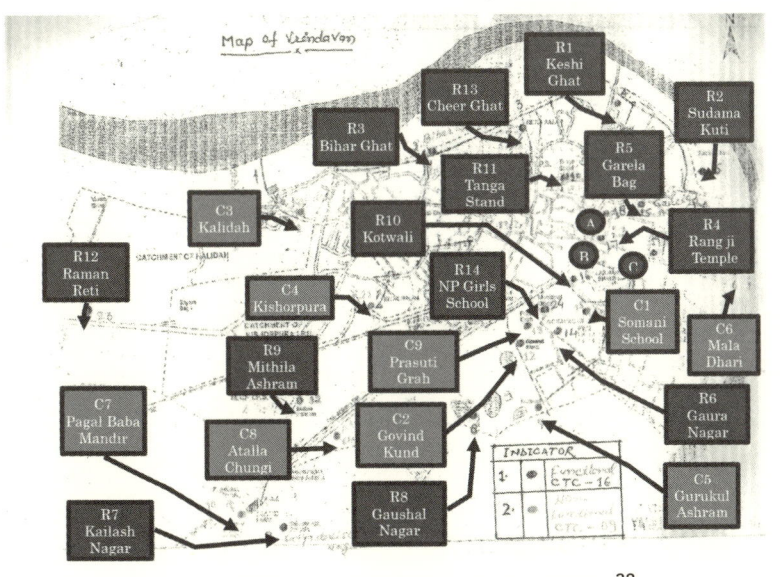

図 4-7　YAP-I ブリンダバンの CTC 施設地図[32]

次に、「特性」列は「JGM データ」の分類を転記した。ここで分類されている「共同（community）」と「公衆（public）」の差異は大変重要である。JGM の分類は必ずしも筆者の見解と一致するものではないが、CTC の特性分類を基礎データとして啓発事業を展開していたことは特筆に価する。後者の「公衆」は「交流人口」のトイレニーズを想定している。それは日本の「公衆トイレ」と同様で、買い物、通勤、観光などで一時的に自宅を離れている人のためのトイレである。前者の「共同」は「居住人口」のトイレニーズを想定している。これは日本ではあまり想定されることのない政策課題であるが、自宅にトイレを持たない家庭が共同利用するトイレである。ヤムナ川浄化計画の CTC はどの都市でも一概に、交流人口の多いところでは「公衆トイレ」としてよく機能しているが、居住人口しか見込まれない場所における「共同トイレ」としては機能していない傾向にある。

次に、「建設・運営」列は、建設および維持管理を下請したとされる組織である。「UPJN データ」から転記した。しかし、先述したようにこの情報も矛盾が多く、目安としてのみ理解しておく必要がある。

「本書の分類」列は、2007 年 3 月から 2010 年 3 月にかけて筆者が訪問した 15 か所の CTC の現状を筆者が分類したものである[33]。筆者が調査した CTC の運営状況を大別すると、**表 4-4** の 8 種類に分類できる。

「A」、「B」、「C」は相当量の交流人口が見込まれる立地に建設された CTC である。そのうち、当初の計画に最も近いのが「A」の NGO による料金徴収型（スラブ方式）の経営である。その他の運営形態として、「B」は責任主体が不在の CTC を利用して、スウィーパーが自主的に料金徴収型の経営をしているケースである。もう一つの「C」は慈善団体が無料で CTC を運営しているケースである。

次に、トイレ需要があまり見込まれない立地において、一義的にはスウィーパーが CTC を住居として利用している場合がある。その際、CTC を公衆トイレとして公開している場合（D）と、していない場合（E）がある。両者の切り分けはそれほど明確なものではない。一端には、基本的に運営体制が整えられている CTC があり、もう一つの端には、おおよそ運営姿勢の見ら

表 4-4 YAP-CTC の現状の分類

記号	ニーズ	運営形態	分類の名称
A	主に交流人口 (公衆トイレ)	NGO による料金徴収型経営	公衆 -NGO 経営
B		スウィーパーによる料金徴収型経営	公衆 - スウィーパー経営
C		慈善事業	公衆 - 慈善事業
D	低需要	スウィーパーの住居	スウィーパーの住居 - 経営
E			スウィーパーの住居 - 閉鎖
F		放棄	需要なし - 放棄
G	主に居住人口 (共同トイレ)		共同 - 放棄
H		自主管理	共同 - 自主管理

れない CTC がある。また、「E」と「F」の切り分けも曖昧にならざるをえず、CTC が極端に崩壊しているのでもない限り、そこに誰かが住んでいるのか (E)、完全に放棄されているのか (F) という差異は調査のタイミングに依存する。

次に、「居住人口」による明らかなトイレ需要があり、しかし CTC が壊れたまま放棄されているケースが「G」である。最後に、CTC が住民の自主管理によって共同利用されているケースを「H」とする。

この 8 分類に即して、写真を見ながら CTC の現状を確認していこう。なお、この調査では、CTC の施設の状況や管理体制だけではなく、その CTC がどのような地区に設置されたのか、その地区にはどのような潜在的利用者がいるのかということにも注目した。

(a) 公衆トイレとしてのニーズが高い地域の CTC
① R12 ラーマンレティ、交番横（Raman Reti, near Police Chawki）

まずは「A 公衆 -NGO 経営」の型から見ていく。筆者のブリンダバンにおける CTC 調査の限りでは、「R12 ラーマンレティ」が YAP-CTC の政策デザインに最も近いかたちで運営されている CTC である。ラーマンレティ（Raman Reti）という地区は町域の西の端、新興エリアである。外国人の信者を多く持つ ISKCON のクリシュナ・バララーマ（Krishna Balarama）寺院（**写真 4-14**②、1975 年建立）があり、観光客が多く、また裕福な人や外国人が多

136　第Ⅱ部　事例検証

く住む地域である。

　ブリンダバン町域の入り口（境界）の交差点付近にR12のCTC（**写真①**）がある[34]。ブリンダバンの入り口であり、また寺院（写真②）がそばにあるため、週末になるとこの通りは他州のナンバーをつけた車で身動きが取れないほど渋滞する（**写真③**）。

① CTC　　② ISKCONの寺院　　③ お祭りによる渋滞

写真 4-14　R12　ラーマンレティ CTC
（①は2008.3.20、③は2010.3.6、撮影。②はBraj Discovery（2010））

　このようなにぎやかな立地にあるため、「R12 ラーマンレティ」は「公衆トイレ」として十分に経営が成立している（UPJN 2010b）。ケアテイカーによると、マンスリー・パスはなく[35]、都度の使用料金はやや高額の3ルピー（6円）。利用者は1日に100人くらいと推定されていた[36]。ケアテイカーには、ロックセヴァから1か月1,800ルピー（3,600円）の給料が支払われている。このケアテイカーはCTCが建設されて以来、ずっとここで働いている。

② R10警察署前、ガンディ公園（Kotwali（in front of）, Ghandhi Park）

　次にみる二つのCTCも交流人口が見込まれる立地にあり、「A公衆-NGO経営」に分類した。両者ともスラブ・インターナショナルが経営しているらしい。ところが、両者ともスラブ・インターナショナルから派遣されたケアテイカーがCTCには不在で、経営をスウィーパーに一任しているようだ。まずは、交流人口がより見込まれる「R10 警察署前」（**写真 4-15 ①**）からみていこう。

　このCTCは町役場（**写真②**）と警察署の向かいに建っている。つまり町の中心部にあり、多くの交流人口が見込める立地である。ここも「公衆トイレ」

として経営が成立している。CTCの裏側に居住区があるが、それらの家屋はトイレ付きということで、居住人口の利用はないようである（2010.3.5）。

① CTC　　　　　　　　② ブリンダバン町役場

写真 4-15　R10 警察署前、ガンディ公園 CTC
（①は 2010.3.5、②は 2008.3.19 撮影）

　ここでは先述したように、スウィーパーがケアテイカーを兼ねており、本来のケアテイカーは不在である。便宜上、ここでは「ケアテイカー」を「仲介人」と呼んでおこう。スウィーパー（兼ケアテイカー）によると、彼は仲介人から給料が支払われることになっているのだが、実際は支払われていない。しかし、仲介人が時々CTCにやってきて売上金を徴収していく。よって、売上金を持っていかれないよう、CTCには小額しかおかないようにしていると言う（2010.3.13）。

　CTCの維持管理費用はスウィーパーが自ら立て替えておき、あとで仲介人から支払われることになっている。ところが、仲介人は領収書だけを持っていってしまうのだと言う。ジェネレーター（自家発動装置）の修理で、この1ヶ月に2回も1,200ルピー（2,400円）ずつを立て替えたが、その修理費も仲介人から支払われていないと言う。なぜ領収書を渡すのかと尋ねたところ、そうしないと仕事を取り上げられるからだと言う。それでも採算の合う仕事なのだろうかと尋ねると、売上げは通常月に1,200〜1,300ルピー（2,400〜2,600円）だが、お祭りのときには4,000〜5,000ルピー（8,000〜1万円）の売上げがあるので[37]、修理費用を差し引いても採算はあうらしい。

　次に仲介人にも話を聞いた。実は、仲介人の連絡先を見つけ出すことも、会うことも困難であったが、なんとか調査に協力してもらうことができた。

仲介人の話は二転三転した。最初は自分が「R10警察署前」のケアテイカーであり、毎日あのCTCで働いていると言っていた。あのCTCであなたを見たことがないと指摘したところ、自分はスウィーパーなのでたまに掃除に行くのだと言い直した。また、現在CTCにいるスウィーパーは彼の叔父で、自分は電子関係の仕事で忙しいので、叔父にCTCの仕事を任せているとも言っていた。そして、その叔父の話はすべて嘘なので、何も信じてはいけないと言った。スラブ・インターナショナルとの関係を尋ねると、マツーラにいる上司と、アーグラ市にいるその上の人物の名を言っていた。後日、スラブ・インターナショナルのアーグラ事務所に電話で確認したところ、それらの人物は実在していたので、彼がスラブ・インターナショナルの関係者であることは事実らしい。

　仲介人の話とスウィーパーの話は明らかに食い違っており、そのどちらが真実であるのかはここでも不明である。あえて筆者の主観的解釈を述べることが許されるなら、以下のような運営形態だと考えられる。スラブ・インターナショナルから派遣されている仲介人（本来のケアテイカー）が、自らが雇用するスウィーパーに清掃も維持管理も任せておき、本人は通常別の仕事などをする。そして月に1回程度CTCを訪れて売上げを徴収し、それを本部に上納する。平たく言えば、仲介人がその地位を利用して、働かずに利益を得ていると考えられる。

　③　R1 ケシ・ガート（Keshi Ghat）
　「R1 ケシ・ガート」でも、NGOが背後にありながらスウィーパーがCTCを運営している。つまり「R10警察署前」と同じような運営形態にあると思われる。まずは立地状況から確認していこう。
　ケシガートから旧河岸道路を下流方向（ビハルガート中継ポンプ場集水エリアとは反対側）に向かうとすぐに**写真 4-16 ①**のCTCがある。ケシガートより下流側は砂浜となっている（**写真②**）。この砂浜は、CTCがそばにあるにもかかわらず野外トイレ広場となっており、広い範囲に無数の排泄物が転がっている（**写真③**）。

① CTC　　② 河岸。　　③ 河岸から見上げた CTC

写真 4-16　R1 ケシ・ガート CTC

(2008.3.19 撮影)

　この CTC はケシガートの人通りの少ない方の出入り口側にあるため、それほど多くはないが、ある程度の交流人口の利用が見込める。スウィーパー（兼ケアテイカー）によると、都度利用は 1 回 1 ルピー（2 円）で、利用者平均は 1 日に 25 〜 30 人ほど。また、ここではマンスリー・パスが用意されており、5 〜 7 人の農民が一人当たり一か月 10 ルピー（20 円）のマンスリー・パスを使用しているという（2008.3.19）。このあたりの氾濫原では農業が営まれており、彼らは作業次期になると氾濫原にある簡易宿泊小屋で寝泊りしている。このように、この CTC は一定程度の交流人口の利用があり、かつ季節的に居住人口の利用もあるようだ。

　このスウィーパーは隣のビハール（Bihar）州出身で、9 年前からこの CTC で働いている。「UPJN データ」によると、維持管理主体は UP 州水道局となっているが（UPJN 2010b）、スラブ・インターナショナルとする JGM 担当者の見解（2008.3.11）の方が正しいようだ。スウィーパーがこの CTC はスラブ・インターナショナルが経営していると言っていたことと、スラブ・インターナショナルのマツーラ駐在所現場担当者（field officer）の名前を挙げていたからである。しかし、スラブ・インターナショナルからお給料はもらっていないと言う。スウィーパーとケアテイカーの兼任で、さらにスラブ・インターナショナルのもとにありながらお給料はもらっていないということは、つまり「R10 警察署の前」と同型の運営形態だと思われる。

140　第Ⅱ部　事例検証

④　R13 チルガート（Cheer Ghat）

次に「B 公衆 - スウィーパー経営」の型に移ろう。この形態では、「R10 警察署前」や「R1 ケシ・ガート」と同様に、スウィーパーが CTC を運営している。しかし、その背後に NGO の存在はない。先述したように町政府が責任を放棄し維持管理者のいない、誰のものでもない CTC を利用して、清掃カースト（スウィーパー[38]）が自主的に利用徴収型で公衆トイレを経営しているのである。

下水道調査のところで紹介したチルガート排水路のそばに「R13 チルガート」がある（**図 4-17** ①）。先述したように、このあたりはブリンダバンの観光名所である。人通りが多く、交流人口のトイレ利用が見込まれるため、ここも「公衆トイレ」として経営が成立している。

「UPJN データ」では「良い状態」となっているが（UPJN 2010b）、ケアテイカーは電気と水が使えないと言っていた（以降、自主経営をしているスウィーパーを「ケアテイカー」と呼ぶ）。「ほら電気がつかないだろう」と言ってスイッチをオン・オフして見せてくれ、確かに電球は反応していなかった。水は近くの公衆ポンプを利用していると言う（2010.3.8）。

マンスリー・パスはなし。都度利用料は 2 ルピー（4 円）。利用者数は、通常は 1 日に 10 ～ 15 人、お祭りの時にはたくさんの人が利用する。1 か月にだいたい 1,200 ～ 3,000 ルピー（2,400 ～ 6,000 円）の売上げになると言う。

①　CTC（2007 年）　　②　CTC（2010 年）　　③　二つの箱（2010 年）

写真 4-17　R13 チルガート CTC
（①は 2007.3.26、②と③は 2010.3.8 撮影）

2007 年 3 月にこの CTC を訪ねたときには、ケアテイカーが不在で、知り合いが店番をしていた。2010 年 3 月に訪れたときにはケアテイカーがおり、

本人から話を聞くことができた。このCTCの運営形態について両者の説明に矛盾はない。

ケアテイカーはブリンダバン町政府ともNGO（ここはロック・セヴァが建設）とも関係がなく、彼自身が独自にCTCを経営している。彼は清掃カーストのバルミキだが、清掃員としての仕事にありつけず、仕事がないので（この誰のものでもない）CTCを経営している。

CTCの鍵はケアテイカーの義理の息子がヴィシュヌ（Vishnu）という人物からもらったのだが、それが誰であるのかは知らないと言う。10年前から義理の息子と一緒にここで仕事をしており、4年前にその息子が亡くなってからは一人で経営している。彼はこのCTCに居住はしておらず、清掃カーストが多く住むキショルプラという地区に住んでいる。

彼は、CTCのメンテナンスにはあまり熱心ではないようだが、経営のスタイルが先進的である。**写真②**のように、ケアテイカー用の机が入り口前の目立つところに配置されており、営業中であることがわかりやすい。他の都市で、しかもしっかりと経営されているCTCでは、このような光景を見ることがあるがブリンダバンでは珍しい。机の上には二つの箱がある（**写真③**）。一つが徴収した利用料金を保管するための箱であり、もう一つは石けんを入れて販売している[39]。石けん販売も、アーグラやデリーでは見たことがあるが、ブリンダバンでは筆者が知る限りここだけである。

⑤ R4 ラングナート寺院（Rangaji Temple）AとB

次に、「B 公衆 - スウィーパー経営」のもう一つの事例である「R4A ラングナート寺院A」と、唯一の「H 共同 - 自主管理」の事例である「R4B ラングナート寺院B」を続けて報告する。

ラングナート寺院（**写真 4-18**）はブリンダバンで最も有名な寺院の一つである。広大な敷地と南インド伝統建築の門が特徴的である。敷地の前方両サイドに二つのCTC（AとB）、後方に一つのCTC（C）がYAP-Iで建設された。AとBは寺院の敷地内、正門近くに作られており、交流人口の利用が見込まれていたと思われる。「JGMデータ」の特性分類では、両者とも「公

衆」となっているが（JGM 2008）、よく観察すると、AとBの興味深い差異が見えてくる。実は、両者の立地条件はまったく異なっているのである。

① ラングナート寺院内門　② 航空写真

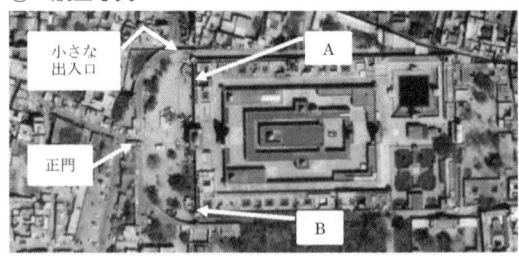

写真4-18 ラングナート寺院（Rangji Temple）
(①は Braj Discovery (2010)。②は Google Earth, 2007.4.2 撮影分, 2010.5.11 アクセス)

写真②の航空写真のように、ラングナート寺院の正面から入ってきた観光客は通常まっすぐ内門に入るので、どちらのトイレも通り道ではない。しかし、Aトイレのそばに小さな出入り口があり、そこを抜けて別の寺院などに行くことができる。よって、Aトイレは正門と出入り口の通過点に位置しており、不特定多数の人が通る空間にある。

それに対して、Bトイレの方には、出入り口がない。実は、とても小さな出入り口はあるが、それは隠れた場所にあるし、観光客が認識できるようなものではない。よって、Bトイレのある場所には、外部者がほとんど入り込まない閉じられた空間が成立している。このことが、Bトイレの「共同トイレ」の自主運営を可能にしている。まずは、「B 公衆-スウィーパー経営」に分類した「R4A ラングナート寺院 A」（**写真4-19①**）から見ていこう。

このCTCは前述したように、「公衆トイレ」として経営が成立しやすい立地条件にある。ラングナート寺院の人気だけではなく、この寺院と「R10 警察署の前」との間では頻繁に催しが開かれているので（**写真②**）、多くの交流人口のトイレニーズが期待できる。

ケアテイカーによると、このCTCの利用者は交流人口のみで、居住人口の利用はない。もちろんマンスリー・パスはなく、都度利用料は3ルピー（6円）。通常1日に20人ほど、繁忙期で50〜60人が利用するという（2008.12.8）。

第4章　ブリンダバン①：介入の連鎖の不具合　143

① CTC　　　　　　　　　② ラングナート寺院のお祭り

写真 4-19　R4A ラングナート寺院 A　CTC
（①は 2008.12.8 撮影。②は Braj Discovery（2010））

　彼はもともと別のケアテイカーのもと、この CTC で働いていた。1 年半前（2008 年 12 月時点）にその人が町を出て行ったので、それ以来は自分がこの CTC を経営しているという。ロックセヴァとは関係がなく、寺院のラングナート経営委員会（Ranganath Managing Committee）とも、仕事を始めたときに挨拶しただけでそれ以降は関係していないと言う[40]。よって、客から徴収した利用料金はすべて彼のものである。その代わりに、維持管理に係る費用もすべて彼が支出する。

　ドアやモーターの修理、腐敗槽の清掃費用も彼が支払っている。この 1 年半で 6 回も腐敗槽の清掃をしたと言う。そんなに支出が多くては、採算が合わないのではないかと尋ねたところ、足りない分は親から借金をしていると言う。将来的な収入増加を見込んでの投資だと言っていた。彼は清掃カーストのバルミキで、やはりバルミキが多く住むキショルプラ地区に住んでいる。彼の叔母が、ゴピナス（Gopinath）という古い寺院の清掃権を所有していると言っていたので、彼の親族は古株のバルミキ家系であることがわかる。ゆえに、彼には投資をする財力があるものと思われる。

　次に、似たような立地環境にもかかわらず、「H 共同 - 自主管理」である CTC、「R4B ラングナート寺院 B」（**写真 4-20 ①**）を見てみよう。この CTC には水も電気もないが、驚くほど清掃が行き届いており、日本の一般的な公衆トイレより清潔感があると言っても過言ではない（**写真③**）。それもそのはずで、このトイレは 2008 年時点において、完全な「共同トイレ」であっ

た。インドでは一般的に、公共空間がおそろしく不潔なこととは正反対に、「共同」もしくは「私的」空間は非常に清潔に保たれている場合が多い（西谷内 2009b）。

　このトイレには鍵がかけられている（**写真②**）。この鍵を共有するメンバーは 3 家族と交番で働く警官の合計 19 人であった。写真 4-18 ②の航空写真を見ると、B トイレの前はアーチ形の塀になっていることがわかる。この塀に、3 つの住居と交番がある（**写真④**）。3 つ並んだ住居の真ん中の家の姉妹たちから話を聞いた。彼女たちによると、左端の家族は 3 人家族で 20 年ほど前からここに住んでいる。彼女たちは 8 人家族で親が 40 年ほど前からここに住んでいる。右端の家族は 5 人家族で彼らも 20 年以上はここに住んでいる。そして交番には 3 人の警官が駐在している。それぞれ一つずつ、計 4 つの合鍵をもって、これら 19 人がこのトイレを使用しているのだという（2008.3.19）。

　彼らは、この CTC が建設されて以来ずっと 6 年間（2008 年 3 月時点）このトイレを使用し続けていると言っていた。このトイレが建設される前は野外で用を足していたと言う。ちなみに、「JGM データ」ではこのトイレは「復

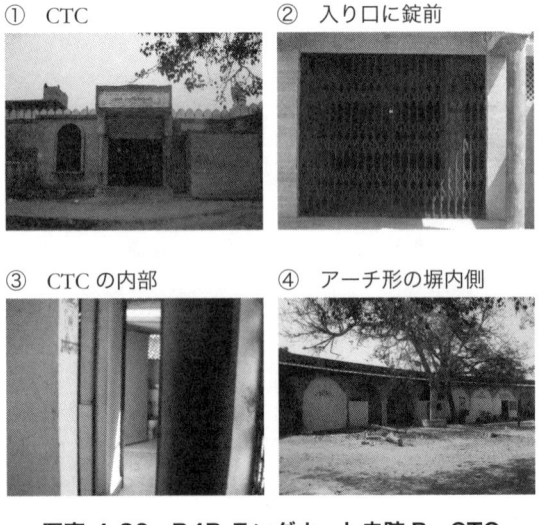

① CTC　　　　　　② 入り口に錠前

③ CTC の内部　　　④ アーチ形の塀内側

写真 4-20　R4B ラングナート寺院 B　CTC
（①は 2008.12.8、②から④は 2008.3.19 撮影）

活」、そして「公衆」となっており（表 4-3）(JGM 2008)、彼女たちからの聞き取りと矛盾する。

　このトイレの管理について、日常的な清掃は各自が行う。出費が必要な場合は、利用者全員で相談して決める。月に 1～2 回程度、あまりにも汚くなったときには清掃人を呼んで清掃してもらう。清掃人への支払いが 1 回 250 ルピー（500 円）(2008.3.19) で、腐敗槽の清掃が 1 年に一回、2,500 ルピー（5,000 円）である。それをメンバー全員で負担するのだと言う (2008.12.8)。年に 1～2 回、ロックセヴァの人間がやってくることがあるが、特に何をしてくれるわけでもないと言う。彼女たちはその人物の名前も連絡先も知らない (2008.3.19)。

　彼女たちの話を聞く限り、この CTC は実にみごとに管理されて、活用されている。しかし、これは計画上の活用形態とは異なる。つまり、この CTC は 19 人に独占的に利用されるためのものではなく、より広いトイレニーズに対応するためのものである。観光客がこのトイレを利用したいと言ったらどうするのか彼女たちに尋ねたところ、鍵を開けてあげると言っていた (2008.3.19)。それは嘘ではないだろうが、「利用したい人はこちらまで」などの張り紙があるわけでもなく、この手法でどれほどの「公衆トイレ」ニーズに対応できているのかは疑問である。

　この事例を「独占的 CTC 利用」と見るか、「共同トイレの自主運営」と見るのかは悩ましいところである。共同トイレ供給の政策が、このような地域社会に既存の地域管理機能を動員するようにデザインされていたならば、これは目ざましい「成功事例」だっただろう。しかしヤムナ川浄化計画の CTC 事業はこのような小規模な自主運営に対応できる柔軟な政策デザインではないので、彼女たちの CTC の利用方法は「失敗事例」、つまり CTC の独占的利用と評価せざるをえない[41]。後述する公衆参加啓発プログラムの議論を先取りすれば、住民の「参加」は、CTC の建設後に事業デザインにあわせて住民を「啓発」しようとするトップダウン型ではなく、このような地域社会に既存の地域管理機能と政策の論理を擦りあわせるボトムアップ型でこそ、実効性を発揮するものと思われる。

⑥ R3 ビハルガート（Bihar Ghat）

次に「C 公衆 - 慈善事業」の型を紹介する。この CTC（**写真 4-21 ①**）はこれまでと同様に交流人口が見込まれる立地にある。しかし利用徴収型の経営スタイルではなく、無料の慈善事業として CTC が運営されている。

この CTC は、先述したビハルガート中継ポンプ場の敷地に設置されている。河岸通りに面しているため、交流人口が多い立地である。ポンプ場のオペレーターは、平均利用者数を 1 日に 60 〜 70 人ほどと推定していた（2007.3.26）。JGM によると、この CTC はスラブ・インターナショナルが経営することにしたという 3 つの CTC の一つである（2008.3.11）。しかし、この CTC はスラブ・インターナショナルではなく、別の団体によって管理されている。その団体は、スワッチ・ウパバン・ハマラ（Swach Upavan Hamara Vrindavan）という慈善団体である[42]。オペレーターによると、この慈善団体はケアテイカーを置かずに、CTC を無料で開放している。スウィーパーが 1 日 1 回清掃にやってくる（2008.3.18）。

① CTC　　② 近くの住民　　③ 近くの住民

写真 4-21　R3 ビハルガート CTC

（2008.3.18 撮影）

このトイレは「公衆」トイレとしてだけではなく、「共同」トイレとしても活用されている。徒歩 3 分ほどの距離に**写真②**や**③**などの家がある。写真②の建物に住む家族は 22 人（そのうち 12 人が子供）。1 年 6 か月前からここに住み始めたと言う。その前はすぐ近くの親類の家に住んでいたと言うことで、彼らが分家したということのようだ。ご主人は配管工をしている。月収は約 1 万ルピー（2 万円）だと言う（2008.3.19）。

彼らはこの家に引っ越してきた 1 年 6 か月前からずっと「R3 ビハルガー

ト」を利用しているという。彼らの住居の上下水道事情をみてみると、この住居には上水道も下水道も通っていない。上水は公道に設置されている公共ポンプを使用している（2008.3.19）。生活排水は家の前の排水路にそのまま垂れ流しである。

次に、路地を挟んだ隣の民家が写真③である。ここには5人の家族が住んでいる。ご主人はリクシャワラーで[43]、月収は平均で約2,000ルピー（4,000円）。この家には10年ほど住んでいる。この家も上水道と下水道の接続はない。彼らも、建設されて以来ずっと「R3 ビハルガート」を利用していると言う（2008.3.19）。ちなみに、「JGMデータ」による2006年時点にこの施設は閉鎖されていたことになっており（JGM 2008）、両者の見解には矛盾がある。

このように「R3 ビハルガート」は公衆トイレとしてはもちろん、共同トイレとしても難なく受け入れられている。このCTCは、他のCTCの運営方式とはまったく異なるしくみ、つまり慈善事業として利用者負担ゼロで運営されている。ブリンダバンでは、学校教育、廃棄物管理、炊き出しなど宗教系の団体による慈善型の地域管理のしくみが多く見られる。その中には、功を奏しているものと、そうでもないものもある。それでも、現在のブリンダバンの地域管理を支える一つの有力な原理が、このような慈善型の公共サービスである。それに対してヤムナ川浄化計画のデザインである利用者負担の公共サービスは、特に「共同トイレ」に関しては、後述するようにおおむね受け入れられていない（特にC2とC4のCTC）。

(b) トイレ需要が低い地域のCTC

次に、CTCが一義的にはスウィーパーの住居であり、副次的にトイレ経営もされているCTCを見ていく。先述したように、副次的な経営があるのか（D）、ないのか（EとF）、人が住んでいるのか（DとE）、住んでいないのか（F）ということは、それほど決定的な差異ではない。ケアテイカー（あるいは居住人）がたまたま都合のよさそうな回答をしたとか、たまたまCTCに人が住み始めたとかいう事情で分類が異なってくる。その程度の差異であることを念頭に入れつつ、これらトイレ需要が低い立地に建設されたCTC

を、比較的経営体制が整っているものからほぼ放棄に近い状態への順に報告する。

① R2 スダマ・クティ（Sudama Kuti）／R5 ガレラバーグ（Gerela Bag）
「R2 スダマ・クティ」と「R5 ガレラバーグ」は同時に報告する。なぜならば、UP 州水道局の地図情報（図 4-7）と「UPJN データ」に矛盾が大きく、実物と番号および名称を最後まで特定することが出来なかったからである。便宜上、**写真 4-22** を「R2 スダマ・クティ」、**写真 4-23** を「R5 ガレラバーグ」として報告する[44]。

① CTC　　② マンスリー・パス　　③ 農家の簡易小屋

写真 4-22　R2 スダマ・クティ CTC
（①と②は 2007.3.25、③は 2008.3.19 撮影）

ケシガートを背に、ヤムナ川沿いの河岸通りを下流方面に 10 分ほど歩いたところに「R2 スダマ・クティ」がある（**写真 4-22**①）。このあたりまで来ると、人通りがめっきり減るため、公衆トイレとしてのトイレニーズはそれほどない。

筆者はこの CTC を 2 回訪れたが（2007 年 3 月と 2008 年 3 月）、いずれも管理人が店番をしており、営業中という印象を受けた。ここは、人通りがないといってもパリクラマー通り（周回巡礼路）の一部であり若干の交流人口が見込めることと、季節的に氾濫原に滞在する農民（たとえば**写真③**）が利用するようである。ここではマンスリー・パスを見せてもらうことができた（**写真②**）。この管理人は家族とともにこの CTC に住んでいる。この CTC の運営形態は限りなく「B 公衆 - スウィーパー経営」に近く、しかし利用者があまり多くはない CTC である。

① CTC　　　　② 近隣地区　　　　③ 近隣住民

写真 4-23 R5 ガレラバーグ　CTC

（2008.3.19 撮影）

　次に、「R2 スダマ・クティ」のそばで、河岸通りよりも少し町の中に入ったところに「R5 ガレラバーグ」がある（**写真 4-23 ①**）。このあたりは**写真③**のような大きな住宅はあるが、トイレのない貧困層の住宅は見当たらない（**写真②**）。

　この CTC（**写真①**）は、「UPJN データ」によると（「R2 スダマ・クティ」と読み替えて）「部分的に機能している」という評価だが（UPJN 2010b）、むしろ廃屋のような印象を受けた。この CTC には二人の女性が住んでいた。もともとは一人の女性のご主人がこのトイレのスウィーパーをしていたのだが、去年亡くなった（2008 年時点）。それで亡くなったご主人のお姉さんと一緒にここに住んでいるのだと言う。NGO の存在には言及していなかった。よって、この CTC は第一に彼女たちの住居であり、ときおりトイレを利用する者がいれば心付けをもらうということらしい。よって大掛かりなメンテナンスもされていない。

②　C3 カリダー（Kalidah）

　この CTC（**写真 4-24 ①**）は「R2 スダマ・クティ」と同様にパリクラマー通りに面しており、しかし人通りの少ない場所にある。つまり、若干の交流人口が見込まれる立地である。CTC の向かいには YAP-I で建設された小さい方の下水処理場（カリダー下水処理場）があった（**写真③**。その後、取り壊し）。

150　第Ⅱ部　事例検証

① CTC　　② CTC の内部　　③ カリダー下水処理場

写真 4-24　C3 カリダー　CTC

（2010.3.8 撮影）

「JGM データ」によるとこの CTC は 2008 年 3 月時点において「閉鎖された CTC」と分類されているが（JGM 2008）、CTC に住む女性からの聞き取りと矛盾する。彼女らによると、この CTC が建設されて以来（15 年ほどと言っていた）、ずっとこの CTC に住んでいると言う（2010.3.12）。

　このあたりに交流人口が少ないのは先述したとおりであるが、居住人口の利用もなく、利用者数は 1 日 1 〜 2 人だと言う。この CTC は、閉鎖されたり、再開されたりしたのではなく、ずっと細々と経営されていたということになる。話を伺った女性のご主人はリクシャワラーをしているということなので他に収入がある。彼らにしてみると CTC は、第一に無料の住居であり、第二に小遣い稼ぎということだろう。CTC の鍵はデリーからきた Sonob という人からもらったと言う。その人が誰なのかは知らず、もう 10 年ほど見かけていないという。CTC ができる前は、彼らは近くの貸家に住んでいた。

　トイレ内部の状態（**写真②**）は特別きれいでもないが、特別荒廃しているというわけでもない。トイレの都度料金は 1 ルピー（2 円）で、シャワールームの都度料金は 3 ルピー。マンスリー・パスはない。CTC から得られる収入は、月 50 〜 60 ルピー（100 〜 120 円）と大変小額である。

③　C7 パーガルババ寺院の近く（near Pagal Baba Mandir）

　この CTC（**写真 4-25** ①）はその名の通り、パーガルババ寺院（**写真②**）の向かいに設置されている。大きな方の YAP-I 下水処理場の近くで、やはりラージプル村領域にある。CTC には、マツーラ・ブリンダバン道路という交通

第 4 章　ブリンダバン①：介入の連鎖の不具合　151

量の多い道路からアクセスするのだが、間口が狭く見つけにくい。

① CTC の入り口　　② パーガルババ寺院

写真 4-25　C7 パーガルババ寺院の近く　CTC
（2010.3.5 撮影）

「UPJN データ」によると、「観光客（visitor）が使用している」とある（UPJN 2010b）が、筆者は異なる印象を受けた。CTC に住んでいる女性によると、利用者数は 1 か月に 1〜2 人で、利用料は「わからない」ということだった。この CTC は「R5 ガレラバーグ」や「C3 カリダー」と同型で、基本的には CTC を住居と使用しており、ときどき利用者がいれば小遣い稼ぎをするという状態だと思われる。

この CTC の入り口付近で露天を営んでいる人も、この CTC はめったに利用しないと言っていた。パーガルババ寺院に水と電気が完備されたトイレがあるので通常はマツーラ・ブリンダバン道路を横切ってそちらを利用する。ただ、急ぎのときにこの CTC に駆け込むことがあると言っていた（2010.3.5）。この CTC のすぐそばで働いている人でさえめったに利用しないのだから、寺院の参拝者にいたってはこの CTC を見つけ出す必要性もないだろう。

この CTC に住み始めた経緯について、本人、道路沿いで店を営んでいる人、パーガルババ寺院の清掃員と広報担当者から話を聞いた。いつものように、様々な見解が入り乱れていたのだが、パーガルババ寺院の清掃員（写真②左側の男性）の話が最も一貫性があるので、それを紹介する。

この CTC はずっと閉鎖されており建物は大変荒れていた。CTC の鍵は彼（寺院の清掃員）が UP 州水道局のオフィサーより預かっていた。2 年ほど前に、

アーグラ市から来た知人の女性（同じく清掃カースト）が、住むところがないと彼を頼ってきた。そこで彼はここに住めばよいと、その女性にCTCの鍵を渡した。彼女はひどく荒れ果てたCTCをきれいにして住み始めた。彼女の夫は、ブリンダバン町政府の清掃員（彼女はリクシャワラーと言っていた）として外で働いている。

ここは「JGMデータ」によると「再開」となっている。しかし、パーガルババ寺院の清掃員による再開ストーリーにはJGMは登場しない。また、寺院の清掃員も広報担当者も、「JGM」あるいはなんらかの「ヤムナ川浄化計画のNGO」には会ったことも聞いたこともないと言っていた。ちなみに、先述したように、筆者の調査の限りではYAP-IIの啓発活動とCTCの「再開」の関係を確認できたCTCはない（この問題は第7章で再述する）。

④　C6 マラダーリ道場（Mala Dhari Ashram）

旧河岸通りを、「R2 スダマクティ」よりさらに川下方面に「C6 マラダーリ道場」（**写真 4-26 ①**）がある。ここは人通りが極端に少ない。CTCの正面にドービ・カースト（伝統的に洗濯を担当）の洗濯場（**写真②**）があり、そのすぐそばにゴミの旧最終投棄場（**写真③**）がある。

① CTC　　② 洗濯場　　③ 廃棄物の旧最終投棄場

写真 4-26　C6 マラダーリ道場　CTC

(2007.3.25 撮影)

ここはケアテイカー部屋に人が住んでいるという程度の部分的な活用ではなく、CTCが全面的に住居として活用されている（写真①）。入り口付近の空間にはベッドが設置されて、お父さんがくつろいで昼寝をしていた。小便器コーナーには洗濯物が干してあり、ケアテイカー部屋の外壁にはキッチン

スペースが増設されて、キッチン道具がきれいに配置されている。

⑤　C5 グルクル道場（Gurukul Ashram）

「C5 グルクル道場」（**写真 4-27 ①**）はラージプル村に設置されている。**写真③**をみるとわかるように、ひと気のない場所である。この写真に写っている建物は、昔、世俗とはなれた修道院のような全寮制の学校だったのだという（近隣住民, 2010.3.10）。ここから徒歩 15 分ほどの場所に、ゴーラナガー・コロニー（Gaura Nagar Colony）というラージプル村の新興住宅地があるが、そこの家屋にはトイレがあるので、このあたりに CTC を利用しそうな人は見当たらない。「UPJN データ」でも「この CTC は住宅地から遠くはなれている」と記されている。

経営は成立しそうにない立地であるが、この CTC は比較的きれいな状態に見受けられるし、きれいな鍵がかけられている（**写真②**）。確認はできていないが誰かが住んでいるのかもしれない。

①　CTC　　　②　CTC の内部　　　③　CTC の周辺

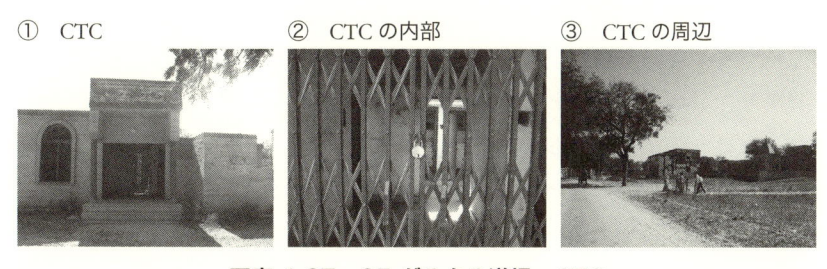

写真 4-27　C5 グルクル道場　CTC

（2010.3.10 撮影）

以上、トイレ需要が低い立地における CTC、「D」から「F」までをまとめてみてきた。CTC が第一に清掃カースト（スウィーパー）の住居となっており、かつ細々と料金徴収型経営がなされているケースから、経営はされていないであろうと思われるケース、そして人が住んでいることを確認できていないケースまでである。

(c) 共同トイレとしてのニーズが高い地域の CTC

最後に、「共同トイレ」としてのニーズが大いにありながら、しかし施設が放棄されている「G 共同 - 放棄」の事例を 2 つ報告する。

① C2 ゴビンドクンド（Govind Kund）

「R10 警察署前」から南方に徒歩 20 分ほどの場所に「C2 ゴビンドクンド」がある（**写真 4-28 ①**）。この場所では交流人口はほぼ見込めない。このあたりにはトイレを持たない人が多く住んでおり、共同トイレの需要が高い。しかし、CTC のすぐ裏が野外トイレに適した大きな空き地であり（**写真②**）、「R3 ビハルガート」のように、慈善団体が無料で清潔なトイレを提供していれば別だが、住民は有料トイレを使う必要に迫られていない。そして実際、この CTC は放棄され、窓も戸もなく廃屋となっている（写真①）。

CTC の前にある商店に入って話を聞いてみた。店主と話し始めたところ、瞬時にたくさんの人が集まってきて、皆がいろいろと教えてくれた。彼らの見解はバラバラで一貫性がなかったが、まとめるとだいたい以下のような内容であった。この CTC は 1997 年から 2006 年まで使用されていた。スラブ・インターナショナルが経営し、マンスリー・パスも用意されていた。しかしスウィーパーの変更、もしくは欠員によりトイレの衛生状態が悪化したために、人々が利用しなくなった。だいたいこのような内容であったが、近くにある別の料金徴収型の CTC（**写真③**。ヤムナ川浄化計画で建設されたものではない）と混同している部分もあるようだ。

① CTC　② 裏の野外トイレ広場 　③ スラブ・インターナショナルの CTC

写真 4-28　C2 ゴビンドクンド　CTC

（2008.3.18 撮影）

第4章　ブリンダバン①：介入の連鎖の不具合　155

　その別の CTC（写真③）は「C2 ゴビンドクンド」から徒歩 10 分ほど、主要道路に面したところにある。交流人口の利用が見込まれるため経営は安定しやすいはずである。この CTC は、YAP-I 開始以前からスラブ・インターナショナルが経営している有料 CTC ということである（住民, 2008.3.23）。そこのケアテイカーは 2 日前に着任したばかりということで過去の経緯は知らなかった。1 か月 30 ルピー（60 円）のマンスリー・パスがあると言っていた。（2008.3.18）。

　このスラブ・インターナショナルの CTC と「C2 ゴビンドクンド」の間に大きな空き地（写真②）があり、そこが野外トイレ広場となっている。写真②にも用を足している少年が写っているし、調査中、用を足した後でペットボトルの水入れを持って家に戻る女性にも出会った。この広場を使うルールは特になく、それぞれ好きなところで用を足しているらしい。

　この CTC の名称である「ゴビンドクンド」（「kund」は沐浴池のこと）が徒歩 10 分ほどのところにある（**写真 4-29 ①**）。そこにもやはり野外トイレ広場があり（**写真②**）、このあたり一帯の共同トイレニーズの高いことがわかる。写真②にも、大きな水溜りの向こう側に、大人の男性と子供が用を足している姿が移っている。

①　ゴビンドクンド [45]　　②　野外トイレ広場　　③　近隣の家並み

写真 4-29　ゴビンドクンド（沐浴池）とその周辺

（2007.3.20 撮影）

　このように、「C2 ゴビンドクンド」は「共同トイレ」の需要が相当高い立地にある。それでも「C2 ゴビンドクンド」はなんらかの理由で運営が立ち行かなくなり、トイレ需要をそのまま野外トイレ広場に戻してしまった。

② C4 キショルプラ（Kishorpura）

共同トイレの供給に失敗したもう一つのケースが「C4 キショルプラ」（**写真 4-30 ①**）である。このエリアは古くから清掃カーストの居地区である。伝統的なインドの町構造では町域の外延部に低カーストが居住していたと言われているが、ここはまさに旧町域の外延部にあたる。現在は、町域がさらに広がり、先述したラーマンレティなどの新興富裕地域と挟まれた町の中央部にありながら、最も見放されたエリアである。観光客どころか、町の住民もあまり近寄りたがらない。よって、このCTCはおのずとここに住む人々のためだけの「共同トイレ」であり、それ以外はありえない。

このCTCは下水道システムのキショルプラ中継ポンプ場や上水用の水タンクのある広場（**写真③**）の一角に設置されている。同地区の評議員が、この地区には下水道が通っていないのに下水のポンプ場があると冗談交じりに憤慨していた。上水用の水タンクは2003年に建設されたが、一度も使われたことがないという。UP州水道局からブリンダバン町政府へ移管され、どちらも責任を取りたくないからだという説明だった。YAP-I施設と同じ展開のようである。

① CTC　② CTC内部　③ 中継ポンプ場と上水タンク

写真 4-30　C4 キショルプラ　CTC

（2008.3.25 撮影）

評議員によると、この地区にはトイレを所有している家がないということで、住民たちはYAP-CTCの建設を心待ちにしていたと言う。しかし、オープンしてから3か月くらいでNGOがCTCを閉鎖してしまったのだと言う。現在「C4 キショルプラ」は廃屋となっている（**写真②**）。トイレの鍵は近くに住む住民が持っている（2008.3.25, 2008.12.12）。

評議員の説明によると、この CTC の他にもう一つ共同トイレが近くにあるのだが、2007 年に故障して使えなくなったしまった。皆、野外で用を足しており、もしこのトイレが使用可能であれば、300 〜 400 人が利用するだろうと見積もっていた。ただし、それは料金徴収型ではなく、町政府が無料で提供しなくてはいけないと言う。住民はとても貧乏なので利用料は払いたがらないと言う。共同管理ならどうだろうと尋ねたところ、それにも否定的だった。自分達でトイレを共同管理（清掃）するならば、清掃は彼らの職業なので報酬を要求するだろうという見解だった（2008.3.25, 2008.12.12）。

このように、この地区では共同トイレの需要は大変高いが、利用徴収型の運営が受け入れられなかったようだ。結果的に NGO がトイレ経営を放棄し、住民のトイレ需要をブリンダバン駅周辺の空き地に戻してしまった。

以上、「C4 キショルプラ」と「C2 ゴビンドクンド」は、共同トイレの甚大なニーズがありながら、それを吸収できずにただの廃屋になっていた。ヤムナ川浄化計画に限らず、貧困層にトイレを供給するという政策は決して容易ではない（Bhatia 2004, 1; Chary et al. 2003）。そしてトップダウンで実施されるヤムナ川浄化計画の CTC 事業については特に、どこの都市においても「公衆トイレ」としては機能しているが、「共同トイレ」としては機能していないことが多い。「公衆トイレ」は比較的、画一的なモデルが適用可能であるが、「共同トイレ」はそうはいかない。「共同トイレ」を機能させるためには、「建設」してから「啓発」という順番ではなく、「建設」する前に、計画をそれぞれの現場（地域社会）の論理に擦りあわせる作業が必要なのである。現場からボトムアップに計画を調整するしくみが希薄なヤムナ川浄化計画において、共同トイレを供給することは非常に難易度の高い政策課題なのである。

本節では、YAP-I で建設された CTC の現状を見てきた。まとめると、UP 州水道局もブリンダバン町政府も維持管理責任を放棄し、誰のものでもない CTC が、地域社会の論理に合わせて様々な方法で利用されたり、されなかったりしている様子が見られた。このように、一方向で実施されている YAP 事業は、様々な条件の組み合わせによって、たまたまうまくいくこともあるし、たまたまうまくいかないこともある。ヤムナ川浄化計画は、一つひとつ

の事業を確実に成果に結びつけるというスタイルで実施されているものではない。極端に言えば、机上の計画がたまたま現場でもうまくいくことを期待しつつ、とりあえずやっておこうというスタイルで実施されている。

第5節　火葬施設事業
(1)　事業概要

次に火葬施設事業に目を移す。ブリンダバンの火葬はスダマクティの砂浜（**写真 4-31 ②**）で執り行われる。しかし、特別な装置があるわけではないので、よく焼けず、多くの死体が生焼けでヤムナ川に捨てられるという。1994年のYAP-I資料によると、聖地ブリンダバンには外からも死体が持ち込まれるので、1日に5体ほど焼かれるとある[46]（UPJN 1994）。

YAP-Iの火葬施設事業もUP州水道局マツーラ事務所が計画と実施を担当し、建設後にブリンダバン町政府に移管されている。最初の計画が1994年から26.7万ルピー（97万円[47]）の予算で進められたのだが、着工してみたところ、建設予定地の地盤が砂地であることに気づき、適切な地盤改良工事の必要性が明らかになり、19万ルピー（51万円[48]）の追加予算請求が行われた。実際の工事は1998年に終了した（UPJN 1994）。

①　YAP-I 火葬施設　　②　従来からの火葬場である砂浜　　③　手動ポンプ

写真 4-31　火葬施設

(①と③は 2008.3.19、②は 2012.3.16 撮影)

YAP-Iでは改良式薪炭火葬炉が4機設置された（**写真①**）。薪の下にスペースを置いて空気の流れをよくすることができるので、薪の量が半分で良く焼ける。生焼けを回避して河川浄化に寄与することと、さらに森林保全にもなるというのが改良式薪炭火葬炉の利点だとされている。

(2) 火葬施設の現状

　YAP 火葬施設の利用状況はと言うと、ほとんど使われていない。この町のことをよく知る地元住民二人が別々に、しかし筆者の問いかけに対して即答で、この施設は使われたことがないと回答した（地元 NGO の代表，2006.5.20; 住民，2008.3.14）。火葬場の管理人は、確かにほとんど使わないが、雨季にこの施設を使ったこともあると言っていた（2008.3.19）。

　なぜ施設が利用されないかというと、まずは設備が不十分だからだと言う。最も重要なことに、十分な量の水がない。すぐそばに手動ポンプ（**写真③**）があるが、それだけでは葬儀の進行や道具の洗浄にはまったく不十分なのだと言う。ゆえに、川の水が施設の近くまでやってくる雨季にはこの施設も使用できるというのが管理人の説明であった。また雨期であっても、遺族は通常この施設よりも砂浜（写真②）で遺体を焼くことを好むと言う。よって、第一に雨期であり、第二に雨天が続いてどうしても野天の砂浜が利用できないときに限ってこの施設は利用されるのだと言う（住民と管理人，2008.3.19, 2012.3.16）。

　参列者のための待合場所がないことも問題だと言う（住民，2008.3.14）。管理人が、現在は YAP-I の火葬施設がその待合場所として機能していると言っていた。水の確保や待合場所の設置等々、利用者の論理に合わせた工夫をすれば、この YAP-I 火葬施設が今よりも使われる可能性が十分にあるという話も聞かれた（管理人，2008.3.14; 住民，2008.3.14）。反対に言うと、この事業は、現場の論理に合わせて調整される機会がなかったので（一方向性）、成果物が 10 年以上もほぼ「無駄遣い」のまま放置されているということのようだ。

第 6 節　その他の事業（植林、沐浴場の整備、公衆参加啓発）

　YAP-I では、以上のように現在でもその足跡をたどりやすい各種施設の建設事業のほかに、植林、沐浴場の整備、公衆参加啓発活動も実施された。それらについては、事業の帰結を事後的に確認することができないため、事業概要のみ記しておく。ただし沐浴場の整備事業についてはいかなる情報も入

手することができなかった。植林事業と啓発プログラムについて、入手可能であった資料の限りで報告する。

(1) 植林事業

植林事業については、UP州水道局マツーラ事務所が1995年度に事業費91.8万ルピー（297万円[49]）の詳細事業報告書を作成するも、後に国家河川保全局により国家河川保全計画（NRCP）全体の事業指針の見直しがあり、植林事業は州政府の森林部局（State Forest Department）によって実施されるとのガイドラインが1997年1月に提出された。

そこで、ブリンダバンでも、UP州政府森林局社会林業部門のマツーラ事務所（Social Forestry Division, Mathura）が新たに詳細事業報告書を作成しなおした。作業（actual work）は、2002年9月に終了した。最終的に承認された事業費は51.3万ルピー（170万円[50]）である。下水処理施設の周り5ヘクタール、ポンプ場と火葬施設の周り2ヘクタール、ヤムナ川沿い23ヘクタールに植林が行われた。計画と実施、3年間のメンテナンスが社会森林部門のマツーラ事務所によって実施された（Social Forestry Division Mathura 1996）。

(2) 公衆参加啓発事業

次に、公衆参加啓発について、JBICの広報資料において以下のように説明されている。

> ……ヤムナ川の汚染を食い止め、美しい水を取り戻すには、人々の生活習慣、そして川に対する意識を変えることが不可欠なのは明らか。
> そこで打ち出されたのが、NGOと連携した、公衆衛生知識の普及・啓発活動だ。（JBIC 2003a）

ここに示されている通り、この公衆参加プログラムは生活者の論理に即して事業デザインを形成するタイプの参加施策ではなく、計画の論理に合わせて生活者の「意識を変え〔て〕」もらうことを意図する参加施策である。この

アプローチは後述する YAP-II の公衆参加啓発活動にも同様に受け継がれている。実施内容は**表 4-5** の通りで、これらは UP 州水道局マツーラ事務所によって計画実施された。

表 4-5　YAP-I の公衆参加啓発、ブリンダバン

マツーラ町とマツーラ県内にあるヤムナ川沿いの村で川の衛生的な使用についてのセミナー／ワークショップを開催。衛生施設の重要性、野外排泄、死体やゴミを川に捨てることの危険性について	4 回
ヤムナ川の汚染実態、および浄化の方法と意味を強調した（to highlight）集会、行進（padyatra）、会合、展示会	3 回
ヤムナ川浄化計画の概要とそれの環境保護に対するインパクトを記したパンフレットをオフィサー、教師、宗教リーダー、政治リーダーなどに配布	2 万部
ヤムナ川浄化計画の主要な特徴を描いた 8 フィート ×6 フィートの広告板の作成と設置	4 枚
学校やカレッジの生徒に対する環境意識啓発のためのクイズやコンテストの開催	5 回
公衆／NGO が事業の適切な実施、維持管理の監視者（watchdogs）となるための訓練をする野外教室（training camp）の開催	3 回
ヤムナ川沿いでの礼拝集会（congregations）において、政府の河川浄化活動を公衆に紹介（educate）するための野外教室（awareness camp）を開催	4 回
NGO／公衆に対して、清潔で健康的なコミュニティ生活、特に川の水質を守るための shramdaan（労働の寄贈）に対する興味を促進し組織すること	20 回
コミュニティの宗教リーダーに対して、積極的に河川汚染制御プログラムに参加し、公衆に対して教育をし、川や河岸へのゴミの投げ捨てや生焼け死体を川に流す行為を抑制するよう動機付けをする	4 回
学校や路上での路上演劇による環境教育と啓発	6 回
メディアに対して、河川汚染制御手段についての報道を動機付ける	8 回
下水道以外の YAP 施設の受益者集団を教育する Eco-Clubs を組織し維持するための助成金を NGO に交付	7 回
公衆が事業の適切な実施、維持管理の監視者（watchdogs）となるための訓練	4 回

出典）PMC（2004c）を和訳して転記。

　これらの諸活動は全体的に、目的（河川汚濁行為の軽減）と手段（様々な啓発活動）は明らかにされているが、その道筋、いかに啓発活動が汚濁負荷の軽減につながるのかが不明瞭である。
　第一に、この公衆参加プログラムが前提とする住民像は主に、ボトムアップに政策に参加する「意思決定主体」や「監視主体」ではなく、トップダウ

ンに衛生意識を啓発される「汚染主体」である。たとえば、住民は、野外排泄、ゴミの投げ捨て、生焼け死体を川に流すことが河川汚染につながることを教えられ、CTC を使うこと、ゴミを捨てないこと、火葬を十分にすることが説かれるわけである。しかし、肝心の CTC も火葬場も、廃棄物管理のシステムもブリンダバンには完備されていない。汚染主体たる住民は、どんなに啓発されたところで、教えられた「正しい」行為を実践することができないのである。

　第二に、汚染主体ではない住民像としては「公衆／NGO が事業の適切な実施、維持管理の監視者（watchdogs）となるための訓練」が3回実施されたようだが、これも社会の実態と噛み合っていない。ブリンダバンでは事業資料さえ入手できない、上位政府機関に問い合わせようとしてもその窓口さえわからない、窓口を突き止めてもいつもの"無応答性"で誠意ある対応を得られない。そのような状況の中で、数回の訓練を受けた公衆がどのように事業を監視・制御することができるだろうか。

　このように、ソフト系の公衆参加プログラムも、これまで見てきたハード系の施設建設事業と同様、現場の実態とは関係なくトップダウンで地域社会に垂れ流されており、そして受け取った人の論理に応じて活用されたり打ち捨てられたりする単発的なイベントのように見受けられる。一人の ISKCON の僧侶も筆者と同様の見解を述べていた。「当時偉い僧侶たちがセミナーなどを行っていたのは知っているが、それらは一時的なキャンペーンで、終わったら誰も覚えていない」（2007.3.24）。

第7節　まとめ：破綻しているシナリオ

　以上、介入という視点から YAP-I を検証してみると、インド国内において、介入の連鎖が不具合を起こしている様子が見て取れたと思われる。介入のベクトルがおおよそ一方向にしか機能していない。政策方針を提示するまでしか責任を持たない中央政府が政策を主導し、建設までしか責任を持たない州政府が施設を設計・建設し、町政府は能力の限りまでしか維持管理責任を果たさない。各レベルの政府は定められた役割を上から順番に果たすだけで、

それが全体として何を実現できているのかが確認されることがほぼない。町の評議員も住民もそのような事態を冷めた距離感で見つめているだけで、ボトムアップの修正機能を担おうとはしていないし、そう思ったところで下から上へのベクトルを機能させる現実的な道筋もない。

誰も責任を取らないし、それが実質的に許されてしまう状況の中で、事業計画が中央から地方に一方向に垂れ流される。公共事業が一方向におりてくる現場では、様々な条件の組み合わせによって、たまたま意図された通りに事業成果（ここでは主に施設）が使われている場合もあるし、たまたま完全に放棄されている場合もあるし、たまたま意図したものとはまったく別の用途で活用されている場合もある。ひとたび介入の連鎖に投入された事業計画が意図した通りに効果を発揮するのか否かは神の世界に委ねられた事項であり、人為的に修正されることがほぼない。そもそも、下から上に向かうベクトルが想定されていないのだから。

YAP-I の事例研究を通して、開発援助が依拠している介入の連鎖が必ずしも信用できるものではないことが明らかになった。言い換えると、間接介入のシナリオが破たんしているのである（図 1-2）。ドナーはもっぱら被援助国の政府とコミュニケートすることで、援助対象都市の情報を入手したり、都市に向けて情報や影響力発揮しようとしたりする。そうすれば、その向こう側では介入の連鎖を通して計画通りに援助効果が表れるはず、というシナリオが破たんしているのである。このような状況を受けて、日本の介入のあり方も中央政府に任せきりの〈自由放任型介入〉ではなく、もう少し積極的に国内政策の領域に関わるようになっていく。次章以降はドナーの関わりが見えやすい事例を対象として、ヤムナ川浄化計画における日本の介入のあり方の変化について検証を進めていきたい。

注

1 「中央」アクターや「地方」アクターというのは、誰がどの地域的まとまりにコミットして行為しているのかということで切り分ける。たとえば「地方」アクターは事業対象となる都市の地域的まとまりの構成員のことで、その地域に生活の拠点を置き、その地域的まとまりに日常的にそして継続的にコミットして生活している人々のことである。それが、ただ住民としてのみコミットしている人々と、住民を代表する機関（評議員や役人）やその他の民間組織（住民組織や企業）の一員としてもコミットしている人ではODA事業との関わり方は異なるのだが、本書ではこれらを総称して「地方アクター」と呼ぶ。

2 ODAシンボルマークは日本の「顔」としてODAプロジェクトの機材や建物に貼布されるステッカーやプレートで、「日本の日の丸をイメージする赤い円と、地球をイメージする青い円を基調に、相互に手が差しのべられてい〔る〕。また、「From the People of Japan（日本国民からの援助）」と書かれた日章旗ステッカーも併用されてい〔る〕」（外務省2010d）。

3 正確には面積が240,928平方キロメートルで人口が199,581,477人。

4 2009年度の日本の人口は127,076,183人。面積は377,944平方キロメートル（帝国書院2010）。

5 2001年の国勢調査では56,692人。

6 2040時点年では131,205人と推定されている（UPJN & JBIC 2007a, 4.12）。

7 ブリンダバン町政府の行政文書には憲法上の名称「municipal council」ではなくUP州法上の旧名称である「municipal board」と記されている場合が多い。

8 The UP Municipal Act, 1916の9条。

9 UP州法上は、州政府が命じない限り、都市評議会が首席行政官任命権を持つとされている（The UP Municipalities Act 1916 sec. 57）。

10 ブリンダバン町政府の課税部職員（tax superintendent）から2008年3月20日に聞き取り。先の首席行政官がラクナウ市に異動したあとの、2008年3月時点のブリンダバン町政府において、この職員がYAP事業についてのほぼ唯一のそして最善の「情報の窓口」であった。YAP事業のファイルはすべて先の首席行政官が所有しており、新しい首席行政官への引継ぎはなされていないと言っていた。その職員もYAP事業のすべてを理解はしていなかったが、一部については最もよく把握していた。

11 日本でもよく知られている人物でいうと、ビートルズのジョージ・ハリスンが同協会の賛同者で、ハレ・クリシュナ運動に大きく貢献したという（Bhaktivedanta Manor 2015）。

12 YAP-II のマスタープランの記述ではいくつかの情報が表 4-1 の情報と異なる。たとえば UPJN & JBIC (2007a, 6.1) によると、下水管：初期計画 /5.54km、追加 / 延長なし。下水ポンプ場：初期計画 5、追加計画 1。公衆トイレ：初期計画にて 25 箇所。また、下水処理場と公衆トイレの追加事業。植林と公衆参加啓発は空白（データが記されていない）。本文では、全項目にわたって情報が掲載されており、また一般に公開されていた YAP コンサルタントのホームページ上のデータを採用した。

13 事業開始年度の 1993 年 1 月 4 日のレートが 1INR=4.44JPY。事業終了年度の 2003 年 1 月 6 日のレートが 1INR=2.54JPY。ここでは、中間値の 1INR=3.49JPY で換算し、百の位で四捨五入した。

14 UPJN (2008) では、下水道システムに覆われている領域は「町全体の 60%」ではなく、「旧町領域（old town）の 60%」となっている。さらに、その内機能していない比率が「30%」ではなく「50%」と報告されている (UPJN 2008, 15)。

15 排水路の特定は UP 州水道局のマスタープランの中にある地図や図表に基づいて行った。しかし、それらの資料には互いに矛盾がある。図 4-3 では「Bhaura Ghat」が「Bihar Ghat IPS」の集水エリアにあるが、地図情報（下水版 Figure 7.1「Existing Sewer」および排水版 Figure4.1「Existing Drainage System」）を見ると、「Bhaura Ghat」は「Bihar Ghat IPS」ではなく「Gyan Gudri IPS」の集水エリアになっている。また、実際の地形（起伏や位置関係）を考慮しても、地図上の排水路名称を一つずつずらし、図 4-3 の情報に適合させて解釈した方が理解しやすい。よって、ここで用いる排水路名称はマスタープランの地図のそれと一つずつずらしたものである (UPJN & JBIC 2007a; 2007b)。

16 筆者のアルバムを見ると、2008 年 3 月 19 日時点ではまだ道路が崩れていない。道路が崩壊した原因については、一方で町政府の役人らは雨期の河川氾濫と説明する (2008.12.6)。他方で地元エンジニアは、地元 NGO がガート保存活動のために土地を削ったことにると説明する (2008.12.1)。

17 調査に同行してもらったエンジニアの説明ではビハルガート排水路ということだったが、マスタープランをみると同排水路は遮断されていないようなので、その一つ手前のスーラジガート排水路だと思われる (UPJN & JBIC 2007a)。

18 エンジニアの説明ではこの下水放流はジャンガルガート (Jungal Ghat) 排水路からのものということだった。

19 YAP-I 下水道施設の評価は UPJN & JBIC (2007a)「第 7 章　既存下水システムの評価 (Evaluation of Existing Sewer System)」に詳しい。たとえば、ポンプ場の課題としては度重なる停電、オペレーターの知識と技術の欠如、スペアパーツの欠如、等々維持管理上の問題が多く指摘されている (UPJN & JBIC 2007a, 7.6)。

さらに下水処理場については、維持管理上の問題のみならず、処理済み排水の水質（BOD）が「まったく許容できるものではない（completely unacceptable）」と指摘されている（UPJN & JBIC 2007a, 7.8）。また、YAP 事業を請け負った地元エンジニアが 4 つの問題個所を指摘した。一つは本文で紹介するチルガートの下水管。二つ目は、主ポンプ場の下水逆流。主ポンプ場のナイトシフトのオペレーターが夜間業務を回避するために、下水がポンプ場に流れこまないように手前のバルブを閉めることがあるのだという。それで行き場を失った下水が下水管を逆流する。三つ目は、回収しきれない下水が雨水路に入り込んで、隣接村のラージプル村に流れ込む越境汚染問題。四つ目は主ポンプ場と下水処理場の間にカットされている部分があるということ。その要因は不明だと言っていた（2008.11.23）。

20　たとえば、ブリンダバン町政府主席行政官（2010.3.6 聞き取り）と UP 州水道局アーグラ事務所ジェネラルマネージャー（2010.3.9 聞き取り）。

21　ブリンダバン町政府水道部の次席技術員から 2008 年 3 月 20 日聞き取り。彼によると、YAP-I 施設の維持管理体制は以下の通りである。ポンプ場などの電気機械系は水道技術員、下水道幹線および下水処理場などの土木工事は土木技術員、下水処理の問題は衛生検査員の担当。

22　アーグラ事務所ヤムナ川汚染制御室のジェネラルマネージャー（2010.3.9 聞き取り）とマツーラ事務所排水下水室プロジェクト・マネージャー（2010.3.9 聞き取り）。

23　視察を行った JBIC 職員も、町政府の財源不足を問題視しており、その点について国家河川保全局と UP 州水道局に働きかけたと言う。維持管理が不十分である施設の状況、およびブリンダバン町政府で維持管理に必要な費用が賄えていない現状を通知し、UP 州水道局側の対応を申し入れた。さらに、その JBIC 職員は 2009 年に再視察を行い、前回視察後から改善の見られない点を指摘し、再度対応を申し入れたという。しかし 2010 年 3 月時点では、それに対する UP 州水道局からの回答は得られていなかった（JBIC デリー事務所担当者, 2010.3.13）。

24　CTC は下水道に接続されるか、腐敗槽が設置される。たとえば、オリジナル期の 10 か所のトイレのうち、7 か所は下水道に接続。3 か所は腐敗槽と浸透槽を設置。3 か所の内訳は、ラタンチャトリ（Ratan Chatri）、ゴビンドクンド（Govind Kund）、そして ゴーラナガー（Gaura Nagar）（UPJN 1994a）。

25　CTC のスウィーパーは清掃カーストの人々が担うことが一般的である。インドでは衛生管理の文脈において、社会集団の名称と職業の名称がオーバーラップしており、しかし完全に一致するわけではない。本書では、CTC の清掃員という役職を指す場合に「スウィーパー」、社会集団をさす場合に「清掃カースト」と呼ぶ。さらに、清掃権をもって清掃活動をする人々を「私的清掃人」、雇用形態が不明な場合や一般的な名称として「清掃人」と呼ぶ。都市政府や NGO などに雇用され

て清掃活動をする人々は「清掃員」と呼ぶ。
26　YAP-I 延長期におけるトイレ建設事業については事業資料を入手できなかった。
27　YAP-II の下請け業者である JGM の担当者によると、15 箇所はロックセヴァ、10 箇所はスラブ・インターナショナルが建設を受注しという回答であった（2008.3.11）。ちなみに UP 州水道局の報告書 UPJN（2010b）も JGM の資料を元にしている。
28　UPJN（2010b）では「R1 ケシガート」は UP 州水道局が建設・維持管理主体となっている。
29　UPJN（2010b）では 8 箇所となっている。
30　隣のマツーラ町でも CTC の維持管理主体を調査したところ、度重なるたらいまわしと主題のはぐらかしを経験した末に、マツーラ町政府の一人のオフィサーから「CTC は誰も面倒を見ていない」との証言を得た（2010.3.16）。
31　JGM 担当者からの聞き取りによると、州政府の美化プロジェクト（Beautification Project）で、2008 年 8 月に駐車場として改築された（2008.12.8）。
32　2008 年 3 月 24 日に UP 州水道局アーグラ事務所から入手した地図を筆者が加工。JGM データを基に、施設の番号と名称を記した。
33　調査対象とした 15 箇所の選択については、ある程度は表 4-3 の分類項目におけるバラエティを考慮したものの、実際には調査可能性によるところが大きい。後述するように、CTC 調査は、施設を見つけ出すことが困難で、大変に時間のかかる効率の悪い作業である。よって、他の調査の都合に合わせて可能な CTC から調査していった。
34　この CTC はスンラック村に位置している。
35　マンスリー・パスというのは、特定の CTC を頻繁に利用する人向けの値段設定である。都度の利用料がだいた 1〜3 ルピー（2〜6 円）であるところ、マンスリー・パスだと、家族全員で 1 か月 20〜30 ルピー（40〜60 円）ほどである。ファミリー・パスと呼ばれる場合もあり、つまり家族の構成員全員がその CTC を何度でも使用できるシステムである。マンスリー・パス制度を採用している CTC は、すなわち交流人口だけではなく、居住人口の顧客をもつ CTC であることを意味する。
36　一般的に、ケアテイカーから聞き取った料金や使用人数の数字は、目安程度に了解しておくべきである。なぜならば、ほとんどの場合は売上げ記録などというものはなく、回答はおおよその推測による。また、いつもどこかでお祭りが行われているブリンダバンでは、CTC のそばでお祭りがあった月となかった月では売上げがまったく異なる。また、次に見る「仲介者」が介在するような場合は特に、ケアテイカーは通常売上げを低く見積もって回答する場合が多い。さもなければ、仲介者にすべて回収されてしまうからだという。

37　ちなみに、警察署と町政府のオフィサーからは料金を徴収しないと言っていた。
38　伝統的に清掃作業を担っていたカーストを本書では便宜上「清掃カースト」とよぶ。ブリンダバンではバルミキという集団が清掃カーストである。現在でも清掃作業の多くがバルミキによって実施されており、CTC のスウィーパーも筆者の知る限りバルミキである。
39　ただし、やはりメンテナンスは不得意なようで、石けんの箱は鍵がさびついて開かなかった。
40　JGM 担当者によると、R4 の A、B、C、3 つのトイレはすべて寺院の経営主体である「ラングナート経営委員会」の管理下にあると言う。しかし、A のケアテイカーからも、B の共同利用者からも、ラングナート経営委員会からもそのような事実は確認できなかった。
41　JGM 担当者に見解を尋ねたところ、独占的な利用者たちに鍵の開放を了承してもらう必要があるということだった（2008.3.24）。2012 年の調査時、この独占的な CTC 利用は解消され、ラングナート経営委員会が CTC を運営していた。彼女たちは 1 か月 100 ルピー（200 円）のマンスリー・パスで CTC を利用していた（2012.3.16）。
42　出資元はデリーに拠点を持つ。A. K. Puri Charitable Trust, New Delhi。
43　リクシャーは人力車の自転車版でブリンダバンの主要な交通手段。それを曳く人をリクシャワラーとよぶ。
44　現場で CTC を特定することは大変困難な作業である。CTC の場所は詳細な番地情報ではなく、「A 寺院の近く」とか「B 公園の前」のように記されている（表 4-3）。さらにブリンダバンの場合は、デフォルメされた大雑把な地図に記された点印を頼りに場所の見当をつけていくことになる（図 4-7）。YAP-CTC 以外のトイレ施設が近隣に存在することもあるし、駐在しているケアテイカーはそのトイレが YAP-CTC か否か理解していない場合が多い。
45　地元 NGO であるブラージ基金（Braj Foundation）が 2007 年に、写真 4-29 ①のようにゴビンド沐浴池を復活させた（NGO スタッフ , 2007.3.20）。たくさんの子供たちが大喜びで水遊びをしていた。この沐浴池もクリシュナ神にまつわる神話が織り込まれた古い建造物で、ブリンダバンで一番大きな沐浴池である（Brahmacari 2000, 137）。
46　この見積もりはやや多いように思われる。火葬場の管理人に尋ねてみると、1 か月当たり約 30 〜 35 体ほどと推定していた（2012.3.16）。
47　1994 年 1 月 4 日のレート、1INR=3.64YEN で換算し、千の位で四捨五入した。
48　改定事業詳細報告書が提出された 1999 年の初値、1 月 4 日 1INR=2.70YEN で換算し、千の位で四捨五入した。

49　1994 年 1 月 4 日のレート、1INR=3.24YEN で換算し、千の位で四捨五入した。
50　事業開始時点の 1998 年 7 月 1 日のレート、1INR=3.31YEN で換算し、千の位で四捨五入した。

第5章

デリー市のトイレ事業：迷惑なジャパニーズ・トイレ

　本章では、ブリンダバンからデリーに場所を移して、日本のODAの介入のあり方の変化を確認したい。YAP-I延長期に実施されたデリー市のトイレ事業においては、日本の意向が強く反映していることが見て取れる。そしてまた、その意図せざる結果も顕著に現われていることから、介入の変化がいかなる意味を持つのかも見えやすい事例である。

　ところで、河川浄化という目的において市全域のトイレ事業がどれほど効果的であるのかという政策デザインについての疑問はありうるし、実際にそれが指摘されることもある。しかし第3章でも確認したように、本書はガンジス川浄化計画の技術的・経済的効率性や政策デザインを議論するのではなく、何はともあれ承認された事業計画が計画通りに実施されていない事態、つまり計画と実態の乖離に注目している。よって、デリー市での大規模なCTC建設とヤムナ川への汚濁負荷軽減の因果関係は棚上げし、デリーのトイレ不足を解消するという、デリートイレ事業の課題認識に立脚して議論を進める。

第1節　〈指導マニュアル型介入〉

　この事例において、日本の介入のあり方は介入の4類型で言うと〈指導マニュアル型〉に分類される。インド政府を介して援助対象地域との関係を取り結ぼうとする〈間接介入〉であることに変わりないが、日本側の意向をより強く事業のコンセプトや計画に反映させようとする〈積極介入〉へと移行した。

172　第Ⅱ部　事例検証

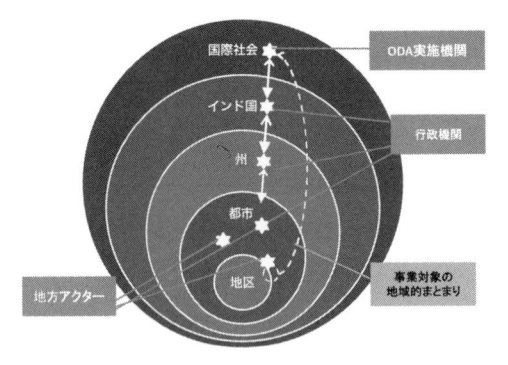

図 5-1　ガンジス川浄化計画における〈指導マニュアル型介入〉のイメージ図

　YAP-Iの後半以降、日本政府は、援助対象社会の地域管理についての情報をインド政府から間接的に入手するだけではなく、ドナー自らが下請けコンサルタントなどを用いて収集し、それら地域管理のどこに問題があるのか、いかに改善されるべきなのかを検討した。たとえば、下水道施設が誰によってどう運営されるべきか、ゴミの収集と住民組織の関係はどうあるべきか、都市政府と住民の関係はどうあるべきか、といった具体的な地域管理のありようについてのあるべき姿を構想し、それを指導マニュアルとしてインド政府に託した（**図 5-1**に点線で示した矢印）。

　ここで留意したいことに、〈指導マニュアル型介入〉の特徴として、直接的な情報収集は政策の初期段階における単発的、かつ局所的なものにとどまる。指導マニュアルがインド政府に託された後、それが介入の連鎖においてどのように展開されていくのかについては、〈自由放任型介入〉と同様、直接的には関与しない。ドナーはあくまでも国際政策のレベル、すなわち国と国との関係にとどまり、介入の連鎖の向こう側の出来事については、インド政府を通して間接的に情報収集し、インド政府を通して間接的に影響力を行使するものである。

　〈自由放任型〉から〈指導マニュアル型〉へ移行することで、介入の連鎖の不具合がどこまで調整されたのか、日本国と援助対象社会の双方向性がどこまで改善されたのか、事例に即して検証していこう。

第2節 デリー市における YAP-I の CTC 事業

(1) デリー市

　デリー市はデリー国家首都領（National Capital Territory of Delhi）に属する。国家首都領は国の直轄領であるため、原則的には大統領が行政を行うものであるが、特別規定で立法院がおかれ、州に準じる権能が付与されている（インド憲法第8篇「連邦領」、第239AA条「デリーに関する特別規定」）。以降、これを「デリー準州」と呼ぶ。

　デリー準州に属する都市自治組織は3つだけで、デリー市政府機関（Municipal Corporation of Delhi：MCD）、ニューデリー都市評議会（New Delhi Municipal Council：NDMC）、そしてデリー宿営地評議会（Delhi Cantonment Board）である。ニューデリー町もデリー宿営地も小さな面積を占める特殊地域である[1]（図5-2）。それ以外はすべてデリー市の管轄領域であり、すなわちデリー準州の面積の94％がデリー市である（GoD 2014, 6）[2]。

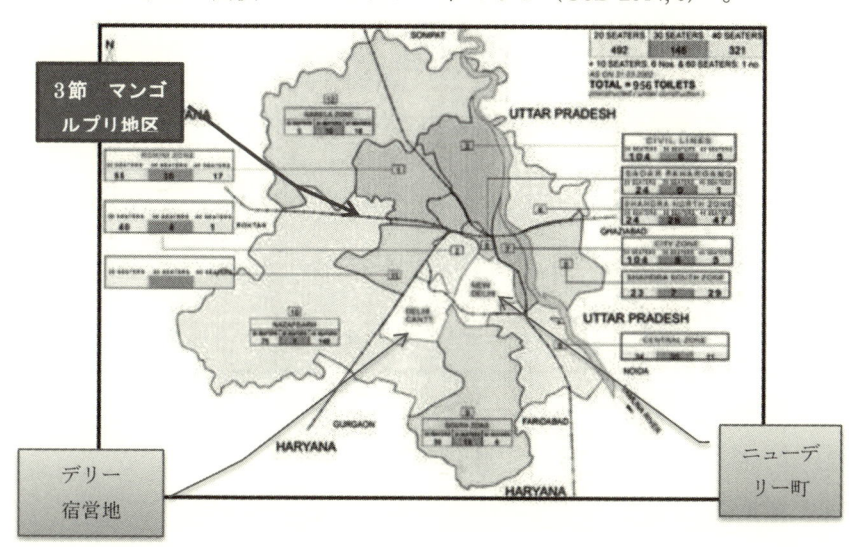

図 5-2　デリー市（YAP-I のゾーン別 CTC 建設戸数）

出典）PMC（2004b）から引用した地図に筆者が加筆。

デリー市の人口は16,419,787人[3]（2011年国勢調査）。2010年時点、12ゾーン、272区から成る[4]。デリー市も小選挙区制でそれぞれの選挙区の代表者が選出されて市議会（デリー市政府）を構成している。また、ゾーン単位で区委員会（ward committee）が構成されている（MCD 2010b）。執行部門のトップは長官（commissioner）と呼ばれる高級国家官僚（IASオフィサー）である。また、4名の副長官（additional commissioner）ポストがあり、その副長官兼スラム部長（Slum and JJ Department）がデリーCTCプロジェクトの責任者であった（TEC 2004, 210）。

⑵ YAP-I 延長期の事業スコープ拡大

YAP-Iの基本的なコンポーネントはすべての事業実施都市でほぼ同様である。本章の舞台であるデリー市においても、ブリンダバン町で見たような事業コンポーネントが展開されてきた。本章ではそのうちの一つ、CTC事業に焦点を当てる。

デリーCTC事業はYAP-Iの延長期（extended phase）に実施された事業である（図 5-3）。YAP-Iは92年度の円借款対象事業に採択され、177億7,300万円の借款契約が調印された。当初の終了予定は1997年3月であった（中村 2005）。その後、事業計画の進行遅延から借款使用期限が延長されていた。ここまでを「オリジナル期」と呼ぶことにしよう。

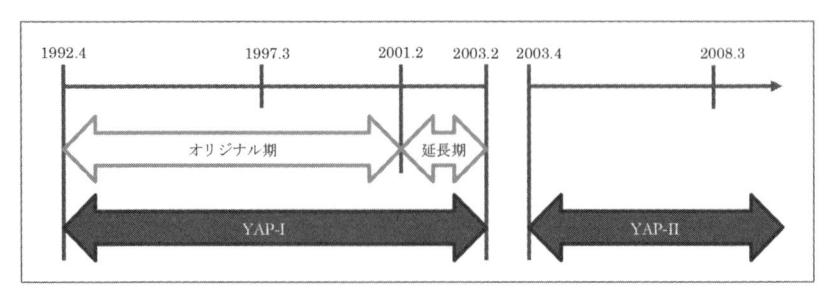

図 5-3　YAP-I と YAP-II のタイムフレーム

大幅な為替変動によりJBICの支援パッケージに80億円の残額があったため、2000年頃からインド政府の国家河川保全局がJBICに円借款使用期限

の延長と事業スコープの拡大を要求していた。JBIC はそれを承認し、事業スコープの拡大が実現した。それが YAP-I の延長期である（MoEF 2001, ch6; 2002, ch.6; 不破・北脇 2004, 7-8; TEC 2012)。この時期、インド政府からは下水道事業の追加実施が要望されていたが、すでに建設されている施設の事業効果向上が優先課題であること、および事業期間が限られていることより、JBIC は CTC や火葬などの非下水道事業の改善策を講じることを勧めた。そういった交渉の中で、デリー市においては大規模な CTC 建設が実施されることになった。

もともと YAP-I のオリジナル期に、デリーでは 60 棟の CTC 建設が予定されていたが建設実績はゼロであった[5]。しかし延長期には 1,146 棟もの建設が予定され、1,000 棟弱が建設された（**表 5-1**）。

表 5-1　YAP-I の州別 CTC 建設戸数

州	オリジナル期	延長期
ハリアナ州	31 棟 / 560 個室	44 棟 / 600 個室
デリー準州	--	1,146 棟 / 29,000 個室
UP 州	436 棟 / 1,660 個室	125 棟 / 1,250 個室

出典）PMC（2007b）を筆者和訳。

YAP-I の延長期に先駆けて、JBIC は CTC をはじめとする非下水道事業への関心を高め、インド政府に対する「知的支援」を強化している（PMC 2007a, 5-6; 不破・北脇 2004, 7; TEC 2012）。2000 年には「建設された公衆便所、火葬場等が使用されない原因を…究明し、効果的な広報活動計画の策定を支援する」ための「SAPI（案件実施支援調査）」（JBIC 2000; 2001a）が実施されており、その他にも「公衆トイレの維持・管理におけるコミュニティー参画のための環境作り」調査（不破・北脇 2004, 7）や「効率的かつ地域住民の意向を踏まえたトイレ建設のための調査」（JBIC 2002, 53; 2005e）などが実施されている。これらの調査から導かれた政策提言の採用が、延長期の事業スコープの拡大を承認することの条件としてインド政府に託されていたものと思われる。

(3) 事業概要

ラメッシュ・バーティヤ（Ramesh Bhatia）によると、1999年時点でデリーにおいてトイレにアクセスを持たない人口は356万人と見積もられている（Bhatia 2004, 7）。YAP-Iでは当初、1,146棟、3万室のCTCを建設目標としていた（PMC 2004d）。1室当たり50人程度の利用者を見込んでいたとすれば[6]、150万人程度の人口にトイレを供給することになる。結果的に約960棟27,000室のCTCが建設されたわけで[7]、予定通りの効果が上げられていればデリー市のトイレ不足はかなり解消されていたはずである。事業費は承認ベースで約16.6億ルピー[8]（41億円）である（PMC 2004d）。ブリンダバン町のCTC事業とは異なり、デリー市のCTC事業の場合は、計画段階からデリー市政府が事業を担当した。

(4) 維持管理のデザイン

デリー市政府が施設を建設した後、維持管理はスラブ方式でNGOに委託された。デリー市政府のCTC運営はブリンダバン町政府のそれほど無関与ではない。責任主体が明確で、デリー市政府は試行錯誤しながら運営モデルを継続的に検討している。その時々の維持管理委託の契約書には「デリー市政府はCTCの絶対的所有者である」と明記されてもいる。

当初の下請NGOの選定は、JBICの申し入れにより、「透明性が極めて高い」一般公開入札によって実施された（不破・北脇 2004, 5）。2001年、959棟のCTCを100のグループに分け、利用者が見込まれるCTCと利用者が見込まれないCTCを組み合わせたパッケージを50ほど用意した。入札条件としてNGOは15,000ルピー（3万円）のデポジットと納税証明書の提出が要求された。また衛生事業での実績も考慮されたという。個室当たりの月額ライセンス料が入札対象である。15～20ルピー（30～40円）以上で、最も入札額の高いNGOが2002年6月より3年契約でCTCの維持管理を請け負った。公開の入札方式を導入した背景には、CTC運営の老舗であるスラブ・インターナショナルの独占体制を避ける狙いもあったという（TEC 2004, 248; MCD 2002; 不破・北脇 2004, 4-5）。

委託契約の内容を見ると、入念な計画のあとがうかがえる。まず、維持管理契約を獲得したNGOはさらに35,000ルピー（7万円）のセキュリティ・デポジットと最初の3か月分のライセンス料をデリー市政府に納入する。ライセンス料は3ヶ月ごとに納入することになっている。日常的な維持管理から定期的なメンテナンスや主要な修理まで、維持管理費用はすべてNGOが負担する。ただし、火災や盗難の被害はデリー市政府が手配している保険で賄われる。

委託NGOはケアテイカーとスウィーパーを給料制で雇用することとされている。ケアテイカーは読み書きができる18歳以上の人でなくてはいけない。女性用トイレには女性のスウィーパーを雇用すること。NGOは、ケアテイカーとスウィーパーにエプロンを着用させバッジを付けさせる。彼らは利用者に対して礼儀正しく親切に振る舞わなくてはいけない。CTCには掲示板を設置して、CTCの運営情報などを利用者に知らせる。また定期的に啓発プログラムを催して、住民と親睦を図りつつ、野外排泄者を減らす努力をすること。

営業時間は24時間体制。月額1人25ルピー（50円）のマンスリー・パスを設ける。都度料金は1ルピー（2円）で12歳以下は無料。利用者には使用後粉石けんをスプーン1杯ずつ無料で支給すること。などと、指導事項はまだまだ続く。これら契約事項について違反行為があり、かつ7日以内に改善が認められない場合、維持管理契約が破棄されることになっている（MCD 2002; TEC 2004）。

これらの指導事項がすべて忠実に実践されるならば、すばらしい維持管理デザインであろう。女性の清掃員を雇用すること、住民には親切に振舞うこと、料金体系を透明化することなど、それまでの教訓が新しい計画に細かく反映されている。ヤムナ川浄化計画の政策デザイナーは政策の形成段階において良く勉強し素晴らしいデザインを作り出すのである。問題は、その美しいデザインが現場で実現されることを見届けるしくみが欠如していること、つまり介入の連鎖の不具合である[9]。

⑸ **低い利用率**

　この維持管理計画が実際に運用されてみると、CTC 利用率が予想を大きく下回ったためほころびが出始めた。そもそもデリーには 356 万人分ほどの CTC ニーズがあると推定されており、デリー CTC 事業ではそのうちの 150 万人ほどにトイレを供給するはずであった。しかし、YAP-CTC の利用者数は 2004 年 3 月時点で「約 20 万人」である（デリー日本人会 2004; CSR 2002）。結果的に、「利用者数が見込み以下だったことによる赤字を背景に、ライセンス・フィーを当初 3 か月間のみ支払った後、〔CTC〕の維持管理を放棄する NGO が数多く出現」した（不破・北脇 2004, 8）。1 個室あたりの 1 日平均利用者数が 10 人以上の CTC が 3 分の 1 弱、10 人未満の CTC が 3 分の 1 強、そして残りの 3 分の 1 強が利用されていない（CSR 2002; 不破・北脇 2004, 8）。

　その後、デリー市政府は維持管理体制を仕切り直すべく、2005 年 5 月より 763 棟の CTC の維持管理をスラブ・インターナショナルに 30 年のリース契約で委託することを検討していたが、その他の下請 NGO がそれに反対して訴訟を起こした。よって 2004 年 8 月時点においてそのリース契約は宙に浮いた状態であった（不破・北脇 2004, 8; Sulabh 2007）。そして 2008 年 10 月の調査時点では、一部の CTC については新たな維持管理契約がなされたが、全域的な今後の方針はまだ定まっていないということであった（JBIC デリー事務所担当者, 2008.11.25）。

　このように、YAP-I のデリー CTC 事業は全体的に「成功」とは言い難い。街の中の公衆トイレとして機能している CTC はあるわけで（不破・北脇 2004, 3; TEC 2004, 249）、これが河川汚濁の軽減あるいは都市衛生の向上に一定の貢献をしていることは間違いない。共同トイレとしても、清潔な CTC が使えてうれしいという声もある（CSR 2002）。しかし全体の 3 分の 1 は閉鎖、もう 3 分の 1 は 1 日平均利用者数が 10 人に満たない。共同トイレの供給事業としては「極めて低調」という評価を下さざるをえない（TEC 2004, 249, 26）。なぜ、デリー CTC 事業はデリー市のトイレ需要に応えることができなかったのだろうか。

(6) CTC サイトの選定

デリー CTC 事業では、土地の確保が大きな問題であった。959 か所の CTC のサイトとそれぞれのデザインをどのような基準で決定したのか確認できる資料は入手できなかった。しかし、多くの資料が指摘するように、「ローカル・コミュニティの需要とニーズに、適切な注意を払うこと」（不破・北脇 2004, 8）という JBIC の指導マニュアルは実現されず、土地が確保できたところに CTC が建設されたというのが妥当な解釈であろう（TEC 2004, 26; 不破・北脇 2004, 8; Sharma, V. 2006; Sheikh 2008, 27-28; Sulabh 2007, 12）。

この事業は数か月、あるいは多く見積もって 2 年ほどの時間的制約のもとで計画され[10]、当初の建設目標は 1,149 棟であった。アプローチが異なるのであまり参考にはならないが、トイレ供給の成功事例と報告されているムンバイ市における需要主導参加型の事例では事業期間の延長を重ねた 9 年間でやっと 330 棟の建設実績が上げられている（Arputham 2002; SPARC 2001; WHO 2002; Bhatia 2004, 12; World Bank 1995; 2003; YASHADA 2004）。デリー CTC 事業にはかなりの事業スピードが要求されていたことが推測できる。

実際、約半数の 500 棟は既存の共同トイレを壊して新しく CTC に建て替えられた。デリー市政府は地域住民を代表する評議員や準州議員との協議の上で（建て替えの選択肢も含めて）サイトを決定したとしている[11]（TEC 2004, 248）。しかし、デリー市の 350 万人強にトイレを供給するという大きなトイレ需要を考えれば、建て替えよりも新設の方が優先されたはずである。さらに、そのような建て替え戦略をとってもなお、2002 年 3 月 13 日の時点で 250 棟分ほどの土地収用が滞り、土地が確保できている残りの約 900 棟の建設工事も終了期限までに間に合うかあやしい状態であった（Pandey 2002）。

(7) 建設個数実績の自己目的化

そのようなデリー市政府の事業展開に対して世論は厳しかった。2002 年 3 月 18 日の *The Times of India* の記事「デリー市政府は期限内にトイレを建設できないかもしれない」の最初の文章を引用する。

JBIC からの 16.4 億ルピー〔45 億円[12]〕の資金をつかみとる期限が 2 週間後に迫ってるというのに、デリー市政府はかなりの額を失いそうである。十中八九、デリー市政府は 2002 年 3 月 31 日までという限られた時間内に 1,146 棟ものトイレを建設することはできないだろう。（Pandey 2002）

　この記事の、「資金をつかみとる（grab a fund）」、「借款額を失う（lose....amount）」という表現から、デリー市政府の事業担当者には「利用者の需要に見合った CTC を供給する」という質的な期待よりも、「約束した建設個数をこなし借款額をつかみとる」という量的な期待がプレッシャーとなって押し寄せていたことが読み取れる。「デリー市政府が事業を完了できないことは計画当初からわかっていた」とさえ評されている（Pandey 2002）。
　そのプレッシャーに対してデリー市政府の副長官兼スラム部長は以下のように弁明している。

　　　「建設実績はトイレの個室数でも算定されるため、損失はそれほど大きくはならない。個室数の目標値は 29,000 室である。すでに 27,000 室ほど建設されている。〔よって〕損失分は 2,000 室ということになる」。それでも、CTC〔建物〕について言えば、約 250 戸がまだ建設されていないことを彼は認めている。しかし役人たちは、結局のところプロジェクト費用はデリー市政府が個室数に基づいて算出するのであり、付属品の価格を加えることで最終費用をごまかすのはそれほど難しいことではないとほのめかしていた。（Pandey 2002）

　施設数では目標の達成までに約 250 棟不足しているが、その分を個室数でカバーできるので、借款額の損失は大きなものではないとスラム部長は主張している。さらには事業費を「ごまかし（manipulate）」てでも約束されている借款額を減らさないとう部局内の思惑も示されている。適切な衛生施設の提供や汚濁負荷の軽減という当初の CTC 事業の目的が見失われ、借款額を減

らさないという派生的な目的が高度に自己目的化していることが見て取れる。

　デリー市スラム部は事業費をごまかす戦略の他にも、確保できた土地にできるだけ多くの建設棟数実績を上げるという戦略も多用した。すなわち、公園や空き地などの一つの空間に、複数のCTCをまとめて建設するという戦略である。そのような乱建設が多く実施されたマンゴルプリという地域を事例に、群で建設されたCTCを見ていこう。

第3節　マンゴルプリのCTC群：迷惑な「ジャパニーズ・トイレ」

　マンゴルプリ（Mangolpuri）はデリー北西部にある「再定住コロニー（resettlement colony）」[13]である。マンゴルプリは巨大な地域でいくつものブロックからなる。**写真 5-1**はマンゴルプリの一部を切り取ったもので、実際に訪問して調査を行ったのが中央部のブロック名を記したA、D、Eブロックである。それ以外は訪問して確認していないが、航空写真からCTC群と思われる建造物が確認できる。現地調査を実施したのは、2008年11月22日と2010年2月25日の2回である。以降現場の写真撮影時期は年度のみを記入する。

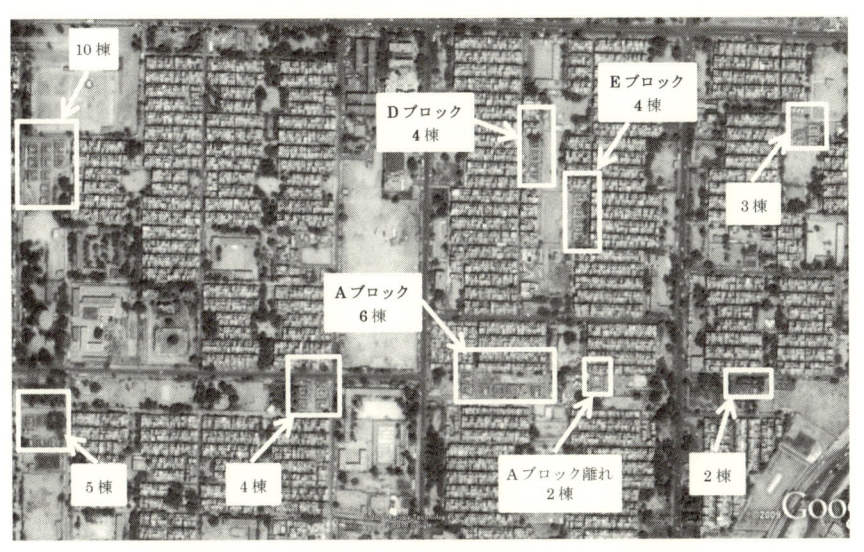

写真 5-1　マンゴルプリの航空写真にみるCTC群

（Google Earth, 2010.6.2 アクセスを筆者加工）

写真 5-1 の右側、調査を実施した A、D、E ブロックはデリー市の行政区画でいうと「マンゴルプリ東区（Mangolpuri East）」である。同区は 2001 年のセンサスで人口 50,413 人、その内指定カースト人口が約半数の 22,611 人である（GoD 2007b）。そのカースト比率を反映して、同区の評議員は指定カースト女性の候補者に留保されていた（GoD 2007c）。2007 年の選挙では大衆社会党（BSP）という、主に指定カーストから支持されている全国政党（前章で紹介した UP 州首相を党首とする政党）の党員が選出されていた（GoD 2010a; MCD Election 2007）。

(1) A ブロック

A ブロックから順番に CTC が群で建設された現場を見ていこう。A ブロックの事業サイトでは、全部で 6 棟、252 室の CTC がまとめて建設された（図 5-4）。住民によると、以前この場所には 100 室ほどの公衆／共同トイレがあり、無料で汚かったという。昔と今とどちらが良いか尋ねたところ、それに対する回答はなかったが、いずれにしてもこの辺の人は皆自宅にトイレを持っているので CTC は 6 棟もいらないという（2008.11.22）。「CTC は、一棟は必要だが、一棟で十分である」というのがこのあたりの住民の共通見解である。A ブロックを含め、D ブロックでも E ブロックでも、この意見が何度も聞かれた。

A ブロックにある 6 棟の CTC のうち、2008 年の調査時点では、#302 と #305 の 2 棟が使用されていた。その 2 棟を含め、このあたりの CTC の多くは建設工事が中途半端な状態で終了している。たとえば、建物はほぼ完成しているが電気の配線工事がなされていない場合や、扉や個室が設置されていないといったように内装工事が未完成のものもある。先述したように、これらの CTC は借款使用期限前の数週間で駆け込み的に建設さたために、全体的に建設工事が未完了のままタイムオーバーになったものと思われる。

これら地域社会に一方的に建設された 6 つの建造物は、ブリンダバンの CTC と同様、現場の論理に即して活用されたり活用されなかったりしている。その様子を一つずつ見ていこう。

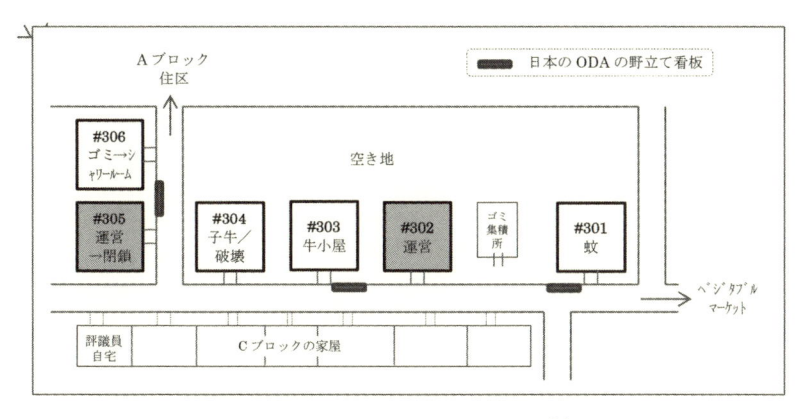

第 5 章　デリー市のトイレ事業：迷惑なジャパニーズ・トイレ　183

図 5-4　A ブロックの CTC 群[14]

(a)　#301　蚊の温床

#301 はヒトの気配がない。ゴミ集積所（**写真 5-2 ③**）の隣という不衛生な立地条件は #302 と同様であるが、もともとひどく未完成だったためにそのような運命をたどったのかもしれない。

① 蚊がわいていると苦情（2008）　② 相変わらず廃墟（2010）　③ ゴミの集積所（2008）。

写真 5-2　マンゴルプリ A ブロック #301

2008 年の調査時、一人の男性が、ここは汚くて蚊がすごくたくさんいてとても困っているとすごい剣幕で訴えてきた（2008.11.22）。確かに薄暗い CTC の内部を覗くとたくさんの蚊がふわふわと浮遊しており、気がつけば道路にもあふれ出していた（**写真①**）。マラリアやデングなど蚊媒介性の感染症を考えると、この CTC には誰も近づきたくないはずである。この CTC は近隣住民の健康を脅かす蚊の温床という迷惑施設となっていた。

(b) #302 運営継続

#302 は A ブロックの CTC 群のうち 2010 年時点まで運営が継続されていた唯一の CTC である（**写真 5-3 ②**）。2008 年度に会ったケアテイカーは、Indcare という NGO から派遣されていた（**写真①**）。ビハール州出身で 2008 年 10 月 13 日からこの CTC で働いていると言っていた。都度料金は 1 回 1 ルピー（2 円）で、マンスリー・パスはない。スウィーパーは A ブロックの住民を雇用している。

① 運営状態（2008）　　② 運営状態（2010）

写真 5-3　マンゴルプリ A ブロック #302

そのケアテイカーが言うには、ここ 2 年間ほどはデリー市政府がこの CTC を運営していた。そして 1 ヶ月ほど前、彼の所属する NGO がこの CTC の運営を委託されたのだと言う。契約書を見ると、デリー市政府から Indcare 宛の書面で、4 つのゾーンにわたる 439 棟の CTC の 7 年間分の運営委託について記載されている。先述したように、デリー市政府の CTC に対する管理意識はブリンダバン町政府のそれよりは格段に高く、このように維持管理方法が継続的に検討され、ある程度対応されている。

(c) #303 牛小屋

#303 は牛小屋としてフル活用されている。**写真 5-4 ①**にはたくさんの牛が休んでいる。CTC の壁から塀に向けて、シェードがかけられており牛のための日陰スペースとなっている。CTC の前面にはしごが設置されており（**写真②④**）屋上も有効活用されている。2008 年時点には干草のようなものが、

2010年時点には牛糞燃料が屋根の上に載せられている（**写真④**）。ついでに、日本のODAの野立て看板は、洗濯ひもがかけられ物干しの支柱として活用されている（**写真②③**）。ここにいる牛はこのあたりの住民の、一人ではなく複数人に属していると言う。つまり、このあたりにはそれなりに手の込んだ牛飼いのための投資が共同で行われるような社会関係が存在しているようである。

① 壁の内側にたくさんの牛（2008）　② 子牛が係留。右端に野立て看板（2008）

③ 野立て看板に掛けられた洗濯ひも（2008）　④ 屋上に牛糞燃料（2010）

写真 5-4　マンゴルプリ A ブロック #303

⑷　#304　子牛の小屋／破壊

#304には子牛がつながれている（**写真 5-5①②**）。しかしいかなる条件が異なるのか、#303のような牛飼い用の投資はされておらず、ただ子牛が係留されているだけである。

#304は著しく破壊が進んでおり、前方からみると建物の右側部分が欠けており（**写真②**）、横から見ると後方部は著しく欠損している（**写真③**）。評議員の話によると、住民らが夜中に少しずつCTCを壊して建材を売り払うのだという。ちなみに、このAブロックのCTC群には日本の野立て看板が3箇所設置されていたが（**図5-4**）、2010年時点にはすべてなくなっていた。

それも、鉄素材として売り払われたのだろうということだった（2010.2.25）。

① 子牛係留（2008）　② 子牛係留。右側欠損（2010）　③ 後方欠損（2010）

写真 5-5　マンゴルプリ A ブロック #304

(e)　#305　運営→閉鎖

　#305 は 2008 年の調査時点には運営されていた（**写真 5-6 ①**）。ケアテイカーの派遣元は不明で（尋ねたが要領を得なかった）、彼はケアテイカー部屋に住んでいた。スウィーパーは #302 同様、地元の A ブロックの住民を雇っており、1 日 3 回清掃にやってくると言う。都度料金は 1 回 1 ルピー（2 円）で、マンスリー・パスはない。1 日の平均利用者数は 500 人ぐらいだと言っていたが、実際は多く見積もってもその半分くらいだと思われる。

　次に、2010 年の調査時には CTC に鍵がかけられていた（**写真②**）。住民の話では閉鎖したという（2010.2.25）。しかし、建物が劣化している様子や、その他の用途に活用されている様子は見受けられなかった。

① 運営（2008）　② 閉鎖（2010）　③ 野立て看板（2008）

写真 5-6　マンゴルプリ　A ブロック #305

(f)　#306　ゴミ捨て場→シャワールーム

　#306 は 2008 年時点ではゴミの山となっており、とても近づきがたかっ

た（**写真 5-7 ①**）。インドの空き地は多かれ少なかれゴミ捨て場となりやすいのである。ところが、2010 年の調査時点では、#306 の画期的な変化を見ることができた。

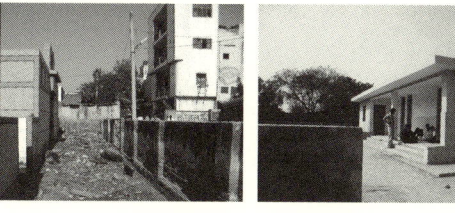

① ゴミの投棄（2008）　② シャワールーム（2010）　③ 評議員の自宅。BSP 党の幕（2010）

写真 5-7　マンゴルプリ　A ブロック #306

　先述したように、マンゴルプリではこの CTC 群は迷惑施設として住民から問題視されている。ゴミがたまる、蚊がふえるという不衛生な問題、そしてギャングのたまり場や売春に使われるという非社会的な問題が住民らから指摘される。ヴィバ・シャーマ（Vibha Sharma）によると、M ブロックの CTC ではヘロイン中毒者が死体で発見されたと言う。M ブロックには 10 棟もの CTC がまとめて建設されており、M ブロックの人々はその迷惑施設を「ジャパニーズ・トイレ」と呼んで取り壊しを訴えていると言う（Sharma, V. 2006）。

　そのように、マンゴルプリの住民は迷惑な CTC 群（ジャパニーズ・トイレ）を取り壊し、コミュニティ・センターや図書館、もしくは子供の遊び場として土地を有効利用したいと訴える。後述するように E ブロックでも、ある住民が CTC の取り壊しと土地の有効利用に取り組んでいるが実現が難しそうである。ところが、#306 は住民らの要求が叶い、シャワールームに改築されていた（**写真②**）。

　A ブロックにはラジャスターンに根を持つ Berwa（ベアルバ）というカーストの住民が多いのだという。彼らは葬式の帰りには外でシャワーを浴びて穢れを落としてからでないと家に入らないしきたりがあるという。また、女性が明るい時刻に外で水浴することも許されないので、特に女性に

とっては公衆／共同のシャワールームが必要だという。複数のAブロック住民が評議員に改築を陳情し、それが実現したということだ（住民と評議員, 2010.2.25）。

評議員によると、デリー市では評議員に「コロニー開発資金（funds for development of colony）」という補助金が配分されており、それを使って#306の改築を行ったという。このあたりには、#306だけではなく多くのCTCを撤去あるいは改築してほしいという要望があがっていると思うが、何か計画はあるのだろうかと尋ねた。確かにCTC撤去・改築の要望があり、それに向けた構想もあるが、資金の目処がないので計画段階ではないとの回答であった（2010.2.25）。

なぜ#306の改築要求は優先順位が高かったのだろうか。評議員の家のすぐ目の前のCTCであったことから（図5-4; **写真5-7**③）、彼女の目に付きやすかったということはあるかもしれない[15]。しかし、円借款の貸付契約が関係していることも考えられる。ブロックで建設されたCTCのいくつかは事後に借款対象から外されている。借款対象であるのかないのかによって、取り壊しや使途変更にかかる手続きの煩雑さが異なる。その意味において、住民からの改築要求に対応しやすいケースと対応しにくいケースがあるということになる。この点については本章の最後に再述する。

(2) Aブロックの離れ：ゴミ捨て場

AブロックのCTC群の東側にはベジタブルマーケットが広がっている（**写真5-8**①）。2008年の調査時に、このマーケットを抜けてEブロックへと向かう途中、先述した#301の蚊の問題を教えてくれた男性が、ここも見なさいとこの隠れたCTCに連れてきてくれた（**写真**②）。航空写真で確認すると2棟のCTCが並んで建設されているが（写真5-1）、迷路のようなベジタブルマーケットのどんづまりに押し込まれるように建設されているので、もう一棟のCTCへのアクセス経路はわからなかった。

このように閉ざされた空間は、ブリンダバンの「R4ラングナート寺院B」CTCのように共同利用されるには絶好の立地だと思われるが、このCTCは

第5章　デリー市のトイレ事業：迷惑なジャパニーズ・トイレ　189

まったく捨ておかれていた。建物の中が空洞であることより（**写真③**）、おそらく、もともと内装工事がされていなかったのでこの建物はトイレとしては利用できなかったものと思われる。現在はただのゴミ捨て場で、蚊がたくさん増えて不衛生な迷惑施設ということだった（住民, 2008.11.22）。

① ベジタブルマーケット（2008）　② 廃墟（2008）　③ 廃墟（2010）

写真 5-8　A ブロックの離れ

(3) E ブロック

A ブロックからベジタブルマーケットを抜けて北上すると E ブロックに入る。途中、市立の運動場（play ground）（**写真 5-9①**）で子供たちがサッカーをしていた。住民が求めている子供の遊び場とは、このようなものを指すのだろう。さらに生活感のある路地を北上するとゴミの集積所があり、CTC 群が見えてくる（**写真②**）。

① 市立の運動場（2008）　② ゴミの集積所と CTC 群（2008）

写真 5-9　A ブロック→E ブロック

ここには 4 つの CTC が並んで建設されている（**図 5-5**）。2008 年の調査時点では 1 つの CTC だけが運営を継続していた。これら E ブロックの CTC

も 1 つずつ順番に現状を確認していこう。

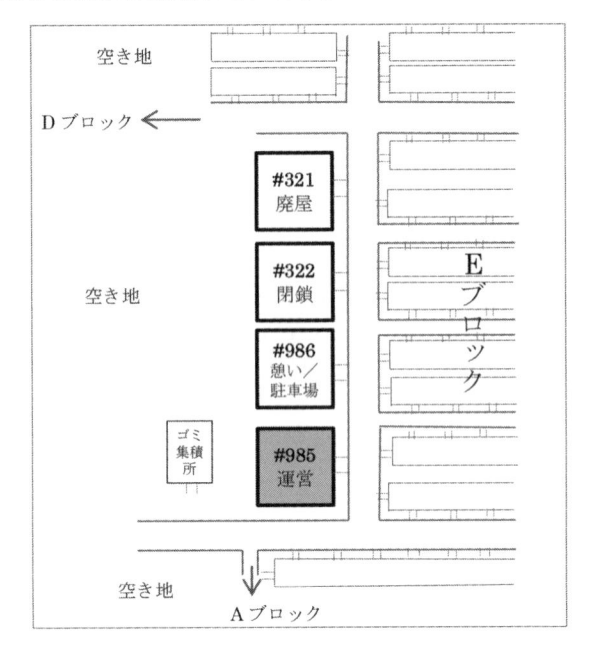

図 5-5　E ブロックの CTC 群

(a)　#985　運営継続

2008 年時点に E ブロックで唯一運営されていたのがこの #985 である（**写真 5-10 ①**）。ケアテイカーから話を聞く限り、ブリンダバンの「B 公衆 - スウィーパー経営」の型（「R4 ラングナート寺 A」や「R13 チル・ガート」）と同様の運営形態である。ケアテイカーは特に登録などはしていないが、放置されている施設を利用して商売をしている。電気と水道はカットされているので、自分で水道を引いている。利用料は 1 回 1 ルピー（2 円）だが、払わない人もいる。利用者数推定は 1 日 100～200 人。つまり 1 日に 100～200 ルピー（200～400 円）の売上げがあることになる。そのうち 50 ルピー（100 円）ほどは必要経費で、それ以外が自分たちの収入となる。

① 運営。選挙ポスター（2008）　② 運営（2010）

写真 5-10　マンゴルプリ E ブロック #985

　2010年に会ったケアテイカーは、評議員から許可をもらって自主経営をしていると言っていた（**写真②**）。許可といっても評議員から支援や指導があるわけではなく、2008年度同様、自主的に経営をして売上金はすべて彼らの収入になる。1回1ルピー（2円）で、利用者数推定は1日100〜200人。利用者はリクシャワラーなどの交流人口で、地元の人はほとんど利用しない。つまり、「共同トイレ」ではなく「公衆トイレ」として機能しているということであった。

(b)　#986　憩いの広場／駐車場
　#986は憩いの広場や駐車場として利用されている。2008年時点では向かいの肉屋が駐車場として利用していた（**写真 5-11 ①**）。2010年時点では、憩いの広場が展開されていた（**写真②**）。

① 駐車場（2008）　② 憩いの場（2010）

写真 5-11　マンゴルプリ E ブロック #986

(c) #322　廃品置き場

#322 は締め切った状態である。2008 年時点には CTC の入り口部分に木材くず等が収納されている（**写真 5-12 ①**）。2010 年時点には、門の前に（CTC の建材だと思われる）タイルとタンクが積まれている（**写真②**）。ここは廃品業関係の人が利用しているのかもしれない。

① 木材（2008）　　② タンク（2010）

写真 5-12　マンゴルプリ E ブロック #322

(d) #321　犯罪の温床

この CTC は廃屋である。「どうぞみてください」というポーズの男性（**写真 5-13 ①**）が言うには、2 年半ほど前に運営が停止し、それ以降は犯罪の温床になっている。このあたりの住民は自宅にトイレを持っているし、CTC は一つで十分。公園（空き地）の敷地も減ってしまったし、取り壊してほしいと言うのがこのあたりの住民の願いだと言っていた（2008.11.22）。

① 閉鎖（2008）　　② 閉鎖（2010）　　③ 請願書の署名（2008）

写真 5-13　マンゴルプリ E ブロック #321

さらに、別の男性が書類を持ってやってきた。外国人がなにやら調査をしているという話を聞き、あわてて駆けつけてきてくれたようだ。このK氏のエピソードについては項を改めて報告したい。

(e) 土地の有効利用に関する請願書

K氏が見せてくれた書類は「DとEブロックの間の公園のコミュニティ・ホール建設についての請願書」というタイトルのものであった。2008年2月21日付、あて先は当時のデリー準州都市開発（Urban Development）大臣である。その大臣はマンゴルプリ選挙区から選出されている議員でインド国民会議派（congress）の政治家である。

ここでコミュニティ・ホールと訳したのはヒンディ語で「バラッガー（barat ghar）」というもので、結婚式場のような意味合いを持つ。とはいっても、結婚式だけではなく、地区住民らの様々な集まりに利用できるもので、行政機関はそれを英語では「コミュニティ・ホール」や「コミュニティ・センター」と呼んでいる。

請願書には、Aブロック、Dブロック、そしてEブロックの住民から集められた膨大な署名が添付されている（**写真③**）。全部で500名の署名があるという。プレーンな白紙に名前と住所とサインが、ブロックごとに羅列されている。K氏が一人で集めて回ったと言っていた。

請願書本文にはCTCのことは明記されておらず、タイトルの通り、DブロックとEブロックの間の空き地にコミュニティ・ホールを建設してほしい旨が記されている。ただし、大臣に請願書を渡す際に、K氏はCTCの取り壊しを口頭で要請したという。CTCに関する彼の主張は以下の通りである。この辺の住民は全員各家庭にトイレを持っているので、公衆トイレは一つだけで十分。閉鎖されたCTCはギャンブル、売春など社会問題の温床になる迷惑施設だというもので、このあたりでよく聞くいつもの主張である。

K氏が大臣に請願した後、デリー準州のオフィサーが何度かCTCを視察に来た。その後で、大臣自らもCTCを視察に来て（2008年）、問題状況を確認し、3つのCTCを壊してコミュニティ・ホールを作ることを約束して

くれた。新しいコミュニティ・ホールは、かつてこのCTCを経営していたNGOが建ててくれると説明されたらしい。筆者は2010年の再訪の際、コミュニティ・ホールなるものを見ることができると楽しみにしていたが、CTC施設はそのままの形で存在していた（**写真②**）。「あれから2年ほど経ちましたが何も変わっていませんね」と指摘したところ、そろそろ再要請してみるとK氏は言っていた。

⑷ Dブロック

EブロックのCTC群から広場を横切るとすぐにDブロックのCTC群が立ち並んでいる。ここにも4つのCTCが並んで建設されており、2010年時点でそのうち1つだけが運営されていた（**写真 5-14 ④**）。その他は運営されていないCTCである。**写真①**は破壊されており、**写真②**は不自然に内部に向けて土が盛られており、**写真③**は比較的よい状態で鍵がかけられていた。

① 破壊（2010）　② 土盛り（2010）

③ 閉鎖（2010）　④ 運営（2010）

写真 5-14　マンゴルプリDブロック

Aブロック、Eブロック、そしてDブロックも、結果的に運営されているCTCは一棟のみで、それ以外は破壊が進んでいるか、単純に閉鎖されて

いるか、全く別の用途で活用されている。このあたりの住民が言う「CTCは一棟は必要だが、一棟で十分である」という需要推定は実に適切である。

第4節　まとめ：間接介入の限界

　これまでマンゴルプリを事例としてYAP-IデリーのCTC事業を見てきた。確認しておくと、これはデリーCTC事業を代表する事例ではない。デリーCTC事業の中でも、介入の負の帰結がとりわけ大きく目立つ事例である。借款使用期限の延長が、たまたま建設戸数の自己目的化を引き起こし、たまたま地域社会に迷惑施設を垂れ流してしまったケースである。

　このように、たまたまうまくいかなかったケースに本書は注目している。なぜならば、たまたまうまくいくことも、たまたまうまくいかないことも、どちらも同じく一方向的介入による帰結だからである。そして、たまたまうまくいかない事態を回避できないこと、すなわち計画と実態の乖離を意図的に制御できないことが、ガンジス川浄化計画の最大の弱点だと考えるからである。

　今回の事例について言えば、一つの敗因として、短期間で1,000棟もの「利用される共同トイレ」を作ることが可能だと判断したことは読みが甘かったと言えるかもしれない。しかしそこにこそ、介入の連鎖に依拠する〈間接介入〉の難しさが表れている。つまり、間接介入の場合、日本政府が現実的に介入の連鎖に関与できるのは、最初の一打に限られてしまうのである。それ以降は、実態に即してコンセプトや事業計画を適宜調整する、ということができない。

　最初の予測に基づく判断がどうであれ、それが政策の実施過程において実態に即して調整されたならば、問題の拡大を食い止めることができたはずである。しかし、政策の実施過程において日本政府は、建設戸数が自己目的化していること、数々の指導マニュアルが無視されていることをしかるべきタイミングで感知して早急に対応することができなかった。最初の事業コンセプトがどのようなものであったのかということよりも、その実現を見届けたり、実態に即して出資者としての影響力の使い方を見直したりすることがで

きなかったことの方が、はるかに根本的な問題である[16]。

　最後に、JBICがこのデリーCTC事業にどのように関わったのかをまとめておきたい。日本の善意からYAP-I延長期が実現し、その時期には日本の「知的支援」により、非下水道事業、とりわけCTC事業にウェイトが置かれた。様々な調査が実施され、利用される持続可能なトイレ作りが研究され提言された。日本のODAは問題状況を事前に予測し、それに対してインド政府に対して助言や要求を行っている。

　しかし結果として、日本の資金（円借款）の求心力が建設戸数の自己目的化を誘引し、ひいては迷惑施設が建設されることにつながった。さらには、皮肉にも日本との貸付契約がその迷惑施設の撤去（用途変更）を妨げている一つの要因にもなっていると思われる。CTCを取り壊す場合、JBICは「貸付契約基本条項」に照らして資金の返還を要求することになるという（JBICデリー事務所担当者、2008.11.25）。確かに日本政府としては貸付後の目的変更を容易に認めるわけにはいかないだろう。そして、デリー市政府としてはせっかく「つかみとった（grab）」資金を返還することには気が進まないだろうから、地区から取り壊しの申請があっても対応を渋ることが予想される。

　それでもAブロックでは市評議員の裁量でCTCが撤去され、しかしEブロックでは州大臣が関わってもCTCが撤去されないのはなぜだろうか。CTCが群で建設されたことが判明した後、JBICは959棟の1割ほどを借款対象からはずした（JBIC本店聞担当者, 2008.8.13; *The Times of India* 2002.10.28）。おそらく、AブロックのCTC群は借款対象から外されており、DブロックとEブロックのCTC群はその措置に含まれていないのだろう[17]。よって、借款対象からすでに外されているAブロックのCTC群は評議員の裁量によって（資金の限りで）改築することが可能であり、借款対象であるEブロックのCTC群は住民からの強い要求があってもなかなかそれを実現できないものと思われる。

　YAP-I延長期における日本政府の対応が善意に動機づけられていたことについてなんら疑う余地はない（心情倫理）。しかしその善意は、たまたま迷惑施設の建設につながり、そして迷惑施設の撤去を妨げている一要因とも

なっているかもしれない。日本のODAがそれなりの影響力を持ってマンゴルプリの生活世界に介入したことはまぎれもない事実である。そうであるにもかかわらず、日本のODAは、"事業の結果、対象地域にどのような変化が起こったのか、人々がどのような経験をしているのか"についてはいかなる関心も示していない（責任倫理の欠如）。より厳密には、インド政府との関係において借款契約についての帳尻は合わされたが、マンゴルプリをはじめとする援助対象社会が「ジャパニーズ・トイレ」から被った被害に対する配慮はない。結果的に、YAP-I延長期における双方向性の欠如した日本の介入は、「ジャパニーズ・トイレ」が建設されたマンゴルプリからみれば、責任倫理の欠如した迷惑なものとなっていた。

このように、指導マニュアル型の介入における日本の影響力の行使は、政策決定過程にピークを迎える。図5-1のように、政策決定過程において単発的・局所的に地域社会から情報入力のベクトルを確保して、あるべき地域管理のありようを構想し、介入のあり方をマニュアル形式で具体的に中央アクターに示す。それは、日本のODAから援助対象社会まで連なる介入連鎖の最初の一打である。日本政府は、その後に続く介入活動の展開には強く干渉しないし、よって援助対象社会にもたらされた悪い副作用への対応についてもなんら影響力を発揮するものではない。

この事例は、間接介入のある種の限界を示していると言えるだろう。ドナーの活動がどれほど善意に動機づけられていたとしても、ドナーが援助対象社会に持ち込もうとする変容の構想がどれほどよくデザインされたものだとしても、それは援助対象社会の人々にとっての良き開発を保障することはできない。介入の連鎖の不具合、それによって開発援助が一方向的なものになってしまう問題に対処しようとするならば、実際の影響力のベクトルが介入の連鎖の向こう側でどのように展開されていくのかを最後まで見届け、その都度介入のあり方を調整するような柔軟な介入が必要なのである。そのように、ドナーが援助対象国の内奥にまで踏み込むような方法が妥当であるか否かという議論は別途必要である。少なくともここで明らかになったことは、間接介入には限界があるということである。

注

1 ニューデリー町は「20世紀初頭にイギリス人がインド帝国の首都として計画・建設した」地域で、現在は「官公庁、大企業、外国企業」がある。デリー宿営地評議会は「イギリス植民地軍の開発した広大な軍営地であり、現在はインド軍の本部と基地がある」(福永 1997, 136-137)。
2 デリー準州の面積は 1,483 平方キロメートルでデリー市の面積は 1,397 平方キロメートル (GoD 2014, 6)。
3 デリー準州の人口は 16,787,941 人。つまりデリー準州の 97% がデリー市の人口 (GoD 2014, 7)。
4 デリー市では 2007 年に区の境界変更があり、区の数が 134 から 272 へと増加した (GoD 2001)。「ゾーン」は「区委員会」の領域に当たる。
5 その理由としては、近隣住民の反対から公益訴訟がおこされていたという理由や、予算規模が小さかったので市政府のプライオリティが低かったという理由が聞かれた．。
6 共同トイレの先行研究において、一室あたりの利用者数を 50 人として計算しているものが多い (Bhatia 2004, 7; Arputham 2002; WHO 2002)。スラブ・インターナショナルによると、2004 年時点、デリー市には 1,963 棟の CTC が存在する。保全衛生技術部 (Conservation and Sanitation Engineering Department：CSE) が 611 棟、スラム部が 393 棟、そして YAP-I で建設されたものが 959 棟である (Sulabh 2007, 22)。
7 建設された CTC の総棟数には資料によりばらつきがある。たとえば、PMC (2004b) は 956 棟 27,060 室、不破・北脇 (2004) と TEC (2004) は 959 棟 27,500 室と 180 の移動バン型のトイレ、CSR (2002) では 953 棟 25,252 室が建設されたとある。
8 下水道が整備されていない地域に設置するミニ下水処理場の事業費などを含めた数字。円換算は、事業が承認された 2001 年の初値、1 月 4 日の 1INR=2.49YEN で換算し、億単位未満を四捨五入した。
9 TEC (2004) は契約事項がほぼ無効化されている事態を報告している (TEC 2004, 250-251)。
10 PMC (2004d) によると、事業認可が 2001 年 8 月 20 日で、終了期限が 2002 年 3 月 31 日。不破・北脇 (2004) によると、JBIC が実施機関に需要とニーズに注意を払うことを要請したのが 2001 年 12 月で、円借款使用期限が 2003 年 2 月 19 日

（不破・北脇 2004, 8）。つまり、デリー市政府が土地の選定につかえた時間は、少なく見積もって数か月、多く見積もって2年ほどだと思われる。

11 準州議員が無料のトイレを作ってくれると約束してくれたのに、有料のトイレだったので不満であるという住民の声も報告されている（CSR 2002, 33）。

12 2002年4月1日のレート 1INR=2.77YEN で換算し、億単位未満を四捨五入した。

13 「再定住コロニー」とは、違法スラムの撤去に伴って郊外に開発された居住区のことである。マンゴルプリ地区は1970年代に建設された比較的早い時期の再定住コロニーである。

14 CTCの立地環境を可能な範囲で模式的に記述することを目的としているため、建物の大きさ、道路幅や微妙な位置関係、家屋の出入り口の位置や数等を厳密に示してはいない。

15 その評議員の家はCブロックにある。CTC #305から道路を挟んだ向かいである（図5-4）。

16 共同トイレ供給に関する先行研究においては、YAP-CTCが採用した供給主導型、かつ料金徴収型のモデルではなく、世界銀行の支援によるムンバイ市の事例のような需要主導参加型アプローチが推奨されている（TEC 2004, 30, 227-228; WHO 2002; SPARC 2001; World Bank 2003）。そういった議論に依拠すれば、本事例の敗因はモデルの選択にあると考える人がいるかもしれない。しかし筆者は、YAP-Iが供給主導型・料金徴収型のモデルを採用したことを否定的には捉えていない。どのようなモデルを採用するのかということよりも、そのモデルを着実に、かつ弊害のないかたちで援助対象社会に実現できるのかという、「介入」の過程がより重要だと考えている。さらには、第8章で論じるように、ヤムナ川浄化計画の実施体制において、地区レベルに介入する需要主導参加型アプローチを採用した場合の弊害の方が大いに危惧される。このように本章では、モデルの選択の問題ではなく、介入のあり方を問題化している。

17 CSR (2002) の調査対象となっている13か所のCTCが、すなわち借款対象から外されたCTCだと判断した。

第6章

バラナシ市の下水道事業：援助対象者の敵になる

　本章ではもう一つ、〈間接介入〉の限界が顕著に現われている事例を見ていきたい。開発援助という国境を越える政策にとって、「対外的アカウンタビリティ」と同様に取り扱いの難しい政策目標として「社会配慮」がある。ドナーは援助対象となる社会に対してどこまで配慮すべきなのか、またそれがいかに可能なのか。援助対象社会（地方）と被援助国の政府（中央）の間に開発政策をめぐる対立が見られる場合、ドナーは「地方」と「中央」のどちらの見解を尊重すべきなのか、またそれがいかに可能なのか。本章の事例は、国境を越える他者が他国の政策にいかなる立ち位置で介入するのかという問題を提起する事例である。

第1節　バラナシ市の概要：ガンジス川最大の聖地

　1986年6月14日、当時の首相ラジヴ・ガンディが「開始当初は皆の心をつかんだ」ガンジス川浄化計画の開始スピーチを行ったのが、ガンジス川流域で最も重要なヒンドゥ聖地の一つ、バラナシである（CSE 1999, 92）。バラナシのガート（階段状の河岸建造物）は、河岸から離れてしまったブリンダバンのそれとは異なり、**図 6-1** のように川の流れに沿って長く続いている。また雨季と乾季の河川水位の変動が大きいせいか、階段部分（斜面）が長く開放的である（**写真 6-1**）。これらのガートは、ブリンダバンと同様にそれぞれの神話や伝統を有している。しかしブリンダバンと異なり、それぞれのガートが今日も日常的に機能している。よってバラナシの河岸には、全体として、様々な表情を持つ多彩な親水空間が展開されている。

202　第Ⅱ部　事例検証

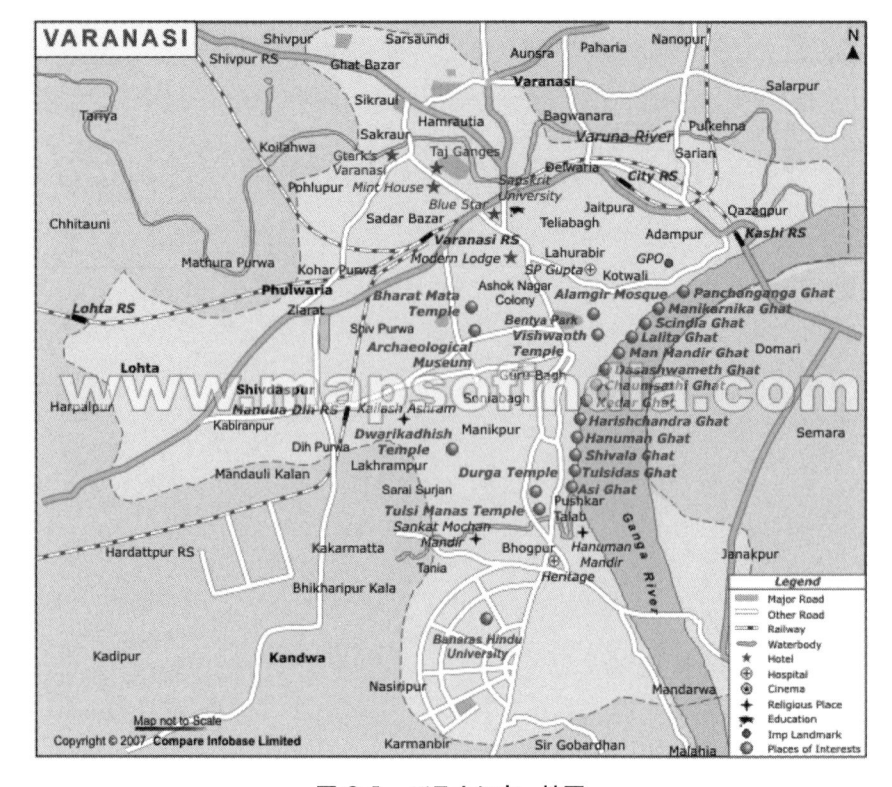

図 6-1　バラナシ市　地図

出典）Mapsofindia.com 2011。

　バラナシのガートでは毎日何千人もの人々が沐浴をするという（JICA & NRCD 2005, 1-2; **写真②**）。**写真③**の「ガンガ・アルティ」はブリンダバンの章で紹介した「ヤムナ・アルティ」の本家本元である。また、この町は火葬の町としても世界的に有名である。ヒンドゥ教徒は「この町で死ねば天界に行ける」と信じており、3,000 年の歴史をもつといわれるマニカルニカー・ガート（Manikarnika Ghat）（**写真④**）や「死を迎え待つための施設」も存在する（NHK 2003）。ブリンダバンがヒンドゥ教徒のためのコンパクトでシンプルな聖地であるのに対して、バラナシはヒンドゥ教徒以外にもよく知られる実にダイナミックな聖地である[1]。

　アメリカの大河ミシシッピー川の物語で有名な作家マーク・トウェイ

① 長く続く河岸　② ダシャーシュワメード・ガート
③ ガンガ・アルティ　④ マニカルニカー・ガート

写真 6-1　バラナシのガート[2]

ン（Mark Twain）も1895年にバラナシを訪れインドの大河ガンジス川を体験している。当時すでに下水が河川に流出（foul gush from a sewer）してひどい臭いがしていたという。下水が流れこみ、死体が浮いている恐ろしい（dreadful）、ひどく不潔な（nasty）川の水で、なぜヒンドゥ教徒は沐浴したり川の水を飲んだりするのかと、トウェインは熱心に考察している（Twain〔1897〕1989, 496-517）。

　それから1世紀が過ぎた今でも、同じ疑問が、まったく色あせずにガンジス川水系を訪れる外国人の心を捉えている。不潔な川で沐浴する不思議と同根の不思議にゴミ捨て慣行がある。なぜヒンドゥ教徒はそれほどまでに愛してやまない女神であるガンジス川やヤムナ川に平気でゴミを捨てるのかという疑問である。

　アメリカ人の文化人類学者ケリー・アレイも、バラナシをフィールドとしてヒンドゥ教徒の「汚れ」概念をめぐる意味世界を探求している。上記の疑問に対する彼女の回答を極めて単純化すると、ヒンドゥー教徒が川を神聖なものと崇めかつ汚す行為を同時に行うのは、ガンジス女神を母親（Ganga Ma）とみなしているからということになる。母親が子供の排便の後処理を

して自らの手を一時的に汚したとしも、母親が清らかな存在であることに変わりはない。そのような寛容さと愛でガンジス川（母なるガンガ）は自らを「穢す（impure）」ことなく、人間の「汚れ（unclean）」を処理する、とアレイはヒンドゥ教徒の論理を解説する（Alley 2002, 65, 99）。

アレイはさらに、人々の間にヘゲモニーを獲得しているのがこの性別役割を伴うヒンドゥ的意味世界であり、ガンジス川浄化計画のような科学＝行政の言葉はガンジス川流域諸都市の住民から支持を得られにくいことを指摘している[3]（Alley 2002, 233）。

このガンジス川をめぐる二重の意味世界、つまりヒンドゥの聖的意味世界と、自然科学の俗的意味世界の両方に精通している人物が本章の主人公のM氏である。彼は由緒ある地元のヒンドゥ寺院の住職（*mahant*）であり、地元のバラナシ・ヒンドゥ大学（Banaras Hindu University）で水理学を教えていた科学者でもある。そして彼は地元の環境NGO、サンカトモチャン基金（Sankat Mochan Foundation。以降「SMF」）の創設者でもある。彼は、2013年3月に74歳でこの世を去るまで、精力的にガンジス川の浄化に取り組んだ人物である。

筆者が2010年にバラナシを訪問した際、M氏と事前に連絡がつかず、よってM氏に会えることは期待せず彼のNGOであるSMFに立ち寄ってみた[4]（**写真6-2①**）。偶然にも、M氏はテラスでスタッフと一緒に、まさに日本のODA（円借款）支援による次期下水道事業の詳細事業報告書（**写真②**）をチェックしているところだった。

M氏はとても気さくで朗らかな人物だった。しかし地元の人にとってみると、彼は気さくと言うよりは、偉大な宗教リーダーである。筆者がインタビューさせていただいた1時間ほどの間、どこからともなくインドの人々がやってきて彼の足元にひざまずいていった（尊敬の念を示す挨拶）。このM氏の、ガンジス川を浄化するための長い活動の歴史を追っていきたい。

① 住職の屋敷　　② 円借款事業の資料

写真 6-2　トゥルシーガート（Tulsi Ghat）

（2010.3.22 撮影）

第2節　地元 NGO、SMF について

　M氏は400年続いている有名なバラナシのサンカトモチャン寺院（Sankat Mochan Temple）の住職を務める家系の長男として1939年1月に生まれた。河岸沿いのトゥルシー・ガート（Tulsi Ghat）にサンカトモチャン寺院の住職の家がある。それが彼の生家であり、活動拠点であった（写真6-2①）(Peavey 2006)。このガンジス川を一望する環境で、住職の子息としてガンジス川に帰依する作法と理念を教えられ、沐浴を日課としてM氏は育った。

　M氏が14歳の時に父親が亡くなり、若くして家業を継いだ。また、彼は「家族で初めて」大学に進学し、科学者の顔も持つようになった（Peavey 2006）。1961年より彼はバラナシ・ヒンドゥ大学で水理水資源工学（Hydraulics and Water Resources Engineering）を教えていた。しかし、彼が有名な寺の住職であることから、サンスクリットや宗教哲学を教えているクラスだと思い込んで受講しに来た学生もいたという（BHU 2008; Vyas 2009）。このエピソードからも、彼が科学とヒンドゥの二重の言葉を持つこと、また周囲からそうみなされていたことがうかがえる。

　1965年にバラナシに機関車工場が建設されたとき、M氏は日課である沐浴の最中にガンジス川の異変に気づいた。河川水の悪臭と魚の死骸を認識し、河川浄化活動の必要性を強く意識したのだという（Vyas 2009）。彼はバラナシ・ヒンドゥ大学の同僚研究者らと共同で大学のラボを使用してガンジ

ス川汚染問題とその解決手段を調査し始めた。当初の財源はサンカトモチャン寺院から拠出された。その同僚研究者らがメンバーとなり、SMFが正式に発足したのが1982年である（Mishra 2005, 756）。翌年1983年からは、the Swatcha Ganga（Clean Ganges）Campaignという公衆啓発活動を行っている。

SMFの発足に先駆けて、アメリカでFriends of the Gangesという団体が発足した。フラン・ピーヴィー（Fran Peavey）というサンフランシスコ市を拠点とする環境と社会正義と人権についての社会改革（social change）のための活動を行うNGO、Carbgrassの代表がM氏の河川浄化活動を応援するために結成したものである（USAID 2003; Peavey 2006）。1979年、ピーヴィーとM氏がトゥルシーガートで談話中にガンジス川汚染の話になり、ピーヴィーがM氏に浄化活動を勧めたのだという（Peavey 2006）。

M氏は1980年にアメリカを訪れ、ハドソン川の浄化活動家ピート・シーガー（Pete Seeger）に会ったり、ピーヴィーが活動する貧困地区を訪れたりして、彼の活動ビジョンを確立したようだ。ピーヴィーは、M氏の渡米中に、M氏のガンジス川浄化活動を支援するために友人らとFriends of the Gangesを設立した（Peavey 2006）。これがM氏の活動に対する国外からの支援の始まりだった。後に、在インド米国大使館首席公使が、SMFの活動におけるFriends of the Gangesの役割に触れ、草の根の協力関係が、二つの偉大な民主国家のさらに裾野の広い二国間関係のきざしとなると述べている（USAID 2004）。

このようにM氏がFriends of the Gangesやバラナシ・ヒンドゥー大学の同僚らの協力を得て独自の河川浄化活動を始めてからまもなく、ガンジス川を浄化する国家政策、つまりGAP-Iが開始され、排水路の遮集工事が行われた（工事の目的や内容は基本的にブリンダバンのYAP-Iと同様である）。ガンジス川に流れ込んでいる30本の排水路が遮集され、5か所のポンプ場の整備や下水処理場の建設等が実施された（JICA 2002, 79）。ところが先述したように、「開始当初は皆の心つかんだ」ガンジス川浄化計画は、しだいに計画や維持運営の課題が各地で露呈し始めた。バラナシも例外ではない。

GAP-Iの遮集工事は河川に流出される下水を完全に遮断してもいないし、

第 6 章　バラナシ市の下水道事業：援助対象者の敵になる　207

下水処理場による大腸菌の制御も十分ではない。排水路からは相変わらず下水がガンジス川へ放流されている。それにもかかわらず、1993 年の終了宣言で、もう下水は河川に流出しておらず、GAP-I は成功だとインド政府が宣言したことに M 氏は失望した。そして、彼の小さな SMF がガンジス川の浄化という大仕事に乗り出さなくてはいけないと決意したのだという（SMF 2003; Mishra 2005, 756）。

　小さな NGO が大きな仕事をするためには資金と技術の支援が必要である。SMF の活動は、先述した Friends of the Ganges をはじめとする海外とのネットワークによって発展していった。米国、英国、およびスウェーデンの政府機関、オーストラリア、米国、英国、スウェーデンなどの民間団体の資金や技術援助を受けて、SMF は啓発活動、セミナーの開催、水質調査、後述する下水道計画の策定などと活動を広げていった。そして彼の河川浄化活動は世界的に認識されるところとなり、「国連環境計画 500 名誉賞（UNEP Global 500 Roll of Honour）」（1992）やタイム誌の「ヒーロー・オブ・ザ・プラネット（7 Heroes of the Planet by Time Magazine）」（1999）に選ばれた（UNEP 1992; Ganguly 1999）。これらのタイトルは、彼の資金収集力や発言力に大きく寄与したであろう。

　スウェーデンの民間団体からの支援で 1993 年に水質試験所が建設された。そこで、SMF は独自にガンジス川浄化計画の効果を監視することができるようになった。SMF の水質調査の結果、毎日の停電の時間帯と、そして洪水期間（年に 5 か月間）は GAP-I の下水道施設は機能せず、下水がそのまま河川に流出していたこと、そして処理場の近隣村では住民の健康、作物、そして地下水に悪影響が及ぼされていたことが明らかになった。M 氏いわく、「SMF が公表した水質試験所のデータは政府の正体を暴き、恥をかかせた」と言う（Mishra 2005, 757）。

第 3 節　SMF が GAP-II の事業計画を作成する

　バラナシ市はブリンダバン町と同じく UP 州に属する。2011 年のセンサスで人口 1,201,815 人。地方政府はデリー市と同じく、規模の大きい「都市

法人（Municipal Corporation / *Nagar Nigam*）」である。以降、これを「バラナシ市政府」と呼ぶ。行政区域は、5つのゾーン、90の区からなる（NNVNS 2010）。

GAP-II の下水道事業に関しては、ブリンダバン町同様、計画と工事は UP 州水道局、維持管理はバラナシ市政府という役割分担が想定されていた。1993 年に GAP-II の事業計画のための会議（Divisional Task Force）がバラナシで開催された（SMF は招待されていない）。そこで UP 州水道局が出してきた GAP-II の事業計画は、問題の多かった GAP-I と同じ技術を用いて計画されていたという。

先述したようにインドでは 1993 年の第 74 次憲法改正で都市政府の権能が拡大され、下水道計画は都市政府の管轄事項になった[5]（USAID 2005; UPJN & JBIC 2007a, 17.5）。バラナシ市政府の当時の行政官（administrator）は UP 州水道局の事業計画を不服に思ったようで、SMF に GAP-II の計画作成の話を持ちかけたという（SMF 2003）。

バラナシ市政府も SMF も、それほど大きな事業計画を作成する資金は持ち合わせていなかったが、SMF がこれまで培ってきた海外ネットワークを駆使して事業計画を作成した。SMF は米国国際開発庁（United States Agency for International Development：USAID、以降「USAID」）の研究資金援助やアメリカのカリフォルニア大学バークレー校の技術支援を受け、3 年以上の年月をかけて、インドの気候に合っているという AIWPS（Advanced Integrated Wastewater Pond Systems：先進総合廃水安定化池システム）方式を採用した事業計画（project feasibility report：PFR）を作成し、97 年 1 月にバラナシ市政府に提出した。その事業計画（事業費 10 億ルピー、33 億円[6]）は公聴会を経て市議会に提出され、97 年 5 月に満場一致で承認された（決議第 126 号）。バラナシ市長（mayor）によってその計画は国家河川保全局と UP 州水道局に提出された。

その事業計画は中央政府の専門家によって技術評価を受けることになった。97 年 11 月、中央政府と市関係者が同行して現場視察が行われた。SMF はそこでの専門家のコメントを受けて、事業計画を見直した。そして新しい事

業計画（事業費15億ルピー、50億円[7]）が98年7月に市議会で再承認され（決議第339号）、改めて中央と州政府に提出された。

ところがその修正事業計画に対するコメントはなかった。M氏いわく「驚くことに」、まもなくその事業計画を承認したバラナシ市の決議（第339号）がUP州政府によって突然キャンセルされた。その代わりに、翌年99年1月、UP州水道局が作成した事業計画書（事業費15.9億ルピー、43億円[8]）がバラナシ市議会の承認を得るべく送られてきたのだという（SMF 2003）。

第4節　二つの事業計画をめぐる論争（2003年まで）

ここからGAP-IIの事業計画をめぐるSMFの長い戦いが始まる。この戦いの事実関係については、SMF側から発信されている情報に大幅に依存する。特に、SMFの公式ホームページに「バラナシ地点のガンジス川を浄化するための10年にわたる長い戦い」（SMF 2003）として経緯が細かくつづられている。これに限らずSMFからはふんだんに情報が発信されている。なぜならば、SMFには自らの意思を貫徹するために地元、国内、そして国際的な世論に働きかける切実な必要があったからであろう。それに比して、政府側、もしくは第三者的な視点からこの問題の詳細を知りえる資料は少なく、大まかな事実確認ができる程度に限られる。よって、まずはSMFの詳細情報から二つの事業計画をめぐる戦いのストーリーを概観する。その後で、国家河川保全局やその他のソースから、ある程度の客観性の確保を試みる。

これ以降、GAP-IIバラナシ下水道の事業計画案に関して、SMFが策定したものを「SMF案」、UP州水道局（Uttar Pradesh Jal Nigam）が作成したものを「UPJN案」と呼ぶ。

(1)　SMFから見た論争

先述したようにUP州政府はバラナシ市議会の議決を一方的にキャンセルしたという。そして同時期に国家河川保全局とUP州政府はUPJN案（事業費15.9億ルピー、43億円）をアラハバッド高裁に提出し[9]、高裁はそれを承認した。その政府の一連の行動に不満をもった複数のバラナシ市評議員も、高

裁にSMF案を提出した。

そこで高裁は98年9月、二つの計画案を審査するためにインド工科大学のG.D. アグラワル（Agrawal）教授が率いる委員会を発足させ、審査のために必要な環境を用意させることを国家河川保全局に命じた。国家河川保全局はその命令を不服とし、最高裁に特別許可請願（special leave petition：SLP）を提出した。最高裁はそれを認め、98年11月、高裁の委員会についての命令を留保した。

99年1月、先述したように、UP州水道局は自らの事業案（UPJN案）をバラナシ市政府に提出して承認を求めた。このとき事業計画は（高裁に提出されたものから）修正されており、事業費が15.9億ルピー（43億円）から23.4億ルピー（約63億円）[10]に変更されていた。時を同じくして、国家河川保全局は（高裁に命じられたように）G.D. アグラワル教授を議長とする審査委員会を設置していた。その委員会はSMF案を支持した。

99年の国会総選挙のあと、環境大臣よりも都市問題大臣がGAP-IIの計画案の選択に主導権を発揮した。国立ビル建設公社（National Building Construction Corporation：NBCC）が二つの計画案を審査することになった。国立ビル建設公社はいずれか一方を支持したり却下したりするのではなく、両者の優れている点と問題点を指摘した。

99年12月、今度はバラナシ市政府がG.D. アグラワル教授に二つの計画案の技術経済評価を依頼した。そして同教授は再びSMF案を支持した。すると国家河川保全局はその翌月2000年1月に、今度はK.J. ナート（Nath）教授を指名して審査委員会を設置し、二つの計画案の評価を依頼した[11]。同委員会はUPJN案を支持した。

2000年9月、バラナシ市政府はUPJN案への反対理由を示した上で、それまでの4つの委員会評価を踏まえて技術的に判断するようにと、最終決定を国家河川保全局とUP州政府に委ねた（決議第550号）。すると、国家河川保全局とUP州政府は、バラナシ市選挙の最中で議会が不在の間に（2000年10月と11月）UPJN案を承認し、UP州水道局を実施機関に任命して、事業費の一部を支出した。

M氏はこの国家河川保全局とUP州政府の行為を、技術的検討を省略しており、技術的判断ではなく政治的判断による最終決定であり、バラナシ市政府の決議（第550号）に反するものと解釈した。2001年5月、新しく公選されたバラナシ市の議長は、先の一件の事情を知り、UP州政府と国家河川保全局の事業承認を撤回し、かわりにSMF案を実施することを表明した。

　それを受けて、2001年7月環境森林省では、バラナシ市のGAP-II計画案について、事務次官を議長とする高官会議が開かれた。その会議では、SMFとUP州水道局がそれぞれお互いの計画案の問題点を指摘しあい、そのあとでお互いにそれらに回答する。その後で最終決定を下すという趣旨の解決案が示された。その高官会議の議事録がSMFに届いたのが2001年8月3日。そして同じ日に、M氏いわく「驚くことに」国家河川保全局がUP州水道局案の承認を（再度）最終決定した。

　これに対して、最高裁の特別許可請願のケースで相手方当事者（opposite party）であったバラナシ市評議員が、最高裁に一連の事実についての宣誓供述書（affidavit）を提出した。そして2001年9月、最高裁はUP州水道局に裁判所の許可なしに事業を開始しないことを命じた。

　その最高裁の命令に対して、国家河川保全局が2002年4月、インド中央政府は適格団体（competent body）より承認された独自の事業計画を持っているので、その実施を認めてほしいと申立て、最高裁はそれを認めた。バラナシ市の評議員たちはこれに激怒し、新たに56名の評議員が訴訟ケースに加わった。そこで最高裁は2002年9月、改めてUP州水道局の事業実施を差し止めた。

　その後も、両サイドから最高裁にさらなる申し立てが提出されケースが長期化し、最高裁はケースを高裁に差し戻した。M氏の「ガンジス川を浄化するための10年にわたる長い戦い」の記述はここで終了し、「2003年5月以降、ケースは高裁で未決定のままである」と締めくくられている（SMF 2003; Mishra 2005; Gupta 2004）。この頃がバラナシの下水道事業に日本のODAが関与し始めた頃である。これ以降にM氏から発信されているいくつかの戦いのストーリーには、戦いの相手として日本のODA実施機関が加

(2) 国家河川保全局からみた論争

先述したように、これほど複雑な事態をこと細かく知りえる資料は他にない[12]。国家河川保全局側の見解を知るために、断片的な記述となるが、環境森林省の業績予算書（Performance Budget）から論争に該当する部分を抜粋する。

バラナシの下水道事業に対する中央政府の準備金が4億5,050万ルピー〔11億円[13]〕であるところ、UP州政府は23億6,280万ルピー〔56億円〕の改訂計画案（PFR）を提出してきた。州政府は専門委員会報告書（Expert Committee Report）と照らし合わせてその改訂計画書を修正する必要が〔あったからである〕[14]。

政府が設置した高度専門委員会（High Powered Technical Group）で二つの計画案（一つはUP州政府／UP州水道局〔UPJN案〕でもう一つはバラナシのNGO、Sankat Mochan Foundationのもの〔SMF案〕）が審査され、UP州政府／UP州水道局案の方がGAP-IIバラナシのためのより実現可能性のあるオプションであると決定されたため、現存する政府の準備金で優先的な事業を実施すべく、4億1,620万ルピー〔10億円〕の拠出が認可（sanction）された。

しかしながら2001年9月7日、最高裁が許可請願を認めずに、UP州水道局に対して事業を差し止めたため、UP州水道局は事業を実施することができなかった。この差し止めは2002年4月に解除された。

しかしながら、バラナシ市の何人かの評議員によって提出された再審陳情に基づいて、UP州水道局によるプロジェクトの実施は再び最高裁判所によって差し押さえたられた。

なお、アラハバッドとバラナシの改訂計画案については、政府の準備金を大きく上回っているため、再び政府の承認を受ける必要がある[15]。

また、環境森林大臣を議長とする常任委員会でそれら都市の残余計画

〔バラナシやアラハバッドの下水道事業は GAP-I で終了したことになっているので、GAP-II バラナシ事業は取りこぼされた部分の穴埋めの位置づけである〕について、中央と州の支出比率は 70：30 と決定されている。

　アラハバッドとバラナシにおける事業の差額については、JBIC に支援を要請している。（MoEF 2004, ch3 218.2）

　この記述は、事業計画を着実に実行させるという、国家河川保全局に期待されている役割に即して事態が説明されている。SMF の記述とは異なり、他都市も含めた事業資金の動きと事業の進捗状況がたんたんと説明されている。そのように文章の趣旨は異なるが、大まかな経緯について SMF の見解と決定的に矛盾するものはない。

　たとえば政府が設置した専門委員会で UPJN 案が支持されたことは SMF 情報にも記されていた。ただし、SMF 情報によると、二つの計画案をめぐって 2003 年時点までに 4 つの専門家委員会が設置されており、そのうち 2 つは SMF 案を、1 つは UPJN 案を支持し、もう 1 つは支持／却下の明言はなかった（SMF 2003）。それに対してこの記述では UPJN 案が支持された一つの委員会についてのみ言及されている。

　次に、国家河川保全局の説明だけをみると、2001 年 9 月 7 日になぜ最高裁が事業を差し止めたのか、2002 年 4 月に事業差し止めが解除されたあと、なぜまたバラナシ市の何人かの評議員が再審陳情を提出したのかは説明されていない。その点、情報量から言えば、SMF の説明の方が説得力がある。

　ここでは、どちらの言い分が正しいのかといった追究はしない。少なくとも、GAP-II バラナシの下水道事業計画案をめぐって「中央」（国家河川保全局と UP 州）と「地方」（SMF とバラナシ市政府）の間に、裁判所を介した複雑な長期的論争があったという事実を確認できたことで十分である。それを踏まえて、この論争が、ガンジス川浄化計画における「中央」と「地方」のコミュニケーションのあり方としていかなる意味を有しているのかを検討していきたい。

(3) 中間考察

　ここまでにわかったこととして、バラナシ下水道事業の計画案をめぐって、中央と地方は両サイドともにあきれるほど甚大な労力を費やしていた。両者ともに一歩も引かない攻防戦である。比較対象として、後述するブリンダバンの新しい下水道計画の事例を先取りしよう。

　ブリンダバンでは、中央アクターがこれほどまでに戦わなくてはいけない地方アクターがいなかったので、YAP-II で策定された事業計画案は町政府や中央政府等の承認手続きをすんなり通過した。そして事業資金の目処がつき次第、つまり YAP-III（環境森林省の事業スキーム）を待たずに都市開発省の事業スキームで、計画が実施された。

　他方、ブリンダバンの住民はというと、その多くが事業計画を確認もしていないのに（事業計画を入手するだけでも難易度が高いことは先述したとおりである）、根拠も解決の見通しもない政府批判を内輪で大いに展開している。このような "中央と地方の溝"、地方アクターの "冷めた距離感"、事業の "一方向性" がガンジス川浄化計画の典型的な構図である。

　それに比して、バラナシ市政府と SMF の立ち位置は型破りである。ガンジス川浄化計画における最大の地域参画事例といっても過言ではない。地方アクターが、現場と乖離した一方向の事業（だとみなされているもの）を徹底的に阻止しようとしている。それは、ガンジス川浄化計画の構図を組み替えようとする大転換の試みであり、地方アクターの改革努力と、中央アクターの守りの努力との激しい攻防戦である。

　この大転換の試みに、M 氏がバラナシ市政府の憲法上の権能と、そして様々な海外支援を彼らの側に動員したことはこれまで見てきたとおりである。それに対して、ガンジス川浄化計画の現行秩序を守ろうとする中央の戦いに、国家河川保全局は日本の ODA、つまり資金力（円借款）を彼らの側に動員した。

第5節　日本の ODA の登場

(1) バラナシ市下水道事業関係の ODA 案件概要

　日本政府は二種類の案件でバラナシ市の下水道事業を支援している（**表

6-1)。一つはJICA（国際協力機構）の開発調査案件で、「インド国ガンジス河汚染対策流域管理計画調査」。これはバラナシを含むUP州4都市の水質管理計画のマスタープランの策定と、優先順位の高いプロジェクトのフィージビリティ・スタディ調査の実施である。

表6-1 バラナシ下水道に関する日本のODA案件

案件名	時期	形態	具体的手段・手法、内容
ガンジス河汚染対策流域管理計画調査	協力期間 2003.03-2005.01	開発調査	ガンジス河の環境基準の見直し、到達目標の明確化4都市（Varanasi, Allahabad, Lucknow, Kanpur）周辺を含む地域（4万km²、地域内人口1千万人）の河川水質汚染の現状把握、課題の抽出・整理を行い、水質改善に係るマスタープランの策定 マスタープランで選定される優先プロジェクトについて下水道整備計画のフィージビリティ・スタディ調査実施
ガンジス川流域都市衛生環境改善事業（バラナシ）	承諾年度 2004	円借款	ウッタル・プラデシュ州バラナシ市において、ガンジス川の水質改善を図ることを通じた衛生環境の改善を目的として、下水処理能力を同市で排出される下水量に見合う水準に向上させるもの。具体的には、下水処理場と下水管の建設・改修のほか、包括的な衛生環境改善のために、公衆衛生のキャンペーン、スラムや沐浴場におけるトイレ建設も行う予定

出典）JICA 2009, 付1-5, 付1-12。

もう一つは、その開発調査案件の後継として開発調査以前から要請されていた、GAP-IIに対するJBIC（現JICA）の円借款案件である（JICA 2002, 28）。案件の正式名称は「ガンジス川流域都市衛生環境改善事業（バラナシ）」で、2005年3月31日に111億8,400万円の貸付契約が調印された。事業概要はYAP-Iとほぼ同様で下水道施設整備、CTC建設、公衆衛生キャンペーン活動等とコンサルティング・サービスである（JBIC 2004b）。

(2) 調査団の派遣（2002年3月14日～3月29日、9月23～10月16日）

日本のODA関係者がバラナシの下水道計画に関してインドに派遣され始めたのが2002年3月である。開発調査として、日本国の外務省経済協力局

の課長補佐を団長とする予備調査団が、3月14日より2週間インドに派遣され、国家河川保全局などと協議を行っている（JICA 2002）。

SMFから見た論争の後半で、国家河川保全局が最高裁に独自のバラナシ計画を示唆したのが2002年4月である。国家河川保全局の言う「適格団体（competent body）」や「独自の計画」は日本のODAを指していると考えられる。

この予備調査団に対して、在インド日本大使は、同案件の政治的重要性を伝えている（2002年3月18日表敬訪問）。ガンジス川のプロジェクトは「インド国民の心の琴線に触れる案件であり、今後の日印関係および印国民の対日感情に対して大きな影響を持つ」と2001年12月にインドのバジパイ首相が日本の小泉首相に伝えた言葉を引用し、その政治的重要性は格別なので「単なるM/P〔マスタープラン〕の策定でとどまるのではなく、必ず事業化できるよう、有償課などとも綿密に連携を図ってほしい」と述べている（JICA 2002, 160-161）。

そして、予備調査団は2004年3月16日から18日にかけてバラナシとアラハバッドの現地調査を行った。現地ではインド環境省（つまり国家河川保全局）の官僚が全工程に同行し、現地では地方長官自らが対応したので、ライフルを持った警官も常時同行せねばならなかったほどの仰々しさであったという[16]（JICA 2002, 5-6）。環境森林省の業績予算書の記述にあるように、国家河川保全局としては、政府の河川浄化計画を推進するという役割を全うするために、バラナシとアラハバッドにおける事業費の差額をぜひともJBICから支援してもらう必要があったのである。

そして「団長所感」には、「本調査にかける『イ』国側の意欲が極めて強い」こと、そしてガンジス川の浄化がヒンドゥ教徒にとって大変重要な政策課題であることがわかったとあり、有償資金協力（円借款）を視野に入れた協力の可能性が仄めかされた（JICA 2002, 6-7）。

(3) 「USAIDの反省」と社会配慮重視の表明

外務省課長補佐を団長とする「予備調査団」に続き、2002年9月23日より10月16日までJICA社会開発調査部次長を団長とする「事前調査団」が

インドに派遣されている。それら二つの調査団の合同報告書（JICA 2002）によると、前節で見たバラナシの下水道事業計画をめぐる中央と地方の長い論争は、USAID の援助実践がヒンドゥ教徒の宗教的心情を害した失敗事例と認識されている。そして、今後日本が実施する ODA 事業については、その「USAID の反省」を踏まえ、ヒンドゥ教徒の心情を十分に配慮すべく、計画段階における住民参加が必要であることが強調されている。

　JICA の二つの調査団がインド派遣中にこの結論にいたるまでに収集した情報、つまり GAP-II 計画案をめぐる論争についての情報を調査団が収集した順に見てみよう。

JBIC インド事務所、所長のコメント（2002 年 3 月 15 日）：
　　　USAID の例について、バラナシでは USAID が NGO「Friends of Ganga」に依頼し汚水処理をするために Ghat の下にパイプを敷設する計画を策定したが神聖な場所が汚れるという理由で裁判沙汰になり計画が中断している。（JICA 2002, 158）

国家河川保全局官僚の話：
　　　この件について〔S 氏[17]〕（環境森林省）からの情報によれば、この計画は中央および州政府に協議なしで進められ、住民の反対に会い裁判係争中で計画は止まっているとのことであった。また、この計画の問題点は提案されている AIWPS 処理方式がインドに技術的に適していないことである。すなわち、AIWPS 処理方式は広大な敷地（用地）を必要とし、維持管理費が高く、エネルギーを多く浪費することから…インドにとって技術的な面から問題があり、かつ、州政府等に協議なしで進められ住民の反対に会い停止状態にあるとのことであった。（JICA 2002, 167）

USAID インド事務所、地域都市開発所長からのヒアリング（2002 年 3 月 27 日）：
　　　現在、地元の NGO（Sankat Mochan Foundation（SMF））とジョイントしてカリフォルニア州立大学の技術支援も借り、バラナシ市下水対策計

画を策定し AIWPS（Advanced Integrated Wastewater Pond System）処理方式を提案した。しかし技術的な問題に加え、遮集管の設置のためにガートの改築工事を含んでおり、宗教文化的な問題で現在裁判係争中になっており実施に至っていない。（JICA 2002, 167）

　これらの情報を収集した調査団は、GAP-II の事業計画案をめぐる中央と地方の論争を次のように解釈している。

予備調査団長所感：
　　以前、アメリカ合衆国の NGO が実施しようとした事業は、バラナシのガートを一時的ながら閉鎖し、その地下に下水溝を通すというものであったが、宗教的感情を害するということで「イ」国政府と対立し、現在司法問題になっている由。（JICA 2002, 7）

「事前調査の結果明らかになった主な事項」：
　　バラナシでは、以前 NGO である Sankat Mochan Foundation（SMF）が USAID の援助を受けて、下水道整備計画を策定した。しかし、この計画は既存ガート下に大口径管を埋設する計画であり、宗教上の理由ならびに技術的な理由により、一時訴訟問題にもなり、国家河川保全局により却下された経緯がある。ガンジス沿いのガートならびに市内の宗教上重要なポイントを結ぶ環状道路は、巡礼路（Pranch Krochi Road と呼ばれている）となっており、ガートを破壊する工事の実施はまず許可されない。（JICA 2002, 80）

　それぞれ微妙に話が食い違っており、またこれまで見てきた SMF の情報とも矛盾する。矛盾を逐一検討することは避けたい。ここでは、SMF 情報と決定的に食い違う部分を指摘しておこう。
　JBIC インド事務所所長は USAID が「Friends of Ganga」に下水道計画を依頼したとコメントしている。「SMF」と「Friends of the Ganges」も微

妙に異なる点であるが、それよりも重要なことはUSAIDとSMF（もしくはFriends of the Ganges）のどちらが主導的立場で下水道計画を策定したのかということである。JBIC所長情報ではUSAIDがSMFに下水道計画を委託したという認識である。それに対して、SMF情報およびその他の情報では、SMFが主導的立場にあるという認識である。もし前者の見解が正しければ、M氏の戦いとして解釈してきたこれまでのストーリーは軌道修正を要することになる。

　次に調査団の情報源となっている三者がともに同様の見解を示していることに、「SMF計画案が住民の反対によって訴訟が起こされているためにGAP-II バラナシ事業が停止している」というものがある。これはSMFのストーリーと決定的に矛盾する。SMFのストーリーをすべて却下してこのストーリーを支持するためには、それなりの情報量が必要である。まず、SMF計画案が住民の反対にあうまではGAP-IIの事業計画案として正式に最終承認されていたという事実を知らなくてはいけない。そして、M氏やSMF関係者以外の住民が、SMF計画案に対して公益訴訟を起こしたという事実を知らなくてはいけない[18]。

　この点「団長所感」の認識、NGOとインド政府の対立という認識はSMFストーリーと齟齬がない。なお、ガート施設のダメージに関しては、SMFのストーリーでは、K.J. ナート審査委員会から、SMF計画案がガート施設にダメージを与える可能性があり、それは公衆の心情を害するものであると指摘されたことが記されている。それに対してSMFは、UPJN案も同様のリスクを負っていること、さらにUPJN案の方が維持管理コストの高くつくことを指摘して、自らの計画案の優位を主張している。

　再び、情報量の多さという点においてSMFのストーリーの説得力が圧倒している。しかしここでも、真実を追求することではなく、ODA報告書の中に複数の矛盾するストーリーが記されていることに注目したい。つまり、調査団は、この件について徹底的な事実確認をしていないということである。それは、GAP-II計画をめぐる対立が、これから日本が向き合うべき重大な社会配慮の課題ではなく、すでに終了済みの問題であり、過去の教訓と認識

されていることを意味している。
　その「USAIDの失敗」から導き出された教訓を確認しよう。

今後の調査計画上の留意点（1）文化・社会的配慮：
　　　生活習慣、宗教、伝統に係る分野を検討し、詳細に把握する必要がある。ガンジス河の水辺は、ヒンズー教徒にとって特別な意味を持っていることを十分に理解した上で、たとえば配水管の配置計画や施工方法を検討する必要がある。この際、コミュニティ、現地NGOの知見を大いに活用すべきである。（JICA 2002, 4）

予備調査団長所感：
　　　開発調査の実施にあたり留意すべき点を2点記す。まず、本調査が「イ」国民の宗教的信条を害することがけっしてあってはならない。（JICA 2002, 7）

「事前調査の結果明らかになった主な事項」：
　　　バラナシでは、特に宗教上の問題に十分注意を払う計画策定が不可欠であり、宗教関係者、住民等の意見を反映させた計画となるような配慮が特に必要である。（JICA 2002, 80）

「USAIDの反省」という項目：
　　　USAIDの反省によれば、インド国でプロジェクトを策定する場合、技術的および宗教文化的な面での合意形成を住民と行うなかで計画を策定する必要がある。将来、計画を策定するためには住民と十分協議の上計画を策定する必要があるとのコメントがあった。（JICA 2002, 167）

　「USAIDの反省」から得られた教訓は矛盾がなく明快である。インド国民の宗教的信条に配慮すること、そのためにはバラナシの住民や宗教関係者との協議を通じた合意形成が重要だと表明されている。

しかし、もしこの「社会配慮」重視の表明が日本のODAが向き合うべき重要な課題としての重さを持つものであったならば、そもそも開発問題をめぐるインド国内の対立構造が精査もされないままに終了済みと認識されることはなかったであろう。あるいは、調査団がその重要性に気づくことができなかったとしても、その後の事業展開の中で、SMFを含めた地元NGOやバラナシ市政府との合意形成がもっと慎重に取り組まれたであろう。

(4) M氏の反撃

このようにJICA開発調査の報告書を見る限り、調査団は、USAID案（すなわちSMF案）は反省材料ではあっても、それを下水道計画の選択オプションの一つとして気にかける必要はないと信じていた。UPJN案こそが、「USAIDの失敗」を回避するものであり、気に掛けるべき唯一の計画案だと認識していた（JICA 2002, 15）。

国家河川保全局の、「当計画〔UPJN案〕は、州政府レベルで作成されているので、国としてオーソライズしているものではない」というコメントは、SMF案への配慮が必要という方向で認識されたのではない。そうではなく、UPJN案を参考にしつつ、しかし「〔JICAの開発調査〕により計画諸元、測量、地質、埋設物当のデータを入手の上、日本の施行方法や処理技術を参考にM/P、F/S計画を策定〔する〕ことが望まれる」と言うように、UPJN案をヴァージョンアップするかたちで、JICA計画案を策定する必要があると認識された（JICA 2002, 15）。これを「UPJN / JICA案」と呼ぶことにしよう。

M氏が地元住民に、インド国民に、そして世界市民に向けて精力的に情報を発信していたことは先述した通りである。日本のODAが彼の戦いに参入してからは、日本のODAも彼の攻撃の的となった。

(a) 学会誌の投稿論文

M氏は、インドの現代科学学会（Current Science Association）の学会誌に掲載された論文において、科学的な記述の中に日本のODA批判を添えている。UNDP（国連開発計画）、そしてアメリカやスウェーデンのODAが彼らの技

術や活動に理解を示し、彼らの事業計画案に支援を申し出てくれる「善」であるのに対して、日本のODAはインド国政府側を支持する「悪」という勧善懲悪的な展開である。その懲悪の部分を引用しよう。

〔インド〕政府は、ガンジス川を浄化するためにJICAを招待〔した〕。日本政府はそれが融資に値する（bankable）と考えた。そしてJICAはJBICの融資を進めるために、そしてUP州水道局の事業計画案が実施されるために、自らの計画案をバラナシ市政府に提出した。〔また〕JICAは、ローンを取り戻すために、バラナシの人々に増税を強いる案を提出した。バラナシ市政府はこれを受け入れません。

〔インド〕政府は、UNDPに対しては、ガンジス川のためにバラナシに無償資金援助をすることを思いとどまらせ、JICAに対しては、〔JICAの〕利益と〔バラナシの〕人々の増税のために支援することを奨励する。UP州政府のもとで働いているバラナシ市政府の主席行政官（chief executive）が、バラナシ市政府の決議に対する自らの義務を考慮もせずにGAP-IIのJICA〔計画案〕に同意した。（Mishra 2005, 758）

偏見を伴なう敵対的な論調である。バラナシ市政府の首席行政官が、どういった経緯かは記されていないが、とにかくUPJN／JICA案を承認したということなので、ここにきてSMF案は再びかなり不利な立場に至ったことがわかる。円借款のような大規模融資は、地元NGOには太刀打ちがたいほどに、インドの政治状況に対する大きな影響力を持っているのだろう。

強敵に攻撃を加える彼の主張は、まったくの間違いではないかもしれないが、表現が偏っている。JBICは「融資」が可能／不可能という基準で援助を遂行する機関なので、JBICがGAP-IIを支援するにあたり返済を見込むことは当然である。しかし、返済のためにバラナシ市政府の人々に増税を強いるという解釈はつじつまがあわない。JBICはインド政府に下水道施設の建設費を貸し付けているのであり、増税の提案は一義的に施設の維持管理のためである。維持管理の成功／不成功にかかわらず、JBICは契約通り

インド政府から返済を受けるはずである。M 氏が増税案に反対するならば、JICA の利益追求などと言わずに、増税をしなくても下水道を維持管理できる代替案を提示すべきなのである。

次に、ガンジス川浄化計画ほどの規模になると、ひも付きでなくても、技術の採用に関して各国の経済的・政治的関心が絡むことがあるのかもしれない。インドでの下水処理技術に関しては、日本の研究チームもいくつか開発に取り組んでおり、ガンジス川浄化計画での全面展開も視野に入れているようだ（原田 2005; JBIC 2001c）。その意味で、日本の ODA が、日本企業の経済的利益につながる可能性はあるかもしれないが、それを言えば M 氏の活動も同様である。彼の主張する技術を採用することは、すなわちアメリカの企業がインドの公共事業受注に有利となることを意味する。

このような偏見を伴う勧善懲悪ストーリーの最後は「私たちはどうすればよいのか？　私たちはどこに行けばよいのか？」と締めくくられている。この論文は、M 氏にとっては、彼の「正しき」参加努力を阻害するインドの中央政府と日本の ODA の「蛮行」を訴える宣伝文なのである。

(b)　国際イベントでのスピーチ

M 氏による日本批判は国際イベントの場でも披露されている。先述したように SMF は欧米各国の支援を受けながら、草の根の活動を展開している。その一環で Clean Ganga Day というイベントを毎年開催している。2005 年 9 月には英国大使館（正確には「高等弁務官事務所：British High Commission」）の支援を受けてデリーで 4 日間のイベントやセミナーが開催された。そのうちの一つのセミナーで M 氏は GAP-II に言及し、UP 州水道局と JICA が憲法で定められた地方自治組織の権能を無視していること、そして両者を相手取り訴訟が進行中であることを参加者に報告している[19]。続いて最高裁の法廷弁護士がスピーチで、憲法に則してガンジス川を浄化することはとても重要であると M 氏の意見を支持している（USAID 2005, 27）。

これらの批判は理論展開が明快である。M 氏が言う通り、日本の ODA は意図せずしてインド憲法で定められている都市政府の権能を無視、あるいは

軽視したことになる。言い換えると、インド「中央」アクターのそのような介入のあり方をバックアップしているわけである。M氏はこのように、バラナシ市政府の主席行政官がUPJN／JICA案を承認してしまった後も、相変わらず「中央」との戦いを続けていた。

(c) JICA のステークホルダーミーティング

　最後に、M氏とJICA（の下請けコンサルタント）の直接対面のエピソードを紹介しよう。筆者がSMFを訪問した際、「JICAが私のことを怒っているのは知っている」と冗談めかしながらM氏が語ってくれた話である（2010.3.22）。おそらく、JICAが2004年9月14日にバラナシ・ヒンドゥ大学で開催したステークホルダーミーティングでのことだと思われる[20]（JICA & NRCD 2005, 4-92）。

　JICA側は会合の冒頭で、「私たち（日本側）がガンジス川の水質をBクラスまで浄化することを保証します」と言ったのだという。「Bクラス」とは、インド政府の中央公害規制委員会が策定した水質基準のことで、ガンジス川浄化計画全体の政策目標とされている水質（沐浴用）である。もちろんM氏はガンジス川浄化計画の政策目標が「Bクラス」であることは知っているわけで、それがWHOの基準を参考にしていることまで教えてくれた。

　しかしM氏は、JICA側の人間に対して「クラスBリバーとはなんだ？」「どんな権利があって君たちは私たちの川をクラスBリバーと呼ぶのだ？」と詰問したという。彼が言うには、ガンジス川の水質基準は、ヒンドゥ教徒の4つの儀礼的用途に即している。その用途とはヒンドゥ教徒の沐浴の作法のことであり、(1) 帰依の心で眺める、(2) 彼女のボディー（流水）に触れる、(3) 漬かる、(4) 流水を口にするの4段階だと言う。すなわち、人間がガンジス川にグレードをつけるのは間違いで、水質は女神ガンガと交流可能な程度で示されるという意味だと思われる。

　しかし、ここで私たちが検討すべきことはヒンドゥ教義の正確な解釈ではなく、ヒンドゥの言葉と科学＝政府の言葉の両方を使いこなすM氏が、JICA側の人間に対して、このように難解な問答を投げかけた意味について

である。M氏はJICAとの会合のはじめ、JICA関係者が「Bクラス」と言ったとたんにこの話を始めたらしい。それで「JICAは私たちから逃げていった。それ以来私たちと話してくれない」とM氏は言っていた。

　これは、悪く言えば嫌がらせ、良く言えば「私たちの川（our river）の浄化」に対するオーナーシップの表明である。M氏が問題にしていることの本質は、「Bクラス」という表現よりも、「私たちがガンジス川を…浄化〔します〕」の部分であろう。この表現そのもの、さらにはそれまでの日本側の態度が、その場に多く出席していたであろうSMF関係者らの河川浄化に対する強い当事者意識を無視したことが反発の対象だったのだ。言い換えると、JICAの調査団が強く認識した教訓、すなわち「住民との合意形成を通した社会配慮」の欠如に対する反発である。

　この件について、デリーを拠点にするオンラインニュースが日本のODAを皮肉っている。

> 国家河川保全局とJICAとJBICは55億ルピー〔132億円[21]〕を河川浄化事業に使おうとしている。彼らは私たち〔インド人〕の専門的技術も、安価な技術も使いたがらない。これからどうなるものか見ておこう。
>
> （Sehgal 2005）

　この表現も悪意を含むものであるが、ここで注目すべきはやはり、この表現がどれほどフェアであるかということよりも、日本のODAが、援助対象国においてこのような表現で評されている場合があるということである。JICAは「バラナシの住民や宗教関係者との協議を通じた合意形成が重要」と高らかに表明したにもかかわらず、それを実現することができなかった。そのことが援助対象社会から日本国に対する評価を少しずつ損ねているという事実にこそ注目すべきなのである。

　2008年6月時点において、JBICの円借款事業、つまりUPJN／JICA案はまだ実施されていなかった。東京にあるJBIC本行インド向け事業の担当者によると「まだ貸付は行われていません」ということで、以下のような説

明が続いた。

> 本事業……は中央政府による事業承認を待っている段階です。事業承認に際し、中央政府は州政府に対し本事業の維持管理の技術的・財務的持続可能性について説明を求めています。本行は、州政府から中央政府へ迅速に回答が提出されるよう、継続的に促してきています。現在、右計画書は中央政府に提出され、中央政府にて、内容の妥当性が確認されていると理解しています。（2008.6.25）

この時点で中央政府の承認が降りていなかったのは、M氏の戦いが相変わらず続いていたためだと考えられる。

しかしこのJBICからの回答には、SMFの事業案や中央と地方の対立、あるいは訴訟については一言も触れられていない。筆者がJBIC本行を訪ねた際に、それについて再度口頭で尋ねてみたところ、担当者はSMFや訴訟については知らなかった[22]。そこで、上述した一連の戦いの経緯を簡単に説明したところ、それはインド政府側の問題なので、JBICとしては正式な手続きに則って淡々と貸付を行いますと言っていた。

無機質な反応であるが、ここで注目すべきは決して担当者個人の資質ではない。JBICの個々の担当者は、役割期待の範囲内において概して応答性が高い。ここで注目すべきは、日本のODAが、個々の実務担当者にいかなる役割責任を求めているのかという問題である。個々の実務担当者がどれほどの時間と労力をつぎ込んでODA受入国の国内問題を把握し、それに向き合うべきだとみなしているのか。「住民と十分協議の上計画を策定する必要がある」（JICA 2002, 167）という美しい行動指針を、どれほど真剣に実現させようとし、そのようなしくみを用意しているのかということである。ひいては私たち日本国民が、国境を越える厄介な政策をどのようなかたちで実施しようとするのか、ODAを介して何を実現したいと考えるのかという問題なのである。

第6節　M氏の新しい戦略

　日本が円借款事業の遅延を経験しているとき、バラナシでは中央と地方の対立に新しい展開が起きていた。結論から言うと、M氏が、訴訟ではなく政治家を介するという戦略で中央に切り込み、かねてから要求していたガンジス川浄化計画への参加を一定程度貫徹した。その経緯を概観しよう。

(1) 新しい応援団の登場

　2006年3月7日、M氏が住職を務める寺院がテロ事件の標的になってしまった。事件の概要は以下のようなものである。

> 　2006年3月、ヒンドゥ教の聖地で、多くの日本人旅行者も訪れるウッタル・プラデシュ州ヴァラナシのサンカトモチャン寺院（通称ハヌマン寺院）、カントンメント駅構内および同駅に停車中であった急行列車車内で連続して爆発が発生し、20人以上が死亡、多数の負傷者が出ました。この事件では、パキスタンでカシミール過激派と共に軍事訓練を受けたとされるモスクの導師他が後に被疑者として逮捕されました。（外務省海外安全ホームページ）

　コングレス党（Congress Party 国民会議派）の総裁、ソニア・ガンディ（Sonia Gandhi）が、その日のうちにバラナシに駆けつけた。M氏は、彼女の訪問が事件に巻き込まれた人々だけではなく、全国民に安らぎを与えたとコメントしている（The Times of India, 2006.3.8; Peavey 2006）。
　その翌日には首相や政府官僚、著名なヒンドゥやモスリム宗教リーダーや活動家なども事件現場であるM氏の寺を訪れた。これについては、「すべての政党が…テレビに映るべく私のところに人を送った」と、M氏は寺の運営妨害となった政治家のエピソードも語っている。それほど大事件だったのである。この痛ましい事件は、しかしM氏の河川浄化活動にとっては、国政に関わる人脈づくりのきっかけの一つとなったと Friends of the Ganges のピーヴィーは指摘している（Peavey 2006）。

2007年11月3日と4日の二日間、SMFはバラナシで創立25周年記念のイベントを行った。そしてこのイベントでは、3つの明確なメッセージを中央政府に送ることを意図していると宣言されている（SMF 2007, 1）。

1. GAP-IIバラナシを優先事業として宣言すること
2. 下水処理はバラナシ市政府が選択した計画を裁可すること
3. バラナシでGAP-IIを直ちに開始すること

M氏は相変わらずSMF案を主張し続けている。それを支持する主体としてこのイベントでは、いつものバラナシ市政府や外国人に加えて、新しいタイプの応援団、インドの大物政治家が登場している。この25周年記念イベントの報告書から重要な顔ぶれをいくつか抜き取ってみよう。

まずはいつもの顔ぶれとして、バラナシ市の市長（Mayor）がこのイベントの開始演説を行っている。M氏にとっては最も重要なキーパーソンである。もちろん、いつもの後方支援部隊であるオーストラリア、スウェーデン、米国からの技術者やNGOも参加している。米国の技術者らはテクニカルセッションを行って、SMF案が採用しているAIWPS技術の説明を行っている。

次に、中央政府の労働大臣（Union Minister of Labour）と国民会議派UP州支部長（the Pradesh Congress Committee President）がスピーチをしている。両者共にそのスピーチの中で、国民会議派総裁で統一進歩同盟（United Progressive Alliance :UPA。国民会議派を中軸とする政党連合）の議長であるソニア・ガンディの名を挙げている。労働大臣は、ガンジス川の浄化はソニア・ガンディの亡き夫ラジヴ・ガンディの夢であったことに言及し、彼女の河川浄化政策への強い思いを紹介している。そして労働大臣は、「統一進歩同盟議長〔ソニア・ガンディ〕と首相〔マンモハン・シン〕にSMFの下水道計画のことを伝えると明言した」。国民会議派UP州支部長も「ソニア・ガンディが〔バラナシの問題を〕早急に解決することを参加者に保証した」という。そして、「このイベントの後、SMFは様々な政府代表といくつかの実り多い

会合を行った」とこの 25 周年記念報告書は締めくくられている (SMF 2007, 2; Singh, A. 2007)。

その実り多い会合の一つが、マンモハン・シン首相を議長とする、河川浄化計画を刷新するための会合であった (Singh, A. 2007)。彼はこれまでの、公益訴訟を通して官僚と戦う戦略を越えて、ガンジス川浄化計画の中枢にいる政治家と交渉する戦略を手に入れたのである。

⑵　参加要求の成就：パイロット事業と国家ガンジス川流域委員会

2008 年 6 月、M 氏は総理府 (Prime Minister's office) から、環境負荷が低く費用効率の高い M 氏の技術について検討したいので、会合を持ちたいという招待状を受け取った。その手紙には、パイロット事業を行い、その有効性が認められたならば、より高価で効率の悪い UPJN／JICA 案を見直すことが示唆されていたという (Vyas 2009; Ridge 2008)。

そして SMF は、彼らが主張する AIWPS 技術のパイロット事業として、バラナシ市の南方にあるラマナ村 (Ramana) に、37MLD 容量の AIWPS 下水処理場の建設を任された。彼はこの政府の決定について、「この 20 年間ずっと自らの技術の有効性を政府に主張してきたが、今、はじめてそれが成就した」と語っている (Vyas 2009)。

2009 年 8 月、環境森林省は同パイロット事業の詳細事業報告書作成のため、UP 州水道局を介して SMF に 850 万ルピー（1,700 万円[23]）を支出した (TendersIndo, 2009.8.5)。その詳細事業報告書（事業費 4.6 億ルピー、9 億円）は SMF とアメリカのオスワルド・グリーン (OswaldGreen) という企業が用意し、2010 年 2 月に国家河川保全局に提出された。また同メンバーは次に、ガート沿い下水路の遮集工事と下水処理場のための二つ目の詳細事業報告書に取り組んでいると記されている (oswaldgreen 2010)。

さらに、M 氏は、第 3 章で紹介したインド国の新しい河川浄化政策の中枢「国家ガンジス川流域委員会 (NGRBA)」のメンバーとなった。同委員会は 2009 年 9 月に発足した。インド政府首相を議長とし、その他関係閣僚、ガンジス川流域の各州の首相、そして外部の専門家 9 名からなる（規程は 10

名以内)(NGRBA 2010b)。バラナシからは2名が選出されており、もう一人はバラナシ・ヒンドゥー大学環境科学技術センターの責任者(coordinator)である[24]。

2010年3月にM氏に聞き取りをした際、国家ガンジス川流域委員会のメンバーとなったことでガンジス川浄化計画に対して強い権限を持ちましたかと尋ねたところ、まあまあという回答であった。国家河川保全局はプレッシャーを感じているようだし、SMFのパイロット事業には大変協力的だと言っていた。

(3) バラナシ下水道事業の進捗

M氏が納得できる程度の参加を果たした後、UPJN/JICA案の承認手続きが進み、日本の円借款案件も再開した。UPJN/JICA案は河岸沿い(つまり宗教施設)の工事を避け[25]、全国都市再生ミッションと並んで、都市開発事業としての下水道事業に特化している(JBIC 2004b)。M氏はもともと河川汚染に直結する河岸沿いの下水放流を危惧し続けているわけで、バラナシ市全体の都市下水道事業についてはそれほど関心を持っていない。それぞれのアクターのほどよい棲み分けと協力関係が成立したようである。M氏は「私たちは皆一緒にガンジス川を浄化するのだよ」と穏やかな態度であった(2010.3.22)。

GAP-IIの下水道事業の計画が1993年に浮上してから15年以上の年月を経て、M氏の参加要求はようやく一定程度満足させられたようである。それでも、ガンジス川浄化計画における中央と地方(M氏)の溝が完全に埋まったわけでもない。

国家ガンジス川流域委員会のメンバーといっても、M氏はバラナシの下水道政策についての完全なビジョンを有しているわけでもなく、私たち(SMF)は「外野(third player)」だと言っていた(2010.3.22)。M氏のバラナシにおける下水道政策の現状認識は以下のようなものであった。現在バラナシの一部では、先述した中央政府都市開発省の全国都市再生ミッション(JNNURM)がすでに開始されている[26]。JBICが支援する部分については、

一部はすでに承認されており、一部はまだ検討中だと思う[27]。私たちSMFは、それらの計画は十分ではないと予想している。だから、全国都市再生ミッションとJBICの下水道事業がどのようにバラナシの下水道システムを構築する予定であるのか、今こうして計画書をみて勉強していると言っていた。

GAP-IIにもプロジェクト管理コンサルティング（Project Management Consulting：PMC、以降「PMC」）は存在するのだろうかと尋ねたら、M氏はそれについては初耳だったようだ。「誰も私には教えてくれていない」と言っていた。そしてPMC（円借款のコンサルティング・サービス制度）に興味を示しノートに名称を控えていた[28]。つまり、日本の円借款事業について、M氏は情報を求めているにもかかわらず、いまだ十分には情報を得られていないようであった。

その翌日、筆者はUP州水道局バラナシ事務所を訪れて、GAP-IIの実施機関であるガンジス川汚染制御室（Ganga Pollution Control Unit）のジェネラルマネージャーから話を聞いた。M氏の見解と矛盾するわけでもないが、温度差があった。UP州水道局によると、UPJN／JICA案は全面的に承認されており、PMCも選定中ということだった。M氏が自らを「外野」とする見解は正しく、国家ガンジス川流域委員会のメンバーとなってもなお、政府との情報共有はM氏が期待するほどには実現されていなかったようである。

第7節　まとめ：空しい「社会配慮」

被援助国の中央と地方の間に対立構造がある場合、国境を越える外部者はどのように関わるべきなのか。援助対象となる社会、そこに住む人々の意向や立場にどこまで配慮すべきなのか、そしてそれがいかに可能なのか。

この事例において、日本のODAは「社会配慮」を高らかに謳いながら、その内実は空虚なものであった。開発をめぐる中央と地方の対立構造に関して、それを自らの問題として精査することなく、おおよそ「中央」との関係の中で、「中央」の見解に即して事態を把握していた。

結果として本書が扱った限定された地方アクター、つまりM氏とその周辺のSMFメンバーや市の評議員から見れば、日本のODAは「地方」への

配慮を著しく欠いていた。彼らが長期にわたって戦っていた中央と地方の対立に、日本のODAは中央アクターの味方、つまり彼らの敵として絶大な影響力を持って参入したのである。またその事実が明らかになったところで、それは日本政府が「配慮」すべき問題として認識もされなかった（理念と実践の乖離）。

　この事例は〈間接介入〉における「社会配慮」の限界を示していると思われる。間接介入における社会配慮の表明は、日本政府が援助対象社会を配慮するのではなく、インド政府が援助対象社会を配慮するように働きかけるとの表明である。実際にそれが実現されているのか否かについて日本政府はなんら関与するものではない。地方アクターが日本の活動（影響力）に対して、怒ろうとも、批判しようとも、それは日本政府が関与する事柄ではない。地方アクターの批判や抗議は、たとえそれが日本政府に向けられたものであっても、インドの中央政府に一任すべき事項だという前提認識である。

　ドナーの「社会配慮」の表明がこのように空虚なものであることについて、一方で、それは国境を越える政策のある種の限界として受け入れざるをえないという考え方があるだろう。他方で、援助対象となる地域の人々から批判されるような介入のあり方は本末転倒であり何としても回避すべきとする考え方もあるかもしれない。再び、ここで問うべきは、国境を越える外部者として、私たち日本国民はどのような立ち位置を望むのか、ODAを介して援助対象となる国家や国民といかなる関係を取り結びたいのかということなのである。

　デリー市マンゴルプリ地区の事例と同様、これもたまたまうまくいかなかったケースである。事業対象地域に、たまたまM氏のような地域住民がいて、知らず知らずのうちに、たまたま対立構造に巻き込まれてしまった。日本の善意は、たまたまうまくいかなかった場合、何度でも、援助対象社会にとっての迷惑な介入となる可能性をはらんでいる。おそらく日本政府がそれに気づくことがないままに、あるいは気づこうとしないところで、同じようなことが繰り返される可能性はいくらでもある。これらの事例は、そういったリスクをどう考えるのかという問題を提起している。

注

1 たとえば日本でも、1995 年の映画「深い河」や 2007 年のテレビドラマ「ガンジス河でバタフライ」がバラナシを舞台としている。

2 ①は "Let's learn Hindi"（http://www.letslearnhindi.com, 2010.7.1）。②は "Our Global Trek"（http://ourglobaltrek.com, 2016.1.29）。③ は "Compass Signature Tours"（http://www.compasssignaturetours.com, 2010.6.10）。④は NHK（2003）。

3 アレイは、科学＝行政とヒンドゥの二元的区分ではなく、複数の言説が存在するとし、その二大言説の他に活動家言説も対照している。

4 M 氏に限らず、インドで個人で調査をする際に、面識のない人物と事前にアポイントメントをとることは困難である。手紙や e メールには十中八九返事をもらえない。電話をしても、インドに着いたら連絡するようにと言われることが多い。ところで、現在 70 歳である彼が 40 代のとき「人々は約束をせずにトゥルシーガート（Tulsi Ghat）〔彼の家および SMF 事務所の場所を意味する〕にやってくる。そして私たちは彼らの相手をしなくてはいけない」と語っている。それが住職としての彼の役目なのだと言う（Peavey 2006）。例にもれず、筆者も約束をせずに訪問し快く相手をしてもらった。

5 SMF は憲法第 12 付則の第 8 項「環境保護」を根拠にしているようだ（USAID 2005, 12, 26, 37）。また第 1 項の「都市計画」も示唆している（USAID 2005, 18）。ちなみに、UP Municipal Corporation Act, 1959 では「都市計画」（第 114 条 33 項）および「環境保護」（第 114 条 33a 項）は都市政府の権能とされている。後者は憲法改正後の挿入。なお、UP Municipalities Act, 1916 では「環境保護」（第 7 条 v 項）は都市政府の権能とされているが、「都市計画」の権限はまだ委譲されていない（JBIC, NRCD & UPJN 2007, 100）。

6 1997 年 1 月 6 日のレート 1INR=3.31YEN で換算し、億単位未満を四捨五入した。

7 1998 年 7 月 1 日のレート 1INR=3.31YEN で換算し、億単位未満を四捨五入した。

8 1999 年 1 月 4 日のレート 1INR=2.70YEN で換算し、億単位未満を四捨五入した。

9 なぜ高裁に提出する必要があったのかは不明。1985 年より環境弁護士の M.C. メータによって最高裁に提出されている一連の公益訴訟によってそれが義務づけられていたのかもしれない。

10 1999 年 1 月 4 日のレート 1INR=2.70YEN で換算し、億単位未満を四捨五入した。

11 K.J. ナートは多くの肩書きを持っている。最近ではスラブ・インターナショナル系列の研究機関の役員。

12　判決情報システムで訴訟関係の資料が見つけられるはずだが、その他の類似するガンジス河汚染問題訴訟と複雑に絡み合っているのか、該当するものを探すことができていない。

13　この引用文における円換算はすべて、2000年1月4日のレート1INR=2.38YENで換算し、億単位未満を四捨五入した。

14　原文は"The State Government is required to make the necessary modifications in the revised PFR inline with the observations of the Expert Committee Report"。修正の必要が現在形で示されているが、これから修正する必要性があると言うよりも、修正する必要があったので事業費が多く計上されたと解釈して意訳した。

15　原文は"The Government will have to be approached again for approval of revised PFRs for Allahabad & Varanasi where the costs have substantially exceeded the corresponding existing Government provisions"。前後の話の流れを考慮して意訳した。

16　予備調査団は2002年3月16日にバラナシ市政府を訪問している（JICA 2002, 写真）。写真はあるが議事録がないので出席者は不明。行政長官のコメントが若干記されているが、評議員や議長のコメントは見当たらない（JICA 2002, 79）。よってこの時に、地域住民の代表である評議員や議長と面会しているか否かは不明。

17　国家河川保全局のUP州担当ディレクター。

18　訴訟問題に発展するか否かは別にして、SMFの活動を好ましく思わない地元アクターがいる可能性を完全に否定することはできない（Das 2012; Gupta 2004）。筆者はバラナシでの現地調査経験は1週間ほどしかなく、バラナシにおける地域アクター間の権力構造や協働・対立構造を知らない。ただ、ブリンダバンのそれに照らして想像するならば、バラナシの地域内部にはSMFと競合するNGOがあるかもしれないし、そのNGOがガート工事に賛成していないということもありうる。ここで重要なことは、いずれにしても日本の使節団の事実認識は、これらの地域内事情をあれこれ勘案し、または調査した上での事実認識ではなく、おそらく中央政府の見解に大きく引き寄せられた事実認識であろうということである。

19　この事実関係は確認できていない。

20　ただし、報告書の中で質問やコメントとして記されている中に水質基準についてのものはない。

21　2005年2月1日のレート1INR=2.40YENで換算。

22　JBICでは2〜3年サイクルで人事異動があるようで、その時々の担当者が担当部局の事業経緯について知らない場合がある。その際は、必要に応じて当時の担当者に問い合わせをして後日回答をくれる。ちなみに、インドのUP州水道局も異動が頻繁のようである。それでもインドの場合は公務員の市民対応性が概してあ

まり期待できず、前担当者に問い合わせをしてもらったことはない。
23　2009年8月3日のレート 1INR=2.01YEN で換算し、百万単位未満を四捨五入した。次の事業費も同様のレートで換算し、億単位未満を四捨五入した。
24　バイオレメディエーションという土壌汚染の処理技術や、生物多様性と資源管理などを専門としており、1972年よりガンジス川浄化のための調査を行い、これまで数々の論文を発表しているという（*The Times of India*, 2009.9.4 "Two experts from city included in NGRBA"）。
25　JBICの「事業事前評価表」を見ると、「バラナシ市はヒンズー教最大の聖地であるが、沐浴場付近にて実施されるのは既存ポンプ場内のポンプ交換のみであるため、宗教施設および景観に対する影響はない」とある（JBIC 2004b）。
26　UP州水道局ジェネラルマネージャーによると、JICAのマスタープランを下地にして、ガンジス川の支川であるVarna川の北側は全国都市再生ミッションですでに事業が開始されている。そしてVarna川の南側はGAP-IIで実施される予定とのことだった（2010.3.23）。
27　UP州水道局ジェネラルマネージャーによると、GAP-II部分の認可手続きはすべて終了していると聞いており、UP州水道局としてはファンドフローを待っているだけ。現在PMCが選定されている段階で、事業はまもなく開始される。5年後の2015年までにGAP-IIのすべてのコンポーネントを完了させるとのことだった。
28　国家河川保全局のホームページの「公示（Advertisements）」欄に「JICA事業であるGAP-IIバラナシのPMC選任にかかる関心表明の呼びかけ（Invitation for Expression of Interest (EOI) for Appointment of Project Management Consultant for Japan International Cooperation Agency (JICA) assisted Ganga Action Plan (GAP) phase-II project at Varanasi under National River Conservation Plan (NRCP)）」が載っており、EOIの最終期限は2010年5月31日であった。

第7章

ブリンダバン②：〈指導マニュアル型介入〉の検証

　本章では、ブリンダバンに目を戻し、デリー（第5章）やバラナシ（第6章）の事例ほど負の帰結が先鋭ではない事例において、〈指導マニュアル型〉の介入を再検証したい。先述したように YAP-II に先駆けて、日本政府は下水道施設が誰によってどう運営されるべきか、ゴミの収集と住民組織の関係はどうあるべきか、都市政府と住民の関係はどうあるべきか、といった地域管理のあるべき姿について、情報を収集し、自ら構想し、指導マニュアルを作成してインド政府に提示した。

　YAP-II に対する JBIC 本店のインド担当課長の説明を引用しよう。「支援のアプローチはインフラ、制度、人。下水道を作ったら、制度改革を行い、公衆参加啓発もする。生活者が下水設備に接続するように、CTC を使うように、ゴミを捨てないように、啓発活動もセットで行う」。その際、インド政府のオーナーシップを尊重し、「インド政府が一般を巻き込む努力をする」ように方向づける（2008.5.7）。

　この課長の説明には〈指導マニュアル型〉の特徴がよく示されている。つまり、事業に「一般を巻き込む」目的において、日本政府が直接的に援助対象の人々と接触するのではなく、「インド政府が一般を巻き込む」ことを方向づけるという〈間接介入〉のアプローチである。また、制度改革や公衆参加といった地域管理のあるべき姿への積極的な介入意欲も示されている。

　それでは、YAP-II では YAP-I よりも「一般を巻き込む」ことに成功したであろうか。本章でもブリンダバンにおける YAP-II のコンポーネント全体を順番に概観していきたい。

第1節　ヤムナ川浄化計画第二期（YAP-II）事業概要（2004-2010）

　YAP-IIでは、YAP-Iの教訓を経て新たな施設建設は据えおかれ、YAP-Iで建設された施設が適正に利用されるしくみづくりに焦点がおかれた。デリー市とアーグラ市でのみ、緊急のハード系下水道事業が実施されたが、ブリンダバン町を含めたその他の都市では新しい事業計画の策定、公衆啓発プログラム、都市政府の行政改革といったソフト系の事業のみが実施された（**表7-1**）。

表 7-1　YAP-II　アーグラ市以外の UP 州事業内容

1.	下水道事業のマスタープラン（Master Plan）、事業化可能性調査（Feasilibity Study）、詳細事業報告書（Detailed Project Report）作成
2.	組織強化と能力構築（Institutional Strengthening & Capacity Building）
3.	公衆参加啓発（Public Participation & Awareness）

出典）PMC（2007a, 11）をもとに筆者作成。

第2節　下水道事業計画の策定事業

(1) 事業概要

　まずは下水道事業計画の策定から見ていく。YAP-IIでは、YAP-IIIの下水道事業のマスタープラン（Master Plan：M/P）、事業化可能性調査（Feasibility Study：F/S）、そして詳細事業報告書（Detailed Project Report：DPR）が作成された。マスタープラン（M/P）の目標年次は30年、事業化可能性調査（F/S）はその中の優先事項について、詳細事業報告書はYAP-IIIで実施予定の事業についての計画資料である。

　この事業コンポーネントは、UP州水道局ガジアバッド事務所が実施機関で、実際の作業を請け負ったのはオランダを本拠地とする大手多国籍コンサルティング会社のDHV India Private Limitedである。2006年4月に契約、2006年5月29日から調査が開始され、2007年11月にマスタープランが、2008年3月にF/Sが提出された（UPJN 2008）。同社はブリンダバン周辺の

アナンダ・バティカ（Ananda Vatika。スンラック村領域）に現地事務所を構え、地元の孫請け業者を常駐させていた。

　YAP-I が既存排水路からの未処理下水放流の遮集とそれに伴う下水処理機能の強化を目的としていたのに対し（河川浄化に特化した下水道事業）、新しいマスタープランはブリンダバンの周辺村領域を含めた大規模な都市下水道システムの整備計画である（都市開発としての下水道事業）。既存の排水路は雨水専用とされ、下水道マスタープラン（Sewage Master Plan）とは別に排水路マスタープラン（Drainage Master Plan）で補修整備されることとされた。

　この事業計画は、ブリンダバンでは YAP-III を待たずして、別の事業スキームである「中小都市インフラ開発計画（Urban Infrastructure Development Scheme for Small and Medium Towns：UIDSSMT）」で実施された（**写真 7-1**）。その理由は、詳細事業報告書には「宗教的重要性による緊急の必要」と説明されているが（UPJN 2008, 1）、大局的に見るとインド全体で下水道政策の優先順位が上げられたことによる。インド政府の第 11 次 5 カ年計画（2007 年～2012 年）で都市部全人口への下水道整備が目標として掲げられたことから、「ジャワハルラール・ネルー全国都市再生ミッション（Jawaharla Nehru National Urban Renewal Mission：JNNURM）」および中小都市インフラ開発計画によってインドの各都市で下水道整備が行われた。

① ラーマン・レティ　② カリダー近くの旧河岸通り　③ カリダー下水処理場[1]

写真 7-1　下水道整備事業（中小都市インフラ開発計画）
（①は 2010.3.17、②は 2010.3.4、③は 2010.3.8 撮影）

　これは環境森林省（Ministry of Environment and Forest：MoEF）ではなく都市開発省（Ministry of Urban Develeopmetn：MoUD）の大型都市開発事業であ

る。ブリンダバンの下水道建設事業費は9億1,812万ルピー（23億2,284万円[2]）で、額面を単純比較するとYAP-I下水道事業の20倍である。事業費の負担配分は中央政府が80％、州政府と都市政府が10％ずつである。同事業は2008年9月から実施されており、工期は2年間と予定されている。建設はUP州水道局マツーラ事務所排水下水室（Drainage & Sewerage Unit）が担当した。写真7-1のように、2010年3月時点、ブリンダバンの町はあちらこちらで掘り起こされて下水道工事が進行していた[3]。

(2) ボトムアップの小さな試み

　ブリンダバンでは、第6章のバラナシの事例ほど執拗にヤムナ川浄化計画への参加を要求した個人や組織はないが、この下水道マスタープランの策定事業に対して小さなボトムアップの試みがなされた。地方から国家政策へ参加しようとすることの物理的そして心理的難しさを伝えるために、そのエピソードを紹介したい。

　先述したように、ISKCONという新興宗教が海外で多くの信者を得ており、地方小都市であるにもかかわらずブリンダバンには外国人が多く居住している。そのうちの一人の英国人が、その他の多くの信者もそうであるように、やはりヤムナ川を含めたブラージ地方の環境保全に強い関心を持っていた。彼はロンドンで環境コンサルタントをしていた技術者で、ブリンダバンに移り住み、ブリンダバンの地元環境NGOで活動していた（2006.5.23）。その地元NGOもヤムナ川の浄化について独自の活動計画を持ってはいるが、彼は大きな事業規模を持つヤムナ川浄化計画に期待しつつ、しかしその事業実態に不信感も抱いていた。

　そんな彼がYAP-IIで計画していた次期下水道計画の情報を小耳にはさみ、採用されている技術の適切性について疑念を抱いた。1人当たりの下水処理容量が1日150リットルで計算されているのはブラージ地方のような乾燥地帯では多すぎると考え、地下水への影響を危惧したのだ。よって、他のシステムを採用する選択肢についてどれほど調査を行ったのか、インド政府が

大規模プロジェクトで大きなお金を使いたがるいつもの「無駄遣い」傾向ではないかと心配した。そして、自ら事業関係者と会って事情を確認し、必要に応じて政策提言することを決意した。

そこで彼は、日本にいる筆者にメールで、どこに連絡を取ればよいかと尋ねてきた（eメール 2007.4.6）。彼は地元の環境 NGO に所属しており、地元の政治家や活動家を周知している。そうであるにもかかわらず、YAP-II の行政窓口について、地元の政治家や活動家ではなく、遠く日本にいる筆者に尋ねてきた。このことは、地方（ブリンダバン）のアクターと、デリーを中心とするヤムナ川浄化計画を推進している組織や人々のネットワークとの乖離（中央と地方の溝）を反映している。

それから 2 か月後、彼は「第二期だろうと、第三期だろうと、どれほど続こうとも、ヤムナ川浄化計画に期待を持つことはできない」と報告してくれた（eメール 2007.6.4）。結局彼はデリーに出向いて、ある下請けの事業関係者に会った。そこで、その事業関係者自身が、次期計画にもあまり期待していないことを語ったようだ。次期計画の下水道システムは、実施するにも維持するにも費用が高くつきすぎる。その価値をよく理解していない人々に下水道施設を移管しても、それらを有効利用できるとは思えない。そしていつもの決まり文句であるが、政府関係者は大きな事業から私腹を肥やすことにしか興味がなく、川を浄化することなど考えていないと教えられたようだ。そして、英国人の彼もその意見に納得し、「ヤムナ川浄化計画がコミュニティにとって最善の政策になることなど、この先もありえない」と結論づけた。彼もその他多くの住民と同じく、しかし多少の根拠に基づいて、地域社会に垂れ流されるヤムナ川浄化計画を「冷めた距離感」を持って眺めていくことになった。

英国人のこの小さなボトムアップの試みはややおよび腰であったかもしれない。彼は下請けの事業関係者ではなく、国家河川保全局の UP 州担当ディレクターや UP 州水道局の担当オフィサーに会って、粘り強く情報を引き出すべきだったかもしれない。それにしても、このエピソードはボトムからアップへのコミュニケーションの困難さを示すには十分である。

この時期、日本の介入が積極介入にシフトしたとはいえ、介入の連鎖のテコ入れに踏み込んだわけではない。よって、インド国内における「地方」から「中央」へ向かうベクトルが機能不全であることになんら変化はない。政策への参加を決意した住民は、自ら行政窓口を捜し出さねばならず、時間とお金をかけて遠くの町まで赴かねばならない。先述したように、無応答性が常態のインドの行政機関で担当者を捜し出すこと、面会すること、そして情報を得ることは相当の粘り強さが必要な作業である。デリーやガジアバッドまで何度も足を運ぶ必要がある。一般市民が、特にブリンダバンのような田舎町の住民がヤムナ川浄化計画に参加しようとすることは、大きなお金と時間を費やさねばならない実にハードルの高いタスクなのである。「地方」から国家政策へ参加することの難しさは、後続事例においても再び立ち現われるし、また前章のバラナシの事例でも十分に議論した通りである。

第3節　組織強化および能力構築事業（改革行動計画）
(1) 事業の背景と実施体制

次に、都市政府の組織強化および能力構築（Institutional Strengthening & Capacity Building）を目的とする一連のプロジェクト、通称「改革行動計画（Reform Action Plan：RAP）」に目を移そう。YAP-I で建設された下水道およびその他の施設が都市政府に移管されたあと、それが適切に維持管理されておらず、初期の河川浄化という政策目標が阻害されていることは繰り返し論じてきた。これはブリンダバンだけではなく事業都市全体に見られる傾向である。そこで、さらなる下水道施設の建設に先立って都市政府の組織能力の向上が必要であるとの認識から、このスキームが YAP-II のコンポーネントとして計画された。

これは JBIC が積極的に進めていたコンセプトである。JBIC は、YAP-I の延長期に有名な経営コンサルタントに開発調査を委託した。それが、アーグラ市でパイロット事業（Agra Municipal Reform Project：AMPR）として実施され、YAP-II で全都市に拡大された。

2002年から2003年の間にコンセプトが準備され、2006年までに中央レ

ベルでデザインの大枠が決定された。それから州単位でスキーム・コンサルタントが決定され、彼らが各実施都市に入って地元での調査や協議を経て、本格事業のフレームワークが設定された。本格事業では、いくつかのテーマ別スキームが用意されており、それぞれの都市の必要に応じていくつかのスキームが選択されるようになっている。本格事業は 2009 年から約 1 年間、各都市において実施された（PMC 駐在員, 2008.3.28; JBIC, NRCD & UPJN 2006; PMC 2010）。

UP 州では、2006 年 5 月からインドの大手コンサルタント会社、IPE（Infrastructure Professionals Enterprise（P）LTD）がスキーム・コンサルタントとしてアーグラ市の継続的改革事業と UP 州のその他都市の改革事業に着手している。すなわち、ブリンダバン町政府の改革行動計画の調査計画立案と本格事業の「促進および監督コンサルタント（Facilitation and Monitoring Consultants：FMC）」は IPE が担当した。IPE のレポートラインは UP 州水道局ガジアバッド事務所である。そして実際に現場で事業を遂行したのは、それぞれのスキームごとに雇用された NGO ／コンサルタントである（詳細は後述）。

(2) 廃棄物管理のパイロット事業

IPE は、改革行動計画初期段階におけるフィールドでの活動、シティレベル・ミーティング、フォーカスグループ・ディスカッション、簡易都市評価（Rapid Urban Assessment）によって、ブリンダバン町政府の危急の課題として廃棄物管理に焦点を当てた[4]（IPE 2006, 1）。

ブリンダバンの廃棄物管理はブリンダバン町政府とその他、主に二つの地元 NGO が実施している。これまでの議論でも明らかなように、ブリンダバン町では町政府の能力が限定的である。その分、公共サービスにおいて地元 NGO が重要な役割を担っている（西谷内 2009b）。

二つの地元 NGO がともに同パイロット事業の受託に名乗りを上げた。プレゼンテーションを伴う技術評価を経て、一つの NGO が事業を請け負うことになった。コンペティションに負けた方の NGO の代表は、彼らの廃

棄物管理の事業内容、事業規模、事業実績、そしてプレゼンテーションの内容のすべてにおいて優位であるとの自負があり、テーブルの下でお金が動いたに違いないと、この敗北にはしばらく不信感を持っていた。

　このパイロット事業は3か月間で30万円弱と小規模であるが、二つの競合するNGOがその獲得を競い合うほどに、当初は期待がもたれていたということである。つまり、ヤムナ川浄化計画の事業規模を鑑みるならば、それに続く本格事業への期待が大きかったのである。二つのNGOはそれぞれ、ブリンダバンの廃棄物管理システムの向上を強く願っているし、それに向けて精力的に活動している。多くの地元住民も彼らの清掃活動を高く評価している。彼らは、彼らの思う廃棄物管理システムを実現する手段にも能力にもそれぞれ自信があり、事業を拡大するための資金調達について常に思案しているのである。

　このパイロット事業は3か月間の予定で、2007年2月から始められた。これが地元NGOにとって始めてのヤムナ川浄化計画への参加であった。これがうまくいけば、おそらく翌3年間ほどYAP-IIから事業費が降りてくると、事業を獲得したNGOの代表は聞いていたようだ（2007.3.16）。パイロット事業実施地としては、比較的新興の地区であるダバナルクンド（Davanal Kund）が選ばれた（**写真7-2**）。その地元NGOは業務指示書にあるように、ゴミの各戸収集を実施し（**写真②**）、住民福祉協会（Resident Welfare Association：RWA）を設置した（**写真③**はその住民福祉協会の看板。「住民福祉協会」は地縁型住民組織のこと）（IPE 2006, 3）。

① ダバナルクンド（沐浴池）　② ゴミの各戸収集　③ 住民福祉協会の看板

写真7-2　ダバナルクンドの廃棄物管理プロジェクト
（①と②は2008.3.23、③は2008.3.18撮影）

ところがまもなく、そのNGOの代表は典型的な"行政機関の無応答性"に悩まされることになる。コンサルタントやUP州水道局など、YAP-IIの実施機関、つまり本書で「中央」アクターと呼んでいる組織と連絡が取れず、本格事業への見通しがつかないまま、パイロット期間の3か月が過ぎた。NGO代表はせっかくタバナルクンドで軌道に乗せた各戸収集を3か月で打ち切るわけにはいかず、2008年3月までは本格事業までのつなぎにと自費で収集作業を継続させていた（2008.3.23）。

さらに、IPEが現地入りしていた2007年6月に、そのNGO代表はIPEの現地調査を支援し、シティーレベル委員会の人選や呼びかけも取り仕切ったのだという。しかし、その委員会は1回会合を持っただけで、その後の展開がない。彼は、ブリンダバン町政府やその他の委員会のメンバーから、改革行動計画はどうなったのかと問い合わせを受けるのだが、何も知らないと言うしかなかったという[5]。だからブリンダバン町役場に顔を出しづらいと言っていた（2008.3.23）。

そのように「中央」アクターとの連絡が取れなくなったことで、NGO代表は、ダバナルクンドで軌道に乗せた各戸収集についての先行きが読めず、ブリンダバン町における彼の信用に傷がつけられ、さらには約束されていた事業資金も一部振り込まれなかった（2008.3.23, 2010.3.19）。「デリー〔中央〕で何が起きているのかわからない。透明性がない」と彼は言っていた（2008.3.23）。

その地元NGOはUNDP（国連開発計画）やGTZ（ドイツ連邦政府技術協力機関、現GIZ）のODAプロジェクトでも仕事をしている。彼は、UNDPやGTZの担当者とは直接面識があるし、よく連絡を取り合っているので、そのようなインド内部の無応答現象が生じた場合は、すぐにそれら外部機関の担当者に問い合わせをして事情を確かめたり、コミュニケーションを媒介してもらったりすることができるのだという。ところが、彼はデリーにいるJBICの人間を知らない。それもそのはずで、日本の円借款の実施体制から言って、JBICの事業担当者がこのような小さな町の下請けNGOと逐一連絡を取り合うことは不可能である（本章第5節で詳述）。よってJBICに仲介

を求めることも叶わず、彼は中央とのコミュニケーションが不在のままに泣き寝入りするしかなかった[6]。こうして、地元 NGO は張り切ってヤムナ川浄化計画に参加したものの、結果として大きく失望させられることになった。「やりがいがない」、「もうヤムナ川浄化計画には関わりたくないし、期待も持てない」と代表は言っていた（2008.3.23）。

　このパイロット事業は、NGO だけではなく、事業対象地域の住民にも失望をもたらした。先述したように、ダバナルクンドでは事業指示書に従って住民福祉協会が設置された。住民福祉協会とは、大都市の富裕地区で画期的な自治活動を実践している新しいタイプの地縁型住民組織である[7]。そのような新しい住民組織がブリンダバンで成立することはあまり考えにくいのだが（西谷内 2011b）、実際「ダバナルクンド住民福祉協会」も有名無実に終わった（RWA 実行委員, 2008.3.23）（文化を越える困難）。

　このパイロット事業のダバナルクンド住民福祉協会は、二人の地区住民と、同地域の評議員と（同地区の住民ではない）、NGO の代表をメンバーとして設置された。同地区は大きく分けて二つのエリアからなっており、NGO の代表がそれぞれのエリアから一人ずつ代表者を選出したのである。一人はアーグラ市出身、マツーラ町で大学教授をしていた老紳士で 1999 年から同地区に住んでいる。もう一人はデリー市から移住してきた裕福な主婦で 2004 年から同地区に住んでいる。

　二人とも都会から来た「意識ある市民（civilized）」としての自己意識があり、地域の人々（local people）には文化的、衛生的な意識改革（awareness）が必要だと口にしていた（2008.3.23）。特にデリーから移住してきた女性は、廃棄物管理を担うデリーの活発な住民福祉協会を実体験として知っており、同案件の適任者と自認していたであろう。

　ところが、その「地域の人々（local people）」からしてみると、新住民が国家事業で自分たちの地区を代表することをよく思わなかった。住民福祉協会の代表者選出は NGO から任命されたもので、地域住民によって選出されたものでも承認を得ているものでもない。結果的に、住民福祉協会の役員の一人が、旧住民から嫌がらせを受け、家の一部を壊される事態にまで発展

した。彼女は、目立ちすぎてしまったと反省していた（2008.12.9）。これもまた、地域社会の実態と乖離した新しいコミュニティ・モデルを、都市に一方向に垂れ流した介入の帰結である。

このパイロット事業は、ブリンダバン町の有力な地域管理アクターである地元 NGO をヤムナ川浄化計画の実施過程に動員し、またコミュニティ政策にまで手を伸ばした。ブリンダバンにおけるヤムナ川浄化計画の中では最も地域社会と接近した施策である。

しかしそのことで、これまで以上に強い介入の負の帰結を産み出し、ヤムナ川浄化計画に対する不信や失望を広げることになった。介入のあり方が、連鎖の向こう側での成り行きに干渉しない〈間接介入〉のままであるにもかかわらず、地元 NGO や住民組織を事業により深く動員したために（積極介入）、ヤムナ川浄化計画と地域社会の溝はさらに大きく広がる結果となってしまった。

(3) 本格事業の概要

改革行動計画は、当初のフィールド調査、そしてパイロット事業を経て、2007 年 7 月までに本格事業としての改革行動計画全体のプログラムデザインが決定された。その中からブリンダバン町に実施するパッケージが選抜され、実施機関が選考された。ブリンダバンには、廃棄物管理を含め 4 つのスキームが 2009 年 3 月から実施された。1 年間の予定を 2 か月間延長し、2010 年 5 月に終了予定ということだった（IPE スタッフ, 2008.3.5; 下請けコンサルタント, 2010.3.12）。このプログラムでは、公衆参加啓発や廃棄物管理のパイロット事業とは異なり、「共通改革実施機関（Common Reform Implementer：CRI）」といって州単位で同じコンサルタントがスキームごとに事業を委託された。スキームの名称と実施機関の本拠地は**表 7-2** の通りである。

248　第Ⅱ部　事例検証

表 7-2　ブリンダバンで実施された改革行動計画スキーム

プログラムの正式名称	CRI の本拠地	UP 州での実施都市数	CRI と UPJN の契約金額[8]
情報・教育・コミュニケーション活動および廃棄物管理の促進 Information, Education, Communication (IEC) & Facilitation of Solid Waste Management	デリー	8 都市すべて	Rs. 0.90 crore（約 1,728 万円）
資産（公用地を含む）情報および管理システム Property (including municipal land) Information & Management System	AP 州ハイデラバード市（Hyderabad）	5 都市	Rs. 5.35 crore（約 1 億 272 万円）
都市行政サービス／運営人材の開発および能力構築 Development and Capacity Building of Human Resources for Municipal Services/ Operations	ハリアナ州ファリダバード市（Faridabad）	7 都市	Rs. 1.11 crore（約 2,131 万円）
官民連携ワーキングモジュールの促進 Facilitation of Public-Private Partnership Working Module	ハリアナ州グルガオン市（Gurgaon）	8 都市すべて	Rs. 1.08 crore（約 2,074 万円）

出典）UPJN（2010a）から転記。

(a)　情報・教育・コミュニケーション活動および廃棄物管理の促進

　廃棄物管理のプログラムから見ていこう。「情報・教育・コミュニケーション活動および廃棄物管理の促進」プログラムは、効率的で有効な廃棄物管理システムにむけてブリンダバン町政府の組織能力を高めることを目的としている。より具体的には、情報・教育・コミュニケーション活動（Information, Education, Communication：IEC）を通して、住民、現地の NGO ／ CBO ／ RWA を巻き込み、環境および経済的に持続可能な廃棄物管理システムへの参加を促進するものである」と事業資料に説明されている（UPJN 2010a）。

　先述したように、今回は受託業者が州単位の事業を担う設計であり、そのポジションをめぐる地元 NGO の争いは発生しなかった。いずれにしても、この頃すでに、先述した二つの地元 NGO はともにヤムナ川浄化計画への関心は低く、実際に同プログラムにもほとんど興味を示していなかった。

　パイロット事業を実施した方の NGO の代表は「ヤムナ川浄化計画に興味はないが、ブリンダバンのことだから頼まれたらできる限りのヘルプはす

る」と言っていたが、同プログラムが開始されて1年もたつというのに、忙しいのでまだ担当者に会っていないと言っていた（2010.3.19）。もう一つの地元NGOの代表は、率直にものを言う人物なのであからさまに、YAP-IIの廃棄物管理のスキームには関係ないし期待もしていないという様子だった。「同プログラムのコンサルタントからコンポストの借用を頼まれたが、使用料を払えば貸してあげてもよいと言った。彼らはYAP資金で事業をやっているのだから、無料で貸してくれなんてフェアじゃない」といつものように辛口だった（2010.3.17）。

このようにYAP-IIの廃棄物管理プログラムは、二つの地元NGOの長い経験の蓄積から離れて実施されたわけである。しかし、デリー市からやってきた同プログラムの担当者はこのIECという方法でこれまで実績を上げてきたし[9]、ブリンダバン町でも良い結果を得る自身があるということだった。

この1年間強の事業では、IEC戦略をデモンストレートする目的で貧困地域と富裕地域と商業地域からそれぞれ一つずつ、合計3つの地区が選定された（**表7-3**）。

表 7-3　改革行動計画　IEC 廃棄物管理のデモ地域

デモ地域	ワード#	タイプ	対象戸数
キショルプラ（Kishore Pura）	1、2、9	スラム（Slum）	600戸
ゴーシャラナガー（Gaushala Nagar）	22	高所得グループ（High Income Group）	300戸
バンキー・ビハリ寺院近くの商業地域（Commercial Area near Banke Bihari Temple）	11	商業地域（Commercial）	300戸

出典）UPJN（2009, 3.2）から転記。

「IEC戦略報告（IEC Strategy Report）」を見ると、実際のインプットは2009年11月から2010年3月までの5か月間で、それぞれのデモ地域において、集会、ファーカス・グループ・ディスカッション（FDG）、個別ミーティング等を3回ずつ、家庭ゴミ各戸収集の啓発（awareness）プログラムを6回ずつ、路上劇を1回ずつ行うとある。

また、サービス提供者側への意識改革として、住民福祉協会やNGOへ

の教育プログラムが2回、ブリンダバン町政府衛生部の職員らに対する教育プログラムが1回、現場での実働スタッフに対するオリエンテーションが2回、IEC室（cell）へのオリエンテーションが1回実施されることになっている。IEC室とは、このスキームの中で設置されるスキームの中心的機関のようだが、そのメンバー等についての記述はない（UPJN 2009）。

　事業計画を見たり説明を受けたりする限りでは、このプログラムが、ブリンダバンの廃棄物問題の画期的な解決につながるという印象は受けなかった。主目的はブリンダバン町政府の組織強化とうたわれているが、このプログラムはブリンダバン町政府が実施している大通りの道路清掃および二次収集（集積所から投棄場まで）には一切関与せず、実質的に私的清掃人が担っている一次収集（各家庭からの個別収集）に焦点を当てている。現に、町政府の衛生部の事務員も、現場で働く現場監督や清掃員も、このプログラムのことをよく理解していなかった（2010.3.16）。

　またこのスキームのタイトルである「情報・教育・コミュニケーション活動（Information, Education, Communication：IEC）」とは「社会開発、…特に…基本的サービス…を提供する開発活動において、これらのサービスへの利用者の理解を深め、利用を促進する手段として用いられる活動」のことである（後藤監修 2004, 240）。ということは、やはり同スキームは、町政府の組織強化よりも、主にサービスの利用者である住民の意識・行動変革を狙っていることになる（UPJN 2009）。

　これらの情報を総合的に見ると、そう言明されてはいないが、私的清掃人が担っている一次収集の慣行を、町政府が制御できる程度に合理化することが狙いだろうと思われる。そのためには、私的清掃人の清掃権に切り込むことが必要で、それはこれまでも地元NGOが苦労しながら努力を重ねてきた分野である（西谷内 2009b）。そのような大問題を5か月間でいかにクリアしようとしているのか担当者に尋ねてみた。

　まずは、私的清掃人を啓発するとの回答であった。しかし、清掃人にしてみれば、モラルに訴えられたところで、これまでと同じ経済的利益しか得られないのに、あえて分別収集や規則的な収集を実践するだろうかと尋ねたと

ころ、実施してもらえないなら職務不履行で彼らを排除すると脅すのだという。そのような手段は、UP州の州法にも明記されているが、それで問題が解決できるなら、この町の地元NGOも町政府もとっくに実施しているはずである。あなたたちはどのようにそれを実現できるのだろうかと尋ねたところ、対象地域が小さいから大丈夫という返答であった。それでは、町全体の廃棄物管理の体制は構築できないのだろうかと尋ねると、そうでもないということだったが明確な回答は得られなかった。

　次に、たとえ私的清掃人が命じられた通りの規則的な分別収集をしたとして、彼らが収集したゴミを捨てることのできる集積所やコミュニティ・ビンが必ずしも近くにあるわけではない。どうやって清掃人の集めたゴミを、確実に最終投棄場まで二次収集するつもりなのだろうかと尋ねたら、少し考えた後に、それならば仮設の集積所を作ろうという回答であった（2010.3.12）。

　このように、このプログラムが、ブリンダバン町の現状の廃棄物管理のありように対して、いかなる新しい画期的な貢献が期待できるものであるのか筆者には理解ができなかった。ゆえに、このプログラムは、これから紹介する公衆参加啓発プログラムと同様に、現場にある具体的な実践的課題を解決するというよりは、漠然とした長期的効果を狙う啓発活動という印象を受けた。

(b)　資産（公用地を含む）情報および管理システム

　「資産（公用地を含む）情報および管理システム」プログラムの最終目的はブリンダバン町政府による徴税能力の強化である。それは、「資産税と不動産と土地を管理するシステム（Property Tax and Building and Land Management System）」のコンピュータ化を開発・強化することによる資産税と不動産の新しいデータベースの構築を通して遂行される。それは、町当局が合理化され、広く、そして訴訟のない固定資産税システムを開発すること、そして結果的に増収を可能にする」と資料に説明されている（UPJN 2010a）。

　ここで資産税（property tax）と呼んでいるものは、都市レベルの行政サービスに必要な経費の住民負担であり、日本で言うと住民税のような位置づ

けである。これがブリンダバン町政府の主要な税収入であり、その内容は家屋税（house tax）、水道税（water tax）、そして下水道税（sewer tax）である。これらの課税額の根拠となっているのが「年間賃貸評価額（Annual Rental Value：ARV）」で、税額はそれぞれ年間賃貸評価額の10％、10％、2％である。そして、その年間賃貸評価額の根拠となっているデータは部屋の大きさと数である。その部屋の大きさと数の基礎データが、現在は査定担当者の目検討と裁量によって作成されている。それをコンピュータ化されたシステムによる正確な数値によって査定し直すことによって、誤差や裁量の余地を排除した、透明性のある徴税システムを導入することがこのプログラムの目的である。

　2010年3月12日時点にこのプログラムを実施している担当者に面会したときは、衛星画像地図データを基盤とした膨大な住居・住民データがすでにコンピュータの中に登録されていた。担当者は、それを操りながら調査手法や使用方法を説明してくれた。彼らの業務はこのシステムを完成させ、このアプリケーションとデータをブリンダバン町政府に移管し、職員らに使い方をトレーニングすることらしい。基礎データの修正は、当然ながら、誰でも簡単にできるものではなく、修正権限が限定されるようになっている。

　このハイテク・システムが確実に運用されたならば、徴税に係る不信感や不公平感がなくなり、税金を支払うことに対する住民の抵抗感を格段に抑えることができると思われる。実に素晴らしいシステムであるが、ブリンダバン町政府の職員がこれを意欲的に運用したがるとは思えない。なぜならば、彼らはあえて新しい仕事を覚えたくないだろうし、裁量権限に係る優位性を失ってしまうかもしれない。どうやってこのシステムをブリンダバン町政府に強制するのだろうかとコンサルタントに尋ねたところ、彼もこれが実際に運用されることについては懐疑的であった。このハイテク・システムの活用を見届けるしくみが、このプログラムには用意されていない。これが移管された後に運用されるか否かは、町政府の首席行政官の責任に委ねられているのであろうという回答であった。

　このハイテク課税システムも、たまたま活用されるかもしれないし、たま

たままったく活用されないかもしれないし、別の方法で活用されるかもしれない。それは様々な条件の組み合わせに委ねられている。

(c) 都市行政サービス／運営人材の開発および能力構築

あとの二つのプログラムについてはコンサルタントとの面談を果たしていないので、事業資料を翻訳して記載する。先述したようにこのプログラムのNGOは、ブリンダバン町周辺に現地事務所を構えているわけではなく、調査機会が限られてしまったためである[10]。

「都市行政サービス／運営人材の開発および能力構築」プログラムは、ブリンダバン町政府の公務員たちの職務内容を見直し、トレーニングの必要性がある分野を特定することを目的としている。その上で、共通改革実施機関（CRI）が対話セッションやベストプラクティスの現地見学研修（exposure visit）を用いたトレーニングプログラムを実施する」（UPJN 2010a）。

(d) 官民連携ワーキングモジュールの促進

「官民連携ワーキングモジュールの促進」プログラムは、各事業実施都市におけるそれぞれの官民協力モデルの開発を目的としている。また、将来のPPPモデルに備えて、自治組織公務員を教育することも目的としている」（UPJN 2010a）。

以上、本格事業では、パイロット事業ほど「地方」アクターを事業に巻き込むことがなかったので、良くも悪くも、都市レベルの地域管理に波風を立てることはなかった。IEC戦略やハイテクの課税システムなど、ブリンダバン町に導入された新しいコンセプトは、YAP-Iの下水道やCTCと同様、様々な条件の組み合わせによって、活用されたり、されなかったり、別の方法で活用されたりすることになるであろう。

第4節　公衆参加啓発事業

最後に、公衆参加啓発（Public Participation & Awareness：PP&A）プログラ

ムを見ていこう。このコンポーネントの実施機関は UP 州水道局アーグラ事務所である。このプログラムは CTC 関連（CTC）、学校関連（School）、そして革新関連（Innovative）の 3 つのプログラムからなる。正式名称はそれぞれ**表 7-4** の通りである。それぞれのプログラムごとにプログラムを実施する「パートナー NGO」が選定された。その NGO がブリンダバンにおいて実際に活動した期間は 2006 年 11 月から 2009 年 11 月までの 3 年間である。

表 7-4　YAP-II　公衆参加啓発のパートナー NGO[11]

略称	プログラムの正式名称	NGO の本拠地	現地オフィス
CTC	CTC 近隣コミュニティの社会経済および環境向上プログラム Socio-economic and Environment Upgrading of CTC Neighbourhood Community Programme	アーグラ市	ラージプル村 ケイラッシュナガー
school	学校の健康と衛生プログラム School Health and Hygiene Programme	デリー市	ラージプル村 ケイラッシュナガー
Innovative	都市毎の革新的プログラム Town Specific Innovative Programme	ハプル町 (Hapur)	スンラック村 アナンダ・バティカ

　パートナー NGO は一定の手続きを経て選定された。UP 州の事業については、全体で 84 の NGO から意思表示（Expression of Interest）があり、その中から 53 の NGO に提案要求書（Request for Proposals）が発行され、47 の NGO からプロポーザルを受理し、最終的に 25 の NGO と契約が交わされた（PMC 2006b）。

　ブリンダバンの「パートナー NGO」としては、3 つのプログラムでそれぞれ異なる NGO が業務を受注した (表 7-4)。3 つとも外部からきた NGO で、業務を実施する期間だけブリンダバン周辺の村領域に事務所を借りて現地オフィスとしていた。CTC 関連プログラムの NGO はブリンダバンのみ、学校関連（school）と革新関連（innovative）プログラムの NGO はブリンダバンとマツーラのプログラムを同時に受注していた。

　ブリンダバンの地元の NGO も多少は申請していたようだが、いずれも業務を受注することはできなかったという（PMC 駐在員, 2007.3.30）。先述した

廃棄物管理の地元 NGO の代表は、ブリンダバンの公衆参加啓発にわざわざ外部の NGO を雇い入れることに当初は違和感を表明していた。地元で活動する NGO がこのような事業を行う方が良い成果を上げられるという考えであった。彼自身も公衆参加啓発には興味があるが、この公募には気がつかなかったという。ただし先述したように、地元 NGO のヤムナ川浄化計画への参加意欲はこの後まもなく大きく損なわれてしまったのだが (2008.3.18, 2010.3.5)。

(1) 「CTC 近隣コミュニティの社会経済および環境向上プログラム」(CTC 関連)

ヤムナ川浄化計画の公衆参加啓発プログラムは一般的に、目的と手段の道筋が理解し難く、「公衆」もしくは「住民」がいかなる役割を期待されているのかが見えにくい印象がある。例に漏れずこの CTC 関連プログラムも難解で、閉鎖された CTC 施設の再開が目的であるのか、CTC の利用率向上が目的であるのか、コミュニティ開発が目的であるのか、もしくは住民の衛生意識の漠然とした底上げが目的であるのか、筆者には理解できなかった。

業務指示書 (Terms of Reference：TOR) を見ると、このプログラムが計画された問題意識は CTC の利用率が低いことにある。その理由は、社会 (social)、習慣 (behavioral)、そして維持管理の問題に起因するとされている。ゆえに、このプログラムでは、CTC から 200m 圏内を CTC 近隣コミュニティ (CTC Neighborhood community) とみなし、そのエリア内の人々に啓発活動を行うことになっている (PMC 2006a)。

「エリア内の人々に啓発活動を行う」このプログラムは、サービスを提供する側ではなく、サービスを利用する側に働きかけるものである。よって CTC 施設の修復や維持管理体制に介入するものではない。つまり、CTC 施設が閉鎖されている地域においても、CTC を修復したり、維持管理体制を構築したりする手当てはない。そういったサービス提供の側面は棚上げし、しかしサービスの潜在的利用者である CTC 施設周辺に住む人々の衛生意識の向上を促すことが啓発活動の目的なのだという (JGM 担当者, 2008.3.12;

PMC 2006a）。

　このように、一方ではサービス提供の側面には関わらないとしつつ、他方では「運営常態であるCTC施設」の数が啓発活動の成果の指標として用いられている（たとえば「UPJNデータ」）。同プログラム開始時点において8箇所のCTC施設のみが運営常態にあったところ、同プログラム終了時点において17か所のCTC施設が運営常態となった。よって、「この公衆参加啓発プログラムを導入したことによって、CTC施設の利用率が向上した」と結論付けられている（UPJN 2010b）。なぜ潜在的利用者に働きかけるだけの彼らの活動が、CTC施設の再開の数値に直接結びつけられて成果の指標となるのだろうか。

　そして実際、第4章で報告したように、同NGOが「再開」と見なすCTCのケアテイカーや利用者に聞きとりをした結果、CTCはこのプログラムの啓発活動に関わりなくずっと同じ状況であるか（「R2 スダマクティ」、「R3 ビハルガート」、「R4-B ラングナート寺院B」、「R5 ガレラバーグ」、「C3 カリダー」）、同NGOとは関係のないところで再開された（「C7 パーガルババ寺院」）。同NGOの活動により再開されたという話を聞くことは、少なくても筆者の調査の限りでは一例もなかった[12]。このように、筆者が入手した聞き取りや事業資料の限りでは、このプログラムの目的、手段、成果の指標等々がそれぞれにバラバラに見えており、最後までこのプログラムの意図を理解することはできなかった。

　このようにこのプログラムの趣旨自体は理解し難いものの、このプログラムを受託したNGOの仕事については、特に前半の担当者について（途中で担当者の変更があった）筆者は好印象を受けた。CTCの現状調査のところでも言及したように（第4章）、YAP-CTC事業にしては珍しく、事業対象の交流人口と居住人口を区別していたことと、それを含めたベースライン調査の情報がしっかりと整理されて事務所の壁に貼られていた（**写真7-3②**）。情報が誰にでもわかりやすく整備され、いつでも誰にでもそれが利用されるように工夫されているという事態はそれほどありふれたことではない（西谷内2010）。中央から降ろされてきた事業デザインはどうあれ、現場で担当者が

第7章　ブリンダバン②：〈指導マニュアル型介入〉の検証　257

真摯に地域社会と向き合っていたことがうかがえる。最終的には、UP州水道局でもブリンダバン町政府でもなく、このNGOだけがブリンダバンのYAP-CTCの全体像をみわたす基本データを揃えていたのである。

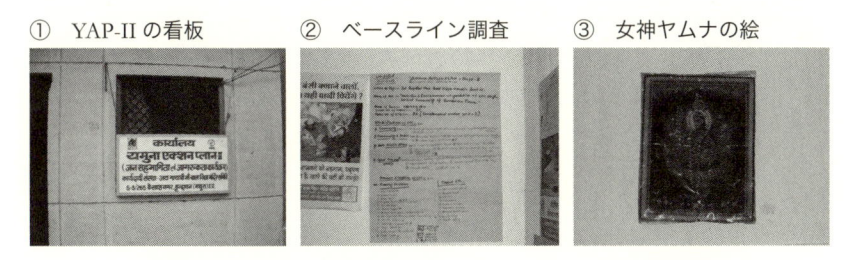

① YAP-Ⅱ の看板　② ベースライン調査　③ 女神ヤムナの絵

写真 7-3　CTC プログラムのパートナー NGO の事務所
（2008.3.11 撮影）

　次に、同プログラムで実際に何が行われていたのか見てみよう。四半期行動計画（Quarterly Action Plan）（2008.3.1-2008.5.31）を見ると、野外啓発教室（Awareness Camp）、コミュニティー・ワークショップ、セミナー／ワークショップ、がそれぞれ3回ずつ、利害関係者のアドボカシー・ワークショップ（Advocacy workshop with stakeholders）が2回、展示発表会（Exhibitions show）、見学研修（Exposure Visits）、映像鑑賞会（Film Show）、旗やボートにスローガンを書く（Slogan Writing on the Banners & Boats）がそれぞれ1回ずつ開催されている。

　そのうちの一つ、野外啓発教室（Awareness Camp）に参加させてもらった（**写真 7-4**）。「C3 カリダー　CTC」から徒歩15分ほど、ラマンチャトリ（Ramanchatri）という地区の広場で野外教室が行われた。「C3 カリダー CTC」は施設に多少の問題はあるものの、運営体制は整っているので、ここで啓発された住民は（家にトイレがないとすれば）すぐにでもCTCを使うことができる。午前10時から1時間ほどの集まりであった。男性、女性、子供たち100人ほどが集まっていた。割合にすると女性が60％、男性と子供が20％ずつくらいである。

258　第Ⅱ部　事例検証

① 野外教室　　② ゴミ箱　　③ ゴミ箱をもらう参加者

写真 7-4　野外啓発教室（Awareness Camp）

(2008.3.15 撮影)

　NGO のスタッフや同地区の評議員がプラスチックの簡易椅子に座り、出席した人々はその向かいに敷かれた敷物の上に座る。男性が左側、女性が右側、子供たちは前の方に座った（**写真 7-4 ①**）。ヤムナ女神の絵（写真 7-3 ③ を事務所から持ち出していた）に花の首飾りをかける儀式で野外教室が始まり、続いて NGO の代表者がそのヤムナ女神を救うための行動指針（ゴミを捨てない、ゴミの減量、野外排泄をしない等々）についての講義を 30 分ほど行った。女性は真剣に話しを聞いている人が多かった。男性はあまり興味がなさそうで、子供たちはもちろん講義には興味がないが、人が集まっているので興奮しているようだった。

　啓発教室が最高に盛り上がったのが、最後に**写真 7-4 ②**のゴミ箱が配られるときであった。参加者の名前をノートに記したあとゴミ箱を渡すしくみで、援助国の代表ということか、最初は筆者がゴミ箱の手渡し役を仰せつかった。しかし、順番待ちの人がぐいぐいと押し寄せるので押しつぶされるし、また順番を無視して横から手を出してゴミ箱を奪おうとする者もいたので、その役目は大柄の男性スタッフに任せることにした（**写真③**）。あとでこの男性スタッフが、このプレゼントを目当てに人々は集まってくるのだと教えてくれた。参加者たちは、ゴミ箱をもらうと散り散りに去って行った。

　このように、プレゼントに釣られてというのが正直なところかもしれないが、真剣にうなずいて話を聞いていた人たちもいた。ヤムナ川浄化計画の政策デザイナーが、おそらく漠然と構想しているように、こういった小さな啓発活動の積み重ねが、いつか何らかの形で CTC、廃棄物管理、そして下水

道の行政サービスのありようを変えることになるのかもしれない。本書はこのようなプログラムの長期的効果を否定するものではない。

ここで明らかにしたいことは、ヤムナ川浄化計画の「参加」の特徴である。現場の論理に即して、目の前の課題を双方向に一つずつ確実に手当てする、という考え方ではない。外から新しいコンセプトを持ち込み、とりあえず一方向に垂れ流しておく。それが何を生み出すのかは、神の世界にゆだねよう、という発想に基づいているということである。

(2) 「学校の健康と衛生プログラム」（School 学校関連）

これは子供を媒介とした啓発活動である。業務指示書によると、このプログラムの目的は「健全で責任ある行動を子供に教育し、ヤムナ川汚染の防止と管理のできる社会をつくる媒介とする」とある。健全で責任ある行動の内容は、ポリエチレンを使わないこと、生物分解性のゴミを適切に処理すること、衛生施設を利用することが挙げられている。

NGOの活動計画を見ると、毎月5〜7種類のイベントが企画されており、ブリンダバンの各種学校で絵やディベートのコンテスト、集会、路上劇、見学研修、能力強化ワークショップなどが実施されている。

このプログラムについては実態調査を実施しなかった。しかし、資料を見る限りでは先のプログラムと同様で、漠然とした一方向の啓発活動のように見受けられる。たとえば、「生物分解性のゴミを適切に処理すること、衛生施設を利用すること」という点で、やはり「正しい行動」をとるしくみが整備されていないところで、汚染主体としての住民の意識啓発が先取りされている矛盾をはらんでいるように思われる。

(3) 「都市ごとの革新的プログラム」（Innovative 革新関連）

業務指示書によると、この革新関連プログラムは、中央で決定された事業内容をNGOが各地で門切り型に実施するのではなく、それぞれの都市の事情にあわせてNGOが実施プログラムをデザインするというものである。小額で短期間のインプットから、持続的で拡大的な効果を持つ革新的な事業

の発掘を目的としており、河川汚染の制御に関わるテーマをNGOが柔軟に設定できる。たとえば、都市廃棄物管理、火葬施設の適切な利用、そして下水処理場の維持管理に関する市民監視委員会の設置などが適切なテーマの例として挙げられている。

　事業デザインだけ見ると、計画と実態の距離を縮める革新的な工夫のように見えるのだが、実際はそうでもない。なぜならば、都市廃棄物管理、火葬施設の利用、下水処理場の維持管理に関する市民監視委員会など、確かに非常に重要な課題を、住民を相手に啓発することを主目的とする事業だけで成し遂げようとすることに無理があると思われる。町や州の行政機関を動かす権限や、施設の補修事業を実施する資金が付帯しているなら別であるが、住民を啓発するだけでヤムナ川浄化計画を革新するという道筋がやはり想像し難い。

　結局、ブリンダバンでこのプログラムを担当したNGOは貧困地区の衛生改善をテーマにした。対象地区は二つ。第4章のCTCのところで、共同トイレのニーズがありながら閉鎖になってしまった「C4キショルプラ」と「C2ゴビンドクンド」CTCのある地区で、あわせて1,000世帯、約45,000人をプログラムの対象とした（2008.3.12）。

写真 7-5　Innovativeプログラムの事業対象地区
① 事業対象地区　　② 石鹸で手を洗う
（2008.3.25撮影）

　このプログラムについては詳細な事業資料を入手することができず、具体的な事業内容は不明である。唯一わかったことに、事業の対象現場に連れて行ってもらった際（**写真 7-5**）、住民に石鹸を配布して手洗いを啓発したとい

う説明を受けた（**写真②**）。

　このプログラムの対象地区はどちらも清掃カーストが多く住む地域なので、たとえば廃棄物管理のテーマにひきつけるならば、清掃カーストの衛生意識向上よりも雇用環境の見直しがより急務だと思われる。清掃権をめぐる慣習的社会関係を、たとえば一元化することが可能であれば、より多くの清掃カーストの公平な職業機会が創出できるかもしれない。ひいてはそれが貧困削減やこの地域の衛生改善につながるかもしれない。そして、ヤムナ川浄化計画にとって最も重要なことに町全体の衛生管理システムの構築に向けた大きな前進になる（西谷内 2009b）。そのようなことは視野に入れていないのだろうかとプログラム担当者に尋ねたところ、そのような大きな仕事はブリンダバン町政府や地元 NGO の仕事だと一蹴された。

　業務指示書の文言からすでに読み取れていたように、この「都市ごとの革新的プログラム」の枠内で、外部から一時的に現地入りしているパートナー NGO が実施可能な事業の規模にはおのずと限界がある。ヤムナ川浄化計画や、そしてこの町の根本的な課題に取り組むことはできないのである。ここでも「革新的」という言葉が、実態と乖離したままで一方向に都市に垂れ流されているようにみうけられた。

　以上、YAP-I で建設された施設が継続的に維持管理されることを目指すという YAP-II の政策目標はもっともだし、そのためには援助対象社会とその社会を構成する人々の協力が不可欠であることも大いに共感する。しかし、実際の事業コンポーネントを現場から検証してみると、その目標値に向けた道筋が、少なくても筆者にとってはわかりにくいものであった。中央と地方のコミュニケーション問題を放置したままで市民にヤムナ川浄化計画への参加を期待する。ゴミやトイレの公共サービスの体制が整っていないところで、その公共サービスの利用を住民に啓発する。廃棄物管理における根本的な慣習の問題を棚上げし、そういった現実の課題に取り組んでいる地元 NGO の努力の蓄積をないがしろにしたまま、外から新しいコンセプトを表面的に単発的に取り込んでみる。どれをとっても、地域社会の人々をどのように巻き込もうというのか、それらの施策が YAP-I 施設の継続的な利用にいかに

つながると考えられているのか、「中央」からおりてきた計画と「地方」の実態とのつながりが具体的に見えてこなかった。

第5節　日本のODAの情報収集能力の検証

先述したように、YAP-IIにおいては事業コンセプトの形成過程において日本のODAが比較的強く関わっている。中央政府を介して情報を収集するのみならず、自ら独自に社会調査を実施し、指導マニュアルを作成し、中央政府に提示してもいる。それでは、日本のODA実施主体は援助対象の現場をどのように捉えているのか、そこで実施されている政策のありようをどのようなものと把握しているのか、本節では日本政府の側からYAP-IIにおける介入のあり方を検証したい。

(1) 情報入力のしくみ

(a) 円借款の実施体制

最初に、日本の円借款の実施体制を確認しておきたい[13]。2008年時点、東京のJBIC本店では「開発第3部第2班」がインド・ネパール・ブータン向けの海外経済協力業務に関する企画立案、調整を担当していた。第2班は10名程度で、このうちの一人がガンジス川浄化計画を担当していた。基本的に案件形成までは東京本店で、案件管理はデリーの駐在員事務所が行う（本店担当者, 2008.5.7）。

東京本店では、その他にガンジス川浄化計画に関わりのある部署は以下の通りで、それぞれ2～4名ずつが関与していた。分野・セクターにおける専門性の補完（開発セクター部）、環境ガイドラインに基づく審査（環境審査室）、貸付手続き（債権管理システム部）、出資案件の評価等（プロジェクト開発部）が関連部署である。ちなみに、開発セクター部では社会開発分野を担当する者もいるが、文化人類学や社会学のバックグラウンドは特に求められないという（本店担当者, 2008.6.25）（この論点は次章で扱う）。

次に、デリー駐在員事務所には、日本人駐在員が6名とインド人上級スタッフが5名いた。その他、企画調査員という1～2年単位の期間採用スタッ

フとローカル採用スタッフがいた。ガンジス川浄化計画は日本人駐在員とインド人上級スタッフとの2名が担当していた（本店担当者, 2008.6.25; デリー事務所担当者, 2010.2.23）。日本人担当者は定期的に人事異動で交代する。2006年以降筆者が調査を始めてからは、ガンジス川浄化計画の日本人担当者は2010年3月時点で3人目であった。インド人担当者は、2006年以降同一人物であった。

(b) 円借款のプロジェクトサイクルから見る情報収集のしくみ

次に、円借款のプロジェクトサイクル（**図7-1**）に基づいて、地域から情報を収集するしくみを概観する。

バラナシの事例でも触れたように、円借款のプロジェクトは、案件発掘から契約にいたる段階において、開発調査、事前調査（ファクト・ファインディング）や審査（アプレイザル）などで調査団がインドに派遣され、実地調査も行いながら、借入国と協議を行う。YAP-Iでは、SAPROF（Special Assistance for Project Formation：案件形成促進調査）も実施されており、その中で住民の意識調査も実施されている（JBIC 2000）。

借款契約が済んで、事業実施の段階では「監理ミッション等を通じ、プロジェクトの進捗状況をレビューして、事業実施機関や更に上位の機関と協議を行い、直面する問題を解決し、そのために必要な方策がタイムリーかつ効果的に行われるように必要な措置をとる」（JBIC 2004a, 6）。この過程では、必要に応じて「借入国が効果的・効率的にプロジェクトを実施・監理できるよう支援するために、案件実施支援調査（SAPI）を行うことがある」（JBIC 2004a, 7）。これは、課題の性質等に応じて適宜外部専門家を活用して実施される（JBIC本店担当者, 2008.6.25）。これがデリーのCTC事業を含め、YAP-I延長期における各都市のCTC事業や公衆参加啓発事業などの指導モデルとなった調査である。

事後評価では、第三者機関が「対象事業が完成した後、各事業の審査から事業実施・運営維持管理の全過程をレビューし、当初の計画と比べてどうであったか、また、効果やインパクトがどのように発揮されているか、改善の

264 第Ⅱ部 事例検証

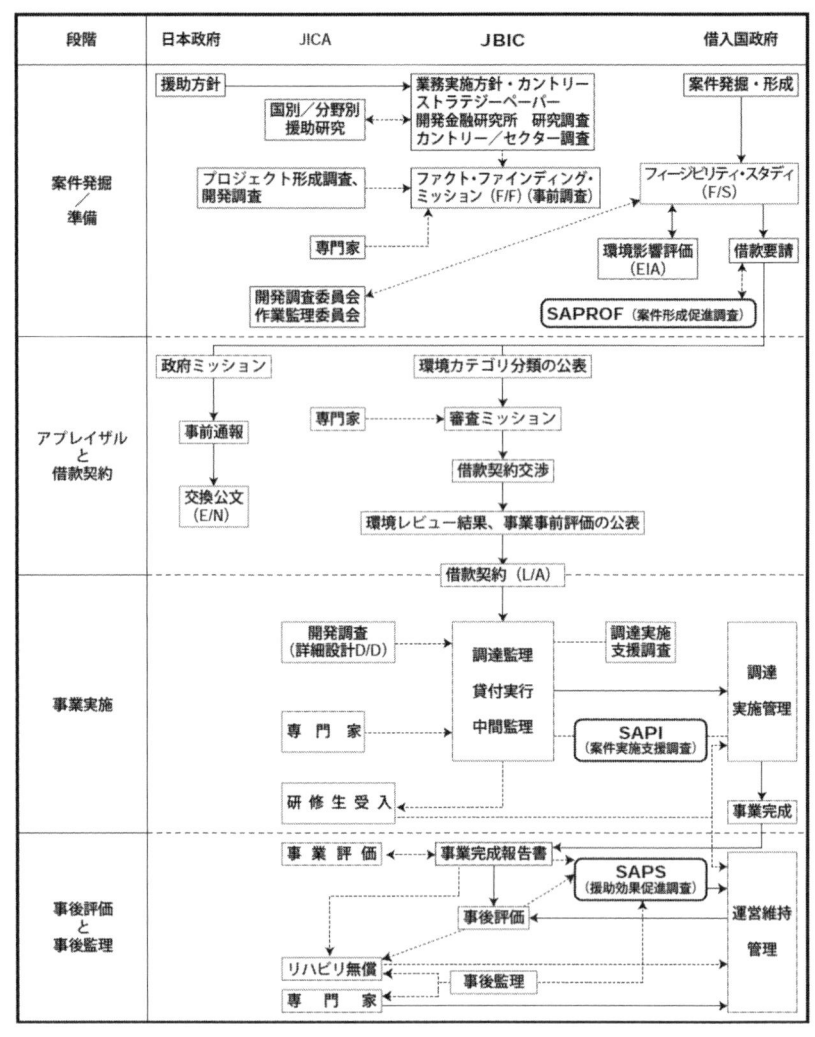

図 7-1 プロジェクトサイクルと借款手続き

出典）JBIC 2004a, 4。[14]

ための課題は何かという点を検証する」（JBIC 2004a, 7）。YAP-I の場合は日本の開発コンサルタントが事後評価を受託し、2004 年 9 月に現地に入っている。4 つの都市で CTC 等の「受益者調査」を行っており、ブリンダバンとその隣町であるマツーラも調査対象地に含まれている。この調査による

YAP-I の総合評価は 4 段階評価の「B（満足）」である。内訳は、妥当性が「a」（事業目的と開発ニーズとの整合性が認められる）、有効性も「a」（効果指標の 80％以上が達成された）、効率性が「b」（事業期間に遅延が見られたものの、アウトプットは計画以上の達成、事業費も予定内に収まっている）、持続性も「b」（「若干の懸念はあるもののおおむね問題なし」）という評価である（JBIC 2005b, 25-26）。

　事後監理段階では、「必要に応じて、…… 援助効果促進調査（SAPS〔Special Assistance for Project Sustainability〕）を行うこともあり、プロジェクトの効果的な維持管理を妨げる要因について集中的に調査し、借入国に対して改善策の提言を行っている」（JBIC 2004a, 7）。YAP-I では、「汚水処理等の事業効果は計画値に達しているものの、ヤムナ川の水質は改善していないという評価結果を踏まえ」SAPS が実施されている（JBIC 2005b, 17）。これは、下水道事業の技術的な側面に焦点が当てられた調査、および提言である。人的社会的な要素としては、下水道の維持管理体制の問題が指摘されており、たいていは GAP-I 以降各種事業報告書、マスメディア、環境系シンクタンクや NGO などからずっと指摘され続けてきたような、第 3 章で概観した課題群が指摘されている。

　以上、円借款のモニタリングのしくみをプロジェクトサイクルにそって概観した。このように、日本の ODA には地域社会からの情報を入力するしくみが時系列に基づいて合理的に制度化されており、その情報をもとに、介入のあり方を調整するしくみも組み込まれている。次に、このようなモニタリングの制度が、実践的にどの程度の情報収集能力を有しているのか実態に即して確認していこう。

(c)　間接介入の情報収集能力

　2008 年 11 月時点に JBIC デリー事務所（統合後なので厳密には「JICA」）の日本人担当者にインタビューした際、彼の担当はインド全体の上下水道、河川湖沼、つまり「水」分野であった。統合後は、JICA の日本人駐在員と仕事を共有するようになったが、ガンジス川浄化計画は引き続き彼が担当していた（2008.11.25）。このように、ガンジス川浄化計画は彼が担当する多くの

案件のうちの一部である。その担当者は、期待される担当役割以上の問題点に目配りをする誠意ある人物であった。しかし、どんなに熱意や体力の優れた担当者でも、インド全国の担当案件実施地のすべての地域的まとまりにおいて丁寧に介入の帰結をモニタリングすることはできない。現に、その担当者はブリンダバンでは無駄遣いの象徴として有名なガートの欠陥工事も、デリーのマンゴルプリにおける住民のCTC取り壊しの要求も認識していなかった。

　それでは、デリー事務所では案件をどのようにモニタリングしているのかと言うと、たとえばYAP-IIの場合は以下のようである。下水道事業計画、公衆参加啓発、改革行動計画のそれぞれに、事業実施機関から四半期成果報告が上がってくる。それをもとに、中央アクターとレビュー会議を実施する。これらの過程で何らかの問題が見つかれば、直接現地を視察して問題を調整する。言い換えると、現場の実施担当機関や州政府機関等の中間組織から問題が上がってこなければ、問題はないとみなされるのである。

　JBIC職員から見えているインド側のアクターは、東京本店からもデリー事務所からも、デリー市などの特別大きな都市を除いてはおおよそ州政府の首都レベル（出先機関ではなく）までだという（JBIC本店, 2008.6.25; JBICデリー事務所, 2008.11.25）。このように、JBICから地方アクターは見えておらず、つまりモニタリング体制も間接介入の形式に基づいて設定されているのである。

　次に、事業完成後のモニタリングとしては、第三者事後評価で「B（満足）」以上の評価であれば、ひとまずは事業完了となる（デリー事務所担当者, 2008.11.25; 本店担当者, 2008.5.8）。これまでガンジス川浄化計画の関連案件からはYAP-Iのみが事後評価の段階にあり[15]、先述したように評価は「B（満足）」である。この事後評価は第三者（外部者）による評価と言っても、国費で実施されるものであるから、当然ながら調査に充てられる時間とノルマと、そして評価項目があらかじめ定められている。YAP-Iの事後評価では評価、衛生、社会調査などの専門家4名が、9日間で実施機関への質問票調査、サイト視察（3州6都市）、そして「受益者調査」を実施している。移動時間を考

慮すると、一都市の滞在時間は正味一日という計算になろう。この調査による現場からの情報収集能力にはおのずと限界がある。

以上、本書が対象にしている地域的まとまりや地域管理のありようといった包括的な社会実態やその変化に関する情報を入力する経路としては、事後評価を含めた日本からの単発的なミッションには、おのずと限界がある。その意味においては、デリー事務所の担当者が最も有力な情報入力の経路である。しかし、問題は現場から上がってくるものという考え方に立脚し、中央アクターを介して地域の情報を間接的に入手する方法で担当役割が設定されており、やはり包括的な社会実態をモニタリングする経路としては大きな限界を抱えている。

最後に、事業を実施する主体ではなく、事業の受け手である地元住民からの意見を直接受け取るしくみ、すなわちボトムアップ型の情報収集能力をみていこう。JBIC本店で尋ねたところ、JBICのホームページに「ご意見ボックス」が設けられているという回答であった。「ご意見ボックス」に寄せられた意見は本店広報係に届き、意見を振り分けて各部署に送られる。インドの事業についての問い合わせは年間100件前後だという。たとえば、工事の音がうるさいなどという苦情もあり、そういった意見はインド側に改善要求を提出し、意見投稿者本人にも必ず返信するという（2008.8.13）。

また、地方アクターがJBICのデリー事務所に直接問い合わせをするという手段もある。たとえばブリンダバンの地元NGOが仲介を必要としていたケースについて、デリー事務所の担当者は、電話をしてくれば対応できたと言う（2010.2.23）。確かに、筆者が個々の担当者から受けた印象も、非常に丁寧で的確なものであった。おそらく、インドの地方アクターもJBICの事業担当者に連絡をすれば、なんらかの仲介協力を得られたであろう。しかし、問題が3点ある。

一点は、地方の住民にとって外国のODA実施機関は、顔見知りでもない限り、心理的距離が遠すぎる。彼らの多くが苦情や意見を伝えようと思う存在は、せいぜい都市政府か最寄りの州政府出先機関である。

もう一点は、JBICの組織内部における文化の二面性である。インド市民

がJBICに連絡をする場合は、インド人スタッフが対応してくれるようだ。デリー事務所のインド人スタッフは、日本の文化（組織文化、政治文化、仕事の流れや期待値等々）とインドのそれを仲介する重要な役割を果たしている。これは裏を返すと、理論上、インド人スタッフはかならずしも日本人が考える丁寧さや的確さをそのままの形でインド市民に示すとは限らないということになる。

　最後に、仮にJBIC職員の誰かが日本人が考えるところの丁寧な対応にまでこぎつけたとしても、国内事情に深く立ち入らない日本のODAが、個別の問題にどこまで実効性をもって最後まで対処できるのかというと、疑問がある。指導マニュアルを中央に渡す（苦情を伝えて対応を要請する）ところまでは実施されるであろうが、その先に中央アクターが実際にどのような対応を実行するのかは、中央アクターに任されるのであり、日本のODAが粘り強く両者の仲介に尽力することはないであろう。

⑵　日本のODA実施機関が認識する（広報する）ガンジス川浄化計画

　以上のように、日本のモニタリングは、国境の壁を重んじ事業対象地域の内情にまでは立ち入らないし、積極的に問題を見つけにもいかない。結果として、日本が認識するガンジス川浄化計画は、地域社会から見たそれとは随分と異なる。水質改善という意味ではまだまだ課題があるものの、大局的に見ると地域住民を巻き込んだ環境協力のグッド・プラクティスと認識されている。

　たとえば、外務省が「開発途上国の環境問題を解決するために、我が国の政府開発援助（ODA）を通じてどのような取組をしているか、コンパクトにまとめて」いる『我が国の環境ODA──持続可能な開発の実現のために』という広報資料においてヤムナ川浄化計画への支援案件が「『水』問題への取組」の「グッド・プラクティス」として紹介されている（外務省 2005b, 9）。JICAのホームページでは「インドで実施中の（または実施した）代表的なプロジェクト」として（JICA 2010c）、JBICのインド向けODAの広報パンフレット『日本とインド』の中でも「日本とインドとの関係の緊密化」に向けた主

軸支援分野の一つである「環境改善」分野の代表例としてヤムナ川浄化計画が取り上げられている（JBIC 2006c）。外務省の「世界の水問題解決に貢献する日本のODA」（外務省 2010b）や「水と衛生に関する拡大パートナーシップ・イニシアティブ」（外務省 2006b）の中でも優良な環境案件としてヤムナ川浄化計画やGAP-IIが紹介されている[16]。

またタレントや国民によるODA視察に際しても、ヤムナ川浄化計画が頻繁に採用されている。2004年にUNEP親善大使の加藤登紀子が、そして2007年には国際NGOワールド・ビジョン・ジャパン親善大使の酒井美紀がヤムナ川浄化計画の事業現場を視察しており、その様子が事業概要とともに複数の広報資料で紹介されている[17]。2005年には第2回JBIC学生論文コンテスト最優秀賞の副賞としてヤムナ川浄化計画の現場視察がアレンジされており（JICA研究所 2010）、ODAの国民参加を促す円借款パートナーシップセミナーでも2005年度にヤムナ川浄化計画の視察が組み込まれている（JBIC 2006b）。2008年には参議院のODA調査団もヤムナ川浄化計画を視察している（参議院 2008）。

これらの公開されている資料に見るガンジス川浄化計画は、先述したようにおおむね好評価である。特に「公衆参加啓発」プログラムが評価の対象であり、それを中心にインドのNGOや日本の地方自治体との連携も活発になされており[18]、それがさらにガンジス川浄化計画の連携活動の豊富さや事業の包括性を高めていることが紹介されている。

これらのヤムナ川浄化計画の紹介文を見渡すと、そこに通底する一定のストーリーの存在が見えてくる。それが典型的に表れている「円借款プロジェクトニュース」（**図 7-2**）から、そのロジックを追ってみよう。

1. なぜ、ヤムナ川は汚れてしまったのか？その原因には、ゴミの投げ捨てやし尿の垂れ流しなど、他都市でも見られる問題に加え、インドの人々の独特の生活習慣も重なってくる。
2. 通常の下水道事業では、下水管を敷き、処理場を作れば完了だ。しかし、このヤムナ川の汚染を食い止め〔る〕……には、人々の生活習慣、

そして川に対する意識を変えることが不可欠なのは明らか。
3. そこで打ち出されたのが、NGO と連携した、公衆衛生知識の普及・啓蒙活動だ。
4. 住民を巻き込んだヤムナ川の浄化大作成。

(JBIC 2003a より抜粋)

　これが、日本側から見たヤムナ川浄化計画のおおよそ共通したビジョンである。ヤムナ川汚染問題にはインドの文化的背景が強く反映しており、下水道を敷くというインフラ事業だけでは問題解決のできない問題である。よって、インフラ事業と並行して、生活習慣や意識といったソフトの問題にも取り組まなくてはいけない。そして、それを実践しているのがヤムナ川浄化計画にほかならないというビジョンである。

　ヤムナ川浄化計画に対するこのビジョンは、しかし、本書の問題関心から見ると、日本の ODA 事業において以下の能力が欠如していることを示しているように見受けられる。すなわち、地域社会の実情を把握する能力と問題解決に向けた方向性を想像する能力の欠如である。

　インドの文化的背景やインフラ事業だけでは問題解決ができないという認識には共感する。しかし、「人々の生活習慣、そして川に対する意識」の問題は、インフラ事業の設計、建設、維持管理といった、行政側の問題をクリアしてから問うべき課題であろう。行政課題としての下水道サービスや廃棄物管理サービスの不備という問題を、住民の衛生意識や生活行動の問題にすり替えている。このことが、地域社会から見ると、目的意識や効果発現の経路が不明瞭なトップダウン型の参加型開発を地域に垂れ流す一つの要因になっていると思われる。

　次に、問題のすり替えがなぜ生じるのかと言うと、住民を個々の汚染主体としてしか見ることができていないからではないだろうか（開発援助コミュニティの文化）。住民は個々の汚染主体である前に、援助対象社会の地域管理を担っている社会の構成員である。地域社会にはどのような地域管理のしくみがあるのか、個々の人々の行動を方向づけている領域妥当の秩序はどのよ

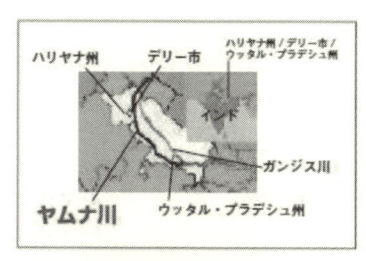

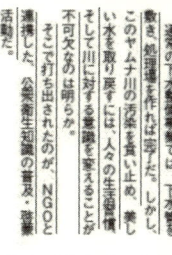

第 7 章　ブリンダバン②：〈指導マニュアル型介入〉の検証　271

図 7-2　円借款プロジェクトニュース

出典）JBIC 2003a（筆者傍線）。

うなものか、といった地域社会を把握しようとする思考が弱いのである（第8章で言うところの人類学の思考）。このことが、河川汚染問題の本質的な構造問題ではなく、外部者にも理解しやすい実に表面的な個々人の意識問題に政策資源を投入する結果につながっているのではないだろうか（文化を越える困難）。

　事業実態の把握についても、地域社会からみたガンジス川浄化計画への洞察が弱く、おおよそ中央から得られる情報のみによって事業実態を把握する間接介入の弊害が見て取れる。間接的に得られたモニタリング情報の限界として、指導ガイドラインが、そのまま現実の実績として広報資料で報告されている。「住民を巻き込んだヤムナ川の浄化大作戦」というのは、計画上のヤムナ川浄化計画であって、実態のそれではない。この点について、もう少し詳しくJBICの記述を見ていこう。デリーのCTC事業について以下のような説明がなされている。

　　NGOスタッフは住民たちに「どんなトイレがほしいか？」「どこにいくつあればよいか？」など具体的な希望を吸い上げた。この結果、これまでに1200か所以上に設けられた公衆トイレは、有料…にもかかわらず、利用者が増加。…住民を巻き込んだヤムナ川の浄化大作戦。（JBIC 2003a）

　　デリー市内各所に約900ケ所の公衆トイレが建設されました。…この施設を清掃し、管理する為にNGOが組織され、1回1ルピーの使用料を徴収しています。…家族パスもあります。…勿論24時間利用できます。…このプロジェクトで建設されたトイレはいずれも清潔が行き届いています。（デリー日本人会2004）

　　デリーのスラムを中心に約1,000カ所の公衆トイレを設置しており、その運営にも細かい工夫がなされています。…驚いたことにほとんどの住民は料金を取る「清潔なトイレ」を選んでいます。もう一つの工夫が

NGO の積極的な活用です。…NGO がトイレを … 清潔に運営しているのです。これら NGO は、地域住民に密着しており … 住民への衛生教育やキャンペーンも行っています。（地球の歩き方編集室 2003）[19]

　計画段階において住民のニーズや要望を十分に把握すること、トイレを清潔に管理すること、住民に配慮したサービスを提供すること。これらはどれも、JBIC が各種指導マニュアルで提示した指導事項である。NGO の組織化はどこで要請されていたかわからないが、CBO（地域住民組織）を組織してトイレの維持管理を委譲したいという方針は JBIC の指導文章などに頻繁に見られる。ここに記されていることは、JBIC が指導マニュアルに掲載した事項であったり、各事業の下請けコンサルタントに業務指示書として示されていたりする内容であり、これまで事例に即して見てきたように実際の成果を公平に反映したものではない。

　元田が指摘するように、日本国民向けの広報資料として、事業の正当性を確保するために「現地活動の詳細な分析よりも、『日本の援助は役立っている』といった、抽象化され、明快なメッセージ」を発信し（元田 2007, 256）、かつ良い側面を誇張して表現する意図的な脚色がなされているのかもしれない。しかし、問題はより根深いところにもあると思われる。つまり、JBIC は、本当に援助対象社会の実態も事業実態も把握していないし、その必要性も認められていないということである。

　この広報資料と地域実態の乖離は、第 6 章のバラナシの事例で如実に表れていたように、理念と実践の乖離を反映しているように思われる。実践上は地方アクターの不信や不満と向き合う体制を用意することなく、それらをインド政府の問題として一任している。しかし、理念上は、この広報資料に見られるように、地方アクターを主役に据えた ODA 実践、すなわち ODA 事業と援助対象地域の住民が双方向の関係で協力し合う「住民を巻き込んだヤムナ川の浄化大作成」を目指しているのだと思われる。

　つまり、「地域住民を巻き込んだ環境協力のグッド・プラクティス」という評価は、国民向けの誇張を含む宣伝用のイメージというよりも、多かれ少

なかれ事業関係者が認識するヤムナ川浄化計画なのである。日本のODAは、指導マニュアルがどこまで現実のもとして実現されているのかについて、事業対象地域の現場から、もしくは地方アクターからダイレクトに情報を収集する経路を有していない。現場から上がってくる事業報告を間接的に受容している事業関係者から見るヤムナ川浄化計画は、期待値や努力値の上では、他のインフラ案件よりも「住民を巻き込んだ」住民参加のグッド・プラクティスなのであろう。そして、実態との誤差については、まったく気づかないわけではないだろうが、それらを直視する必要には迫られていない。なぜならば、それはインド政府の問題だとみなされているからである。このように、ガンジス川浄化計画を通して見えてくる日本のODAは、理念と実践の乖離を直視しなくてもよいことを前提に制度づけられているのである。

第6節　まとめ：援助対象社会との遠い距離感

　ブリンダバンにおけるYAP-IIの展開を検証することで、〈指導マニュアル型介入〉について次の三点が見て取れた。一つは、〈積極介入〉の副作用である。この点は次章においてより深く検討するが、ブリンダバンのYAP-IIにおいても、理念の先行によって地方アクターを介入の連鎖に巻き込むことで、余計に地方アクターのヤムナ川浄化計画に対する信頼を損ねる場面があった。特に住民福祉協会という新しいコミュニティ・モデルの導入の試みにおいてその傾向が顕著であり、外部から持ち込まれた新しい理念が現実の地域社会の論理と衝突した。〈積極介入〉では、地域アクターを事業運営に「巻き込む」ことに成功すればするほど、その影響が――良くも悪くも――拡大することになるのである。

　次に、〈間接介入〉の限界が見て取れた。ドナー自らが社会調査やパイロット事業を実施して素晴らしい政策コンセプトを作り上げて介入の連鎖に投げ入れたとしても、それがそのまま介入の連鎖の向こう側で実現するとは限らない。公衆参加啓発も都市政府の改革行動計画も、地域社会の現実に噛み合って実施されていたとは言い難い。介入の連鎖の最初の一打でのみ影響力を発揮するが、その後に続く介入活動の展開には強く干渉しないという〈指導マ

ニュアル型〉は、結果的に政策コンセプトを地域社会に一方向に垂れ流すことになりうる。

最後に、〈指導マニュアル型介入〉に内在する矛盾が浮かび上がったように思われる。間接介入に依拠するドナーは、日本のODAがそうであるように、援助対象社会で起きている現実を直視する必要がなく、よってそのための体制を整えておらず、つまり文化を越える能力を備える必要に迫られていない。そのようなドナーが、そもそも援助対象社会に引き起こすべき変化とその道筋についての適切な指導マニュアルを作成することができるのだろうか。そもそも援助対象社会に深く立ち入らない間接介入でありながら、地域管理のありように積極的に関与しようとする積極介入は矛盾をはらんだ介入の型であるように思われる。

最後に、公平を期して、YAP-IIの好意的な側面についても言及しておきたい。マスタープランと改革行動計画によって、ブリンダバン町の基礎的データが広範囲に整備された（図4-1や図4-2はその一部）。これまでは町政府の組織図やまともな行政地図さえ存在していなかったのだから、YAP-IIで整備された町行政の基本情報は、それをブリンダバン町政府がすぐには活用しなくても、今後いずれかの時点で、自治行政の公開性や透明性の発展に寄与することになると思われる。

第II部のまとめ

第II部では、インドのガンジス川浄化計画に対する日本のODA案件を事例として、介入の問題を実証的に検討してきた。この事例検証では、第一に開発援助という国境を越える政策の難しさが明らかになったと思われる。第二に、それは国境を越えるドナーの役割について再考を迫るものであったのではないだろうか。

まずは事例研究を通して、介入の連鎖が不具合を起こしていることが明らかになった。そもそもガンジス川浄化計画は、都市レベルの地域管理課題である下水処理が適切に実施されていないために、州や国家というインド国内のアクター、そして国際社会のアクターが重層的に都市の地域管理に介入し

ているという図式である（図1-2）。その際、日本政府がインド政府を支援し、よって有望なガンジス川浄化計画の政策コンセプトが形成され、それに沿って州レベルで事業計画が策定され、都市レベルで事業の成果物が計画通りに運用されることが想定されている。たとえ政策指針や事業計画が都市の実態と乖離することがあっても、問題状況が介入の連鎖を通してしかるべきレベルに報告され、よって政策のコンセプトや事業計画が適宜調整される。という双方向のベクトルで介入の連鎖が万事うまく機能していれば、間接介入のシナリオは有効である。

　しかし、事例検証の結果、介入の連鎖が実際には不具合を起こしていることが明らかになった。特に、ボトムからアップに向けた情報移動のベクトルはおおよそ無機能であった。よって政策のコンセプトや事業計画が実態に即して見直されることはなかった。政策のコンセプトや計画がひとたび介入の連鎖に投入されれば、それが社会実態と適合していようといなかろうと、事業現場に向けて一方向に下ろされた。計画と実態が乖離した場合に、それを監視したり調整したりする主体はどこにもいなかった。だからこそ、「.... 建設された施設の多くが、全面的にもしくは部分的に機能していない」（PAC 2004, II.2.1）という状況がおきているのである。間接介入においては、事業計画で示されている目標値が現場で実効性を発揮することも発揮されないことも、人間社会において制御される事項ではなく、様々な条件の組み合わせ、すなわち神の世界にゆだねられた事項となる。制御主体のいない介入の連鎖を経て、事業計画は現場において、たまたま意図されたかたちで実現されていたり、たまたままったく意図されていない悪い副作用をもたらしたりもしていた。

　ところで、こうした実効性を伴わないトップダウンの公共事業は先進国にも見られてきた現象だし、いまなおまったく解消されたわけではないだろう。しかしだからこそ先進国には途上国に伝えられるノウハウがあると考えられているかもしれない。ただし、ここで決定的に重要なことは、第2章で確認したように、国内政策と国際政策では依拠する政治制度がまったく異なるという点である。一国の政府が国境を越えて出来ることには限界がある。だか

らこそ、「対外的アカウンタビリティ」の制度には曖昧さが残るし、第5章や第6章で見たように日本のODA実践も責任倫理をあたかも当然のごとく欠いていたのである。

　日本のODAの責任倫理の欠如問題を再確認しておこう。意図しない悪い副作用はデリー（第5章）とバラナシ（第6章）の事例において顕著なものであった。日本のODAの影響力が結果的に、迷惑なジャパニーズ・トイレや、地域アクターの河川浄化に向けた努力の阻害に帰結してしまった。しかし、日本政府は地域アクターから発せられる要望や非難の声に気づいていなかったし、気づいたところでそれを問題視することもなかった。なぜならば、それは日本政府が関与する事柄ではなく、インドの中央政府に一任すべき事項だという間接介入の前提認識に立っているからである。そのように、ドナーとはそもそも無責任な存在なのである。ドナーとは、自国内の政策とは比べ物にならないほど、国境を越える政策においては非民主的で無責任な政策活動を実施することができる存在なのである。

　そこで、ドナーの責任倫理の欠如や「対外的アカウンタビリティ」についてどう考えるのかという価値判断の問題が立ち現われる。これは法的ではなく道義的な問いである。通常「対外的アカウンタビリティ」の問題はダム建設に伴なう住民移転などの重大な負の帰結において問題化される。しかし、同様の構造をもつ問題は、それほどシビアなものではなくても、「社会配慮」という政策目標として、これまで見てきた日常的な日々の援助活動においても頻繁に立ち現われているのである。

　国境を越えるドナーは、〈間接介入〉のシナリオに依拠したままで、「社会配慮」という政策目標をただのリップサービスで終わらせることに甘んじるしかないのだろうか。あるいはドナーは、責任倫理に基づき、「社会配慮」という政策目標をより積極的に捉え、援助対象の社会に直接的に「配慮」すべきだろうか。配慮するとして、国境を越える他者が、援助対象となる地域社会に配慮することが、どこまで、いかに可能だろうか。第Ⅲ部では、ドナーが援助対象社会に直接配慮するような援助、言い換えるとドナーが援助の帰結に責任を持とうと意欲する「責任倫理」に基づいた介入のあり方を探るべ

く、〈直接介入〉の可能性を検討する。

注

1 YAP-Iで建設されたカリダー下水処理場は放棄（abandone）されることになった（UPJN 2008）。
2 2008年9月1日のレート、1INR=2.53YENで換算し、千の位で四捨五入した。
3 都市開発省によると、2014年度の四半期成果報告時点で、ブリンダバンの下水路は99%、排水路は100%、建設工事が完了している（MoUD 2014）。
4 改革行動計画の事業報告書を見ると、UP州にある8つの事業実施地のうち、4つの都市（ガジアバッド市新オクーラ工業開発区（New Okhla Industrial Development Authority）、ブリンダバン町、マツーラ町、ムザファルナガル町（Muzaffarnagar））にパイロットプロジェクトとして廃棄物管理が提案されている。その他には、サハーランプル市（Saharanpur）とエタワ町（Etawah）には苦情救済（Grievance Redressal）、アーグラ市には電子行政（E-Governace）などが提案されている（JBIC, NRCD & UPJN 2006, 128）。
5 PMCでの聞き取りでは、改革行動計画の主導権についてまったく異なる見解が聞かれた。ブリンダバンでは、この事例のように、改革行動計画でさえも上から降りてくるものとみなされているのに対して、PMCは改革行動計画の主役をブリンダバン町政府とみなしていた（PMCスタッフ, 2008.3.28）。この温度差も、「中央」と「地方」のコミュニケーションの欠如の現われと言えよう。
6 彼は、2010年3月に日本の草の根文化無償資金協力を獲得し、デリーで在印日本大使と直接面談している。日本のODAと一括りで言っても、このような小規模なスキームと円借款のように大規模なスキームでは状況が異なる。ただし、本書の趣旨は、いかなるスキームであろうとも、その規模の大小にかかわらず、ODAが地域社会に対して一定の影響力を持つ介入である以上、その帰結に責任を持つ必要性があるのではないかという問題を提起しているのである。
7 住民福祉協会とは、デリーやムンバイなど大都市の一部の富裕住区において目覚ましい地域管理機能を発揮している、インドにおける新しいタイプの地縁型住民組織である。資金や労力の提供の側面および意思決定権限の側面において平等性を担保できる程度の富裕住区において成立しうる型である（西谷内 2011b; 2011a）。現在のブリンダバンの地区運営においては、そういった組織化は見られず、事実上の緩やかな名望家支配の原理が優勢である。インド全体にはかつてカースト原理によって組織化されたモハラ組織やポル組織と呼ばれる地縁型住民組織

第 7 章　ブリンダバン②：〈指導マニュアル型介入〉の検証　279

が存在しており（Doshi 1968; Gillion 1968; Ahmad 1999; Blake 1991; 柳沢・布野 2008）、ブリンダバンにも存在したようであるが、現在は見当たらない。また、その他の YAP 都市でも同様のようだ。YAP-II の公衆参加啓発プログラムの担当コンサルタントに Doshi（1968）を紹介し、このような住民組織が事業都市に存在している事例を知っているだろうかと訪ねてみた。すると、UP 州およびハリアナ州の事業都市にはそのような存在は知らないという回答をもらった（2009.10.5）。

8　2009 年 3 月 1 日のレート、1INR=1.92YEN で換算し、千の位で四捨五入した。

9　彼の実績は都市の新しい地区におけるもので（アーグラ市で 1 地区とデリー市で 2 地区。スラムを含む）、古都ブリンダバンで廃棄物管理のボトルネックとなっている清掃権については十分な見識を持っていないようだった。

10　上記の二組のコンサルタントの担当者たちは親切にも、筆者に事業説明をしてくれるために一組はデリー市から、もう一人はマツーラ町から、わざわざブリンダバンまで来てくれた。筆者が同プログラムの実施機関である UP 州水道局ガジアバード事務所に電話で問い合わせをした翌日、その責任者が親切にもコンサルタントの事業担当者らをブリンダバンに送ってくれたのである。この場を借りて、コンサルタントの方々には、忙しいところ遠くまで足を運ばせてしまったことをお詫びするとともに、深くお礼を申し上げる。

11　PMC（2010）と現地調査を基に筆者作成。

12　CTC 施設の調査時、啓発活動をしている NGO は知っているだろうかと管理人に聞いて、知っているとの反応があったのは「C3 カリダー」の 1 件のみである。ラージプル村から来た人が施設の状況を聞いていったと言っていた。時期的にみて、JGM が「UPJN データ」の元資料を作成するために、施設状況の調査に行ったときのことだと思われる。

13　これは、円借款の実施機関である JBIC の海外経済協力部門が 2008 年に JICA に統合された後の、2008 年から 2010 年にかけて実施した聞き取りによる。その当時は、本店もデリー事務所も引っ越し前で、拠点がまだ別々であった。

14　これは 2015 年現在でも、JICA のホームページで円借款の説明資料として使用されている（http://www.jica.go.jp/activities/schemes/finance_co/procedure/ogp.html: 2015.10.28 アクセス）。

15　YAP-II の事後評価は、2016 年 8 月に評価報告書の完成が予定されている（JICA2015）。

16　その他にも、『ODA 白書』では 2002 年版に「環境保全対策」の ODA 実績として（外務省 2002, II-6）、2005 年版に「水と衛生」の取組事例として（外務省 2005c, II-4）、2007 年版には「国民参加の拡大」を促す素材として（外務省 2007, 201）、ヤムナ川浄化計画や GAP-II がコラムに登場している。

17 JBIC「トピックス」の（2004年度）「歌手・加藤登紀子さんが UNEP 親善大使として視察——着々と成果をあげるインド・ヤムナ川流域都市の下水道整備事業」と（2007年度）「女優の酒井美紀さんがインドで円借款事業を視察——自分の目で見て、耳で聞き、匂いを嗅ぎ、体感できた現場」（JBIC 2010）。「インド・ヤムナ川に流れる歌声 加藤登紀子さんが円借款事業を視察」（JBIC 2004c）。その他、外務省（2007, コラム 21）、JBIC（2008, 46-48）など。

18 NGO との連携とは主に第 3 章と第 4 章で見たように、インドの NGO やコンサルタントが啓発プログラムの実施や CTC の維持管理を下請けしていることである。そのほか、JBIC が直接インドの NGO やコンサルタントに事業実施支援等のための調査を依頼してもいる。ガンジス川浄化計画における NGO との連携実績は各所で紹介されている。たとえば、2001 年第 1 回 NGO-JBIC 定期協議会で「NGOとの連携実績」としてヤムナ川浄化計画が詳しく紹介されている（JBIC 2001a）。次に、日本の自治体との連携は、JICA の技術協力の研修事業でインドの中央や州の下水道関係職員が来日して日本各地の下水道事業を視察したり、反対に岡山県職員が訪印して児島湖の環境保全事業の啓発プログラムの経験を紹介したりしている。特に岡山県との連携は各所頻繁に広報されている（外務省 2005c, II-4; JBIC 2005d, 36; 2005c, 28; 2006a, 5）。

19 この記事は「インドで活躍する日本と日本人」というコーナーにおいて、JBICデリー事務所の日本人担当者が、地球の歩き方読者に向けて CTC 事業を説明しているものである。

第Ⅲ部　介入の選択

第8章

〈直接統制型介入〉の検討：
参加型開発の批判的検討を通して

　本章の目的は、事実上機能していない介入の連鎖に依拠する〈間接介入〉を克服するために、〈直接介入〉の可能性を探ることにある。その際に、実際に広く運用されている「参加型開発」の可能性を検証しようとするものである。

　ガンジス川浄化計画に対する日本のODAにおいては、「参加型開発」（後述するように〈直接統制型〉の介入）は実施されていない。よって、本章の議論は参加型開発の先行研究に依拠するかたちで進める。その際に、参加型開発の「成功例」を論じる推進論ではなく「失敗例」を論じる批判論や慎重論に依拠する。その理由は二つある。一つに、「成功例」とみなされているものが仮に一方向的なドナー目線の評価であった場合、その「成功」という解釈が援助対象社会の実態をどれほど的確に反映しているのかは、現場検証しない限りわからないからである[1]。二つに、一方向性の問題は「たまたまうまくいかなかった」場合にこそ先鋭に表れるものだからである。この二つの理由から、本章では参加型開発の批判論や慎重論に依拠して、参加型開発には介入の副作用や一方向性のリスクが潜在しているのか、潜在しているならばそれはどのようなものなのかを検討する。

　参加型開発の批判論や慎重論は、主に開発人類学の分野から提示されている。開発人類学は、よそ者であるドナーと援助対象となった人々や集団との文化的齟齬を発見し、援助のあり方やその前提認識を客体化する。また、ポストモダン人類学の系譜が、ODAの政治性を敏感に捉える[2]。

　厳密にはこれらの議論は、「どう援助するのか」という実践内在的な議論

との差異を表明して、「開発人類学」ではなく「開発の人類学」などと称されることもあるようだ。ただし、「開発人類学」と「開発の人類学」の差異は関根久雄が言うように、まったく異なる学問的立場と言うよりは、客観性と内在性の往復作業によって、よそ者であるドナーと援助対象社会の人々とのより好ましい関係を模索する開発人類学者の学問実践とみることができるだろう（関根 2008, 2-3）。

　本章の第 1 節では、参加型開発と〈直接統制型介入〉との包含関係を明らかにして、本書が扱う参加型開発の範疇を特定する。第 2 節では、そのような参加型開発がやはり一方向的介入にとどまることがあり、それが新しいタイプの「悪い副作用」を生み出していることを明らかにする。それは、介入の連鎖が引き起こす副作用ではなく、ドナーの理念が先行することによって引き起こされる副作用である。第 3 節では、参加型開発が一方向的介入となってしまうことの要因として指摘されている、参加型開発の担い手の資質の問題に焦点を当てる。

第 1 節　参加型開発と〈直接統制型介入〉の包含関係

(1)　〈直接介入〉と〈積極介入〉の象限

　「参加型開発」とは非常に多義的に用いられる用語であるために、必ずしもそれが〈直接介入〉であるとは限らない。よって、ここでは介入の 4 類型を用いて、議論の対象とする参加型開発の範囲を特定する。本書が議論の対象とする「参加型開発」は、〈直接介入〉と〈積極介入〉の象限にあるもの、すなわち〈直接統制型介入〉と重なるものとする。まずは「参加型開発」という用語の多義性を確認しながら、〈直接統制型介入〉（あるいはそれと重なる参加型開発）という類型を確定しておきたい。

　『国際協力用語集』は「参加型開発」を以下のように定義している。

　　　　地域住民が参加する開発のあり方。古典的な開発プロジェクトは地域
　　　住民の頭越しに計画・実施されることがしばしばあったが、プロジェク
　　　トの実効性や持続性を高めるうえで、地域住民の積極的参加が極めて重

要との認識が援助関係者の間で徐々に高まってきた。地域社会の現状やニーズに対する援助関係者の理解が浅く、地域住民が当事者意識を欠いたために、プロジェクトが持続しないケースがしばしば見られたり、地方、財政的、人材的に政府の行政能力が限定され、地域住民による開発行為に依存しなければならなかったりする現状がある。

　参加には、(1) 情報開示による援助関係者と住民との情報の共有、(2) 計画に対する住民の意見表明と修正、(3) 意思決定への住民の参加、(4) 労力提供など、事業実施段階での住民参加などの開発行為における参加のみならず、広義には、市場や政治への参加も含まれる。参加型開発の課題は、これら参加の対象への地域住民によるアクセスを、いかに担保するかということにある。<u>この過程には、住民の参加をより実質的なものとするための意識化・組織化支援が含まれ、地域住民自身の能力形成を目的としたアプローチが主流となりつつある。</u>住民参加には、触媒として現地 NGO や住民組織の果たす役割が大きい。(後藤監修 2004, 95)（下線は筆者による）

　この定義からも読み取れるように「参加型開発」には、意思決定の参加、労働提供、市場参加や政治参加なども含まれうる。つまり、切り口によっては、人間の社会生活そのものが「参加」という用語で説明できるわけである[3]。
　反対に、実際のプロジェクトでは「参加型開発」という用語が用いられない場合でも、「社会開発」「エンパワメント」「社会調査」「住民組織化支援」などという用語が用いられながら、〈直接統制型介入〉の特徴を備えている場合もある。本章では、先行研究で使用されている用語にかかわらず、〈積極介入〉と〈直接介入〉の象限にある介入に焦点を当てる。
　先の定義で、「参加アプローチの主流」として示されている下線部分に注目してほしい。ここには、住民を参加主体へと方向づけようとするドナーの意思を見て取ることができる。開発行為には住民が「参加」することが望ましい。そして、そのためには住民は参加主体としての「意識」を持ち、住民自身が主体的に問題解決の主体となる「能力」を持ち、そのような住民が「組

織化」されることが望ましい、といった地域的まとまりとその構成員のあるべき姿が示されている。意識と能力のある住民（市民）が主体となる開発という理念や、住民組織といった地域的まとまりのモデルが先に存在し、ドナーが考えるその理想像に向けて、援助対象社会でその参加モデルの実現を促進する介入のあり方が示されている。このような介入のあり方を、本書では〈積極介入〉と呼んでいる[4]。

　それでは、〈積極介入〉でかつ〈直接介入〉というのはどういう介入だろうか。たとえば、前章で報告したYAP-IIにおける一連の啓発活動も〈積極介入〉の範疇にあった。つまり、日本政府が援助対象社会における地域管理のあるべき姿を構想し、住民の意識啓発や組織化を促そうとしていたものである。それは介入の連鎖の最初の一打として、指導マニュアルをインド政府に提示するというかたちの介入であり、その実現の過程や結果には、日本政府は関わらないものであった。

　しかし本章が議論の対象とする参加型開発とは、そのような、事実上機能しない介入の連鎖に依拠するものではないものである。つまり、ドナーが地域管理のあるべき姿を構想し（積極介入）、それの実現をドナー自らが援助対象地域において直接的に働きかける、あるいは介入の連鎖を見届けて諸アクターの活動を統制する（直接介入）タイプの介入である。それを本書では〈直接統制型介入〉と呼ぶ（図8-1）。

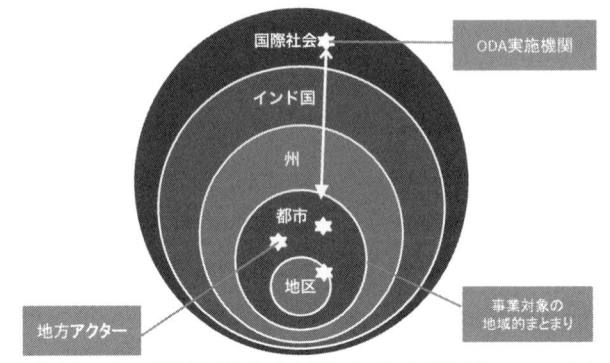

図 8-1 ガンジス川浄化計画における〈直接統制型介入〉のイメージ図

(2) 直接統制型介入の具体例：ガンジス川浄化計画関連事業から

〈直接統制型介入〉としての「参加型開発」のイメージをより明確にするために、この範疇にある援助案件の具体例を見てみよう。なお、本書の前半で見てきた日本の間接介入（自由放任型および指導マニュアル型）との差異を明確にするために、ここではガンジス川浄化計画およびそれに関係する事例を用いる。

(a) USAIDの「環境と市民社会パートナーシッププログラム」

第6章バラナシの事例に登場したUSAID（米国国際開発庁）の介入のあり方が、直接統制型介入の特徴を示している。バラナシの地元NGOであるSMFは、1980年代前半より継続的に欧米の民間や政府からの支援を受けており、その中の一つにUSAIDの「環境と市民社会パートナーシッププログラム（Environment and Civil Society Partnership Program）」がある。

これは、USAIDがアジア・ファンデーションという国際NGOと協力協定を結んで2001年から2005年まで実施したプログラムである。両者は、1992年より継続的に類似のプログラムを実施しておりこれが3回目である[5]。このプログラムでは、SMFのような地元NGO（「civic society organizations」と総称される）をUSAIDのパートナーと位置づけ、USAIDが構想する地域社会のあるべき姿の実現に向けて地元で活動してもらう手法をとる。そのあるべき姿とは、「地域社会の環境問題について意思決定過程における公衆参加（public participation）のレベルと質を向上させる」ことで、結果的に「環境政策やその実践を向上させる」ことが目的である（USAID 2006, 3）。

地元NGOに期待される役割は、USAIDとアジア・ファンデーションから無償資金援助と技術援助を受けながら、USAIDのパートナーとして、地元の公衆を対象にして啓発プログラム、コミュニティベースの環境モニタリング、環境教育などを実施することである。このプログラムでは、5か国、62の市民団体がパートナーとなっている。ガンジス川流域からは、ガンジス川浄化計画の公益訴訟をめぐって第3章で紹介したカーンプル市(Kanpur)のEco-Friendsという地元NGOも含まれている（USAID 2006, 3-5）。

SMF は USAID のパートナーとして、2002 年に 2.5 万ドル（329 万円[6]）、2003 年と 2004 年に 1.1 万ドル（118 万円[7]）ずつの無償資金支援を受けた（USAID 2005, 27）。その 3 年間で、バラナシ市の評議員に対する啓発活動、河川の水質モニタリング、数々のセミナーやワークショップなどを実施した（USAID 2005; 2006, 6-8）。

　第 6 章で見たバラナシ市における「地方」と「中央」の長い争いにおいて、地方アクターの発言力の根拠が市政府の憲法上の権能にあったことを思い起こしてほしい。市政府が SMF の側にいたことは、「地方」が「中央」と互角に争うために不可欠の条件であった。そして SMF と市政府、この二つの有力な地方アクターの連携の背景には、USAID のこのプログラムの影響があった。

　憲法改正により都市政府がより積極的にガンジス川浄化計画に参画できるようになったこと、それこそがガンジス川を浄化するためのより効果的な道筋であることといった一連の新しいコンセプトをバラナシ市政府の行政アクターに啓発したのが、USAID のパートナーとしての SMF だったのである。これを契機に、幸か不幸か SMF は長い戦いに突入することになったのだが、結果としてバラナシ市はガンジス川浄化計画諸都市の中では最高度の目覚ましい地域参加を実現した（第 6 章）。SMF は、USAID が構想した地域社会のあるべき姿をみごとに体現したのである。

　このプログラムは、ガンジス川浄化計画のような環境政策において、地方アクターが広く政策の意思決定過程に関与することを地域管理のあるべき姿と構想している。それを実現するために、USAID は中央アクターではなく、地方アクターである SMF に直接的な支援を実施した。このように、外部者であるドナーが地域管理のあるべき姿を構想し地方アクターに直接働きかけるという特徴が、直接統制型介入のそれである。

　佐藤寛はこのような介入のあり方、つまり中央アクターをバイパスし、地方アクターを直接的に ODA 事業のカウンターパートとして据える戦略を「行政の『のけ者扱い』」と呼んでいる。「特にアメリカの USAID は、自分たちの政策にしたがってくれる現地 NGO を育成し、そこに集中的に資源

を投入してプロジェクトを実施させ、現地行政を回避するという方式を好んでとってきた」と指摘する（佐藤寛 2005, 231）。

(b) DFID の「ゴマティ川浄化計画」と「アンドラ・プラデシュ州貧困層のための都市サービスプログラム」

次に、ドナーが介入の連鎖を見届け統制するタイプの直接統制型介入の事例として、英国の援助案件を見ていきたい。第3章でも紹介したように、英国のODA は90年代の前半にガンジス川浄化計画（ゴマティ川浄化計画）に関わっていたが、パイロット事業を実施したあと90年代後半には本格事業への支援を取りやめた（TROPICS 2006; MoEF 2001, ch.6）。

その理由として、DFID（英国国際開発省[8]）は第一にこの案件が「貧困削減」に焦点が当てられていないことを挙げている。それに加えて、この案件ではパートナーシップの構築が難しかったことにも言及している（DFID 2006, 4; 1998, 21）。パートナーシップとは、国家河川保全局との、その他の関係機関との、そして事業実施都市の行政組織やステークホルダーとのパートナーシップである。つまり、トップダウンの事業の流れが確立されたガンジス川浄化計画の中では、DFID は「広く住民に裨益し、行政の組織的・財政的制約に取り組む」ような支援ができず、よって援助の「〔英国国民からの〕正当性を得られない」と判断したのである（TROPICS 2006）。それでは DFID はどのような支援を目指していたのだろうか。

筆者は DFID の職員（インフラ・都市計画・環境アドバイザー）に以下のような質問をしたことがある。「もし DFID がデリーに 900 戸の共同トイレ（CTC）を建設するならば、都市政府が需要を認識し建設する期間をどれほど見積もりますか」と尋ねた。返答は、「アプローチが異なる」というもので、つまり支援についての発想の順序が異なるということであった。彼らは何をいくつ作るという目標を最初に設定するのではなく、その建設目標は「当該地域において本当に必要なものが何であるのか、都市政府がどれほどのキャパシティがあるのかに依存する」というのである。このアプローチをよく示しているのが「アンドラ・プラデシュ州貧困層のための都市サービスプログ

ラム（Andhra Pradesh Urban Services for the poor programme：APUSP）」なので参照するようにと勧められた。

このアンドラ・プラデシュ州の案件から、JBIC のアプローチとは根本的に異なるという DFID のアプローチというものを探究してみよう。最初に確認しておくと、筆者はアンドラ・プラデシュ州（インド南部、首都はハイデラバッド市 Hyderabad）の事業現場でこの案件について調査をしたわけではない。よって、ここで考察する DFID のアプローチが、実際にどこまで現場で実現されているのか確認できていない。よって、この案件がどこまで直接統制型介入と言えるのか、それとも指導マニュアル型介入に近いのか、明確に判断することはできない。ここでは、このプログラムの指導マニュアル（DFID 2003a）が実現されているものとみなして、DFID が目指すところのアプローチを確認していく。

このプロジェクトは 1999 年から 2008 年まで、アンドラ・プラデシュ州の「都市行政と開発部局（Municipal Administration & Urban Development Department）」をカウンターパートとして同州の 42 の大都市（Class I [9]）で実施された、9,440 万ポンド（191 億円 [10]）の無償資金援助である（IDC 2008, Annex F; MHUPA 2011）。DFID は「貧困削減（reduction in poverty）」を開発援助の最重要目標としており（UK 2002, 1.1）、この案件も、都市政府の能力強化を通して貧困削減に資するためのものと位置づけられている。

このプロジェクトはおどろくほど綿密に、複雑に計画されている。実際の事業としては、①都市政府の行政改革（1,570 万ポンド、32 億円）、②環境インフラ整備（1,260 万ポンド、25 億円）、③市民社会の強化（1,260 万ポンド、25 億円）という 3 つのコンポーネントに分かれている。②環境インフラ整備がガンジス川浄化計画でいうならば CTC などの施設建設にあたる部分である。ところが、この建設事業が計画され承認されるまでには、都市政府は大変長いステップを一つひとつクリアしていく必要がある。都市政府はしかるべきメンバーを含むしかるべき組織を設置し、しかるべき方法で調査や協議を実施して事業計画を策定し、しかるべき基準を満たすことにより、その事業計画が承認され実施が可能となる。言い換えると、DFID によって計画された

しかるべき課題をクリアできない都市政府には支援が実施されないのである（DFID 2003a; B. Banerjee 2002; DFID 2003b, F12-F15）。

　先の DFID アドバイザーのコメント「建設目標は、当該地域において本当に必要なものは何であるのか、都市政府がどれほどのキャパシティを持っているのかに依存する」を振り返ってみよう。建設される施設が、共同トイレなのか、道路なのか、上水用施設なのか、それはしかるべきメンバーを含むワーキンググループによるしかるべき手法による調査によって事業対象と判断された地区（prioritized poor settlements）における、しかるべき人々を参加させたしかるべき手法の需要調査や計画策定（participatory micro-level planning）を通して浮かび上がってくるものであり、ある都市では何をいくつと一概に決定できるものではないということである。そして、その建設目標値は、対象地区における需要はもちろんのこと、そこに行政サービスを提供する都市政府の能力に依存している（challenge fund concept）。都市政府が行政改革へのコミットメントの強さとそのパフォーマンスをしかるべき基準（reform indicators）に即してしかるべき方法（reform sequencing matrix）で明示的に示すことができるか否かによって、可能な事業規模が決まってくるのである（DFID 2003a）。

　この指導マニュアルに見るプロジェクトは——これが現場で実現されているならば——確かにガンジス川浄化計画のアプローチとは大きく異なる。ハード系の建設事業が先行し、その追加として組織能力強化の支援が別個に存在するのではなく、組織能力強化の実効性が現れてからその規模に応じて建設事業が実施される。そして両者の事業は密接に関連づけられている。事業の意思決定には誰がどのタイミングでどのように参加しなくてはいけないのか、実施過程における政府や住民の役割や関係性がいかなるものであるべきなのかといった、DFID の考える地域管理のあるべき姿が、それを実現させる道筋とともに非常に具体的に示されており、それを段階ごとに徹底的に統制するしくみが定められている。外部者が地域のあるべき姿を構想し、それに向けて方向づけようとする積極介入の程度で言うならば、ガンジス川浄化計画のいかなる指導マニュアルよりも、USAID の「環境と市民社会パー

トナーシッププログラム」よりも格段に徹底している。

　これが、ガンジス川浄化計画で実現することができないと判断され、しかしアンドラ・プラデシュ州においてDFID主導でゼロから各関係機関とのパートナーシップを築きあげることによって実現することができたと認識されている、DFIDが目指す援助アプローチの一つの型なのであろう。外部者（DFID）が地域管理のあるべき姿を構想し、それに方向づけようとするこのアプローチは、——現場での実現が確実に見届けられているならば——まさに直接統制型介入の高度な一事例である。

　これは「行政の『のけ者扱い』」（佐藤寛 2005, 231）ではなく、反対に二人羽織のごとく行政を中心に据えて都市経営の「グッド・ガバナンス」を目指す手法である[11]。都市政府を中心とした地方アクター自らが（DFIDの構想する方法で）「地域社会の現状やニーズ」を特定し、「当事者意識」を持ってプロジェクトを推進することを、DFIDがしっかりと統制するという構想である。

　これらUSAIDやDFIDの介入のあり方は、第1章で確認したように、ODAの歴史的経緯の中で必然的に発展した傾向だと言える。ODAが国と国との資金や技術の移転にとどまらず、ドナーが国境を越えて援助対象の国内政策の領域、ひいては都市という生活の領域にまで入り込んでODA事業の実施過程を統制しなければ、ドナー国が自らの理念に合致したODA事業を実施することがかなわない。つまりベーシック・ヒューマン・ニーズの充足や貧困削減を実現するためには、途上国の国内政策の領域を中央アクターに一任するのではなく、外部者自らが途上国の国内政策のあるべき姿を構想し、方向づけ、ときには統制する必要があるという認識が、1970年代以降、開発援助コミュニティの間で高まり、より確かな手法への開発努力が進んだのである。

　次節以降は、これらUSAIDやDFIDの事例のような介入のあり方を念頭において、参加型開発の先行研究に依拠して議論を進める。先述したように、直接統制型介入と参加型開発は必ずしも常に重なるものではないし、ある事例が実際にどれほど〈直接介入〉だと言えるのかは現場検証を経なければ判

断できない。しかし、焦点となる論点は、〈積極介入〉である場合に〈直接介入〉であることが一方向性のリスクをどのように変えるのかということである。

第2節　参加型開発における一方向性のリスク：「専制」

　参加型開発を「良いもの」と前提して、その理念や実践を語る議論は多い。タイトルに「参加」と名のつく開発援助をテーマにした議論のうち、多くのものがそういった参加推進論である。反対に、参加型開発における介入の「悪い副作用」を警告する参加批判論や、副作用を考慮しながらも最善と思われる参加のあり方を論じる参加慎重論はそれほど多くはない。相対的にそれほど多くはないが、しかし相当程度の蓄積もある。先述したように、本節では参加推進論ではなく、参加批判論や参加慎重論に依拠して、参加型開発において想定される一方向性のリスクについて検討する。

　参加型開発の問題点はこれまでいくつか指摘されてきた。それらを、"効果がない"という批判と"悪い副作用がある"という批判に大きく大別しよう。前者の"効果がない"という批判はたとえば、「参加」という名前だけが独り歩きしている[12]。開発の理念が置き去りで参加手法やツールが独り歩きしている。「外部者」と「貧しい人々」のトップダウンの関係は相変わらず変わらないままである。「参加」する人々の時間や労力を無駄に要求する、といったものである（佐藤寛編 2003; 太田 2007; Chambers, 2008, 163-164; 小國 2005）。これらの批判は、チェンバースが言うように参加型開発の「質」の問題であり、より確かな方法や環境を整備することで克服可能、あるいはそう考えられているタイプの批判群である（第1章）。

　それに対して、本書の目的においてより慎重に検討すべきは、後者の"悪い副作用がある"というタイプの批判群である。ドナーの責任倫理に照準を当てる本書の問題意識から見ると、今後いつかはうまくいくであろうという見通しに甘んじて、悪い副作用の回収のめどもないままに、ドナーの強い影響力を援助対象社会に一方向に投じ続けることは著しい倫理欠如である。「悪い副作用」とはどのようなものか、それは近い将来に高い確率で回避することができるものなのかを検証する必要がある。

援助対象社会に一方向的にもたらされる参加型開発の「悪い副作用」を表す言葉として、最もインパクトの強いのが、ビル・クーク（Bill Cooke）とウマ・コタリ（Uma Kothari）の「新たな専制（the new tyranny）」（Cooke and Kothari 2001）であろう。クークとコタリは編著書のタイトルに「専制」という強い言葉を用いた理由を以下のように説明している。まずそれが「現実的および潜在的な参加型開発の帰結」として間違っていないということ。それと、「無視できない言葉を使う必要があった」からだと言う。なぜならば、それ以前の参加の批判論や慎重論が明確な議論と深みのある分析をもって問題提起をしてきたにもかかわらず、主流の言説や実践に何ら明確なインパクトを与えてこられなかったからだと言う（Cooke and Kothari 2001, 3）。

クークとコタリの言う「専制」は、本書の議論に引きつけると、参加型開発が生み出す新しいタイプの「悪い副作用」を意味している。なぜ新しいタイプなのかというと、介入の連鎖が機能しないことによって引き起こされる悪い副作用ではなく、ドナーの理念が援助対象社会に直接届いてしまうことによって引き起こされる悪い副作用だからである。

第7章で見たブリンダバンの住民福祉協会の事例のように、地方アクターをより深く事業に巻き込み、かつそれがたまたまうまくいかなかった場合、地方アクターや彼らを含めた地域社会は悪い副作用を直接的に受けることになる。それが〈間接介入〉の場合は、ドナーの理念が介入の連鎖を通しておざなりに援助対象社会に届けられる程度である。ところが、それがドナーの理念を確実に援助対象社会に届けようとする〈直接介入〉の場合、援助対象社会が経験する介入の「悪い副作用」は、理論上、拡大されることになる。この理論上拡大されるリスクが「専制」という刺激的な言葉で表現されているのである。

参加型開発の抑圧的な作用を二つのパターンに分けて考察しよう。一つは、参加型開発の働きかけが地域の既存の秩序を反映しない抑圧的な作用（外部者の優勢）で、もう一つは参加型開発の働きかけが地域の既存の秩序を反映してしまう抑圧的な作用（地域支配者層の優勢）である。この二つの抑圧作用は、ファシリテーター（外部者）によって企画される意思決定の場におい

て頻繁に報告されている。

　参加型開発では、できるだけ多様な地方アクターが集まる共同的意思決定のための場が設けられることがある。つまり、通常は意思決定に参加しない社会的弱者（地域の被支配者層）も、同じ発言権をもって意思決定に参加することが期待されるのである。その「民主的」な議論の場で地域の問題が共有され、その解決に向けた方法や役割分担、資源の配分ルールが決定される。このような「民主的」な話し合いのもとで、全員が納得し、ゆえに全員がそれに拘束される地域社会の共同意思が創出されるというシナリオが描かれている[13]。

1. 外部者の優勢

　まず、参加型開発の働きかけが地域の既存の秩序を反映しない方の抑圧作用から見ていこう。これは言い換えると、外部者の意思が地域の意思を抑え込んでしまうことである。地域社会にはそれぞれ、異なる地域課題があり、異なるタイプのアクターと勢力関係がある。しかし、七五三泰輔が調査したプロジェクトでは、どの村の、どのグループの「〔参加型の〕会議を観察しても、ほとんど同じようなプロセスで、同じような議論がなされ、同じような問題が決定されていく」現象が発生していたという。なぜならば、ファシリテーターによって外部から持ち込まれたプロジェクトの問題設定が「フォーム」となって各会議において転写され、再生産されていくからだという（七五三 2009, 44）。反対に言うと、フォームに「翻訳」できない地域特有の課題や、フォームを身につけられないアクターの意見は議論の俎上に乗せられないままに公式な共同意思が決定されていくのである。

　このような現象を、クークとコタリは「意思決定と制御の専制」と呼ぶ。「参加のファシリテーターが既存の正当な意思決定プロセスを上書きして」しまうことである（Cooke and Kothari 2001, 7）。デイヴィッド・モッセ（David Mosse）はこのような現象を、プロジェクトの全体像を明確にしたいというよそ者の関心が、地方アクター間の合意を志向し、よそ者の認識と期待に即して「ローカルノレッジ」を形作ると説明している（Mosse 1994, 516）。

2. 地域支配者層の優勢

　次に、参加型開発の働きかけが地域の既存の秩序を反映してしまう抑圧作用を見ていこう。これは地域の支配者層の意思が被支配者層の意思を抑え込んでしまう作用である。言い換えると、集合的な意思決定の場において地域社会の権力関係がそのまま作用し、「有力者の声がコミュニティの公式化された情報として固定化されてしまう」現象である（坂田 2003, 51）。

　先の七五三の事例でも、地域の被支配者層の主張がフォームを逸脱する傾向があり、反対に支配者層がフォームを身につける能力、そして自らの主張をフォームに翻訳する能力を有していることが指摘されている（七五三 2009）。つまり地域支配者層は、より効率的にプロジェクトのフォームを獲得する能力を有している（そのような立場にある）ことにより、第三者であるファシリテーターが立ち会う公式の場において、「民主的」に、被支配者層の意見を抑圧して集合的意思決定を支配することが可能になるのである。

　真崎克彦は、異なる立場の地方アクターに「『手を組む』ことを奨励する参加型開発は必然的に専制に結び付く」と指摘する。ゆえに、「一見すると住民たちが『力を合わせてうまくいった』ように思える参加型開発の事例でも、実際には社会的弱者が実施過程から阻害され、便益を十分に享受できない場合が多く見られる」のだという（真崎 2006, 59）。

　真崎の事例はネパールの洪水対策事業である。その事業では、「受益者委員会」という住民組織が設置され、ドナーからは社会的弱者の参加が条件づけられていた。しかし、社会的弱者にとってそれは望んだ参加ではなかった。彼らは公の場で意見を述べることに不慣れで、会議の使用言語も理解しない。それでも、雇用主である村の有力者から解雇の脅しを受けながら委員として名を連ねたという。もともと、この地域の支配者層と被支配者層との関係は、支配的でありながらも非公式な場での交渉や駆け引き、被支配者層による抵抗やサボタージュによって支配 - 被支配関係が一定程度は調整されていた。しかし、公式な意思決定の場が設定されたことによりその支配 - 被支配関係の非公式な調整機能がかえってゆがめられてしまったという。

である。いずれの場合も、介入の連鎖の不具合によって、政策のコンセプトや計画がひとたび介入の連鎖に投入されれば、それが社会実態と適合していようといなかろうと、事業現場に向けて一方向に下ろされていた。介入の連鎖を制御する主体が不在で、事業計画は現場において、たまたま意図されたかたちで実現されていたり、たまたままったく意図されていない悪い副作用をもたらしたりもしていた。意図しない悪い副作用は第5章のデリーと第6章のバラナシの事例において顕著なものであった。日本のODAの影響力が、「無駄な」公共事業に帰結するのみならず、迷惑なジャパニーズ・トイレや、地域アクターの河川浄化に向けた努力の阻害に帰結してしまった。

　こうした第Ⅱ部における〈間接介入〉の事例検証を踏まえて、第Ⅲ部では〈直接介入〉の可能性を探究した。第8章では参加型開発の先行研究の批判的検討を通して、ドナーの影響力が援助対象社会に直接的に作用する直接介入であり、かつドナーの理念が先行する積極介入の象限にある〈直接統制型介入〉は、悪い副作用のリスクが拡大される可能性のあることが明らかになった。それは、介入の連鎖の不具合による副作用ではなく、ドナーの理念が先行することに起因する副作用である。さらに、そういった副作用が、実際の援助実践において切実に考慮されていないことも明らかになった。第9章では、直接介入でありながら、ドナーの価値理念をひとまず棚上げしようと努める消極介入の象限にある介入のあり方を構想した（仲介型介入）。その象限の介入はしかし、そもそも一方向性の困難を解消しようとするのではなく、反対にそれを可視化させる装置として検討したものである（第9章）。

　このように、開発援助の実践はおおよそいかなる条件下においても一方向性に伴う悪い副作用のリスクを内在している。第2章で理論的に確認したように、国境と文化を越える開発援助は、ドナーと援助対象の地域社会の人々が政治的にも文化的にもスムーズな相互関係を取り結ぶことが——国内政策に比して格段に——困難な政策なのである。援助対象地域の社会運営のありようを良くも悪くも変えることのできるドナーの影響力は、様々な条件の組み合わせによって、たまたま所与の目的を達成することもあるし、たまたま意図しない負の帰結を生み出すこともある。そのような開発援助の宿命的な

終 章

どのような介入を望むのか？

　本書では、日本国が 1992 年より円借款や技術協力を通して支援している、インド国のガンジス川水系を浄化するための国家政策を主な事例として、開発援助の介入のあり方、特に介入の一方向性の問題について検討してきた。一方向性の問題とは、外部から影響を及ぼすドナーから援助対象である自律的な地域社会の内部に向かう情報や影響力のベクトルのみが一方的に機能しており、反対に援助対象地域の内側から発せられる情報や影響力のベクトルが欠如している状態のことである。

　検討の結果、介入のあり方がどのような場合でも、開発援助には多かれ少なかれ一方向性の問題が内在することが明らかになった。ドナーがもっぱら「中央」アクターを通して援助対象地域に影響を及ぼそうとする〈間接介入〉でも、ドナーと援助対象地域のアクターとの直接的な情報交換の体制が整備されている〈直接介入〉でも、介入に際してドナーが自らの価値理念を援助対象社会に向けて積極的に啓発し促進しようと努める〈積極介入〉でも、ドナーが自らの価値理念をひとまずは棚上げしようと努める〈消極介入〉でも、介入は一方向になりうるし、それに伴う悪い副作用のリスクも存在していた。

　具体的に振り返ると、ガンジス川水系汚染問題における日本の介入のあり方は総じて、ドナーがもっぱら「中央」アクターを通して援助対象地域に影響を及ぼそうとする〈間接介入〉であった。第 4 章で扱った YAP-I が〈自由放任型介入〉（間接介入 × 消極介入）で、そこで得られた教訓から〈指導マニュアル型介入〉（間接介入 × 積極介入）に移行したケースが YAP-I 延長期のデリーにおけるトイレ事業（第 5 章）と YAP-II のブリンダバンの諸事業（第 7 章）

れるという意味である。ここでは援助対象国としての基準や我が国の援助計画における重点的な支援国の選定方針について論じているのではなく、事業を実施する段階における援助対象社会との関係について論じていることに留意されたい。

されるが、後者についてはなんら記録のしくみはない。住民から提出された要望は、主席行政官が各担当者に振り分け、各担当者が対応策を作成し主席行政官に承認を求める。しかし財政逼迫のため真に必要な事態（genuine needs）であっても対応がかなわず、担当者らは無力感（helpless）を覚えているのだという（JBIC, NRCD & UPJN 2007, 74-75）。

8 「政治社会（political society）」とは「市民社会（civil society）」の対照概念であり、インドの現状を説明しうるものとしてチャタジーが提示した。チャタジーは、市民社会における市民的権利（civic rights）が国民国家における政治的権利（political rights）へと発展し、その後福祉国家の社会的権利（social rights）が登場するというトーマス・マーシャル（Thomas Marshall）のシティズンシップ論（Marshall 1950=1993, 15-19）は一部の西洋諸国においてのみ適応可能な社会理論であり、その他の「世界の大部分（most of the world）」においては通用しないと指摘する。とりわけ植民地支配が長かったインドにおいては市民社会や国民国家の成立に先行して、植民地政府が第3番目の社会的ステージを用意した。そして開発国家と開発援助がその構造を引きついだ。現在もなお、インドのほとんどの住民が正規の市民（proper citizens、legitimate citizens）ではないと指摘されている。彼らはしばしば法を犯す、あるいは法を犯さないと生きられない貧困者である。「市民」ではなく、ミッシェル・フーコー（Michel Foucault）が言うところの「人口」（Foucault, 2004=2007）としての民衆が、政治の主体ではなく政策の客体として国家に存在する。あまたの保障と福祉の政策をめぐる「人口と政府」との関係をチャタジーは「市民社会」に対して「政治社会」と呼ぶのである（Chatterjee 2004, 37-38, 138）。デリーのマンゴルプリやその他の貧困地区（一部の富裕地区以外）やブリンダバンのような地方都市などで調査をしていると、たしかに、「政治社会」という概念がインド社会を説明する一つの有力な理論モデルであるように思われる。

9 これはデリーでの現地調査から明らかになった富裕層と貧困層の差異と共存関係を表している。住民福祉協会などを組織して高度な住民自治を実践している地区はおおよそ富裕地区に限られる。そしてそのような住民たちの自律した意思決定とマネージメントによって運営されている地域管理は、反面、近隣貧困層の安い労働力に大きく依存している。他方、その富裕住区の住民自治を労働面で支える近隣貧困層が暮らす住区には住民自治は見られず、派閥的なネットワークが構成され「統治される者の政治」（Chatterjee 2004）が繰り広げられている。貧困層は一方では安い労働力として富裕層から必要とされていながらも、数が圧倒して制御できなくなるとスラムクリアランスのような方法で排除される。デリーという都市の地域管理は、そうした依存と排除の矛盾の上に成り立っている。

10 これは国家の政治体制ではなく、地域社会のありようについての現状を受け入

き合うことこそが、双方向性の創出へむけた有望な道筋であるという主張が、仲介型介入のエッセンスである。

　元田は、「ドナーの言説に呑み込まれることなく、途上国の実情に照らし合わせながら、ドナーの政策が途上国にとって何を意味するのか問い続けることが、開発共同体における研究活動の指針」として論を締めくくっている（元田 2007, 261）。これに加えて筆者は、「〔途上国の論理〕に呑み込まれることなく、途上国の実情に照らし合わせながら、ドナーの政策が途上国にとって何を意味するのか問い続けることが、〔仲介型介入〕の指針」であることを付け加える。

注

1　2003年新ODA大綱においても「開発途上国の自主性（オーナーシップ）を尊重し、その開発戦略を重視する」とODAの基本方針が示されている。また、本文で後述するように2015年2月に閣議決定された開発協力大綱においても引き続き自助努力支援は重視されている。

2　開発協力大綱は、1992年ODA大綱、2003年新ODA大綱に続いて、見直しが閣議決定された、日本のODAの基本的指針となるもの。

3　国別援助計画は、1998年に「案件選定に関わる透明性の向上」のために作成が開始された（外務省 2011a）。2003年新ODA大綱では「主要な被援助国について作成」することが明記されていた（外務省 2003a, III.1.(1)）。

4　2015年時点、2006年策定の「対インド国別援助計画」が最新。

5　たとえば次節に紹介するバギダリ政策（Bhagidari）のバギダリ室がそのような窓口を備えている（西谷内 2011a）。これと同じものを地方都市の政府機関が再現することは大変困難であることが予想されるが、これと類似の窓口サービスを日本側が提供することは組織的・技術的には可能だと思われる。

6　ここでのドナーの役割は、バギダリ政策で言うと、政策を構想するトップチームの役割ではなく、その構想に即して行政と住民をつなぐバギダリ室の役割を想定している（西谷内 2011a）。

7　苦情の提出方法は、適当な紙（plain paper）に書いて役所に提出されるか、地域の有力な人物（influential individuals）から主席行政官や担当オフィサーに電話で伝えられる。前者は苦情登録簿（complaint register）に登録されて主席行政官に回

えに、地域代表性を持たない団体であっても、それとして認定しバギダリ政策に包摂していた。それは地区内におけるいくつかの派閥のうちの一つに特別な権限を与えた非民主的なえこひいきである（西谷内 2011a）。こういったルールの曲げ伸ばしは、チャタジーも指摘するように、インドでは日常茶飯事である（Chatterjee 2004）。日本国が設ける「常設の窓口」でルールの曲げ伸ばしは許されないが、インドの事業関連アクターが日常的に行為するルールの曲げ伸ばしをすべて排除することはおおよそ不可能である。

　情報入力の性能を向上させるということは、このように非常に細かい日常的な現実を直視してしまうことである。当事者にとって現実味のある地域管理実践に支援するということは、当事者の現実を受け入れ、ときにはドナーが信じる価値と異なる現実を容認し、それに加担することなのである。

　〈間接介入〉、あるいは〈積極介入〉であれば、ドナーはナイーブな専制者として、現実の「ある姿」を直視せずに済むかもしれない。しかし、当事国の論理に寄り添うということは、現実の「ある姿」を直視し、その中での政治的判断に自覚的に加担する政治的行為者になるということである。あるべき理想像を一方向に垂れ流すのではなく、国境と文化を越える他者同士がODAを介してどのような政策上の関係を取り結ぶことができるのかということをめぐって双方向に妥協点を見出すことになる。ODAはナイーブで無傷な善意のトークンではなく、事業対象地域における援助の政治性と正面から向き合う生々しい政治的行為になるのである。

　私たち自身は現地のある姿の論理に呑み込まれず、しかし現地のある姿を尊重して、かつ「透明ではない…重要な行為主体」として実効性と継続性のある政策に関わる。この介入指針は、矛盾に満ち、複雑で、ひどく困難な目標である。責任を持って介入の帰結を見届けようとすればするほど、情報入力の性能を向上させればさせるほど、その矛盾や困難が可視化されるはずである。

　〈仲介型介入〉は、ODAの一方向性を解消することで双方向性を創出しようとするものではない。反対に、国境と文化の壁、ODAの避け難い一方向性と向き合うための介入のかたちである。ODAの宿命的な一方向性と向

想像を一方的に押しつけることは、実効性を伴わないだけではなく、新たな抑圧となることもあると論じてきた。つまり、事業対象社会は必ずしも（ドナーが考える）「民主的」でなくてもよいと主張してきた[10]。しかし他方で、受益者から民主的信託を受けていないODA実施担当者（日本の公務員等）が、事業対象社会における政策の意思決定に強く関わることは民主的正当性に反するとも論じてきた。本書は、私たち日本人側の行為と、インドの人々、特に事業都市住民の行為に対して、異なる基準を課して論じている。

　この二重基準は、実際の事業現場において様々な矛盾や妥協を援助関係者に強いることになる。事業都市の"ある姿"とは、たとえばパルタ・チャタジー（Partha Chatterjee）が示すような政治社会、すなわちコネとネゴシエーションによって「人口」と「行政」が関係を取り結ぶ世界（注9）、しばしば法を犯す（犯さないと生きられない）都市貧困層に労働力を依存する社会（西谷内 2011b）、あるいはカースト制度が地域衛生管理を秩序付ける社会（西谷内 2009b）、河川汚染問題についてしばしば科学技術よりも信仰が説得力を持つ社会である（Alley 2002）。こういった現実の社会に住む人々の論理をひとまず尊重することは、（少なくても文化人類学者や社会学者にとっては）比較的容易である。困難なことは、「透明」ではない「重要な行為主体」（元田 2007:9）として、そのような社会において（表面的な理想論ではなく）実効性と継続性のある政策に加担することである。

　たとえば、廃棄物管理は河川浄化の目的においてほぼ避けて通れない課題である（第3章）。「透明ではない…重要な行為主体」として実効性と継続性のある廃棄物管理政策に関わる以上、自らの信じる価値との対立は避けられない。廃棄物管理の各戸収集に支援することは、清掃する人と一般住民の間にある慣習的なある種の差別的身分制度を容認し、活用し、よってその関係に加担することになる。

　また、「市民参加の制度化におけるインドで最初の成果」と言われている（Chakrabarti 2008, 96）バギダリ政策でも、貧困層を包摂するためには、政策の適用要件を曲げたり伸ばしたりする必要に迫られた。地域代表性を厳密に審査するならばコミュニティ政策に貧困層を包摂することは困難である。ゆ

確認しておくと、それは、インド国内の政治システムの民主化を促すとか、事業都市住民に市民的意識を啓発するとかいう目的ではない。インド国内の政治的秩序のありようが市民社会的であろうと政治社会的であろうと、民主的であろうと非民主的であろうと、現実的な方法で受益者がODA事業を監視しコントロールしようと発信しているメッセージに対して、現実的な方法でインド国内の各担当政府機関がそれに応答することを、政策に関わっている責任の範囲内において見届けることを目的とするものである。

第4節　仲介型介入のエッセンス：国境と文化の壁と向き合うこと

　仲介型介入の大まかな構想を提示したところで、先にマレーシアの「オーナーシップ」のところで提起した問題に立ち戻りたい。国際社会が批判するような考え方であるにもかかわらず、私たち日本国が一定の合理性を認めるものと、やはり私たち日本国も認められないものの線引きはどこにあるだろうか。当事者にとって「プラグマティック」である計画と、私たちの理念が対立した時に、私たちはどこまで当事者の論理に寄り添えるのだろうかという問いである。

　仲介型介入を検討するにあたり、実はこの問題を問うことが非常に重要である。仲介型介入は、誰にでも運用できるミラクルな介入手法として提示されるものではない。本書の主張の核心は、仲介型介入のかたちそのものにあるのではない。図9-1に示した新しい介入のかたちは、ガンジス川浄化計画に対する介入として、筆者自身が最善と思って示した一つの構想にすぎない。より重要なことは、それが、ODA政策が国境と文化を越えるという事実を再検討したことによって提示されたところにある。最後に、〈直接介入〉であり〈消極介入〉である介入手法のエッセンスを明らかにしておきたい。

　仲介型介入は、日本国や国際社会が考える社会の"あるべき姿"を押しつけるのではなく、当事国独自の考える社会の"ある姿"を尊重するという指針を持つ。しかしそこには、大きな矛盾や限界が潜んでいる。本書では、一方で、事業対象社会に市民社会的であること、民主的であることといった理

少なくともガンジス川浄化計画に関して言えば、地域社会のあるべき姿を伝道する民主化支援も、住民の衛生意識の啓発も、住民の組織化支援もあまり効果的な問題解決の道筋だとは思えない。市民社会であろうと政治社会であろうと[8]（Chatterjee 2004）、ゴミ処理をめぐる社会関係が近代的であろうと伝統的であろうと（西谷内 2009b）、富裕層の特権的な住民自治であろうと貧困層の派閥的な政治的ネットワークであろうと[9]、インドに見られる様々な現実をひとまずは受け入れる。その上で、日本国がODAを介してインド国の都市問題に関わっている責任の範囲内において、国内問題に必要最小限、踏み込ませてもらうという考え方である。

この仲介型介入の構想を、政治的コミュニケーションの流れに位置づけてみる（**図 9-2**）。〈間接介入〉では現実味のない民主的メカニズム（**矢印③**）に依拠したままODA政策を受益者の生活環境に垂れ流すことになる。それに対して、〈仲介型介入〉は現在のガンジス川浄化計画をめぐってすでに現出している受益者からの自発的なコントロール・ニーズをドナーが直接受け止め、それを国内政策の実施や説明責任の経路に差し戻そうという構想である（**矢印④**）。

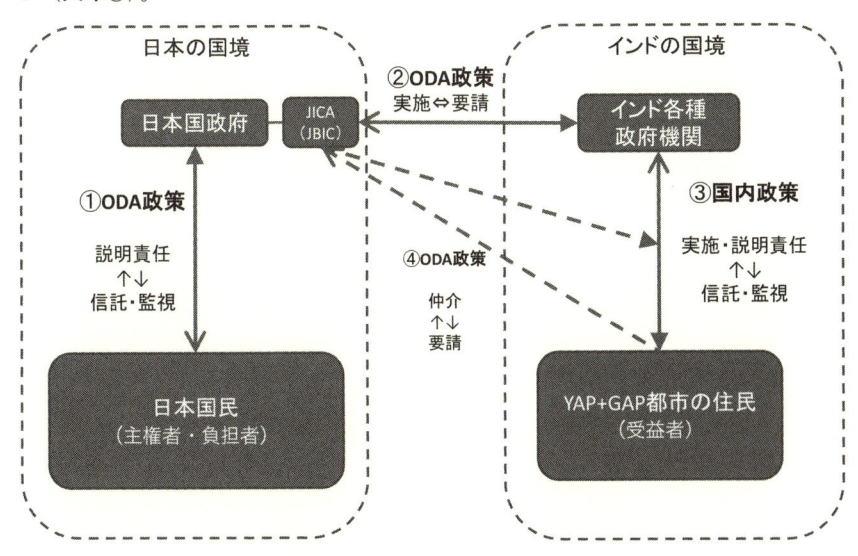

図 9-2 仲介型介入における政治的コミュニケーションの流れ

のような無自覚な影響力の行使が、すなわち文化の壁を超える困難によるODAの一方向性に他ならない。それを避けるためには、ドナーが影響力を行使する前に、想定されうる競合アクターや関係のありそうな諸アクターの意見を聴収したり、意見にならない「沈黙」を推し量ったりする必要がある。

　ただし、ここで問題にしていることは、ドナーから見て「抑圧的」な社会関係があるか否かということではなく、当事者が開発事業によって生み出される変化に納得しているのか否かということである。地域社会の姿がどうであれ（民主的であろうと、パトロン‐クライアント的であろうと、専制的であろうと）、当事者たちが納得して依拠する社会秩序の現実をひとまず受け入れるのが参加型開発とは異なる仲介型介入のスタンスである。

　地域社会についての情報入力はその性質上、こちら側の都合で設定される社会調査による部分が大きい。しかし、その社会調査は事業の形成過程において実施される事業推進のための事前調査ではなく（第7章）、事業の実施過程においてより効果を発揮する、介入を見届けるための社会調査である。いわゆる「モニタリング」に相当するが、ログフレームのテーマに限定した要素還元的な社会調査ではない。総体的な志向性で、多様性や文脈理解を重視し、「沈黙」を考慮し、過程の分析を用いた「探究者」による社会調査である（第8章）。

4. 仲介型介入の全体像とこれまでの議論との関連

　以上まとめると、仲介型介入の構造は自由放任型介入を基本とする。それは、ドナーが地域社会の「あるべき姿」を伝道するのではなく、可能な限り現地の地域的まとまりのありよう（国レベル、州レベル、都市レベル、地区レベルなどすべて）を尊重することを優先する介入である。ただし、「中央」アクターを完全に信頼して国内問題を中央アクターに一任するのではなく、中央アクターを介した通常の自由放任型介入と並行して、「地方」に直接的に接触するもう一つの介入の経路を補足する。そうすることで、まったく新しい政策の流れ（たとえば参加型開発）を目指すのではなく、オリジナルの政策経路の実効性を高めることが狙いである。

(Weber 1919=1980) 事柄なのである。

　そこで仲介型介入では、そのような行政機関の無応答性現象が発生し、かつ地方アクターから日本の常設の窓口に仲介要請があれば、ドナーが両者の関係を仲介する役割を担う。それは準備・計画・実施・運用、いずれの段階でも有効である。デリー市やバラナシ市、そしてブリンダバンのYAP-IIの事例のように、地方アクターからの疑問や要求が提示されているにもかかわらず、インドの政府機関がそれをあからさまに無視するならば、ドナーは地方アクターからの申立てを起点として両者間の対話を要請する。

　仲介型介入は、地方アクターの参加を強要するのではなく、地方アクターの自発的な参加要求を放置するのでもなく、自発的な参加要求を積極的に肯定的に受け止め、事業改善に向けて活用するのである。参加型開発と仲介型介入はともにODA事業の一方向性を問題視し、住民と事業の双方向性を創出することを目指している。しかし、参加型開発がドナーの考える地方アクターの「あるべき姿」に向けて双方向性を目指すのに対して、仲介型介入は地方アクターの「ある姿」から双方向性を目指す。

3. 援助対象社会についての情報入力のベクトル：「探究者」による社会調査

　最後に、事業対象社会についての情報入力のベクトルを検討する。参加型開発の構想とは異なり、「民主的」な総意の公式な創出機会を放棄した仲介型介入では、地方アクターからランダムに発信された情報が、全体的な地域的まとまりの中でいかなる位置づけや重要性を持っているのかをこちら側が判断しなくてはいけない。「自ら語り出すことのできない」サバルタンをすべからく平等に語らせようとしたのが参加型開発であるならば、仲介型介入は、常設の窓口においても拾いきれないサバルタンの語られない情報を入力するこちらの感度を高めようとする。

　たとえば、特定の地方アクターからの申立ての内容が、その他の競合する地方アクターの利益を極端に阻害するようなものであるにもかかわらず、ドナーの影響力が一方にだけ加担するならば、それはドナーの影響力が意図せずに事業対象社会の地域勢力のありように変化を生み出すこととなる。そ

自身が調査の過程でこの無応答性を十分に経験したことは本書冒頭にも紹介した。また、ブリンダバンの町政府の応答性についての住民調査では、住民からの問い合わせ（厳密には「苦情（complaint）」）の79.5％が「対応されなかった（never attended）」ということで[7]、貧困地区からの苦情にいたっては100％が無視されている。対応されたとある20.5％の問い合わせに関しても、1週間以内の対応と1か月以内の対応がそれぞれ1.7％にとどまり、多くのケースにおいて対応が1か月よりも遅い「very delayed（大変遅い）」である。なお調査対象者の多くが、行政サービスに不満はあっても、そもそも町政府の対応に期待していないため苦情はあまり提出しないとも報告されている（JBIC, NRCD & UPJN 2007, 78）。

　加えて、デリー準州のバギダリ（Bhagidari）というコミュニティ政策は、このような行政機関の無応答性現象を問題視して始められた政策である（西谷内 2011a）。その広報資料によると、「無神経」「無関心」「押しつけがましい」行政態度が、人々の行政への期待をそぎ、人々の参加意欲を減退させたと説明されている（Bhagidari Cell 2007, 5; 2005）。

　このような無応答性現象を、公務員個々人のモラルに還元して捉えてはいけない。そうではなく、住民と行政の間の、あるいは各レベルの行政組織の間の双方向的コミュニケーションがそもそも想定されておらず、公務員が住民や他組織からの要求や問い合わせをあからさまに無視することが、何らかの制裁の対象になる可能性が極めて低い社会のありようとして理解する必要がある。そして、行政機関の無応答性は、インド国内の国レベル、州レベル、都市レベル、どのレベルにおいても見られる現象で、また下水道事業だけではなく、医療、郵便、環境保全等々、いかなる政策分野においても想定される現象である（Ramanathan 2007, Chatterjee 2004）。

　もちろん、個別具体的な事情はそれぞれの州や都市、または組織や個人で異なるし、行政と住民および行政機関相互の双方向的関係がうまく成立している局面もあるだろう。しかし、外国政府がインド国内の開発問題に介入するにあたって、インド国内の"行政機関の無応答性"は「平均的な欠陥のあれこれ」や「悪い副作用の可能性や蓋然性」として「前もって予見できる」

とを認識しているために、冷めた距離感でヤムナ川浄化計画の動向を見つめている地元NGOや地域の有志は少なくない。このように、自らの生活環境を守るために、また自らが信じる価値（河川の水質）を守るために、地域の一定程度の集合的意思を形成し、それを発信しようとする人々は地域にはそれなりに存在する。

そういった援助対象社会に既に存在する事業への参加要請、事業に対する疑問や要求を、ODA事業の監視機能として動員することを提案する。そのためには、事業の対象住民（ターゲット）を設定し、また語ってもらうための日時や場所を設定し、ついでに議題と進行も用意されているようなワークショップや公式な議論の場（第8章）は適さない。それよりも常設の窓口が適当である。それも、ホームページの「ご意見ボックス」やJBICデリー事務所への電話連絡といった既存の窓口に比べて（第7章）、はるかに身近で接近しやすい窓口が必要である。富裕層からも貧困層からも精神的・経済的に容易にアクセスが可能であり、またそれら事業都市住民と向き合う心理的能力と、向き合った上で的確な回答と事務処理ができる技術的能力を備えた窓口が必要である[5]。

2. コミュニケーションの成立に影響力を行使するベクトル：仲介機能

常設の窓口に対する地方アクターからの申し立てを起点として、ドナーはインドの「中央」と「地方」のコミュニケーション、より広範には行政と住民とのコミュニケーションを仲介することに影響力を行使する。すなわち、ドナーの直接的な影響力は、地域社会をドナーの構想する「あるべき姿」へと促進するために行使するのではなく、事業計画（トップダウンであろうと、ボトムアップであろうと）の着実な実現に向けて行使するという発想である[6]。

たとえばバラナシやブリンダバンの事例においては、事業の計画段階において地方アクターからの自発的参加要求があったが、インドの各レベルの政府機関はそれに対して地方アクターが納得のいくかたちで応答することができていなかった。これを本書では"行政機関の無応答性"と呼んできた。

これは実は、ガンジス川浄化計画に限ったことではない。たとえば、筆者

都市の地方アクターからの情報入力のベクトル、「中央」と「地方」の関係改善に影響力を行使するベクトル、そして援助対象社会についての情報入力のベクトルである。この 3 つの介入のベクトルを順番に見ていこう。

1. 地方アクターからの情報入力のベクトル：常設の窓口

　まず、地方アクターからの情報入力のベクトルとは、援助対象地域の人々の事業に対する不信や不満を受け止めるためのベクトルである。援助対象地域の人々にとって現実的にアクセスが可能である "常設の窓口" を設置することで、ドナーの都合ではなく、援助対象地域の人々の都合にあわせてドナーは情報を入力する。

　ドナーが事業対象社会の人々との接点を創出するにあたり、参加型開発であれば、たとえば前章で見たように、事業の対象住民（ターゲット）を設定し、それらの人々に全員参加してもらい、「民主的」な合意形成の場を幾度か用意するかもしれない。あるいは住民の組織化を支援して、ある程度のまとまりとして地域社会との接点を保持するかもしれない。しかし、援助対象地域の人々は誰しもが直ちに主体的に問題を解決する参加機会を望んでいるわけではないし、住民を組織化することは決してたやすいことではない。それでもドナーが考える「あるべき姿」に依拠して、たとえば「サバルタン」（自ら語り出すことのできない従属的な立場の人）が語り出すことを仕掛けるのが参加型開発の発想である。それに対し、様々な交渉のルートを通じてすでに語りかけられているたくさんの声にこちら側から耳を傾けるのが仲介型介入の考え方である。

　たとえば、バラナシ市の M 氏は、都市レベルの地域社会では決して従属的立場のサバルタンではないが、ODA 事業の政策過程における発言力という軸では下位におかれていた。よって、15 年もの間、語りを抑圧されながら参加要求を発信し続けていた（第 6 章）。都市レベルの地域社会の文脈においてもサバルタン的な立場にいるデリー市マンゴルプリ地区の住民は、500 人もの署名を集めて CTC の撤去を要求していた（第 5 章）。ブリンダバン町でもヤムナ川浄化計画への参加意思はあるが、しかし参加機会がないこ

助努力」と「社会配慮」の目標をともに達成することができず、よって「開発協力大綱」や「対インド国別援助計画」で示されている日本の ODA の目標値のいくつかはリップサービスほどの重みしか持つことができない。

第3節　仲介型介入の構想：自由放任型に仲介機能を追加

　次に、「自助努力」と「社会配慮」の妥協点を見出す中で実施される仲介型介入の構想を提示したい。**図 9-1** は、〈仲介型介入〉のイメージ図である。〈自由放任型〉を基本とし、それに地方アクターからドナーに向けた直接的な情報入力のベクトルと、国内政策領域の介入矢印に対する影響力のベクトルを追加した。なお、この図では地方アクターに対する影響力の矢印は示していない。理念上はこの図のように直接的な影響力を抑制するが、実際は副次的に発生する直接的な影響力にも留意する必要がある（後述）。

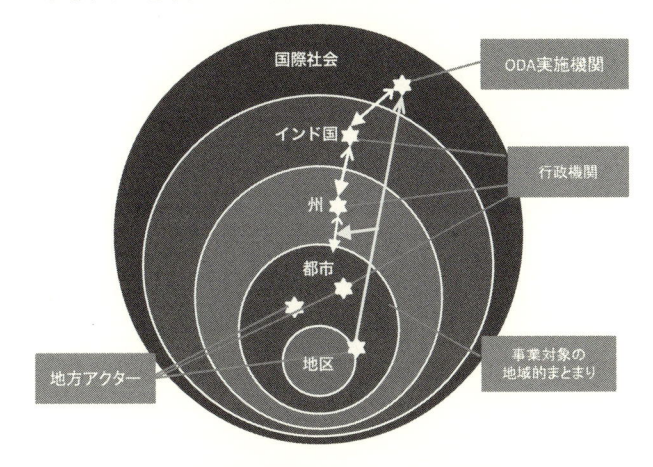

図 9-1　ガンジス川浄化計画における〈仲介型介入〉のイメージ図

　仲介型介入は第一に「古典的なプロジェクト」と呼ばれる〈自由放任型〉のスタイルを踏襲する。そのことで、ドナーの影響力が援助対象社会に直接届くことによる副作用のリスクを回避（軽減）する。それに加えて、第二にインドの国内政策における一方向的介入（"中央と地方の溝"や"行政機関の無応答性"など）に対処すべく、3つの介入のベクトルを補足する。援助対象

けており、贈与、特に技術協力を主体とする支援」を実施している中で（外務省 2006a, 6）、トリックルダウン仮説に基づく円借款中心の日本の支援のあり方はまさに「インドの高いオーナーシップを尊重」したものと言えるだろう。インド中央政府の自助努力を尊重し、よって「外国が…国内の問題の領域に」立ち入らない支援のあり方である。

　他の主要ドナーに追随するのではなく、インド政府の自助努力を尊重するという日本国独自の援助方針について、本書は共鳴こそすれ否定するものではない。しかし、「外国が…国内の問題の領域に」立ち入らない〈間接介入〉で、「インフラ整備を通じた経済成長」や「経済成長を通じた貧困削減」というODAの重点目標がどこまで達成できるのかについては再考する必要があろう。実際、「河川…の汚染を防止し…、住民の衛生環境を改善する」こと、「廃棄物、衛生、都市排水などの」深刻化する都市問題を改善することといった「対インドODAの重点目標」に関して、ガンジス川浄化計画を見る限り、日本の間接介入は十分に実効性に寄与することができていない。

　それどころか日本のODAが〈間接介入〉であることは、「開発協力の実施に際して…当該国・社会に与える影響や協力の適正性確保に十分な配慮を行う」という「実施上の原則」や（外務省 2015a）、インド国民に対する「説明責任の徹底」や「計画の早い段階から環境社会面に十分配慮を行う」といった「援助実施上の留意点」を阻害している（外務省 2006a, 14）。介入の連鎖を機能しているものとみなしてそれに依拠する間接介入では、援助対象社会についての「十分な社会配慮」や「説明責任の徹底」といった目標値が達成できない、あるいは達成されないことが強く予想されることを本書では明らかにしてきた。

　これら「開発協力大綱」や「対インド国別援助計画」に示されている「社会配慮」に関わる理念や基本方針を、単なる希望的目標値ではなく実現されるべきものとして捉えるならば、その実践をより具体的に方向づける必要がある。一方では「インドの高いオーナーシップを尊重」し、インドの中央政府に対する事業支援を主眼に据えると同時に、他方では事業対象の社会や人々の経験にも十分な関心が向けられる必要がある。そうしない限り、「自

の「社会配慮」という政策目標と対立する。特に第6章のバラナシの事例ではその問題が顕著で、日本のODAはインド政府（中央）の「自助努力」を尊重することで、援助対象社会（地方）の「自助努力」を阻害した。日本のODAは「社会配慮」を高らかに謳いながら、結果的に援助対象社会への配慮を欠いた介入を実施していた。本節では、この「自助努力」と「社会配慮」の対立問題を、開発協力大綱[2]（2015）や国別援助計画[3]など日本の公式な政策目標に即して再確認し、両者の政策目標を両立する目的において〈直接介入〉への移行が必要であることを示す。

まずは日本政府の「自助努力」という政策目標を確認しておこう。開発協力大綱は「相手国の自主性、意思及び固有性を尊重」する自助努力支援を「日本の開発協力の良き伝統」として基本方針に掲げている（外務省 2015a）。これが対インド国別援助計画[4]（2006）ではより鮮明に示されている。「他の多くの開発途上国との比較でインドに特徴的な点」が「自助努力（オーナーシップ）の考え方が確立している点」だと言う。よって「インドの高いオーナーシップを尊重し、そのようなODA受入方針の長所を生かした援助のあり方を模索する」とされている（外務省 2006a, 6）。

そして、インドの「高いオーナーシップ」は内政に干渉されることを好まない態度として示されている。「インドは、貧困に関わる政治的問題、所得分配問題を基本的には国内問題として理解しており……特定の援助国……を別にして、他の小額の援助国からの援助は必要ではないとする援助受入方針……が示すように、外国が援助の名の下に、これら国内の問題の領域に介入することを強く警戒している」（外務省 2006a, 7）。

そのインドの援助受入方針に配慮して、日本の対インドODAの重点目標は、「経済成長を通じた貧困削減」、つまりトリックルダウン仮説に基づく支援であり、円借款を主とする「インフラ整備を通じた経済成長」である（外務省 2006a, 8）。日本の対インドODAのほぼ95％が円借款であり、インドが受け入れている二国間援助の総額の半数以上を占めている。第2位以降のイギリス、オランダ、ドイツなど「主要援助国のほとんどは貧困削減の一環として保健・医療・初等教育・環境・経済改革支援等を重点分野として位置づ

う（西垣ほか 2003, 198）。たとえば、東アジア通貨危機の際、マレーシアのマハティール政権は IMF の方針と異なる政策をとり、国際社会から厳しい批判を浴びたという。つまり、マレーシア独自の方針はマレーシアの「オーナーシップ」とは認められなかったわけである。

しかしその後、マレーシア独自の方針は、予想より良い成果に結実し「プラグマティックで柔軟な取り組み」と国際社会から再評価されたという。この事例に即して下村は、国際社会がそれをオーナーシップとして認めなくても、「私たちは、途上国が自分の頭で考える試みに一定の合理性が認められれば、それを『自助努力』の試みとして支援したいと考える」と日本の援助が進むべき道を表明している（西垣ほか 2003, 199）。

本書が提案する〈仲介型介入〉はまさに、下村が日本の援助理念の伝統と指摘する「自助努力」アプローチと重なる。すなわち、よそ者の考える社会のあるべき姿（計画や方針）ではなく、当事者が考える社会のあるべき姿を尊重し、こちらから見るとわかりにくい社会秩序や、発展の速度につきあう柔軟性や寛容さを持つアプローチである。

仲介型介入は、この日本国が培ってきた援助の伝統を活かしつつ、より発展させるために有効な介入類型として期待できる。しかし、仲介型介入は、このマレーシアの事例が示しているように、その長所と同時に悩ましい課題も踏襲する。国際社会が批判するような考え方であるにもかかわらず、私たち日本国が一定の合理性を認めるものと、やはり私たち日本国も認められないものの線引きがどこにあるのかという問題である。言い換えると、当事国にとって「プラグマティック」である計画と、私たちの理念が対立したときに、どこまで当事国の論理に寄り添えるのかという問題である。この核心的な論点は第4節で議論することとして、次に、この「自助努力」という政策目標と「社会配慮」という政策目標との対立問題を確認しておきたい。

第2節 「自助努力」と「社会配慮」の対立：〈直接介入〉の必要性

途上国政府の「自助努力」を尊重し、国内の問題の領域に立ち入らないということは、第Ⅱ部の間接介入の事例検証で見たように、しばしばドナー

あることを示す。第2節では、しかし「自助努力」と「社会配慮」という政策目標を両立させるためには、〈直接介入〉への移行が必要であることを再確認する。第3節では、「自助努力」と「社会配慮」の妥協点を見出す形で構想される〈仲介型介入〉の構想を提示する。第4節では、仲介型介入が、開発援助の一方向性を解決するための新しいミラクルな手法ではなく、むしろ開発援助の一方向性、すなわち国境と文化の壁を可視化する介入の型であるという特徴について議論する。

第1節　日本のODAにおける〈消極介入〉の伝統：「自助努力」

　仲介型介入は、日本のODAの伝統である「自助努力」アプローチを引き継ぐものである。開発経済学者の下村恭民は、「これまでの日本のODAを観察すると、その根底にある一貫した明確な考え方が流れていることに気づく」と指摘する。それは「『途上国の自助努力を支援する』という姿勢」であり、「『自助努力』こそが日本のODAを説明するキーワード」だと主張する。西欧の援助が「恵まれない人々に対する恵まれた者の責任」に重点をおいていることに対して、日本の援助は「途上国の人々が自分の責任で行う現状改善努力に対する助力」に重点をおいてきたという（西垣ほか 2003, 191-192）。つまり、ドナー（恵まれた者）が何をするのかではなく、途上国の人々が何をするのかということにより注目した援助ということであり、理念先行（積極介入）ではなく現地尊重（消極介入）の援助ということである。「日本のODAの基本的なアプローチは、援助する側が計画を押しつけるのではなく、途上国側の主体的な努力の芽をできるだけ探し当てて掘り起こし、その小さな芽が育っていけるようにキメこまかく手助けすることを中心にしている」のだと言う[1]（西垣ほか 2003, 193）。

　その「途上国側の主体的な努力」は通常「自助努力」や「オーナーシップ」という言葉で表現される。下村は、日本の考える「自助努力」と世界的な援助概念の一つである「オーナーシップ」の違いを分析している。世界銀行の報告書から読み取れる「オーナーシップ」は、（当事国ではなく）国際社会が必要と考えている改革を当事国が主体的に実施することを意味するとい

第9章

〈仲介型介入〉の構想：
ガンジス川浄化計画の実証研究を通して

　本章では、〈間接介入〉による介入の連鎖の不具合を克服しようとするための〈直接介入〉でありながら、ドナーの理念が先行する〈積極介入〉とは異なるタイプの介入の可能性を探る。介入の4類型でいうと、〈直接介入〉と〈消極介入〉の象限にある介入は、どのような介入となり、またどのような特徴を持つだろうか。

　本書ではそのタイプの介入を〈仲介型介入〉と呼ぶこととする。第Ⅱ部でみたように、ガンジス川浄化計画においては、「中央」と「地方」のコミュニケーションの断絶が顕著であった。特に「地方」から「中央」へ向かう情報のベクトルがおおよそ機能していなかった。そのために、「中央」で策定された計画が「地方」の実態に即して調整されることがなく、実態に適合していようといなかろうと、そのまま一方向に介入の連鎖を降りていった。この"介入の連鎖の不具合"に対処すべく、ドナーが「中央」と「地方」のコミュニケーションを「仲介」する役割を担うというのが〈仲介型介入〉の発想である。

　本章で構想する仲介型介入は、ガンジス川浄化計画の実証研究を通して、ドナーの責任倫理に照準を当てた場合、最善となりうる介入のあり方として筆者が構想したものである。あらかじめ確認しておくと、これは開発援助の効果を高める新しいミラクルな処方箋の提案ではない。反対に、国境と文化を越える最も遠いよそ者が他国の政策に関与する困難や矛盾を直視するための、そしてドナーが無自覚に悪い副作用を引き起こしたり拡大させることを抑制するための介入の型である。

　第1節では「自助努力」を尊重する〈消極介入〉が日本のODAの伝統で

(Clifford Geertz) との対比で人類学者でもクロード・レヴィ＝ストロース (Claude Lévi-Strauss) が形式化 (表では要素還元主義) の傾向があり、ジェフリー・サックス (Jeffrey Sachs) との対比で経済学者でもウィリアム・イースタリーが総体性志向であると指摘している (青山 2008)。

16 日本の場合は、第二次世界大戦の前や戦中に占領地の現地調査が行われたが、わずかな例外を除いて専門的な人類学調査ではなく、学際的な地域研究だったという (松園 1999, 3)。

17 オバマ・バイデン政権移行プロジェクトに提出された非公式資料によると、USAID の全職員数は 1975 年に 4,300 名、1985 名に 3,600 名である。ちなみに 2007 年時点では直接雇用が 2,417 名 (内、海外勤務が 1,324 名、ワシントン本部勤務が 1,093 名)、制限付き雇用が 908 名である (MFAN 2011)。

18 1999-2000 年度の DFID の職員数は 1,876 名。ロンドンとイースト・キルブライドの両本部に合わせて 1,279 名 (それぞれ 814 名と 465 名)。海外オフィスに 597 名で、うち 404 名が現地採用である (DFID 2000)。

19 彼らの約 3 分の 2 は海外事務所勤務 (JICA 2008, 32)。

ング）』が実現されている」という。佐藤寛はこれを、援助実施機関が「魅力的な『Pつき言葉』に幻惑され」ていると表現している（佐藤寛 2003, 3-5）。援助対象社会との実質的な双方向性への配慮が示されていないガンジス川浄化計画でも、「Pつき言葉」はふんだんに用いられている。大きくは「Public Participation and Awareness（公衆の参加と啓発）」プログラムがある。その他「public participation（公衆の参加）」という言葉は指導マニュアルの随所に登場するし、「community participation（コミュニティの参加）」、「people's participation（人々の参加）」、「participatory approach（参加型のアプローチ）」、「participatory planning（参加型の計画策定）」などと「Pつき言葉」は枚挙にいとまがない。

13 佐藤寛は開発援助の実践における西洋型の民主的社会モデルの移植に警鐘を鳴らし、それぞれの社会に「それぞれの民主主義」があると主張する。イエメンの部族集団の事例を挙げて、女性の政治参加が欠如し、実質的にリーダーが世襲性ではあるが、実際にはある種の民主主義によって地域的まとまりが秩序づけられていると説明している（佐藤寛 2005, 210）。アマルティア・セン（Amartya Sen）も同様の主張をしている。「民主主義は西洋を規範とする理念と実践だとひんぱんに繰り返されるが、それは非常に偏狭な見解」だという。「なぜならばそれは公共的な議論（public reasoning）と民主主義の発展との密接なつながりを無視した見解だからである」とセンは説明する。「公共的な討議の長い伝統は世界中の様々な文化においてみられる」のだから、世界中の様々な文化においてそれぞれの民主主義の発展があるという主張である。センは公共的な議論だけが民主主義の要素ではないことも指摘しているが、それが主要な要素であることを強調しているのである（Sen 2006b, 13-4,16）。センも佐藤も同様に、全員参加なのか、エリート集団による排他的な参加なのかによらず、公共的な討議の有無を民主主義（の発展）の指標としている。また、イースタリーは主に国家レベルの民主主義についての議論として、外部から「民主主義」の理想を押しつけることは既存の秩序を壊す弊害をもたらすと警告している。そして、社会が民主的になるということは、たとえば選挙を行うといった形式上の問題ではなく、それよりもはるかに複雑な問題だと主張する（Easterly 2006, 119）。

14 関根は「開発業界における常識や『作法』、言語（jargon）」を開発業界における文化と定義づけている（関根 2008, 1）。これとほぼ同じ概念として、序章で確認したように元田は氾濫するアジェンダを「共通語」とする集団を「開発共同体」と定義している（元田 2007, 1-2）。本書ではこれを「開発援助コミュニティ」と呼んでいる（序章、注3）。

15 これは類型であり、開発実務者や人類学者個々人の傾向を特定するものではないという指摘にも言及しておきたい。たとえば青山和佳はクリフォード・ギアツ

学者の範疇に加えて引用する。彼が扱う対象は文化人類学と近似性があり、ミクロな援助現象から「住民参加のパラドクス」「民主化は援助か布教か」（佐藤寛 2005）などと、ODA の"文化を越える困難"を印象的な表現で指摘している。なお、開発人類学に比べて開発社会学という分野は研究蓄積が少ない。『開発社会学——理論と実践』の著者である恩田守雄はこれまでの開発社会学という学問領域は「パーソンズの近代化論やウォーラーステインの世界システム論など、開発や発展についての抽象的で包括的な一般理論としてのグランドセオリー」であり実践志向的ではないと指摘する（恩田 2001, 7）。その恩田の新しい「開発社会学」は「社会開発のための理論」というように、実践内在的な狭義の「開発社会学」（「開発の社会学」ではなく）の傾向にある。

3　佐藤寛編 2003『参加型開発の再検討』においても、論者によって「参加型開発」の様々な定義が示されている。

4　第 1 章ではチェンバースの参加型開発論を中心に例示し、ドナーが描く社会の理想像について論じた。

5　1992 年 -1995 年「the Environmental Fellowship Program」。1995 年 -2000 年「the NGO-Business Environmental Partnership Program」（USAID 2006, 5）。

6　2002 年 1 月 4 日のレート 1USD=131.70YEN で換算し、万単位未満を四捨五入した。

7　2004 年 1 月 5 日のレート 1USD=106.93YEN で換算し、万単位未満を四捨五入した。

8　英国の ODA 実施機関は「Ministry of Overseas Development（海外開発省）」や「the Foreign and Commonwealth Office（外務・英連邦省）」の外局を経て、1997 年に現在の「DFID：Department for International Development（国際開発省）」が誕生した（DFID 2010; 西垣ほか 2003, 171）。

9　Class I とは人口が 10 万人以上の都市のこと。最初は 32 都市を対象としており、中間レビューのあと 42 都市に拡大された（IDC 2008, Annex F）。

10　1999 年 1 月 4 日のレート 1GBP=189.05YEN と 2008 年 1 月 4 日のレート 1GBP=215.47YEN との中間値、1GBP=202.26YEN で換算し、億単位未満を四捨五入した。以下、同事業の費用はすべてこのレートを使用する。

11　坂田は参加型開発をめぐる議論を分析し、「エンパワメント」を重視するものと「ガバナンス」の強調を重視するものを区別している（坂田 2003, 45-49）。USAID の事例は前者、DFID の事例は後者に近い事例と言えるであろう。

12　「多くの開発援助実施機関（国際機関、二国間援助機関、NGO を問わず）の、とりわけ社会開発関連のプロジェクトにおいては、参加型開発という文言なしにはプロジェクトの書類が承認されないというほどの『主流化（メインストリーミ

した結果、それは無責任すぎる介入であるという仮説が浮かび上がった。〈間接介入〉における介入の連鎖による一方向性を克服するために、援助対象国政府に介入のあり方を一任するのではなく、ドナー自身が援助対象社会で介入の成り行きを統制するという〈直接介入〉への移行が起きたことは当然の成り行きと言えよう。その際に、「社会開発」「エンパワメント」「住民組織化」といった社会の変容に向けた介入のあり方にまでドナーが影響力を行使しようと意欲するならば（積極介入）、理念の先行により拡大されるリスクを最大限回避するために、"文化を越える困難" を克服するための取り組みが必要となる。ところが実際のところ、援助実施機関においては "文化を越える困難" を克服するための制度的な取り組みは十分なものではないし、今後充実される見通しもない。「社会」を理解するための訓練を受けていないものが援助対象社会に対して変革に向けた強い影響力を行使することは、医療の訓練を受けていないものが患者に外科手術を施すほどに無責任なもののように思われる。ドナーが "文化を越える困難" を克服することに資源を投入しないという選択をするならば、援助対象社会のありようをドナーの理念や認識枠組みに基づいて強く変革しようと意欲することも控えるのが責任倫理に基づく選択となる。

　次に、〈直接統制型介入〉の現場検証は今後の課題として、次章では介入の４類型の最後の象限についての検討を進める。介入の連鎖の不具合を克服しようとする〈直接介入〉でありながら、ドナーの理念や認識枠組みから発せられる影響力を可能な限り控えようとする〈消極介入〉は可能だろうか。それは、どのようなものとなるであるか。

注

1　同じことが「失敗例」についても言えるわけだが、「失敗例」の報告は少なくとも政策のコンセプトや事業計画とは異なる事実認識が示されているという意味で、より実態に接近できる可能性が高いと思われる。

2　本章では、開発社会学者である、アジア経済研究所の佐藤寛を便宜上開発人類

ダーやマネジメントに関与していたという特殊な背景をもつ場合に」（花谷 2008, 65）、大学に籍をおく人類学者などがプロジェクトの実務に関わることもあるという。

以上、英米においても、そして日本ではさらに、人類学的な文化を取り入れる制度的な取り組みは限定的であることがわかった。つまり、開発援助の実施機関において、"文化を越える困難"を克服することが、それなりの重みをもって取り組むべき政策課題とは位置づけられていないということである。

第4節　まとめ：理念の先行により拡大されるリスク

本章では参加型開発の批判論や慎重論に依拠して、ドナーの影響力が援助対象社会に直接的に作用する〈直接介入〉であり、かつドナーの理念が先行する〈積極介入〉の場合、どのような一方向性のリスクをはらむものであるのかを検討した。結果として、参加型開発においても、やはり介入は一方向的なものとなる場合があること、その際に、援助対象社会が経験する悪い副作用は拡大される場合があることが明らかになった。それは、介入の連鎖が機能しないことによって引き起こされる悪い副作用ではなく、ドナーの理念が直接届いてしまうことによって引き起こされる悪い副作用である。

第一に、開発援助における介入のあり方をドナーの責任倫理に即して評価するならば、悪い副作用のリスクが拡大される可能性をはらむという意味において、〈直接統制型介入〉はベストな選択ではないと判断せざるをえない。そもそも開発援助は国境を越える政策であり、一方向性のメカニズムを内在している。繰り返しになるが、ドナーと援助対象社会の人々の間には、政策を決定したり実施したり、その政策を監視したり修正したりする民主的な正当性も手続きの制度も備わってはいない。開発援助をめぐる対外的アカウンタビリティの国際的な制度が確立していない状況において、ドナーの理念の先行により拡大されるリスクは、責任倫理に基づくならば避けるべきリスクである。

第二に、責任倫理の視点から現状の参加型開発を先行研究に基づいて検証

「筆者に身近なところでも人類学を専攻する友人、知人、時には院生がJICAのプロジェクトや評価調査や国内委員等に参加している」が、その数は微々たるもので、彼らが負わされた仕事はほんの端役（松園1999, 6）という見解から見ると、1999年時点においてJICAにおける人類学（者）の活用はほぼないことがわかる。

　その1999年時点でも、「JICAの年報や評価報告書その他の刊行物の中には、『顔の見える援助』『途上国の自助努力の尊重と主体者意識の醸成』『社会配慮』『社会的影響調査』『ボトムアップ』『草の根開発』『住民参加型』『開発と女性（WID）』『適性技術』などの用語が頻繁に出て」きていたという。そこで、新しい援助の理念を示すこれらのキーワードを「単なるお題目に終わらせないために」（松園1999, 8）、松園は人類学の立場から3つの要望を提示している。第一に、「プロジェクトの前後と途中における社会調査を充実させる」こと。第二に、「どんな援助計画を立てるにしても」それぞれの土地の文化に想像力を働かせること。そのためには民族誌が役に立つことも提言されている。第三に、人材養成に取り組むことである（松園1999, 9）。

⑶　日本のＯＤＡ実施機関：個人的なレベルでの活用に限られる（2008年）

　1999年の松園の問題提起から約10年を経て、組織内の事情がどれほど変わったのかというと、一定程度の変化が認められるが、「日本の開発援助において人類学の提示する視点や情報がどの程度生かされるようになったかというと、未だ根本的なところではそれほど変わっていないというのが実態ではないだろうか」とJICA研究所の花谷厚は評価している（花谷2008, 60）。「実質的に人類学（者）による開発介入の機会は、組織や集団ではなく個人レベルの『利用者』による社会や人間への関心の広がりと深化の程度に依存する」と関根は現状を分析している（関根2008, 6）。

　JICAでは、USAIDやDFIDのように、制度的に人類学（者）を採用／活用することはないが、花谷が言うように一定程度の変化はあり（花谷2008）、松園も「最近は風向きが変わりつつある」と評価している（松園2011, 10）。「開発介入の社会的側面に強い関心のある特定の関係者がプロジェクト・リー

る。1985年には海外開発庁の中に「社会開発ユニット」が設置され、それが2000年に「社会開発部」に昇格した。その頃、「社会人類学や社会学、人文地理学、政治学などを学んだ社会開発アドバイザーを約90人抱えていた」という[18]（JICA 2008, 31）。

2007年11月時点、DFIDは約75名の社会開発の専門家を雇用しており、「彼らはすべて、社会人類学や社会学、人文地理学、都市計画学、経済学などの社会科学の修士課程もしくは博士課程の修了者」である。「社会開発アドバイザーは、DFIDのすべてのプログラムを横断するように仕事をして」おり、「開発援助国や地域の開発の脈絡について、現地の人々の視点からより深い理解に基づいて助言を」するということである[19]（JICA 2008, 32）。

都市計画学や経済学を学問的背景とする社会開発アドバイザーが、どれほど人類学的な感性を持ちあわせているのか、社会開発アドバイザーの「助言」という役割がどれほどの権限を持つのかという疑問は残るが、いずれにしてもDFIDの中でも人類学者が相変わらず少数派であることは明らかになった。

このように、米国でも英国でも、人類学およびそれに類する学問的背景を持つ人材を、それとして雇用する数はそれほど多くはなく、彼らは十分に少数派である。関根も、まずは世界的な状況として「これまで、人類学は開発プロジェクトの実施プロセスに影響力を発揮してきたわけではない」と評価し、さらに「とりわけ日本の開発援助の局面では、現実に人類学者が『人類学者として』その知見や経験を活かすことは稀である」と日本の現状を説明している（関根 2008, 1）。

(2) 日本のODA実施機関：ほぼ活用なし（1999年）

日本のODA実施機関に目を移そう。「先進諸国の中で、国の援助機関が援助の実践家として人類学者を積極的に登用しておらず、また彼らの知見を活用もしていないという点で、日本は異例中の異例に属する」（松園 1999, 5）と松園が1999年にJICAの調査研究誌『国際協力研究』の投稿論文で強く問題提起している。登用や活用されていた人類学者の具体的な数値は示されていないが、「わが国では両者の間にはほとんど関係らしきものがなかった」、

ではなく、日本よりは人類学の採用や人類学的知見が活用されてきた海外の事例もあわせて見ておきたい。まずは本章の最初に直接統制型介入の事例として取り上げた、米国と英国の事情を概観しよう。

(1) 米国と英国の ODA 実施機関

　米国の対外政策（および同化政策）における人類学の採用は19世紀以降、国内の同化政策や世界大戦における敵性国研究への人類学者の動員に起源を持つという[16]（松園 1999, 3）。1950年以降、対外政策が開発援助の文脈に移行してからは、政策方針の変化によって、人類学者の雇用数が変遷しているという。1960年代から70年代初頭は「アメリカ開発人類学の冬眠期」で、「技術中心の資本集約的な都市開発援助とマクロ経済学を重視するような援助パラダイムに幻滅した人類学者たち」が自ら援助機関から姿を消した。1970年代には先述したように援助政策の転換があり、1970年代後半から80年代初めにかけては、多くの人類学者が援助機関に参画し、「開発人類学のブーム」と呼ばれた（松園 1999, 5-6）。

　しかしそのピーク時の80年でも、USAID にフルタイムで働く人類学者は（たったの）50名であった[17]。世界で最大数の人類学研究機関を持つアメリカでも、「人類学は、国家の権力構造の中で‥‥マージナルな位置しか占めていない」と人類学者の松園万亀雄は指摘する（松園 1999, 5-6; JICA 2008, 40）。岸上伸啓が調査を行った2004年には「USAID における文化人類学者はほとんどが離職し、皆無に近い状態であった」という。レーガン政権下での開発援助政策の転換により、社会開発重視から経済開発重視に力点が移行したことが理由だという（JICA 2008, 40）。

　次に、英国の対外政策における人類学の採用は大英帝国の植民地経営に始まるという（松園 1999, 3）。「植民地開発法」による開発政策が、1950年代以降旧植民地の独立に伴って「開発援助」の文脈に移行したあと、英国の社会人類学者は応用的な研究を避け基礎的な研究を重視するようになり、大学で開発研究が進められた。1972年、海外開発庁（DFID の前身）で社会人類学出身の社会開発アドバイザーが採用され、人類学者が再び実践の場に登場す

て向かうべき方向性を計画し、その計画を地域社会へ向けて一方向に投入するということだ。これはまるで第Ⅱ部で検証したガンジス川浄化計画の解説のようである。

　ドナーの責任倫理に照準をあてた介入のあり方を検討するに当たり、この知見は重要である。つまり、〈指導マニュアル型介入〉だけではなく、副作用のリスクが拡大されやすい〈直接統制型介入〉までもが、一般的に、要素還元主義の計画者によって、社会に対する洞察力のないままに計画・実施されているということになる。

　言いかえると、ドナーは援助対象社会の地域管理の現状に潜む根本的な課題を歴史文化的深みに即して理解することも、よって適切な変化の道筋を構想することもできない。それにもかかわらず、自らの認識枠組みに即して複雑な社会を要素還元的に捉えて変化の道筋を構想し、かつそれを直接的にしっかりと地域社会に届けようとする（援助対象者を確実に巻き込む）。それがたまたま援助対象者にとっての好ましい介入となるかもしれないし、たまたま「専制」といった大変迷惑な介入となるかもしれない。しかし大変迷惑な介入となってしまったところで、"文化を越える困難"（および"国境を越える困難"）によりドナーは、その負の帰結に気づくことができず、よって社会実態に即して介入のあり方を修正することも、負の帰結に対処することもできない。ドナーが気付かないところで、第Ⅱ部で見たよりもさらに迷惑な帰結が、援助対象社会に蓄積されていくことがありうるということになる。

　開発援助コミュニティにおいて、この"文化を越える困難"はどれほどの重みを持って受けとめられているのだろうか。今後、"文化を越える困難"が克服される見通しはあるのだろうか。次に、ODA実施機関における人類学的な文化を取り入れる組織的な取り組みを概観する。

2. ODA実施機関における人類学（者）の活用状況

　開発援助コミュニティの中でも、ODAの実践において中心的な役割を担う実施機関は、人類学の学問的な蓄積をどれほど切実に開発援助の実践に取り入れようとしているだろうか。先行研究に依拠して確認しよう。日本だけ

する人類学者の側にもあったが、より深刻な理由は両者の間に横たわる文化の溝だという。関根の言葉では、「方法論的不整合」、「意思疎通の齟齬」、そして「文脈限定的な人類学の議論に対する他分野や実務家からの懐疑」である（関根 2008, 2）。

受益者に裨益するプロジェクトを実現したいと願う立案者や実務者が（一応は）人類学者の知見を必要としており、人類学者も開発プロジェクトが援助対象となる人々にとって好ましいものであってほしいと願っている。両者の目的が一致しているにもかかわらず、人類学者の言葉は実務者に届かず、実務者の要求を人類学者は理解できない。せっかくプロジェクトに人類学者が関わったところで、人類学者の知見は、開発援助の主流の言説や実践では活かされないということである。クークとコタリが「専制」という強い言葉で訴えたように、参加の批判論や慎重論は、開発援助の主流の言説や実践にインパクトを与えることができてこなかった（Cooke and Kothari 2001, 3）。その大きな要因がこの開発実務者と人類学者との文化的齟齬にあると考えられる。

『国際開発研究』の特集「人類学と開発援助」から、開発援助の計画者や実務者と、そして人類学者やそれと類似の思考傾向を持つ者との特徴的な文化的差異として指摘されている事項を**表 8-1**にまとめた[15]。

表 8-1　開発実務者と人類学者の文化的差異

	開発援助	文化人類学
開発へのかかわり方	計画者	探究者
事業対象との関係	一方向	双方向的関係を重視
知への方向性	要素還元主義	総体性志向
人間像	合理的行為主体	社会的存在
記録の様式	ログフレーム	民族誌

出典）『国際開発研究』2008 17 (2)「特集　人類学と開発援助」より抜粋して筆者作成。

人類学者から見ると、開発援助コミュニティの文化は、社会という複雑な総体への洞察力が欠如しており、人々の行動を要素還元的に捉え、それによっ

社会の地域管理のありようを規定する、歴史的、文化的、政治的な根本問題に取り組むことができずにいるのだろうか。

これには複合的な要因が関係している。"国境を越える困難" と "文化を越える困難" である。第一に、歴史的・文化的な深みに即して社会の変容を促すということを、当事者性の最も遠いよそ者が、限られた民主的正統性と、期限付きの介入によって成し遂げることが、そもそも現実的な目標なのだろうかという論点がある。これは "国境を越える困難" であり、開発援助にとってはおおよそ逃れることのできない宿命的な課題である。それでも参加型開発を選択する限り、最善の注意を払ってこの問題に対処していく必要がある。

別の理由として、先行研究において頻繁に議論されているのが、参加型開発を研究開発する人々、およびそれを活用し実践する人々の資質の問題である。いわゆる、参加型開発の「質」の問題であり、開発援助の "文化を越える困難" である。こちらの方は、克服可能性のある困難である。次節では、参加型開発の「質」の問題がどれほどの根深さをもつのか、それが克服されるであろう環境がどれほど整備されてきたのかを先行研究に依拠して考察する。

第3節　開発援助の "文化を越える困難"

1. 開発援助コミュニティの文化[14]：要素還元主義の計画者

実は、社会の歴史的文化的な複雑な問題を単純化して処理する傾向が、参加型開発の理論や実践に限らず開発援助の文脈で広く見られることが頻繁に指摘されている。日本の国際開発学会の学会誌である『国際開発研究』が2008年に「人類学と開発援助」という特集を組んでいる。それは文化人類学者（以降「人類学者」と呼ぶ）が異国の地で見出したユニークな文化的特徴ではなく、開発援助に関わった人類学者が開発援助コミュニティに見出したユニークな文化的特徴を論じている。

参加型開発が主流化した1980年代以降、人類学者が開発援助に関わる機会が増えたが、それと同時に開発援助の立案者や実務者と人類学者の間には「断絶」があることも明らかになった。断絶の理由は応用人類学を過小評価

このような現象を、クークとコタリは「グループの専制」と呼ぶ。「グループの力関係が参加の意思決定をすでに力のある者の利害関心を強化するように導いているという懸念である（Cooke and Kothari 2001, 8）。モッセはこれを、ピエール・ブルデュー（Pierre Bourdieu）に倣って支配者の「公式化戦略（officializing strategies）」と、そしてエドウィン・アードナー（Edwin Ardene）に倣って「表現の支配的なモード」および公共的領域における被支配者の「沈黙（mutedness）」という用語で説明している（Mosse 1994, 509,515）。

以上、参加型開発に見られる二つの抑圧的な作用を見てきた。いずれも先述したドナーの理想像、"地方アクター自身が地域社会のあるべき姿を構想すること"しかも、その"意思決定は民主的であること"がプロジェクトのファシリテーターによって方向づけられている（はずの）事例である。しかしその構想とは裏腹に、"主体的で民主的な地域の意思決定"というドナーの理想像が実際は、援助対象社会に新たなそして被支配者層にとってはより厄介な抑圧を生み出していることが指摘されている。

これらの先行研究は、参加型開発が、地域内の政治的文脈とは相いれない外来のフォームを用いることで、地域社会にある歴史的・文化的・政治的問題に触れずに議論をファシリテートする傾向があることを指摘している。また地域内に既存の支配‐被支配関係を（意図せず）踏襲することで、"自主的で民主的な地域の共同意思"を抑圧的に、よってスムーズに創出する。そのような、問題の根本に立ち入らない、表面的／形式的な"自主性"や"民主性"の創出は、地域課題の根本的な問題解決には結びつきにくい（Leeuwis 2000; 真崎 2006）。それどころか、地域社会の秩序をかき乱し――知らず知らずのうちに――被支配者層の立場をより悪化させることもあるということである。

このように、ドナーの理念が先行する〈積極介入〉で、それが強く作用する〈直接介入〉においては、それが一方向的介入となった場合、無自覚のうちに「専制」という新しいタイプの「悪い副作用」を援助対象社会に生み出す可能性を有している。これは、介入の連鎖の不具合によって引き起こされる一方向性ではなく、ドナーの理念と援助対象社会の秩序がかみあわないことによって引き起こされる一方向性である。参加型開発は、なぜ、援助対象

一方向性の問題を理論的かつ実証的に明らかにすることが本書の最重要目的である。

そして本書の最後の目的は、開発援助を実施する側の国民、とりわけ日本国民に対して、本書が明らかにしてきた開発援助の宿命的な一方向性とどのように向き合いたいのかという問題を提起することである。国際社会において開発援助という制度が必要とされる限り、また主権国家を単位とする現在の国際秩序に劇的な変化が生じない限り、この問題と向き合うことから逃れることはできない。本書が示したドナーの責任倫理の欠如問題を、国境を越える開発援助の限界と捉え、責任倫理の欠如したドナーを自覚的にあえて選択するのか。あるいは本書が目指したように、責任倫理の欠如を対応すべき優先課題と捉えてなんらかの方策を模索するのか。この問いは言い換えると、私たち日本国民がODAを介して何を実現したいのか、援助対象社会の国家や国民とどのような関係を取り結びたいのかという問いである。最後にODAの多様な目的を概観し、ドナーの責任倫理の欠如が阻害するタイプの目的を特定したい。

第1節　ODAの目的

先進国がODAを実施する目的、より厳密には私たち先進国の国民（負担者）が途上国の事業対象地域の住民（受益者）を支援する目的とはなんだろうか[1]。ODAの目的の大きな分類として、「人道主義」と「国益主義」という概念がある。

(1) 人道主義：心情倫理に基づくODA

「人道主義」とは、「人間の尊厳を至上のものとし、人間愛に基づいて、人種、民族、国籍の別に関わりなく、人類の福祉を増進することをめざす立場」と定義づけられる[2]。これがODAの文脈に当てはめられると、たとえば以下のように表現される。

　　　　世界の大多数を占める開発途上国においては、今なお多数の人々が飢

餓と貧困に苦しんでおり、国際社会は、人道的見地からこれを看過することはできない。（1992年ODA大綱の基本理念[3]）

私たちは、私たちの同胞……、現在十億人以上が直面している、悲惨で非人道的な極度の貧困状態から解放するため、いかなる努力も惜しまない。（国連ミレニアム宣言の第11条[4]）

この人道主義は第1章で確認したように、責任倫理と対照的な概念である。援助した帰結への責任ではなく、援助行為の出発点における援助する義務を喚起する。よって、責任倫理が欠如した援助実践によって、このタイプのODAの目的は直ちには疎外されない。

反対にドナーの責任倫理を要求する立場から見ると、人道主義は注意を要する。第一に、"帰結に対する責任"を置き去りにしたまま"援助する義務"が先行することは、「悪い副作用の可能性や蓋然性」のリスクを大きくする。第二に、人道主義は、世界規模の視点に立脚し、国境や文化の境界、ましてや都市や地区といった地域的まとまりの境界を取り払い、私たちと事業対象地域の人々が同じ「人類」であり、世界社会の同じ構成員であることを強調する[5]。本書では、そういったドナーの「最も遠いよそ者」としての立ち位置に対する無自覚が責任倫理の欠如を助長する一要因であることを指摘し、地域的まとまりの重層構造という理論枠組みを導入しドナーの立ち位置の明確化を試みた（第1章）。

(2) 国益主義：経済的利益や国際的地位の向上など

次に、援助する義務ではなく、援助政策が生み出す利益に注目してODAの目的の検討を続けよう。二国間のODAは主に二つの政策システムを内包しているので（図2-1）、政策によって利益を得る対象も主に二種類内包している。「受益者」たる途上国の事業実施地域の住民と「負担者」たる先進国の国民である。本書のこれまでの議論は、受益者たる途上国の住民の利益、および副作用としての不利益について検討してきた。

ここでは、負担者たる先進国の国民の利益、つまり日本国の国益について検討していく。受益者の利益の増大を約束できないODAの実践によって、負担者の利益は増大するのだろうか、それとも縮小するのだろうか。ODAを介した日本の国益とは、日本国が相手国の中央政府に移転している資金や技術の量で測られるものなのか、それともその資金や技術が相手国の住民に裨益している質で測られるのか、または支援の手続きや手法の適切性や道義性で測られるのか。また誰がそれを評価し、誰がそれを日本の国益として還元するのだろうか。

ODAを介した国益は、「我が国の安全と繁栄」、「各国との友好関係や人の交流の増進」、「国際場裡における……立場の強化」（外務省2003a）など多種多様に想定される。このように多様に見積もられているODAを介した国益を、国益を媒介する国際関係の水準と、見積もられるリターンの償還期間に注目して分析しよう。まず、国益を媒介する国際関係の水準は大きく分けて二つの水準が想定される。二国間の「国家政策」の水準と地球規模の「地球公共政策」の水準である。

二国間の「国家政策」の水準の国益はたとえば産業振興、経済摩擦の回避、資源の確保、それらを含めた二国間関係の強化が想定されうる。この水準では、リターンの償還期限が比較的短く設定されている。まず、即自的な利益としては、ODAの供与と引き換えに日本の国益に資する契約を得る場合がある。特別円借款やSTEP（本邦技術活用条件）を含めた、いわゆる「ひも付き」援助（タイド・ローン）がわかりやすい例である[6]。その他には、「発電所や港湾などインフラ整備」への「政府開発援助（ODA）と引き換えにレアメタルの調達契約を結ぶ」ような場合も（『読売新聞』2009.1.17）、日本国の即自的な利益に直結するODAと言えるだろう。

次に、償還期間の見積もりがもう少し長めの、短期的、もしくは中期的な国益としては、たとえば、日本経済の活性化に資するインフラ整備や資源や食糧の確保に資する二国間関係の強化が想定されうる。たとえば、以下のような文言がそれにあたる。

途上国のハード・ソフト両面のインフラ整備、貿易・投資に関する諸制度の整備や人材育成、ガバナンスの向上など、日本企業の途上国での活動にも資する環境整備を行う。（外務省 2010a, 31）

　　途上国の持続的成長を後押しする。これは、日本経済の活性化にもつながる。特に、中進国・新興国への協力にはODAとあわせてODA以外の手段も活用し、我が国の成長戦略におけるODAの活用も念頭に置きつつ、多様なアクターおよび手段との連携を図る。（外務省 2010a, 8）

　　国際貿易の恩恵を享受し、資源・エネルギー、食料などを海外に大きく依存する我が国としては、……特に我が国と密接な関係を有するアジア諸国との経済的な連携、様々な交流の活発化を図ることは不可欠である。（外務省 2003a）

このように、近い将来の、経済活性や資源確保といった比較的明確なリターンを想定し、そのようなリターンが期待できる国に投資をする（ODAを供与する）のが短期的、もしくは中期的な国益を目指すODAの特徴である。
　これら二国間の関係を媒介とする国益は、まさに国と国との関係であり、二国間の戦略的な国際政策として国レベルの政治経済のリーダー同士の外交交渉から獲得される。よって、事業対象地域に住む受益者の利益の多寡とは比較的関係が薄く、一方向的介入も責任倫理の欠如もこれらの国益を直ちに大幅に損ねることは考えにくい。
　次に、「地球公共政策」としてのODA、つまり地球規模の国際関係を介する国益としては、国際平和（世界戦争の回避）や地球環境問題の削減・解消などが想定される。貧困削減のためのODAがテロの脅威、ひいては国際秩序に対する脅威を回避するというシナリオや、温室効果ガスを抑制する発電事業へのODAが地球規模の温暖化問題を緩和するというシナリオである。これは日本国民を含む地球上の人々に裨益することが想定されており、また償還期限の見積もりが比較的長い。投資とリターンの因果関係が単純明確で

はなく、長期的かつ信念や道徳（べき論）のレベルで設定されている。たとえば、2003 年新 ODA 大綱の初文「国際社会の平和と発展に貢献し」をはじめ以下のような文言として表れている。

　　我が国の平和と豊かさは、世界の平和と繁栄の中でこそ実現可能であるとの信念。（外務省 2010a, 7）

　　主要国と足並みを揃えて国際社会の共同利益の追求に取り組むべきであり、開発協力の中核である ODA を十分に実施できることが必要である。…将来を見据え、未来への投資として ODA の減少傾向に歯止めをかけ…。（外務省 2010a, 31）（以下、引用文の下線は筆者による）

この地球公共益の実現は、たとえば国連の開発目標などに沿って設定された一つひとつの ODA 案件において確実に成果を上げていくということになるだろう。一方向的な ODA は、これらの目的の実現を阻害する可能性を有していると言える。

　本書でもガンジス川浄化計画において、世界の大河を保全するという地球環境保全の目的や、貧困を削減するという国際社会の目標が、一方向的 ODA 介入によって、阻害されないまでもあまり実効性に寄与できていないことを明らかにしてきた。よって、責任倫理の欠如はともあれ、介入の連鎖の不具合を放置したままでの介入が ODA の地球公共政策としての目的を阻害する可能性は大いにある。

　最後に、たとえ地球公共政策の努力が直ちに成果にはつながらなくても、それに対して日本国がそれなりの役割を全うすることで、国際社会における日本国の信望・立場・発言力を高めるという国益還元のルートを考察しよう。

　　平和を維持し、専制と隷従、圧迫と辺境を地上から永遠に除去しようと努めている国際社会において、名誉ある地位を占めたいと思う。われらは、全世界の国民が、ひとしく恐怖と欠乏から免れ、平和の裡に生存

する権利を有することを確認する。(日本国憲法 1946: 前文)

　　日本国憲法の精神にのっとり、国力にふさわしい責任を果たし、国際社会の信頼を得るためにも、……ODA を効果的に実施することが不可欠である。(2003 年新 ODA 大綱:「政府開発援助大綱の改定について」)

　これは地球公共政策において「国力にふさわしい責任を果たし」、そのことで「名誉ある地位」「国際社会の信頼」「国際場裡における立場」を獲得すること。言い換えると、責任ある、信頼される ODA 実践を通して、国際社会の良き構成員としてのアイデンティティを獲得し維持することが ODA を介した日本の国益だとする考え方である。

　このタイプの国益が介入論の問題関心に最も適合的である。言い換えると、ガンジス川浄化計画における日本の責任倫理の欠如した ODA 実践は、このタイプの国益を最も阻害しているように思われる。日本の ODA はそれなりの影響力を持って援助対象社会に介入しているにもかかわらず、それの帰結に責任を持たない。援助対象社会に小さな不信や不満を蓄積しても、それに気づくことができない。たとえそれらに気づいたところで、それはインド政府の問題として、いかなる配慮も示さないか、その問題を機能していない介入の連鎖に差し戻す。「なぜ日本人はインド政府に無駄遣いをさせたいのか」「ジャパニーズ・トイレを撤去してほしい」「日本はインド憲法に違反している」との援助対象地域住民の日本に対する訴えを受け止めようとしない。間接介入のシナリオにとどまったままで、──法的責任はないにせよ──援助対象の人々に負の帰結をもたらしたまま放置していたり、参加要求を無自覚に抑圧したりすることは、日本国の「国力にふさわしい責任」や、国際社会における「名誉ある地位」といった表現にそぐわない。

　つまり、本書が探究してきた責任倫理に即した介入とは、すなわちこのタイプの目的を重視する、あるいは軽視しない介入のことである。ODA を介して、人道的な義務を果たし、短・中期的な経済的国益を追求すると同時に、それらの目的とバランスを取りながら、援助対象社会に対しての責任ある信

頼されるODA実践を積み重ねていくことが、介入論が背後仮説とする開発援助の目的である。

そしてODA実践を通して国際社会の良き構成員としてのアイデンティティを獲得し維持するためには、援助対象国の国家との関係のみならず、援助対象社会との関係の構築や改善のために、より真剣に取り組む必要があることを本書では主張してきた。より具体的には、〈直接介入〉への移行と、そしてそれが理念の先行によるリスクを拡大させないためのしくみづくり、つまり〈消極介入〉という指針や社会に対する洞察力の向上が必要だと主張してきた。

本書は、筆者が一人の日本国民として援助対象の現場で考えた、あるべき日本のODAの姿を実証的かつ理論的に表現してみたものである。ODAのどの目的を優先するのか、ODAを介して援助対象となる国家や国民とどのような関係を取り結びたいのか、ODA政策をめぐる議論には様々な意見があってしかるべきである。本書の問題提起も含め、その他ODAをめぐる様々な議論が国内で熟成され、日本国の総意として、日本国民が納得するODAを実現することが、――仲介型であろうがその他の介入のかたちであろうが――地域管理論のめざすところである。

第2節　ODAを介した負担者と受益者との関係

2011年2月に借款契約が結ばれたYAP-III（「ヤムナ川流域諸都市下水等整備事業（3）」）ではデリーにおける河川浄化事業に焦点が絞られることになった。ゆえに、本書のメインフィールドであるブリンダバンの住民（受益者）と私たち（負担者）のODAを介した長期にわたる関係はひとまず終了した。1992年より2010年まで、YAP-I、YAP-IIを通して、私たちとブリンダバンの住民はどのような関係を取り結んできたであろうか。ODAを介して、日本は「国力にふさわしい責任を果たし」（外務省2003a）、国際社会における「名誉ある地位」（日本国憲法）をちゃんと築けただろうか。

事業対象地の住民、つまりODA事業の受益者が、日本国民、つまりODA事業の負担者にあてたメッセージを全文引用する（ヤムナ川浄化計画に

関係する箇所に筆者が下線）。東日本大震災のあとにブリンダバンから発信された哀悼のメッセージである。

日本の津波被害者への哀悼の祈り、ブリンダバン、2011年3月23日

　2011年3月23日水曜日、Friends of Vrindavan と Braj-Vrindavan Heritage Alliance（BVHA）は合同で、日本の東北の海岸地方で恐ろしい津波の犠牲となった日本市民に哀悼と祈りを捧げた。日本の津波はマグニチュード8.9の地震によって引き起こされた。BVHAのメンバーはヤムナ河岸のブラマリ（Bhramar）ガートに集まった。自然災害で命を失った魂の旅立ちを思い、特別な祈りとヤムナ・アルティ〔火を用いた祈りの儀式〕を実施した。Friends of Vrindavan のボランティアとメンバーは、この災難で近親者を失った人々の安寧を祈った。BVHAは、日本の傷ついた人々に真心と祈りと愛を送ると述べた。
　私たちはこの危機の時に、日本の人々および政府と感情を共にしている。日本政府はこの20年の間、ヤムナ川の汚染を根絶するために支援をし続けてくれている。しかし、彼らの資金援助を率直に役立たせることができなかったのは私たちの制度です。世界で最も美しいヤムナ川を見たいという、ヤムナ川汚染に対する日本の意思はクリスタルのように澄んでいる。
　私たちはヤムナ川に帰依する者であり息子である。そして、日本人はヤムナ川の友達である。だから、私たちの間には関係がある。私たちは世界中の自然災害から学び、〔自然〕環境と親しくならなくてはいけないと、BVHAの副委員長である Naresh Narain は言った。
　ヤムナ川はブリンダバンの生命線であり、ヤムナ川はブラージ地方〔ブリンダバンを含むクリシュナ神話にまつわる地域〕においてさらにその重要性を増す。何世紀にもわたってヤムナ川の聖水は寺で使用されてきた。しかし、それはもう寺で使用できないほどに汚れてしまった。ブリンダバンの多くの寺にとって、ヤムナ川から持ち込まれた聖水は賞賛

であった。しかしそれはもう過去のことになってしまったと、Acharya Shrivatsa Goswami 聖下は言った。

　ヤムナ川は排水路のかたちをとり、ヤムノトリ〔ヒマラヤの水源地〕からのヤムナの水は一滴もここには届かない。現在私たちがここで見ているのは、デリーからの排水である、と Friends of Vrindavan 代表の Jagannath Poddar は言った。多くの宗教リーダーとヤムナ川の活動家がこのイベントに顔を出した。この哀悼の祈りの前に、Friends of Vrindavan のボランティアがヤムナ川のガートの大清掃を行った。

出典）FoV 2011。

　本書でもたびたび登場した、ブリンダバンで清掃活動を行っている地元 NGO のプレスリリース 2011 年 3 月 27 日版を全文翻訳した。まずは、率直に日本の ODA の成果から考察しよう。この文面を見ると、日本が 20 年間ヤムナ川の浄化に向けて支援したことに対して、当の受益者は——事業成果はともあれ——日本の浄化に向けた善意を好意的に受け止めている。

　実は、本書でも紹介してきたように、日本の援助のあり方に疑問や不信をもつ住民はいる。それでも、この文面にもあるように、ヤムナ川浄化計画の「失敗」の根源的な要因が自分たちの社会にあるということは自覚されている。ヤムナ川浄化計画は今のままではだめだということ、自分たちが帰依するヤムナ川のために何かをしたいということ、しかし何ができるかわからないということ、こういった思いは信仰心のあふれるブリンダバンの住民のおおかたの共通見解だと思われる。

　本書で当初から問題提起しているように、ブリンダバンに入って最初に気

づくことは、皆が問題解決への意欲を持っているのに、皆の行動がバラバラで嚙み合っていないことである。都市内部での派閥的対立、都市と州の責任のなすり合い、都市の実態と中央の計画の不整合、このようなはてしない不調和こそが、「資金援助を〔活かすことのできない〕…〔彼ら〕の制度」の問題である。そのような不調和の問題に対して外部者が、都市レベルの、州レベルの、そして中央レベルのそれぞれの「自助努力」を尊重しつつ、いかなる役割を担えるのかと考えた。その結果、各レベルの当事者の「自助努力」を仲介する役割を担おうというのが、本書が出した結論である。

　もし私たちの関わり方が仲介型介入のようなものであったなら、ここで紹介したブリンダバンの住民たち、より厳密には地元 NGO の役員やスタッフは、ODA 事業の実効性に大きく貢献してくれたかもしれない。

　しかし喜んでばかりはいられない。ややうがった見方をすると、この短い文章にはすでに、国境と文化を越える地域介入の注意事項がいくつか見て取れる。ここには名前が挙がっていない競合他者の存在を意識した自己アピール、言い換えると地域管理の主導権をめぐる派閥的な抗争関係が見て取れる。外部者が何らかのかたちで地方アクターに加担する際は、地域的まとまりのバランスを必要以上に乱さないことが消極介入の基本原則である。これを犯せば、ドナーは「政治社会」（Chatterjee 2004）の派閥の論理に呑み込まれ、仲介者としての「公平」な地位を容易に失うだろう。

　またこの短い文面には、アレイが指摘する、河川汚染問題に対する科学的知と信仰上の知の折り合いをつける難しさ（Alley 2002）も表現されている（第 6 章）。ここでも、ヤムナ川の健康被害や生態系への影響ではなく、ヤムナ川がヤムノトリから流れてくる真正な聖水であるのか否か、寺で宗教利用するのに適しているか否かが問題にされている。ガンジス川汚染問題には宗教の言葉と科学の言葉の両方が存在する。多くの人が、濃淡を持って両方の世界観に生きている。よって河川浄化という目的において宗教の言葉を話す宗教リーダーが果たす役割は小さくない。ただし、消極介入においては、宗教の言葉で人々を事業に動員する、しないといった計画上の問題は当事者にお任せしておこう。外部者が問題にすべきは、ここでも、地域的まとまりのバ

ランスであり、宗教リーダーをめぐる勢力関係に波風を立てない配慮である。

　仲介型介入は、ドナーの影響力が地域的まとまりの秩序を急速に、ときとして暴力的に変容することを望まない。現在ある地域管理機能をできるだけ維持したままで、当事者にとって適応可能な速度で、当事者にとってよりよい秩序が構築されていくことを優先する。その成果はわかりにくいかもしれないし、改善の速度もおそらく遅いはずである。ブリンダバンのような田舎町などは特にそうである。大量の客観的な情報を整然と管理して使いこなす社会ではない。抽象化されたシステムよりも、具体的な人間関係を信頼する社会である（西谷内 2010）。いつになったら現代の都市環境に見合う新しい秩序が構築されるのか、いつになったら河川の浄化に行きつくのか、予測がつかない。それでも、現在ある地域管理のしくみを拠り所とし、それをめぐる勢力バランスに気を配り、発展の速度や成果のわかりにくさにつきあう寛容さが「自助努力」のアプローチである。

　仲介型介入において重要なことは、ODA の負担者が受益者の身になって共感することでも、心情倫理に動機づけられることでもなく、現実の立場の違いを自覚することである。地域的まとまりの最も遠いよそ者としての分を越えずに、その立ち位置から何ができるのかを考えることである。両者の間には間違いなく国境と文化の壁が存在している。それらの壁を棚上げし同じ立ち位置でものを考えようとすることは、実効性の乏しい政策や一人よがりの介入を促進し容認することになりかねない。そうではなく、立ち位置の違いを明確にして、それでも異なる者同士が同じ目的を共有するために、いかなる妥協点がありうるのか現実的な目で見極めることが、より責任ある、そして実効性も期待できる ODA 政策を目指した関係性だと思われる。その関係性を概念化したのが〈直接介入〉と〈消極介入〉の象限にある〈仲介型介入〉である。

　どうしてそんなに大切な聖なる河が汚されるのか、どうして人々は自宅の前にゴミを投げ捨てるのか、どうして人々は対立しやすいのか（派閥化や排他性が比較的目立つ傾向のこと）。筆者はガンジス川浄化計画の研究を始めてから、ブリンダバンをはじめとする事業諸都市の住民の論理を理解しようと努

めているし、多少は理解できるようになったと思う。しかしそれは、当事者と同じ目線、同じ重みで、ガンジス川水系汚染問題を自らのものとして引き受けて主体的に解決しようとする態度を意味するのではない。筆者には自分の生活世界を捨て、向こう側の生活世界に政策的にも政治的にもコミットしようとする意志も覚悟もない。あくまでも一人の日本人、つまり非当事者としての立ち位置から、異なる者同士が協力できる接点を探究した。ODAを介した負担者と受益者との関係は、現実の距離感を反映してそれくらいドライな関係——心情ではなく現実に即した関係——が適当ではないだろうか。

私たち日本国民とブリンダバン町の人々との関係は一段落したが、デリー準州の人々とのより大規模な関係性は続いている（借款契約額がYAP-IやYAP-IIの2倍以上）。また、バラナシ市の人々との関係はさらに拡大されようとしている（2015年現在、新規事業が準備中）。ODAという制度を介して、負担者たるわれわれは何を成し遂げたいだろうか。事業対象地域の人々や彼らが所属する都市や国家とどのような関係を取り結びたいだろうか。

注

1 本書では一般に、人々を、国レベルの地域的まとまりの構成員として見るときに「国民」、生活の場である都市や地域コミュニティ・レベルの構成員として見るときに「住民」と呼び分けている。
2 小学館国語辞典編集部 2006,『精選版 日本国語大辞典 第2巻』小学館, 760.
3 （外務省 1992）。
4 外務省の仮訳（United Nations 2000）。
5 1992年ODA大綱の人道主義的見解に影響を与えた「ピアソン報告」（下村ほか 1999, 65）は、「世界共同体という概念それ自体が、開発のための国際協力の主要な理由である」とし、「世界という村」に住む私たちの、富める国がよその国を助ける「道徳的な義務」を強調している（Pearson and CID 1969=1969, 5-7）。
6 「ひも付き」とは「援助資金による物資や役務の調達先が、援助供与国に限定」されることであり、一般的に、国際的には「ひもなし化」圧力が、国内産業界からは「ひも付き化」圧力がある。日本国は1989年に100%アンタイドを達成したが、その後再び「ひも付き」が復活した。特別円借款やSTEP（本邦技術活用条件）

はひも付き化の流れで制度化された。「特別円借款」は 1998 年に「緊急経済対策」の一環として導入され、2002 年にその後継として STEP が導入されている。2011 年 1 月 31 日時点、両制度によって 60 案件が承諾されている。規模の大きいものでは、インドの鉄道建設事業（2010 年契約 903 億円）、マレーシアの導水事業（2005 年契約 820 億円）などがある（『朝日新聞』2008.9.24「新 JICA みのるか」；後藤監修 2004,「タイド・ローン」,「調達条件」,「特別円借款」；JICA 2010d,「特別円借款および STEP 案件に伴う影響調査」；JICA ホームページ「円借款案件検索」）

参考文献

＊一部、例外的な表記方法については凡例を参照されたい。

Ahmad, Aijazuddin, 1999, *Social Geography*, Jaipur: Rawat Pubns.
Allahabad High Court, 2011, "Public Interest Litigation (PIL) No. –4003 of 2006," Allahabad High Court Judgment Information System.
Alley, Kelly D., 2002, *On the Banks of the Ganga: When Wastewater Meets a Sacred River*, Ann Arbor: The University of Michigan Press.
Arputham, Jockins, 2002, "Toilet Power," *World Watch*, Nov/Dec 2002: 26-29.
Banerjee, Banashree, 2002, "Mainstreaming the Urban Poor in Andhra Pradesh," David Westendorff and Deborah Eade eds., *Development and Cities : Essays from Development in Practice*, Oxford: Kumarian Press, 204-225.
Banerjee, Brojendra Nath, 1989, *Can the Ganga Be Cleaned?*, New Delhi: South Asia Books.
Banerji, Manjistha, 2005, "Provision of Basic Services in the Slums and Resettlement Colonies of Delhi," Institute of Social Studies Trust, (Retrieved February 14, 2007, http://www.isst-india.org/PDF/Basic%20Services%20in%20Slums%20-%20 Revised%20draft.pdf).
Batra, Bikram Jeet, 2005, *Entitlement to Services and Amenities in JJ clusters, JJ Relocation Colonies and Other Non-Planned Settlements in Delhi: an Overview*, New Delhi: Institute of Social Studies Trust.
Baviskar, Amita, [1995] 2005, *In The Belly Of The River: Tribal Conflicts Over Development In The Narmada Valley*, 2nd ed., New Delhi: Oxford University Press.
Bhagidari Cell, 2005, "Bhagidari_Movie," CD-ROM, Government of National Capital Territory of Delhi.
―――, 2007, "Bhagidari: Delhi Smile," booklet, Government of National Capital Territory of Delhi.
―――, 2009, "Bhagidari Presentation 2009," ppt file, Government of National Capital Territory of Delhi.
Bhaktivedanta Manor, 2015, "George Harrison and Hare Krishna," (Retrieved October 27, 2015, http://www.bhaktivedantamanor.co.uk/home/?page_id=9).
Bhatia, Ramesh, 2004, "Community-Managed Sanitation Services for the Urban Poor in Asia, Africa and Latin America: Constraints to Scaling-up of 'Islands of Success'," draft, the Norwegian Ministry of the Environment.
Bhattacharya, Anirudh, 1994, "GAP told to clean up its act," *Down To Earth*, November 1994.
Bhide, A. D., 2006, "Lessons from Solid Waste Management Projects in India – A Historic perspective," (Retrieved September 17, 2008, http://www.swlf.ait.ac.th/

UpdData/Presentations/DrADBhide.pdf).
BHU, 2008, "Distinguished Alumnus Awards BHU Alumni Meet 9th March 2008," Banaras Hindu University, (Retrieved July 1, 2010, http://www.bhu.ac.in/alumni/birbhadra.html).
Blake, Stephen, 1991, *Shahjahanabad: The Sovereign City in Mughal India 1639-1739*, Cambridge: Cambridge University Press.
Brahmacari, Rajasekhara dasa, 2000, *The Color Guide to Vrindavana: India's Most Holy City of Over 5,000 Temples*, New Delhi: Vedanta Vision Publications.
Braj Discovery, 2010, "Vrindavan Image Gallery," (Retrieved May 14, 2010, http://en.brajdiscovery.org/index.php?title=Vrindavan_Image_Gallery).
Britannica, 1986, "Knowledge in Depth version," Britannica 27.
CAG, 2000, "Ganga Action Plan," the Report of the C&AG for the year ended 31 March 2000 (No. 5A of 2000), Union Government (Scientific Departments), Comptroller and Auditor General of India.
―――, 2008, "Management of Waste in India," (Performance Audit - Report No. 14 of 2008). Union Audit Reports, Scientific Departments, Comptroller and Auditor General of India.
Carroll, Lucy, 1978, "Colonial Perceptions of Indian Society and the Emergence of Caste (s) Associations," *The Journal of Asian Studies* 37(2): 233-250.
CASP, 2009, "CASP Delhi Unit," Community Aid & Sponsorship Programme India, (Retrieved August 25, 2010, http://www.caspindia.org/units_delhi.php).
CCS, 2006, "Bhagidari -The Delhi Experiment in Governance," *State of Governance : Delhi Citizen Handbook 2006*, New Delhi: Center for Civil Society, 13-24.
Census, 1965, "Special Tables for Scheduled Castes, Uttar Pradesh part V-A (i)," Census of India 1961.
―――, 1989, "Utter Pradesh Town Survey Report – Vrindaban," Census of India 1981.
―――, 2001, Census of India 2001.
―――, 2011, Census of India 2011.
Chakrabarti, Populomi, 2008, "Inclusion or Exclusion? Emerging Effects of Middle-Class Citizen Participation on Delhi's Urban Poor," *IDS Bulletin*, 38(6): 96-104.
Chambers, Robert, 1983, *Rural Development: Putting the Last First*, Essex: Longman Scientific & Technical. (= 1995, 穂積智夫・甲斐田万智子訳『第三世界の農村開発：貧困の解決——私たちにできること』明石書店 .)
―――, 2008, *Revolutions in Development Inquiry*, London: Institute of Development Studies.
Chary, V. Srinivas, A. Narender, and K. Rajeswara Rao, 2003, "Pay-and-use toilets in India," *Waterlines 21*, 3: 12-14.
Chatterjee, Partha, 2004, *The Politics of the Governed: Reflections on Popular Politics in Most of*

the World, New York: Columbia University Press.

Chin, Brian, Vasudha Dhingra, Rini Joshi, and Faraz Naqvi, 2006, *Health Unsettled: Maternal and Infant Health Services Assessment in a Jhuggi Jhompri Resettlement Colony of Delhi*, Council for Social Development, unicef.

Clifford, James, 1986, "Partial Truths," James Clifford and George E. Marcus eds., *Writing Culture: The Poetics and Politics of Ethnography*, Berkeley: University of California Press, 1-26.

Cooke, Bill and Uma Kothari, 2001, *Participation: The New Tyranny?*, London: Zed Books.

CPCB, 2003, *A Support Manual for Municipal Solid Wastes (Management and Handling) Rules, 2000*, IMPACTS/11/2003-04, Central Pollution Control Board, Ministry of Environment & Forests, Government of India.

―――,2005, "Sewage Pollution," *PARIVESH*, Central Pollution Control Board, Ministry of Environment & Forests, Government of India.

―――, 2006, *Assessment of Status of Municipal Solid Waste Management in Metro Cities and State Capitals*, Series CUPS/65/2006-07, Central Pollution Control Board, Ministry of Environment & Forests, Government of India.

―――, 2007, "Status of Water Quality in India-2005," Monitoring of Indian Aquatic Resources Series: MINARS/ /2006-2007, Central Pollution Control Board, Ministry of Environment & Forests, Government of India.

―――, 2011a, "water quality data – Ganga," Central Pollution Control Board, Ministry of Environment & Forests, Government of India, (Retrieved November 10, 2011, http://www.cpcb.nic.in/Data%20Search/water%20quality%20data/ganga-2005.htm).

―――, 2011b, "Status of STPs," Central Pollution Control Board, Ministry of Environment & Forests, Government of India, (Retrieved October 25, 2011, http://www.cpcb.nic.in/statusSTP.php).

―――, 2011c, "Basin wise Water Quality Data - 2011," Central Pollution Control Board, Ministry of Environment & Forests, Government of India, (Retrieved August 6, 2014, http://www.cpcb.nic.in/data_statics.php).

CSE, 1999, *The State of India's Environment: the Fifth Citizens' Report - part I: National Overview*, New Delhi: Centre for Science and Environment.

―――, 2002a, *The Citizens' Fifth Report - part I: National Overview*, reprint ver., New Delhi: Centre for Science and Environment.

―――, 2002b, *The Citizens' Fifth Report - part II: Statistical Database*, reprint ver., New Delhi: Centre for Science and Environment.

―――, 2007, *Sewage Canal: How to Clean the Yamuna*, New Delhi: Centre for Science and Environment.

―――, 2011, "Communication for Awareness," CSE Webnet, Centre for Science and Environment, (Retrieved November 2, 2011, http://www.cseindia.org/node/553).

CSR, 2002.

CURE, 2010, "Delhi in Action for Slum Development: Bhagidari with Slum Dwellers; Government of Delhi," Centre for Urban and Regional Excellence, (Retrieved August 3, 2010, http://www.cureindia.org/projects/SPUB.aspx).

Das, Priyam and Kenneth R. Tamminga, 2012, "The Ganges and the GAP: An Assessment of Efforts to Clean a Sacred River," *Sustainability* 4: 1647-1668.

DCWA, 2009, "Defence Colony Welfare Association & Neighbour Book," (Retrieved September 11, 2010, http://www.neighbourbook.in/Microsite/cityslick/Home.aspx?AscID=ASC00000026).

DFID, 1998, *Guidance Manual on Water Supply and Sanitation Programmes*, WELL, Department for International Development, Government of UK.

―――, 2000, *Departmental Report 2000*, Department for International Development, Government of UK.

―――, 2003a.

―――, 2003b, *Cost Recovery in Water and Sanitation Projects. Volume 2: Annexes to Main Report*, Environmental Resources Management, Department for International Development, Government of UK.

―――, 2006, *Lessons from DFID Water and Sanitation Programmes in India*, Department for International Development, Government of UK.

―――, 2010, "History," Department for International Development, Government of UK (Retrieved July 20, 2011, http://www.dfid.gov.uk/About-DFID/History1/).

Dikshit, Sheila, 2008, "The Bhagidari Programme of Delhi Government", speech at Observer Research Foundation campus on 2008.4.10, *ORF Discourse* 3 (4).

Divan, Shyam and Armin Rosencranz, 2001, *Environmental Law and Policy in India: Cases, Materials and Statutes*, New Delhi: Oxford University Press.

DJAM, 2001, "Always on the Run: A Report on the Plight of Slum Dwellers in Two Relocation Sites of Delhi," Delhi Janwadi Adhikar Manch.

Doshi, Harish C., 1968, "Industrialization and Neighborhood Communities in a Western Indian City - Challenge and Response," *Sociological Bulletin* 17(1): 19-34.

Easterly, William, 2006, *The White Man's Burden: Why the West's Efforts to Aid the Rest Have Done So Much Ill and So Little Good*, New York: Penguin Books.

ECFA・エックス都市研究所, 2004,「インド国デリー市における民活による廃棄物処理施設建設事業の可能性調査」社団法人海外コンサルティング企業協会・株式会社エックス都市研究所.

Foucault, Michel, 2004, Sécurité, territoire, population: Cours au Collège de France (1977-1978), ed. Michel Senellart, Paris: Gallimard & Seuil. (= 2007, 高桑和巳訳『安全・領土・人口――コレージュ・ド・フランス講義 1977-1978 年度』筑摩書房.)

FoV, 2006, "Vrindavan Garbage Management Initiative", Friends of Vrindavan.

―――, 2007, "Project Proposal on Scavenging Upliftment," Friends of Vrindavan.

―――, 2009, "Vrindavan Garbage Management Initiative," Friends of Vrindavan,

(Retrieved February 8, 2009, http://www.friendsofvrindavan.com/projects.htm).

―――,2011, "Condolence Prayer for Japan Tsunami Victims," *Friends of Vrindavan*, posted March 27, (Retrieved April 1, 2011, http://friendsofvrindavan.wordpress.com/2011/03/27/107/).

Freitag, Sandria ed., 1989, *Culture and Power in Banaras; Community, Performance, and Environment, 1800–1980*, Berkeley: University of California Press.

FRN, 2011, Friends of River Narmada, (Retrieved September 22, 2011, http://www.narmada.org/index.html).

Ganguly, Meenakshi, 1999, "Holy War for 'My Mother'," Heroes for the Planet heroes gallery, *TIME.COM*, August 16, (Retrieved July 20, 2004, http://www.time.com/time/reports/environment/heroes/heroesgallery/0,2967,mishra,00.html).

Garg, Vivek, 2007, *Master Plan for Delhi 2021*, Delhi: Manas Publications.

Ghosh, Archana, 2000, "Solid Waste Management in Delhi: Status and Scope for Community Actions," *Urban Management* 8, Accra: The Institute of Local Government and Urban Studies.

Gillion, K. L., 1968, *Ahmedabad: A Study in Indian Urban History*, Berkeley: University of California Press.

GoD, 2001, *Delhi Urban Environment and Infrastructure Improvement Project. Delhi 21*, Planning Department, Government of National Capital Territory of Delhi.

―――, 2006, *Delhi Human Development Report 2006: Partnerships for Progress*, Planning Department, Government of National Capital Territory of Delhi, New Delhi: Oxford University Press.

―――, 2007a, "Guidelines for Regularization of Unauthorized Colonies," public notice, Government of National Capital Territory of Delhi.

―――, 2007b, "No.7 (367)(8)/2002/UD," order, Government of National Capital Territory of Delhi.

―――, 2007c, "SEC/MCD/Admn./2007/5396," notification, Government of National Capital Territory of Delhi.

―――, 2008a, *Economic Survey of Delhi 2007-08*, Planning Department, Government of National Capital Territory of Delhi.

―――, 2008b, *Socio Economic Profile of Delhi 2007-08*, Planning Department, Government of National Capital Territory of Delhi.

―――, 2010a, Government of National Capital Territory of Delhi, (Retrieved July 18, 2010, http://www.delhi.gov.in).

―――, 2010b, "Bhagidari," Government of National Capital Territory of Delhi, (Retrieved August 7, 2010, http://delhigovt.nic.in/bhagi.asp).

Grant, Ruth W. and Robert O. Keohane, 2005, "Accountability and Abuses of Power in World Politics," *The American Political Science Review*, 99(1): 29-43.

Gronemeyer, Marianne, 1992, "Helping," Wolfgang Sachs ed. *The Development Dictionary:*

A Guide to Knowledge as Power, London: Zed Books. (=1996, 匝瑳玲子訳「援助」『脱「開発」の時代――現代社会を解読するキイワード辞典』晶文社, 81-104.)
Gupta, Ritu, 2004, "Rite? Wrong," *Down to Earth*, Jun 15.
Haberman, David L., 2006, *River of Love in an Age of Pollution: The Yamuna River of Northern India*, Berkeley, University of California Press.
Habermas, Jürgen, 1990, *Strukturwandel der Öffentlichkeit : Untersuchungen zu einer Kategorie der bürgerlichen Gesellschaft*, Frankfurt: Suhrkamp. (= 1994, 細谷貞雄・山田正行訳『公共性の構造転換—市民社会の一カテゴリーについての探究』第2版, 未来社.)
Hanrahan, David, Sanjay Srivastava and A. Sita Ramakrishna, 2006, *Improving Management of Municipal Solid Waste in India: Overview and Challenges*, Environment and Social Development Unit, South Asia Region, World Bank.
Harriss, John, 2005a, "Political Participation, Representation and the Urban Poor: Findings from Research in Delhi," *Economic and Political Weekly* 40(11): 1041-1054.
―――, 2005b, "Middle Class Activism and Poor People's. Politics: An exploration of civil society in Chennai," Working Paper Series 05-72, Development Studies Institute, London School of Economics and Political Science.
―――, 2010, "'Participation' and Contestation in the Governance of Indian Cities," Simons Papers in Security and Development 3, School for International Studies, Simon Fraser University.
Hickey, Samuel and Giles Mohan, 2004, "Towards Participation as Transformation: Critical Themes and Challenges for a Post-Tyranny Agenda," Samuel Hickey and Giles Mohan eds., *Participation--From Tyranny to Transformation?: Exploring New Approaches to Participation in Development*, London: Zed Books, 3-24.
IDC, 2008, "Written Evidence, Urbanisation and Poverty," International Development Committee, the House of Commons of the United Kingdom, (Retrieved July 16, 2011, http://www.publications.parliament.uk/pa/cm200809/cmselect/cmintdev/511/511we01.htm).
IDP, 2006, "Project History," Indo Dutch Project, (Retrieved September 7, 2006, http://www.kanpurganga.com/project%20history.htm).
IPE, 2006.
ISKCON, 2010, "ISKCON World Address Directory," The International Society for Krishna Consciousness, (Retrieved July 4, 2010, http://directory.krishna.com/).
ISS, 2006, *People's Participation in Urban Governance: A Comparative Study of the Working of Wards Committees in Karnataka, Kerala, Maharashtra and West Bengal*, New Delhi: Institute of Social Sciences.
―――, 2008, "Number of Local Bodies at Different Tiers," Institute of Social Sciences, (Retrieved July 1, 2008, http://www.localgovernmentindia.org/PdfFile/local_bodies_india.pdf).
Jain, Sachin Kumar, 2011, "Valley of Food Insecurity and Chronic Hunger," New Delhi:

Office of the Supreme Court Commissioners.
JBIC, 2000,「平成 12 年 2 月中に実施契約した SAF の調査計画」国際協力銀行,（2004 年 6 月 2 日取得, http://www.jica.go.jp/japanese/base/release/active/1999/A09/B0902/saf02.php）.
———, 2001a,「第 1 回　NGO-JBIC 定期協議会　議事録」（平成 13 年 4 月 16 日国際協力銀行にて開催）.
———, 2001b,「開発途上国の現状に合った下水処理技術の導入——インドで UASB 法による下水処理施設を建設」『国際協力銀行ニューズレター』10: 6-7.
———, 2002,『海外経済協力業務実施方針評価報告書』国際協力銀行.
———, 2003a,「聖なる川に美しさを取り戻す——インド ヤムナ川流域諸都市下水道等整備事業」『円借款プロジェクトニュース』第 8 号、国際協力銀行.
———, 2003b,「環境社会配慮確認のための国際協力銀行ガイドラインに基づく異議申立手続要綱」国際協力銀行.
———, 2003c,「インド ヤムナ川流域諸都市下水等整備事業 (II). 事業事前評価表」国際協力銀行.
———, 2004a,「円借款要請準備のためのオペレーショナルガイダンス」国際協力銀行.
———, 2004b,「ガンジス川流域都市衛生環境改善事業（バラナシ). 事業事前評価表」国際協力銀行.
———, 2004c,「インド・ヤムナ川に流れる歌声 加藤登紀子さんが円借款事業を視察」『JBIC TODAY』6 月号, 12.
———, 2005a.
———, 2005b,『2005 年度　円借款事業評価報告書』国際協力銀行.
———, 2005c,『環境・社会行動レポート 2005』国際協力銀行.
———, 2005d, 円借款活動レポート 2005』国際協力銀行.
———, 2005e,「開発途上国の NGO との連携（評価活動を通じて）」、第 14 回 NGO-JBIC 定期協議会, 国際協力銀行,（2007 年 4 月 3 日取得, http://www.jica.go.jp/partner/ngo/meeting/ngo_jbic/2005/pdf_14/siryou2.pdf).
———, 2006a,「持続可能な水利用の促進のために——世界の水問題の解決に向けて」『JBIC TODAY』2 月号, 2-11.
———, 2006b,「2005 年度円借款パートナーシップセミナー実施報告」国際協力銀行.
———, 2006c,「日本とインド」国際協力銀行.
———, 2008,『2007 年度　円借款事業評価報告書』国際協力銀行.
———, 2010,「トピックス」国際協力銀行,（2010 年 10 月 10 日取得, http://www.jica.go.jp/topics/index.html）.
JBIC, NRCD & UPJN, 2006.
———, 2007.
JGM, 2008.
JICA & NRCD, 2005,『インド国 ガンジス川汚染対策流域管理計画調査. 最終報告書』

東京設計事務所・建設技研インターナショナル, 国際協力機構・環境森林省国家河川保全局.

JICA, 2002,『インドガンジス河汚染対策流域管理計画調査 予備調査報告書及び事前調査報告書』社会開発調査部, 国際協力事業団.

———, 2004, *Pilot Project on Segregation of Household Waste*, process report, Infrastructure Professionals Enterprise Pvt. Ltd and Centre for Environment Education, Japan International Cooperation Agency.

———, 2005,「社会調査の事業への活用──使おう！社会調査」国際協力機構.

———, 2008,「先進国における援助事業への文化人類学（者）の活用についての現状と課題」岸上伸啓, 国立民族学博物館, 国際協力機構.

———, 2009,「課題別指針 環境管理（大気・水）」国際協力機構.

———, 2010a,「環境社会配慮ガイドライン」国際協力機構.

———, 2010b,「環境社会配慮ガイドラインに基づく異議申立手続要綱」国際協力機構.

———, 2010c,「国別取組 インド」国際協力機構,（2010 年 10 月 10 日取得, http://www.jica.go.jp/india/activities）.

———, 2010d,「2010 年 10 月実施予定案件一覧表（業務実施契約）」2010 年 8 月 25 日公示, 国際協力機構,（2011 年 12 月 5 日取得, http://www.jica.go.jp/chotatsu/consul/koji2010/pdf/20100825_g_01.pdf）.

———, 2011a,「ヤムナ川流域諸都市下水等整備事業（III）. 事業事前評価表」国際協力機構.

———, 2011b,「異議申立審査役 年次活動報告書 （2010 年度）」国際協力機構.

———, 2011c, "PDM（プロジェクト・デザイン・マトリックス）," 草の根技術協力事業, 国際協力機構,（2011 年 7 月 31 日取得, http://www.jica.go.jp/partner/kusanone/download/form/shien_form09.pdf）.

———, 2015,「業務指示書 2015 年度案件別外部事後評価：パッケージⅡ-6（タイ・トルコ・インド・スリランカ）」.

JICA 研究所, 2007,「事業マネジメントハンドブック」.

———, 2010,「プロジェクト現場視察報告（インド）」,（2010 年 10 月 10 日取得, http://www.jica.go.jp/jica-ri/publication/archives/jbic/contest/2nd/inspection.html）.

JNNURM, 2006, *City Development Plan of Mathura, Jawaharlal Nehru National Urban Renewal Mission. Final Report*, Infrastructure Professionals Enterprise Pvt. Ltd., Ministry of Urban Development・Ministry of Urban Employment and Poverty Alleviation, Government of India.

Kirk, Jason A., 2010, *India and the World Bank: The Politics of Aid and Influence*, London: Anthem Press,

Kowshik, Karn, 2006, "Why Delhi has No Time to Waste," *expressindia*, February 11.

Kundu, Debolina, 2009, "Elite Capture and Marginalisation of the Poor in Participatory

Urban Governance: A Case of Resident Welfare Associations in Metro Cities," *India, Urban Poverty Report 2009*, Ministry of Housing and Urban Poverty Alleviation and UNDP, New Delhi: Oxford University Press.

Lakshmi, Rama, 2008, "Indian Cities Eye New Delhi's Quiet 'Citizen Revolution'," *The Washington Post*, March 2: A15.

Lama-Rewal, Stephanie Tawa, 2007, "Neighborhood Associations and Local Democracy: Delhi Municipal Elections 2007," *Economic and Political Weekly*, 42(47): 51-60.

Landqvist, Jan, Sunita Narain and Anthony Turton, 2001, "Social, Institutional and Regulatory Issues," Čedo Maksimović and Jose Alberto Tejada-Guilbert eds., *Frontiers in Urban Water Management: Deadlock or Hope*, London: IWA Publishing, 344-398.

Leeuwis, Cees, 2000, "Reconceptualizing Participation for Sustainable Rural Development: Towards a Negotiation Approach," *Development and Change*, 31: 931-959.

Maarleveld, Marleen and Constant Dangbegnon, 1999, "Managing Natural Resources: A Social Learning Perspective," *Agriculture and Human Values* 16: 267-280.

Mapsofindia.com, 2010, "Districts of Delhi," (Retrieved August 18, 2010, http://www.mapsofindia.com/delhi/districts/).

―――, 2011, "Varanasi Map," (Retrieved June 10, 2011, http://www.mapsofindia.com/maps/uttarpradesh/varanasi.htm).

Marshall, T. H. and Tom Bottomore, [1950] 1992, Citizenship and Social Class, London: Plute Press. (= 1993, 岩崎信彦・中村健吾訳「シティズンシップと社会的階級(アルフレッド・マーシャルの助力を得てたてられる諸問題)」『シティズンシップと社会的階級──近現代を総括するマニフェスト』法律文化社, 3-130.

Mate, Manoj and Adnan Naseemullah, 2010, "State Security and Elite Capture: The Implementation of Antiterrorist Legislation in India," *Journal of Human Rights*, 9(3): 262-278.

Mathew, George ed., 2000, *Status of Panchayati Raj in the States and Union Territories of India, 2000*, New Delhi: Institute of Social Sciences.

Mayer, Peter, 1993, "Inventing Village Tradition: The Late 19th Century Origins of the North Indian 'Jajmani System'," *Modern Asian Studies*, 27(2): 357-395.

MCD, 2002.

―――, 2010a, "MCD Citizens GIS Portal," Municipal Corporation of Delhi, (Retrieved July 13, 2010, http://app.mapmyindia.com/mcdApp/).

―――, 2010b, "Wards Under Jurisdiction of MCD," Municipal Corporation of Delhi, (Retrieved June 28, 2010, http://www.mcdonline.gov.in/wardlist.php).

McDonald, Hamish, 1994, "Surat's Revenge: India Counts the Mounting Costs of Poverty," *Far Eastern Economic Review*, October: 76.

MCGM, 2004, "Bombay Sewage Disposal Project (BSDP)," Municipal Corporation of Greater Mumbai, (Retrieved January 11, 2004, http://www.mcgm.gov.in).

McKinsey Global Institute, 2007, "The 'Bird of Gold': The Rise of India's Consumer

Market".

McNeill, John R., 2000, *Something New Under the Sun: An Environmental History of the Twentieth-Century World*, New York: W W Norton & Co Inc.

MFAN, 2011, "USAID Staffing," Obama-Biden Transition Project, Modernizing Foreign Assistance Network, (Retrieved July 31, 2011, http://otrans.3cdn.net/69253eb7082d6 dd339_5gm6i2nqp.pdf).

MHUPA, 2011, "Bilateral Assistance for Slum Improvement Projects," Ministry of Housing and Urban Poverty Alleviation, Government of India, (Retrieved July 16, 2011, http://mhupa.gov.in/programs/housing/bilateral.htm).

Mishra, Veer Bhadra, 2005, "The Ganga at Varanasi and a Travail to Stop Her Abuse," *Current Science*, 89(5): 755-763.

MoEF, 1987, *Annual Report 1986-1987*, Ministry of Environment & Forests, Government of India.

———, 2000, *Annual Report 1999-2000*, Ministry of Environment & Forests, Government of India.

———, 2001, *Annual Report 2000-2001*, Ministry of Environment & Forests, Government of India.

———, 2002, *Annual Report 2001-2002*, Ministry of Environment & Forests, Government of India.

———, 2004, "Performance Budget of Ministry of Environment and Forests for 2003-2004," Ministry of Environment & Forests, Government of India.

———, 2010, "Report of the Committee to Evolve Road Map on Management of Wastes in India," Final/09032010, Ministry of Environment & Forests, Government of India.

———, 2011, *Annual Report 2010-2011*, Ministry of Environment & Forests, Government of India.

———, 2013, *Annual Report 2012-2013*, Ministry of Environment & Forests, Government of India.

MoPR, 2006, *Annual Report 2005-2006*, Ministry of Panchayati Raj, Government of India.

MoUD, 2014, "Status of approved projects under UIDSSMT as on 31.03.2014," Ministry of Urban Development, Government of India, (Retrieved October 25, 2015, http://moud.gov.in/schemes_programmes/uid).

Mosse, David, 1994, "Authority, Gender and Knowledge: Theoretical Practice of Participatory Rural Appraisal Reflections on the Practice of Participatory Rural Appraisal," *Development and Change*, 25(3): 497-526.

Nath, Anna, 2009, "Delhi's Resettlement Colony Demands Better Governance," *One World South Asia*, September 1, (Retrieved September 4, 2010, http://southasia.oneworld.net/fromthegrassroots/

delhis-resettlement-colony-demands-better-governance).
NCERT, 2006, *Themes in Indian History Part III Class XII*, reprinted, New Delhi: National Council of Educational Research and Training.
NGRBA, 2010a, "National Ganga River Basin Authority," Ministry of Environment & Forests, Government of India, (Retrieved June 8, 2010, http://moef.nic.in/modules/recent-initiatives/NGRBA/index.html).
―――, 2010b, "Implementation Structure," National Ganga River Basin Authority, Ministry of Environment & Forests, Government of India, (Retrieved June 8, 2010, http://moef.nic.in/modules/recent-initiatives/NGRBA/ImplementingStructure.html).
NHK, 2003,『アジア古都物語 NHK スペシャル 第 2 集 ベナレス 生と死を見つめる聖地』DVD.
NIUA, 2007, "Impact of the Constitution (74th) Amendment Act on the Urban Local Bodies: A Review," New Delhi: National Institute of Urban Affairs.
NNVNS, 2010, Municipal Corporation of Varanasi, (Retrieved July 1, 2010, http://www.nnvns.org/aboutus.htm).
NPPV, 1930, *Rules, Regulations and Byelaws of the Municipal Board, Brindaban*, Nagar Palika Parishad Vrindavan.
NRCD, 2004. "Yamuna Action Plan," (Retrieved February 6, 2011,. http://yap.nic.in/index.asp).
―――, 2006, "Presentation to Members, NAC on the National River Conservation Programme by the National River Conservation Directorate," National River Conservation Directorate, Ministry of Environment & Forests, Government of India.
―――, 2009, "Status Paper on River Ganga," National River Conservation Directorate, Ministry of Environment & Forests, Government of India.
―――, 2010, "Initiatives in Pollution Abatement of Rivers in India under the National River Conservation Plan," edited by Brijesh Sikka, 3rd Indo-German Conference on Research for Sustainability - Water & Waste Management at IIT, Delhi on 3rd-4th February, 2010, National River Conservation Directorate, Ministry of Environment & Forests, Government of India.
―――, 2011, "Objective of Ganga Action Plan Phase – I," National River Conservation Directorate, Ministry of Environment & Forests, Government of India, (Retrieved November 8, 2011, http://moef.nic.in/modules/recent-initiatives/NRCD/obj.html).
―――,2014, "River Action Plan," National River Conservation Directorate, Ministry of Environment & Forests, Government of India, (Retrieved August 13, 2014, http://www.moef.nic.in/sites/default/files/NRCD/More.html#).
OECD, 2008, *OECD Environmental Data: Compendium 2006-2008. Vol. Waste*, Organisation for Economic Co-operation and Development.

Oommen M. A., 2006, "Fiscal Decentralisation to the Sub-State Level Governments," *Economic and Political Weekly*, March: 897-903.

oswaldgreen, 2010, "Demonstration AIWPS Sewage Treatment Plant at Varanasi on the Ganges River in Utter Pradesh, India," GO2Water, (Retrieved June 8, 2010, http://www.oswaldgreen.com).

PAC, 2004, "Ganga Action Plan. Sixty-second Report of PAC (13th Lok Sabha)," Public Accounts Committee 2003-2004, Parliament of India.

―――, 2006, "Ganga Action Plan. Twenty-sixth Report of PAC (14th Lok Sabha)," Public Accounts Committee 2005-2006, Parliament of India.

Pandey, Maneesh, 2002, "MCD may not finish toilets in time," *The Times of India*, March 18.

Park, Susan, 2010, "Designing Accountability, International Economic Organisations and the World Bank's Inspection Panel," *Australian Journal of International Affairs*, 64(1): 13-36.

Parua, Pranab K., 2010, *The Ganga: Water Use in the Indian Subcontinent*, Dordrecht: Springer.

Pearson, Lester B and Commission on International Development, 1969, *Partners in Development*, report, New York: Praeger. (= 1969, 大来佐武郎訳『開発と援助の構想――ピアソン委員会報告』日本経済新聞社.)

Peavey, Fran, 2006, "The Birth of Cleaning the Ganges Project," Crabgrass.org, (Retrieved June 12, 2010, http://www.crabgrassusa.org/cleaningganga.html).

Planning Commission, 1985, *7th Five Year Plan*, Government of India.

PMC, 2004a,「ヤムナ川浄化計画概要」, Yamuna Action Plan, Project Management Consultants, (2004年5月26日取得, http://yap.nic.in/Japan_YAP.asp).

―――, 2004b, "Zonewise LCS Units, Delhi," Yamuna Action Plan, Project Management Consultants, (Retrieved June 15, 2004, http://yap.nic.in/delhi_ctc.html).

―――, 2004c, "Public Participation, Vrindavan," Yamuna Action Plan, Project Management Consultants, (Retrieved June 7, 2004, http://yap.nic.in/vrindavan-popup.html).

―――, 2004d, "Yamuna Action Plan Activities in Delhi," Project Management Consultants, (Retrieved June 15, 2004, http://yap.nic.in/yap-delhi.asp).

―――, 2005, "Towns under YAP in Uttar Pradesh, Vrindavan," Yamuna Action Plan, Project Management Consultants, (Retrieved November 5, 2005, http://yap.nic.in/vrindavan.asp).

―――, 2006a.

―――, 2006b.

―――, 2007a, "Yamuna Action Plan: A Bilateral Project of Governments of India & Japan on River Conservation," brochure, Project Management Consultants.

―――, 2007b, "Low Cost Toilet Complex Works under YAP Phase-I," Project

Management Consultants, (Retrieved February 21, 2007, http://yap.nic.in/index.asp).

―――, 2010, "Project Management Consultants for Yamuna Action Plan Phase-II Project," Project Management Consultants, (Retrieved June15, 2010, http://www.pmc4yap2.com/index.htm).

Press Information Bureau, 2015, "Per Capita National Income," Government of India, (Retrieved January 31, 2016, http://www.pib.nic/newsite/PrintRelease.aspx?relid=123563).

Prokerala.com, 2011, "Ganges River Map," (Retrieved October 11, 2011, http://www.prokerala.com/maps/india/ganges-river-map.html).

Puri, Eshaan and Tripti Bhatia, 2009, "Commonwealth Games 2010: Displacement of Persons, working paper no 213, Centre for Civil Society.

Ramanathan, Ramesh, 2007, "Federalism, Urban Decentralisation and Citizen Participation," *Economic and Political Weekly*, February: 674-681.

Ridge, Mian, 2008, "Holy man, secular plan: clean up the River Ganges," *The Christian Science Monitor*, July 23, (Retrieved June 8, 2010, http://www.csmonitor.com/World/Asia-South-Central/2008/0723/p01s01-wosc.html).

Saberwal, Satish, [1973] 2003, "Receding Pollution: Intercaste Relations in Urban Punjab," Ranvinder Singh Sandhu ed., *Urbanization in India: Sociological Contributions*, New Delhi: Sage Publications, 100-125.

Sehgal, Rashme, 2005, "Cleaning up the Ganga," *InfoChange India News & Features Development News India*, February, (Retrieved June 13, 2010, http://infochangeindia.org/environment/changemaker/cleaning-up-the-ganga.html).

Sen, Amartya, 2006a, "The Man without a Plan," *Foreign Affairs*, March/April.

―――, 2006b, *The Argumentative Indian: Writings on Indian History, Culture And Identity*, New York: Picador USA.

Sennett, Richard, [1977] 2003, *The Fall of Public Man*, new ed., London: Penguin.

Shankar, Uday, 1992, "Purifying the Ganga," *Down to Earth*, September.

Sharma, Amit Kumar, 2003, *Structure of Indian Society: A Text Book for Class XII*, New Delhi National Council of Educational Research and Training.

Sharma, Rama, 1995, *Bhangi, Scavenger in Indian Society: Marginality, Identity, and Politicization of the Community*, New Delhi: M D Publications.

Sharma, Vibha, 2006, "This Stinks: MCD's Failed Toilet Plan," *Hindustan Times*, October.

Sheikh, Shahana, 2008, "Public Toilets in Delhi: An emphasis on the facilities for Women in Slum/Resettlement Areas," CCS working paper no. 192, Centre for Civil Society.

Singh, Anuraag, 2007, "Centre Should Take Steps to Clean Ganga River," *expressindia*, November 5.

Singh, Binay, 2011a, "Noted Environmentalist Embraces Sanyas," *Time of India*, July 4.

―――, 2011b, "Slow Pace of Work Hampering Mission Clean Ganga," *Time of India*, July 5.

Singh, Parvinder, 2008, "Doors Have Opened and so Have Minds, Says Usha ji," *Toxics Alert*, January.
Sinha, Bhadra, 2002, "MCD Makes a Mess of Waste Segregation in Defence Colony," *The Times of India*, March 31.
SMF, 2003, "A Decade Long Struggle to Clean Ganga at Varanasi," Sankat Mochan Foundation, (Retrieved June, 10, 2010, http://www.sankatmochanfoundationonline.org/save_ganga.html).
―――, 2007, "Clean Ganga Campaign Silver Jubilee Year – 2007" , report on the 25 anniversary, Sankat Mochan Foundation.
Social Forestry Division Mathura, 1996.
SPARC, 2001, "Slum Sanitation in Pune: A Case Study," Sndar Burra, Mumbai: Society for Promotion of Area Resource Centres.
Srivastav, Suvira, 2002, "Capital Drain," *Terra Green*, July 15, teri, (Retrieved 19, 2007, http://www.teri.res.in/teriin/terragreen/issue16/feature.htm).
Srivastava, Manish L., 2006, *Ganga Pollution*, New Delhi: Bookwell Publications.
Sulabh, 2007, "MCD and Sulabh: In the Court of Delhi at New Delhi," Sulabh International Social Service Organisation, (Retrieved January 28, 2012, http://sulabhandmcd.org/downloads/MCD-Sulabh.pdf).
TEC, 2004, "Case Study on Sewage Treatment Plants and Low-Cost Sanitation under River Action Plan," Tokyo Engineering Consultants, (Retrieved 5, 2011, http://www.scribd.com/doc/60159939/Case-Study-on-Sewage-Treatment-Plants-and-Low-cost-Sanitation-Under-River-Action-Plans).
―――, 2012, "Technical and Management Consultancy Services for Yamuna Action Plan (India) ," Tokyo Engineering Consultants Co., Ltd, (Retrieved January 28, 2012, http://tokyoengicon.com/files/projects/53_org.pdf).
Touraine, Alain, 1978, La voix et le regard: Sociologie des mouvements sociaux, Paris: Les Éditions du Seuil. (=1983, 梶田孝道訳『声とまなざし――社会運動の社会学』新泉社.)
TROPICS, 2006, "Gomti Pollution Control Project at Lucknow: Phase 1," tropical forestry projects information system, Overseas Development Institute for DG Development of the European Commission, (Retrieved September 8, 2006, http://www.odi.org.uk/work/projects/98-99-tropical-forestry/projects/2362.htm).
Twain, Mark, [1897] 1989, *Following the Equator: A Journey Around the World*, paperback ed., Hartford: Dover Publications.
UK, 2002, "International Development Act 2002," (Retrieved December 5, 2011, http://www.legislation.gov.uk/ukpga/2002/1/contents).
UN Habitat, 2004, "2004 Best Practices Database," Best Practices Database in Improving The Living Environment, The United Nations Human Settlements Programme, (Retrieved July 31, 2010, http://www.unhabitat.org/bestpractices/2004/bplist.asp).

UNDP, 1985, "Achieving Success in Community Water Supply and Sanitation Projects," SEARO Regional Health Papers No.9, World Health Organization, Regional Office for South-East Asia, New Delhi, The United Nations Development Programme.

UNEP, 1992, "Adult Award Winner in 1992 Veer Bhadra Mishra," Global 500 Forum, The United Nations Environment Programme, (Retrieved June 13, 2010, http://www.global500.org/ViewLaureate.asp?ID=246).

―――, 2007, "Fast Melting Glaciers from Rising Temperatures Expose Millions in Himalaya to Devastating Floods and Water Shortages," The United Nations Environment Programme, (Retrieved October 13, 2011, http://www.unep.org/Documents.Multilingual/Default.asp?DocumentID=512&ArticleID=5600&l=en).

United Nations, 2000, United Nations Millennium Declaration. (=2000, 外務省仮訳「ミレニアム宣言」, (2011 年 12 月 5 日取得, http://www.mofa.go.jp/mofaj/kaidan/kiroku/s_mori/arc_00/m_summit/sengen.html).

―――, 2003, "Indicators for Monitoring the Millennium Development Goals: Definitions Rationale Concepts and Sources," New York.

―――, 2007, "Innovations in Governance from around the World," Fifth Anniversary (2003-2007), Department of Economic and Social Affairs, New York.

―――, 2009, "The Millennium Development Goals Report," New York.

UP Govt, 2010, "Government of Uttar Pradesh," (Retrieved June 27, 2010, http://upgov.nic.in/).

UPJN & JBIC, 2007a.

―――, 2007b.

UPJN, 1994a.

―――, 1994b.

―――, 2008.

―――, 2009.

―――, 2010a.

―――, 2010b.

―――, 2011, "Ganga Plan – II," Uttar Pradesh Jal Nigam, (Retrieved October 30, 2011, http://www.upjn.org/plan-II_5.aspx).

USA, 2003, "The Foreign Assistance Act of 1961, as Amended," *Legislation on Foreign Relations Through 2002*, Committee on International Relations and Committee on Foreign Relations, 15-384.

USAID, 2005, "swatcha Ganga abhiyaan (campaign for a clean Ganga): Sankat Mochan Foundation, Varanasi, India," US-AEP society partnership program, close out report, Sankat Mochan Foundation, The United States Agency for International Development.

―――, 2004, "Remarks by Robert O. Blake, Deputy Chief of Mission, U.S. Embassy on Clean Ganga Day," *USAID India*, August 27, The United States Agency for

International Development. (Retrieved July 1, 2010, http://www.usaid.gov/in/newsroom/speeches/aug27_4.htm).

―, 2006, "US-AEP Environment and Civil Society Partnership Program," final report, Asia Foundation, The United States Agency for International Development.

―, 2011, "USAID History," The United States Agency for International Development, (Retrieved July 17, 2011, http://www.usaid.gov/about_usaid/usaidhist.html).

Vyas, Sheetal, 2009, "Man with a Missionary Zeal," *Planet Earth India*, Gateway Media Pvt. Ltd, (Retrieved June 8, 2010, http://www.planetearth-india.com/planetearth/index.php?option=com_content&view=article&id=248%3Aman-with-a-missionary-zeal&catid=61%3Aprofiles&Itemid=171).

Weber, Max, 1919, *Politik als Beruf.* (=1980, 脇圭平訳『職業としての政治』岩波書店.)

―, 1922, *Soziologische Grundbegriffe.* (=1972, 清水幾太郎訳『社会学の根本概念』岩波書店.)

WHO, 2002, "Mumbai Slum Dwellers' Sewage Project Goes Nationwide," *Bulletin of the World Health Organization*, 80(8): 684-685.

WHO/UNEP, 1997, *Water Pollution Control - A Guide to the Use of Water Quality Management Principles*, London: E & FN Spon.

Wiser, William Henricks, [1936] 1988, *Hindu Jajmani System*, 3rd ed., New Delhi: Munshiram Manoharlal Publishers.

World Bank, 1987a, "Uttar Pradesh Urban Development Project," staff appraisal report, April 2.

―, 1987b, "Urban Development Uttar Pradesh Project," project details, April 2, (Retrieved September 7, 2006, http://web.worldbank.org/external/projects/main?pagePK=64283627&piPK=73230).

―, 1995, "India- Bombay Sewage Disposal Project Slum Sanitation Schemes," staff appraisal report, World Bank.

―, 1998, "The Initiative on Defining, Monitoring and Measuring Social Capital: Overview and Program Description," Social Capital Initiative Working Paper No. 1.

―, 2002, "Empowerment and Poverty Reduction: A Sourcebook," draft, Poverty Reduction and Economic Management Network.

―, 2003, "Reaching the Poor through Sustainable Partnerships: The Slum Sanitation Program in Mumbai, India," Rosanna Nitti and Shyamal Sarkar, Urban Notes Thematic Group on Services to the Urban Poor, January (7).

―, 2006a, "Reaching the Poor through Sustainable Partnerships: The Slum Sanitation Program in Mumbai, India," Water Supply and Sanitation Feature Story, March (8).

―, 2006b, "The Mumbai Slum Sanitation Program: Partnering with Slum Sanitation in a Megalopolis," Water and Sanitation Program-South Asia.

―――, 2009, "Worldwide Governance Indicators, 1996-2008," (Retrieved July 28, 2010, http://info.worldbank.org/governance/wgi/index.asp).

―――, 2011, "National Ganga River Basin Project," Project Appraisal Document.

World Water Council, 2007, "Water and Nature," (Retrieved November 29, 2007, http://www.worldwatercouncil.org/index.php?id=21).

WWC, 2010, "Water and Nature," World Water Council, (Retrieved July 19, 2010, http://worldwatercouncil.org/index.php?id=21).

Wyatt, Andrew, 1999, "The limitations on coalition politics in India: The case of electoral alliances in Uttar Pradesh," *Commonwealth & Comparative Politics*, 37(2): 1-21.

Yang, Anand, 1999, *Bazaar India: Markets, Society, and the Colonial State in Gangetic Bihar*, illustrated ed., Berkeley: University of California Press.

YASHADA, 2004, "Provision of Sanitation Facilities for Slum Dwellers in Municipal Corporation of Greater Mumbai," (Retrieved March 26, 2004, http://yashadacgg.mah.nic.in/yashada/ctnFileVist.asp.7path=./upload/uploads/upb33.doc).

Zhu, Da, P. U. Asnani, Christian Zurbrugg, and Sebastian Anapolsky, 2007, *Improving Municipal Solid Waste Management in India: A Sourcebook for Policymakers and Practitioners*, World Bank.

青山和佳, 2008,「開発援助を眺める――経済学から人類学的実践への旅」『国際開発研究』17 (2): 23-43.

秋山憲治, 1994,「緑の革命」『日本大百科全書 第二版 22』小学館, 380.

池田寛二, 2005,「ローカル・ガバナンスの構造原理としてのサブシディアリティ――自治・分権のダイナミズムをどうとらえるか」『地域社会学会年報』17: 14-49.

伊勢崎賢治, 1987,『インド・スラム・レポート』明石書店.

太田美帆, 2007,「ファシリテーターの役割」佐藤寛・アジア経済研究所開発スクール編『テキスト社会開発――貧困削減への新たな道筋』日本評論社, 153-173.

小國和子, 2005,「村落開発援助におけるエンパワーメントと外部者のまなび――日本農村の生活改良普及事業から途上国援助への教訓」佐藤寛編『援助とエンパワーメント――能力開発と社会環境変化の組み合わせ』アジア経済研究所, 131-156.

―――, 2008,「開発実践のフィールドワーク――知識が創られるプロセスの共有に向けて」『国際開発研究』17 (2): 9-21.

押川文子, 1988,「カーストの現実」臼田雅之・押川文子・小谷汪之編『もっと知りたいインド <2>』弘文堂: 15-44.

―――, 2011,「統治性と政治社会――The Politics of the Governed (Partha Chatterjee) を読む」村上薫編『新興諸国における社会政策と統治性』アジア経済研究所, 1-12.

恩田守雄, 2001,『開発社会学――理論と実践』ミネルヴァ書房.

外務省, 1992,「政府開発援助大綱 (ODA 大綱)」.

―――, 2002,『政府開発援助 (ODA) 白書』.

―――, 2003a,「政府開発援助大綱」.

―――, 2003b,「ボリビア基礎生活分野協力評価 (2003 年度 (平成 15 年度))」,

（2011 年 7 月 17 日取得, http://www.mofa.go.jp/mofaj/gaiko/oda/shiryo/hyouka/kunibetu/gai/bolivia/sect03_01_0101.html）.

———, 2005a,「ミレニアム開発目標　ともに生きる地球市民」開発教育ハンドブック, 経済協力局.

———, 2005b,「我が国の環境ODA——持続可能な開発の実現のために」,（2010 年 10 月 10 日取得, http://www.mofa.go.jp/mofaj/gaiko/oda/shiryo/pamphlet/pdfs/oda_kankyo.pdf）.

———, 2005c,『政府開発援助（ODA）白書』.

———, 2006a,「対インド国別援助計画」.

———, 2006b,「水と衛生に関する拡大パートナーシップ・イニシアティブ——Water and Sanitation Broad Partnership Initiative（WASABI）」国際協力局地球規模課題総括課.

———, 2007,『政府開発援助（ODA）白書』.

———, 2010a,「開かれた国益の増進—世界の人々とともに生き、平和と繁栄をつくる——ODA のあり方に関する検討　最終とりまとめ」.

———, 2010b,「世界の水問題解決に貢献する日本のODA」,（2010 年 10 月 10 日取得, http://www.mofa.go.jp/mofaj/gaiko/oda/bunya/archive/water/index.html）.

———, 2010c,「2009 年度政策評価法に基づく事後評価案件一覧表」,（2010 年 3 月 1 日取得, http://www.mofa.go.jp/mofaj/gaiko/oda/shiryo/hyouka/2009_jigo/）.

———, 2010d,「ODA シンボルマーク」,（2010 年 5 月 2 日取得, http://www.mofa.go.jp/mofaj/gaiko/oda/symbol/）.

———, 2011a,「従来の国別援助計画」,（2011 年 12 月 20 日取得, http://www.mofa.go.jp/mofaj/gaiko/oda/seisaku/enjyo/index.html#1）.

———, 2011b,「ODA」,（2011 年 12 月 13 日取得, http://www.mofa.go.jp/mofaj/gaiko/oda/nyumon/oda.html）.

———, 2012,「ODA 予算・実績」,（2012 年 1 月 28 日取得, http://www.mofa.go.jp/mofaj/gaiko/oda/about/yosan/index.html）.

———, 2014,『政府開発援助（ODA）白書』.

———, 2015a,「開発協力大綱」.

———, 2015b,「持続可能な開発のための 2030 アジェンダ（仮訳）」,（2015 年 10 月 4 日取得, http://www.mofa.go.jp/mofaj/files/000101402.pdf）.

春日雅司, 1993,「ゲノッセンシャフト」森岡清美ほか編『新社会学辞典』有斐閣, 378.

辛島昇・江島恵教・小西正捷・前田専学・応地利明, 2002,『南アジアを知る事典』新訂増補版, 平凡社.

環境省, 2009,「別表 2　生活環境の保全に関する環境基準」水質汚濁に係る環境基準について,（2011 年 11 月 8 日取得, http://www.env.go.jp/kijun/wt2-1-1.html）.

北脇秀敏, 2000,「開発途上国の環境衛生に関わる諸問題」『保健医療科学』49(3): 230-235.

孝忠延夫・浅野宜之, 2006,『インドの憲法——21世紀「国民国家」の将来像』関西大学出版部.
国土交通省, 2006,「平成17年全国一級河川の水質現況（確定版）」, (2011年10月11日取得, http://www.mlit.go.jp/river/press_blog/past_press/press/200607_12/060922/suisitu_g.pdf).
———, 2010a,「一級河川水系別延長等」, (2011年10月11日取得, http://www.mlit.go.jp/river/toukei_chousa/kasen/jiten/toukei/birn84p.pdf).
———, 2010b,「水資源に関する国際的な取り組み」『日本の水資源〈平成22年版〉——持続可能な水利用に向けて』,163-172, 275-281.
後藤一美監修, 2004,『国際協力用語集 第3版』国際開発ジャーナル社.
コトパンジャン・ダム被害者住民を支援する会, 2011, 公式ホームページ, (2011年7月7日取得, http://www.kotopan.jp).
小林茂, 2003,「都市環境」『ネパール国別援助研究会 報告書——貧困と紛争を越えて』国際協力事業団 国際協力総合研修所, 161-174.
坂田正三, 2003,「参加型開発概念再考」佐藤寛編『参加型開発の再検討』アジア経済研究所, 37-59.
佐藤寛, 1996a,「開発援助と社会学」佐藤寛編『援助研究入門——援助現象への学際的アプローチ』アジア経済研究所, 105-164.
———, 1996b,「本書のねらい」佐藤寛編『援助研究入門——援助現象への学際的アプローチ』アジア経済研究所, 2-16.
———, 2003,「参加型開発の「再検討」」佐藤寛編『参加型開発の再検討』アジア経済研究所, 3-36.
———, 2005,『開発援助の社会学』世界思想社.
佐藤寛編, 2003,『参加型開発の再検討』アジア経済研究所.
佐藤創, 2001a,「「現代型訴訟」としてのインド公益訴訟 (I)」『アジア経済』42（6）: 2-25.
———, 2001b,「「現代型訴訟」としてのインド公益訴訟 (II)」『アジア経済』42（7）: 18-36.
佐俣紀仁, 2010,「国際開発金融機関の独立査察制度における「アカウンタビリティー」概念の展開——借入国による国際法の履行確保を中心に」『GEMC journal』3, 東北大学.
参議院, 2008,「第4回参議院政府開発援助（ODA）調査派遣報告書」, (2010年10月10日取得, http://www.sangiin.go.jp/japanese/kokusai_kankei/oda_chousa/h19/h19oda-houkoku.html).
自治体国際化協会, 2007,『インドの地方自治——日印自治体間交流のための基礎知識』.
篠田隆, 1993,「アジア諸民族の生活・文化誌 葬儀7. インド—ヒンドゥ教徒」『ASIA 21（3）基礎教材編』大東文化大学国際関係学部現代アジア研究所広報出版部, 167-180.

―――, 1995,『インドの清掃人カースト研究』春秋社.
七五三泰輔, 2009,「参加型計画立案の実践プロセスに見る政治性のモニタリングと記録の方法について――環境保全プロジェクトのプロセス・ドキュメンテーションの分析から」『国際開発研究』18(1): 37-52.
下村恭民・斎藤淳・中川淳司, 1999,『ODA 大綱の政治経済学――運用と援助理念』有斐閣.
鈴木真弥, 2005,「周辺化される不可触民――インドの清掃人カーストと慣行権の研究」『慶応義塾大学大学院社会学研究科紀要』60: 55-70.
鈴木紀, 2008,「プロジェクトからいかに学ぶか――民族誌による教訓抽出」『国際開発研究』17(2): 45-58.
関根久雄, 2008,「特集によせて（特集 人類学と開発援助）」『国際開発研究』17(2): 1-7.
田中雅子, 2001,「誰が誰のごみを集めるか？――カトマンズ市における生活様式の変容とごみ回収の多様化」穂坂光彦・篠田隆編『南アジアの都市衆境マネージメント』文部科学研究費・特定領域研究（A）Discussion Paper 18: 7-59.
田辺明生, 2009,「サバルタン・スタディーズと南アジア人類学」『国立民族学博物館研究報告』33(3): 329-358.
多摩川編集委員会, 1975,『多摩川 '75 資料編』とうきゅう環境浄化財団.
段家誠, 2005,「世界銀行と NGO――インスペクション・パネル制度と課題」『市民社会と国連』日本国際連合学会: 71-104.
地球の歩き方編集室内, 2003,「インドで活躍する日本と日本人」『地球の歩き方 インド〈2003～2004 年版〉』, 112.
辻田祐子, 2005,「インドにおける工業汚染対策の展開と課題――司法積極主義に関する一考察」寺尾忠能・大塚健司編『アジアにおける環境政策と社会変動――産業化・民主化・グローバル化』アジア経済研究所, 101-134.
帝国書院, 2010,「いろいろな統計」,（2010 年 6 月 6 日取得, http://www.teikokushoin.co.jp/statistics/japan/index.html）.
デリー日本人会, 2004,「第 4 回　国際協力銀行　JBIC」あなたの職場紹介します,（2004 年 5 月 17 日　取　得, http://www.delhinihonjinkai.in/delhilife_2004_0312_shokuba.htm）.
東京地方裁判所, 2009,「損害賠償等請求事件、費用請求事件. 平成 14 年（ワ）第 19276 号、平成 15 年（ワ）第 6732 号、平成 16 年（ワ）第 104 号」民事第 49 部, 2009 年 9 月 10 日.
内藤順子, 2008,「「下からの」人類学的開発援助――チリにおける地域リハビリテーションの実践から」『国際開発研究』17(2): 77-91.
中田実, 1993,『地域共同管理の社会学』東信堂.
―――, 1998,「地域共同管理の主体と対象」中田実・黒田由彦・板倉達文編『地域共同管理の現在』東信堂: 17-28.
中村千亜紀, 2005,「ヤムナ川流域諸都市下水道等整備事業. 2005 年度　円借款事業評

価報告書」国際協力銀行 .
名和田是彦 , 2003a,「「領域社団」論――都市社会の法的分析のための基礎理論の試み」『日本都市社会学年報』21: 39-56.
―――, 2003b,「コミュニティ問題への法学的アプローチの基本的理論枠組――「領域社団」概念を機軸として」『コミュニティ政策』1: 63-78.
―――,2003c,「地域社会の法社会学的研究の理論枠組の試み――「領域社団」理論にむけたマックス・ウェーバーの再読」『法社会学』59: 5-21.
―――, 2009,「現代コミュニティ制度論の視角」名和田是彦編『コミュニティの自治――自治体内分権と協働の国際比較』日本評論社 , 1-14.
西垣昭・辻一人・下村恭民 , 2003,『開発援助の経済学――「共生の世界」と日本のODA』有斐閣 .
西谷内博美 , 2009a,「インドの身近な地域的まとまりの素描」名和田是彦編『コミュニティの自治――自治体内分権と協働の国際比較』日本評論社 , 251-274.
―――, 2009b,「廃棄物管理における慣習の逆機能――北インド、ブリンダバンの事例から」『環境社会学研究』15: 89-103.
―――, 2010,「インドのアドミニストレイティブ・デフ現象と民主主義の情報原則」『公共圏の創成と規範理論の探求』(科研費プロジェクト基盤研究 A　2007-2010：研究代表者　舩橋晴俊) : 164-180.
―――, 2011a,「"デリー準州のバギダリ (Bhagidari) 政策――インドの代表的市民参加プログラムの成果と課題」『国際開発研究』20 (1): 67-80.
―――, 2011b,「インドにおける家庭からゴミを収集するという困難――住民福祉協会モデルは特効薬か？」『環境社会学研究』17: 67-80.
野村好弘・遠藤貴子 , 1994,「インドの環境法と行政制度」野村好弘・作本直行編『発展途上国の環境法――東南・南アジア』アジア経済研究所 , 247-314.
花谷厚 , 2008,「「利用者」から見た人類学――開発援助における社会理解の改善に向けて」『国際開発研究』17(2): 59-76.
浜本篤史・佐藤裕 , 2012,「『開発社会学』の研究系譜とアプローチ――国内外の社会学における蓄積にもとづいて」『国際開発研究』21 (1/2): 11-29.
原田秀樹 , 2005,「途上国に適用可能な下水処理技術の現地一体型国際共同開発」日本河川協会 , 2010 年 4 月 10 日取得 , http://www.japanriver.or.jp/taisyo/oubo_jyusyou/jyusyou_katudou/no7/no7_pdf/nagaoka.pdf).
福永正明 , 1997,「暮らしの場」小西正捷編『アジア読本 インド』河出書房新社 : 132-164.
福永有夏 , 2014,「コトパンジャン・ダム事件――政府開発援助によるダム建設と賠償請求」『平成 25 年度重要判例解説（ジュリスト臨時増刊 1466）』有斐閣 , 288-289.
舩橋晴俊 , 1999,「環境社会学研究における調査と理論」, 舩橋晴俊・古川彰編『環境社会学入門――環境問題研究の理論と技法』文化書房博文社 : 17-54.
―――, 2000,「熊本水俣病の発生拡大過程における行政組織の無責任性のメカニズム」相関社会科学有志編『ヴェーバー・デュルケム・日本社会――社会学の古典と

現代』ハーベスト社 : 129-210.
不破吉太郎・北脇秀敏, 2004,「インド、「プロジェクト事後評価における有識者による環境インパクト評価」」国際協力機構ホームページ, (2010年5月1日取得, http://www.jica.go.jp/activities/evaluation/oda_loan/after/2005/index.html).
穂坂光彦, 1994,『アジアの街 わたしの住まい』明石書店.
星山隆, 2006,「我が国政府開発援助（ODA）の位相――援助の多元性と国益」『IIPS Policy Paper』318J, 世界平和研究所.
真崎克彦, 2006,「参加型開発における「住民の主導権」の実現――ネパール西部での発展と開発の関わりから学ぶ」『国際開発研究』15(1): 59-72.
松下冽, 2010,「民主的ローカル・ガヴァナンスとシナジー型「国家 - 市民社会」関係（上）――インド・ケーララ州が提起する課題」『立命館国際研究』23(2): 89-120.
松園万亀雄, 1999,「国際協力と人類学の接点を求めて」『国際協力研究』15(2): 1-10.
―――, 2011,「実践人類学と開発援助――『開発援助と人類学』刊行に寄せて」佐藤寛・藤掛洋子編『開発援助と人類学―冷戦・蜜月・パートナーシップ―』明石書店, 8-10.
松本悟, 2003,「日本版インスペクションパネル――国際協力銀行の異議申し立て制度」松本悟編『被害住民が問う開発援助の責任――インスペクションと異議申し立て』築地書館, 198-215.
向井守, 1993,「倫理」森岡清美ほか編『新社会学辞典』有斐閣, 1487-1488.
元田結花, 2007,『知的実践としての開発援助――アジェンダの興亡を超えて』東京大学出版会.
森元孝, 1993,「コミュニケーション行為」森岡清美ほか編『新社会学辞典』有斐閣, 476.
柳沢究・布野修司, 2008,「ヴァーラーナシー（ウッタル・プラデーシュ州、インド）におけるモハッラの空間構成」『日本建築学会計画系論文集』73(623): 153-160.
山下茂, 2010,『体系比較地方自治』ぎょうせい.
山根周・沼田典久・布野修司・根上英志, 2000,「アーメダバード旧市街（グジャラート、インド）における街区空間の構成」『日本建築学会計画系論文集』538: 141-148.

調査活動一覧

滞在期間		滞在都市（調査都市）		調査活動の主な対象	
2006年	5月11日	東京	面談	JBIC	職員
	5月14日～18日	デリー	面談	パンチャーヤトラージ省	副事務次官、他オフィサーら
				The Energy and Resources Institute（研究機関）	客員研究員（IAS オフィサー）
				Institute of Social Sciences（研究機関）	研究員ら
				Jawaharlal Nehru University（大学）	教授ら
			観察	Yamuna Pushta 地域のスラムクリアランス	
			文献	Institute of Social Sciences 図書館	
				Jawaharlal Nehru University 図書館	
				Darya Ganj 地区　出版社	
	5月18日～25日	ブリンダバン	面談	ブリンダバン都市評議会	首席行政官
				Braj Foundation（地元 NGO）	スタッフ
				Friends of Vrindavan（地元 NGO）	代表
				ISKCON（寺院）	僧侶
			観察	YAP-I 各種施設	
				ブリンダバン諸地区	
		（マツーラ）	面談	UP 州政府マツーラ・ディストリクト	パンチャーヤトラージ・オフィサー
2007年	3月12日～14日　3月29日～31日	デリー	面談	環境森林省、国家河川保全局	オフィサーら
				東京設計事務所（コンサルタント）	現地代表
				Infrastructure Professionals Enterprise Pvt. Ltd.（コンサルタント）	職員ら
				The Energy and Resources Institute（研究機関）	代表、研究員ら
			観察	Delhi Metro（円借款事業）	
				Big Bazaar（インド初の大規模小売店）	
			文献	中央公害規制委員会資料室	
				The Energy and Resources Institute 図書館	
		（ガジアバッド）	面談	UP 州水道局	オフィサーら
			観察	Vasundhara 地区	
	3月14日～29日	ブリンダバン	面談	ブリンダバン都市評議会	首席行政官、他オフィサーら
				Pioneer Associate（地元コンサルタント）	代表
				Braj Foundation（地元 NGO）	スタッフら
				Food for Life, Vrindavan（地元 NGO）	代表
				Friends of Vrindavan（地元 NGO）	代表、スタッフ
				Institute of Oriental Philosophy（大学）	職員
				ISKCON（寺院）	僧侶
			観察	Food for Life の廃棄物管理活動	
				Friends of Vrindavan の廃棄物管理活動	
				YAP-I 各種施設	
				ブリンダバン諸地区	

滞在期間		滞在都市 （調査都市）		調査活動の主な対象	
2008年	3月1日 ～6日 3月26日 ～29日	デリー	面談	JICA	職員
				環境森林省、国家河川保全局	オフィサーら
				環境森林省、CDM事務局	オフィサーら
				東京設計事務所（コンサルタント）	現地代表、職員ら
				Infrastructure Professionals Enterprise Pvt. Ltd.（コンサルタント）	職員
			観察	Defence Colony 地区	
			文献	環境森林省資料室	
				最高裁判所資料室	
				Office of the Register Genral	
				Federation of Indian Chambers of Commerce and Industry	
				Indian Institute of Public Administration（研究機関）	
				Eastern Book Company Private Ltd.（出版社）	
	3月6日 ～26日	ブリンダバン	面談	ブリンダバン都市評議会	評議員、他オフィサーら、他職員ら
				Bhawani Siksha Prasar Parishad（コンサルタント）	職員ら
				Jai Gayatri Maa Bal Vidhya Mandir Samiti（コンサルタント）	職員ら
				Ray Welfare Trust（コンサルタント）	職員
				Pioneer Associate（地元コンサルタント）	代表
				Food for Life, Vrindavan（地元NGO）	代表
				Friends of Vrindavan（地元NGO）	代表
				Vrindavan Research Institute（研究機関）	司書
			観察	YAP-II 公衆参加啓発 CTC 関連プログラム 活動	
				YAP-II 公衆参加啓発 革新関連プログラム 活動	
				YAP-I 各種施設	
				ブリンダバン諸地区	
				Allehpur 村	
			文献	Vrindavan Research Institute 図書室	
		（アーグラ）	面談	UP 州水道局	オフィサーら
			観察	YAP-I CTC (Bijlighar)	
				Bijlighar 地区周辺のスラム	
	5月7日	東京	面談	JBIC	職員ら
	6月25日	東京	面談	JBIC	職員ら
	8月13日	東京	面談	JBIC	職員
	11月16日～27日 12月19日～11月22日	デリー	面談	JBIC	職員
				DHV India Private Ltd.（コンサルタント）	職員
				Observer Research Foundation（研究機関）	研究員ら
			観察	YAP-I CTC (Mangolpuri 地区)	
				Defence Colony 地区	
				Harijan Basti 地区	
				Mangolpuri 地区	
				Panchsheel 地区	
				Pillanji Village 地区	
			文献	University of Delhi 図書館	
		（ガジアバッド）	面談	UP 州水道局	オフィサー

調査活動一覧

滞在期間		滞在都市（調査都市）		調査活動の主な対象	
2008年	11月27日〜12月19日	ブリンダバン	面談	ブリンダバン都市評議会	評議員、首席行政官、他オフィサーら、他職員ら
				ブリンダバン警察署	警察官（ヤムナポリス）
				Bhawani Siksha Prasar Parishad（コンサルタント）	職員ら
				Jai Gayatri Maa Bal Vidhya Mandir Samiti（コンサルタント）	職員
				Rangnath 寺経営委員会	職員ら
				Rajpur Banger 村パンチャーヤト	プラドハン、評議員
				Sunrak 村パンチャーヤト	事務員
			観察	JBIC 中間監理	
				YAP-I 各種施設	
				ブリンダバン諸地区	
				Bhajna Ashram（寡婦のための大規模アシュラム）	
				Rajpur 村	
			文献	Amar Usala（新聞社）	
		（マツーラ）	面談	UP 州政府マツーラ・ディストリクト、長官室	長官代理
				UP 州政府マツーラ・ディストリクト	パンチャーヤトラージ・オフィサー
				UP 州政府、登記所	職員ら
				マツーラ・ブリンダバン開発公団	副委員長
				Gopeshwar Nath Chaturvedi 氏（公益訴訟原告）	
			観察	ガートエリア周辺	
2010年	2月20日〜28日	デリー	面談	JBIC	職員ら
				JICA	専門家
				デリー準州政府バギダリ室	オフィサーら
				デリー大都市政府機関	評議員
				Association for Cooperative Operations Research and Development（コンサルタント）	職員
				ISKCON（寺院）	副会長
			観察	YAP-I CTC（Mangolpuri 地区、Madanpur Khadar JJ Colony 地区）	
				Defence Colony 地区	
				Madanpur Khadar JJ Colony 地区	
				Mangolpuri 地区	
	2月28日〜3月20日	ブリンダバン	面談	ブリンダバン都市評議会	評議員、首席行政官、他オフィサーら、他職員ら
				ブリンダバン警察署	警察官
				Speck Systems Ltd.（コンサルタント）	職員ら
				Tetra Tech India Ltd.（コンサルタント）	職員
				Food for Life, Vrindavan（地元 NGO）	代表
				Friends of Vrindavan（地元 NGO）	代表
				Rajpur Banger 村パンチャーヤト	プラドハン、評議員
				Govind Dev ji（寺）	住職
				Madana Mohana ji（寺）	住職
				Sulabh International Social Service Organisation（NGO）	スタッフ
			観察	YAP-I 各種施設	
				ブリンダバン諸地区	
		（マツーラ）	面談	UP 州政府マツーラ・ディストリクト、長官室	オフィサーら
				UP 州水道局	オフィサー
				マツーラ都市評議会	オフィサーら

滞在期間		滞在都市 (調査都市)	調査活動の主な対象		
2010年	3月20日	カーンプル	面談	Eco-Friends（地元 NGO）	代表
			観察	Shakta Ghat	
	3月21日	アラハバッド	観察	Sangam 周辺	
			文献	Hind Publishing House（出版社）	
	3月21日 ～23日	バラナシ	面談	UP 州水道局	オフィサーら
				Sankat Mochan Foundation（地元 NGO）	代表
			観察	GAP CTC（Manikarnika Ghat）	
				ガートエリア周辺	
				Varuna Bridge 地区	
2012年	3月15日 ～21日	ブリンダバン	面談	ブリンダバン都市評議会	職員
				Food for Life, Vrindavan（地元 NGO）	代表
				Friends of Vrindavan（地元 NGO）	代表
				Chhatikra 村パンチャーヤト	プラドハン
				Dangoli 村パンチャーヤト	プラドハン
				Rajpur Bangar 村パンチャーヤト	プラドハン
			観察	YAP-1 各種施設	
				ブリンダバン諸地区	
	3月21日 ～23日	デリー	面談	デリー準州政府バギダリ室	オフィサー
			観察	Chandni Mahal 地区	
				Defence Colony 地区	

　上記の現地調査は次の助成を受けて実施したものであり、本書はそれらの成果をまとめたものである。文部科学省科学研究費補助金「コミュニティ自治の国際比較的網羅的データベース構築に向けた基礎研究」（研究代表者：名和田是彦，基盤研究(A)一般　課題番号 20243003、研究協力者として研究に参加）；住友財団環境研究助成「京都議定書と途上国の国内環境政策との相互影響関係に関する比較政策科学的研究」（研究代表者：池田寛二）；文部科学省科学研究費補助金「日本及びアジア・太平洋地域の環境問題，環境運動，環境政策の比較環境社会学的研究」（研究代表者：寺田良一，基盤研究(B)一般　課題番号 19330115、研究協力者として研究に参加）。なお、2014 年度の現地調査はエネルギー政策の調査をメインとしており、本研究との関連におけるデータ収集は限定的なものにとどまるため、調査活動の詳細は記していない。3 月 5 日から 15 日まで、デリー市、ブリンダバン町、マツーラ町、バラナシ市、ビハール州諸地域を訪問した。

注

1　インドでの調査活動に加え、東京での JBIC（現 JICA）本店における調査活動も

記した。
2 「面談」は対面でのインタビュー、「観察」はフィールドでの観察と聞き取り、「文献」は文献調査や収集の意で用いる。
3 地区の調査についてはすべて「観察」のカテゴリーに分類した。例えば、住民組織の役員などに対面インタビューを行った場合であっても、それも含めてすべて「観察」とした。
4 地区についての調査は基本的に地区名を記すが、ブリンダバン町およびその周辺に広がるパンチャーヤト領域の住宅地域での観察・聞き取り調査については、煩雑化を避けるため地区名を省略し「ブリンダバン諸地区」とした。
5 電話やメールでのコミュニケーションは、煩雑化を避けるためにここには記していない。
6 組織名称について、公的機関は日本語で、民間組織は英語で表記した。村および地区の名称はすべて英語で表記した。
7 調査項目は多岐にわたるため本文を参照されたい。

謝　辞

　本書は、2012年2月に法政大学大学院政策科学研究科に提出した博士の学位請求論文を修正したものです。介入の対象となるインド国内の地域的まとまりについての議論を大幅に割愛し、「介入」そのものについての議論を中心に再構成しました。刊行に際しては2015年度法政大学大学院博士論文出版助成を受けております。また、東信堂にも助成金を上回る負担をしていただいております。

　本書の完成までには、多くの方々にお世話になりました。ここに深く感謝の意を表します。第一に、本書は現地調査で得たデータを基にしており、調査を通じてこれまで大変多くの方々や団体にご協力をいただきました。まずは初期段階から長期にわたって根気強く調査に付き合ってくれた、ブリンダバンの友人たちとそのご家族に深くお礼を申し上げます。私人である彼らの名前をここで公表することは控えさせていただきますが、彼らの暖かい協力と支えがなければ、援助対象者の生活世界から問題を立ち上げる本書は決して成立しませんでした。現地での調査は文化の壁を反映して予期せぬ障害が多く、筆者にとっては達成感より焦燥感が多いものでした。彼らはそのような筆者を見守り、励まし、一緒に悩み、一緒に解を探してくれました。

　次に、貴重な時間を割いて聞き取り調査に応答してくださったたくさんの方たちにお礼を申し上げます。まずはブリンダバンおよびデリーの生活者として調査に協力してくださった方たちに感謝を申し上げます。次いで、以下の組織を代表して調査にご協力してくださった方たちに感謝を申し上げます。インド中央政府からは、環境森林省とパンチャーヤトラージ省。州レベルの政府機関としてはデリー準州政府バギダリ室、UP州マツーラ・ディストリクトの各部局、UP州水道局の各地域オフィス、マツーラ・ブリンダバン開発公団、ブリンダバン警察署。都市・村レベルの政府機関からはデリー大都市政府機関、ブリンダバン都市評議会、マツーラ都市評議会、ラージプルバンガー（Rajpur Banger）村パンチャーヤト、スンラック（Sunrak）村パンチャー

ヤト、チャッティカラ（Chhatikra）村パンチャーヤト、ダンゴリ（Dangoli）村パンチャーヤト。ガンジス川浄化計画に関連する民間企業としては東京設計事務所、Infrastructure Professionals Enterprise Pvt. Ltd.、DHV India Pvt. Ltd.、Pioneer Associate、Jai Gayatri Maa Bal Vidhya Mandir Samiti、Bhawani Siksha Prasar Parishad、Ray Welfare Trust、Speck Systems Ltd.、Tetra Tech India Ltd.。調査対象地域で活動されている地元アクターとしては Defence Colony Welfare Association、ISKCON、Friends of Vrindavan、Food for Life, Vrindavan、Rangnath Managing Committee、Govind Dev Ji、Madan Mohan Ji、Sulabh International Social Service Organisation、Eco-Friends、Sankat Mochan Foundation。研究分野についての専門的な知見を提供してくださったのが、The Energy and Resources Institute、Observer Research Foundation、Institute of Social Sciences、Association for Cooperative Operations Research and Development、Jawaharlal Nehru University、Institute of Oriental Philosophy、Vrindavan Research Institute。そして日本の ODA 実施機関である旧 JBIC と旧 JICA（現在は両者ともに JICA）。

　また、アジア経済研究所の佐藤寛先生にもお世話になりました。佐藤先生は日本で数少ない開発社会学者の一人です。佐藤先生の明快かつ刺激的な問題提起に心惹かれている開発援助の実務者や研究者は少なくありません。そんな佐藤先生が私的に開催されている勉強会（サトカン・ゼミ）に参加させていただき、日本の開発社会学研究の最先端に触れることができました。また、援助実施機関や開発コンサルタントで活躍するゼミ仲間との交流を通して、日本の開発援助を担う方々の優秀さや熱心さを実感することができました。サトカン・ゼミの仲間たちにも感謝を申し上げます。

　これらすべての皆様のご協力のおかげで、開発援助プロジェクトをめぐる地域的まとまりの重層構造を明らかにするという研究目的をなんとか形にすることができました。まだまだ至らない点が多いと思います。開発援助の介入論についてご意見、ご批判を賜ることができましたら幸いです。

　第二に、本研究を遂行し、また博士論文をまとめるにあたり、多くの先生方にご指導・ご支援を賜りました。指導教授である池田寛二先生は、開発途

上国における調査研究の特性を熟知されており、また持ち前の洞察力と明晰さから、常に本研究の最大の理解者でした。筆者が論じようとしていることの本旨を明確に理解してくださり、論述のための道筋を明晰なかたちで指し示してくださいました。

博士論文の審査を引き受けてくださった学習院大学法学部教授の元田結花先生に感謝を申し上げます。元田先生のご研究は本研究にとって最重要な先行研究でありました。そのご本人に、お忙しいなか拙稿を読んでいただき、国際開発研究の専門的見地から重要なご指摘を賜ったことは大変意義深く光栄なことでした。

博士論文の主査であった舩橋晴俊先生は、筆者が法政大学大学院に入学した当初からみちしるべのごとき存在でした。公共政策を研究する者の「エートス」を、言葉を介して、そしてご自身の態度や行動を通して教えてくださいました。そのように遠い目標としての存在でありながら、しかし近くで筆者の学業および研究活動を見守ってくださり、巧妙なタイミングで手を差し伸べて下さいました。舩橋先生は2014年8月に急逝されました。まだたくさん学びたいことがあり、いまだに日々喪失感が増すばかりですが、生前おそばにいることができた幸運に感謝いたします。

法政大学法学部教授の名和田是彦先生に感謝を申し上げます。名和田先生は本研究の理論枠組みである「地域的まとまり論」の提唱者です。そして、本研究のインドにおける調査活動の大部分は、名和田先生が代表をされていた科研費プロジェクトの一環として遂行いたしました。名和田先生は理論的にも実質的にも、またその人並み外れた寛容さで精神的にも、本研究を大きく支えてくださいました。

東信堂の下田勝司社長とは、名和田先生の研究会でお会いしました。本書の刊行は、東信堂の多大な資金的・技術的なご尽力と、社長夫妻の心強いご声援なくして成立しませんでした。本書の問題意識を発表する機会を与えてくださった東信堂の皆さまに心より感謝を申し上げます。

最後に、長期にわたる研究活動をバックアップしてくださった、ニッポンレンタカーグループのアジア21世紀奨学財団、法政大学大学院サステイナ

ビリティ研究教育機構、そしてわが家のにぎやかな大家族の面々に感謝の意を表します。本書の完成までにご協力ご支援を賜った人々や団体はまだまだ多く、残念ながらここでは語りつくせません。ご協力ご支援いただいたすべての皆様へ心から感謝の気持ちと御礼を申し上げます。

西谷内博美

索 引

〔欧字〕

CTC 事業→トイレ
DFID → ODA: 英国の ODA
GAP-I, II →ガンジス川浄化計画
JBIC（国際協力銀行）‥‥43, 45-46, 52, 78, 119, 130, 174-176, 196, 199, 200, 215, 217-219, 225-226, 237, 262-273
JICA（国際協力機構）‥‥‥‥‥‥‥‥‥‥‥‥‥‥‥‥‥‥‥‥‥‥78, 90, 215-221, 268, 303
ODA（政府開発援助）‥‥‥‥‥‥‥‥‥‥‥‥‥3, 8, 17-19, 30-35, 39-51, 77-79, 329-335
　　　　日本の——‥‥‥‥‥‥‥‥‥‥‥‥‥‥‥‥‥‥‥‥‥‥‥‥‥‥‥6-8, 12, 18, 32, 41, 43-46, 78-79, 90, 93, 124, 164, 171-172, 173-175, 196-197, 204, 211, 214-216, 231, 242, 262-277, 278, 302-304, 310-311, 312-314, 327-328, 334, 335-337
　　　　米国の——（USAID）‥‥‥‥‥‥‥‥‥‥17-18, 43, 207, 208, 216-217, 287-289, 301
　　　　英国の——（DFID）‥‥‥‥‥‥‥‥‥‥‥‥78-79, 207, 223, 289-292, 301-302, 312
ODA 大綱（1992 年）‥‥‥‥‥‥‥‥‥‥‥‥‥‥‥‥‥‥‥‥‥‥‥‥‥‥‥‥324, 330, 340
ODA 大綱（2003 年）‥‥‥‥‥‥‥‥‥‥‥‥‥‥‥‥‥‥‥‥‥‥‥‥‥‥46, 324, 333, 334
UP 州水道局（UPJN）‥‥‥‥81, **99-100**, 117-119, 124, 126-130, 132, 139, 151, 156, 158, 160, 161, 208-212, 222-223, 229, 231, 234, 238, 240, 243, 245, 254
USAID → ODA: 米国の ODA
YAP →ガンジス川浄化計画

〔ア行〕

アカウンタビリティ → 対外的アカウンタビリティ
イースタリー（William Easterly）‥‥‥‥‥‥‥‥‥‥‥‥‥‥‥‥‥‥‥‥ 4, 9, 90, 307, 308
一方向性‥‥‥‥‥‥‥‥‥‥‥‥‥‥‥‥‥‥‥‥**5**, 7, 17, 24-25, 26, 32-33, 39, 48, 51, 87, 94-96, 121, 157, 160, 163, 195, 214, 247, 259, 261, 275, 276, 283-284, 293-294, 297, 299, 304-305, 309-310, 314, 319, 323, 327-329, 332, 333
　　　　行政機関の無応答性‥‥‥‥‥‥‥‥‥‥‥‥11, 41, 100, 123, 162, 242, 245, 314, 316-317
　　　　冷めた距離感‥‥‥‥‥‥‥‥‥‥‥‥‥‥‥‥‥‥‥41, 122-123, 163, 214, 241, 316
　　　　計画と実態の乖離‥‥‥‥‥‥‥‥‥‥‥‥71, 87, 94, 121, 124, 171, 195, 214, 247, 261, 276
　　　　中央と地方の対立‥‥‥‥‥‥‥‥‥‥‥‥‥‥‥‥‥‥44, 201, 219, 220, 226, 227, 231
　　　　中央と地方の溝‥‥‥‥‥‥‥‥‥‥‥‥‥‥‥‥41, 94, 214, 230, 241, 247, 278, 309, 314
　　　　理念と実践の乖離‥‥‥‥‥‥‥‥‥‥‥‥‥‥‥‥‥‥‥‥‥‥‥‥21, 232, 273-274
円借款‥‥‥‥‥52, 78, 124, 175, 180, 195-197, 213, 214, 216, 222, 262-265, 269, 278, 312, 331, 335

オーナーシップ → 自助努力
汚濁源としての死体→火葬

〔カ行〕

カースト ………………………………………69, 140, 141, 143, 152, 156, 166, 182, 187, 261, 278, 322
介入
  開発援助としての―― …… 3-8, 11-12, 18, 21-23, 24-25, **30-32**, 45-51, 163, 197, 224, 232, 255, 262, 265, 275, 298, 303, 323, 327, 334
    その他の―― ……………………………………………………… 13, 35, 44, 70, 83
介入の4類型………………………………………………… 5-7, 12, 32-35, 93, 171, 309
  ――間接介入 ……7,12, **32**, 93, 124, 163, 195-197, 201, 232, 237, 247, 265-266, 272, 274, 276-277, 305, 311, 313, 320, 323, 327-328, 334
  ――直接介入 12, 32, 283-286, 292, 294, 297, 304-305, 309-310, 312, 321, 327-328, 335, 339
  ――消極介入 ……………………………………… 7, **33**, 309, 310, 321, 327-328, 335, 339
  ――積極介入 …7, **33**, 171, 237, 247, 274-275, 284-286, 293, 297, 304-305, 323, 327-328
  ――自由放任型介入 …………………………………… 7, **34**, 93, 163, 172, 314, 319, 327
  ――指導マニュアル型介入 ……………………… 7, **34**, **171-172**, 197, 237, 275, 327
  ――直接統制型介入 ………………………… 12, **34**, 49, 283, **286**, 287-292, 304, 328
  ――仲介型介入 ………………………………………… 12, **35**, 309, **314-324**, 328, 339
介入の連鎖 ……………… **31**, 93-96, 163, 172, 177, 195, 197, 242, 247, 274-276, 286, 289, 305, 309, 313, 328, 333-334
開発援助→介入
開発援助コミュニティ ……………………………………………… 4, 13, 292, 298, 300
  ――の文化 …………………………………………………… 50, 270, **298-300**
開発協力大綱 …………………………………………………………………… 52, 312-314
火葬
  汚濁源としての死体 ………………………………………………… 60, 64, 158, 161
  火葬（一般）………………………………………………………………… 64, 158, 202
  ガンジス川浄化計画の火葬施設事業 ………………… 76, 105, 158-160, 175, 260
環境社会配慮ガイドラインに基づく異議申立制度 ……………………………… 43, 46
環境森林気候変動省→環境森林省
環境森林省（MoEF）……………………………………… 63, 66-67, 73, 83, 211, 212
ガンジス川
  ――水系 ……………………………………… 6, 10, 57-64, 70, 73, 75, 79, 96, 201
  ――幹川 ………………… 57, 58, 62, 73, 74, 79, 82, 85, 201-207, 216, 222-225, 228, 230

索引　377

ガンジス川浄化計画……6, 10, 11, 12, 41, 44, 61, 63, 65, 67, 70, 71, 72-87, 95, 99, 118, 121, 122, 195, 204, 214, 262-266, 268-274, 275-276, 288, 289, 309, 327, 333
　　　GAP-I……………………………………………………75, 77, 79, 81, 82-84, 122, 206-207
　　　GAP-II……………………………………………………75, 78, 82, 84, 208-213, 215-231
　　　ヤムナ川浄化計画…………………………74, 78, 84, 85, 93, 110, 121-124, 240-241, 268-274, 337
　　　YAP-I……………………………52, 75, 93, 99, 104-164, 174-197, 263-265, 266, 327, 335
　　　YAP-II…………………………… 52, 75, 99, 238-261, 266, 274-275, 279, 286, 327, 335
　　　YAP-III ………………………………………………………………………75, 238, 335
ガンジス川浄化計画のCTC事業→トイレ
ガンジス川浄化計画の火葬施設事業→火葬
ガンジス川浄化計画の下水事業→下水
間接介入→介入の4類型
行政機関の無応答性→一方向性
計画と実態の乖離→一方向性
下水 ……………………………………………………………………… 30, 60, 61-63, 84, 203
　　　下水処理（一般）…………………………………… 62, 63, 83, 99, 106, 252, 270, 313
　　　ガンジス川浄化計画の下水道事業……………67, 74-84, 94, 99, 105-120, 124, 156, 204, 206-223, 228-231, 237, 238-241, 242, 260, 265, 266, 269
公益訴訟 ……………………………………………………………45, **70-73**, 82-83, 198, 209-211
公共会計委員会（PAC）……………………………………………………………83-84, 122
公衆参加啓発事業（ガンジス川浄化計画の）…………77, 99, 105-106, 161-163, 177, 237, 238, 253-262, 263, 266, 269, 274, 279, 307
国際協力銀行→ JBIC
国際協力機構→ JICA
国際連合……………………………4, 18, 19, 25, 27, 39, 46, 52, 66, 90, 207, 221, 245, 269, 330, 333
国家河川保全局（NRCD）…67, 74, 77, 79, 84, 100, 120, 130, 160, 208-213, 216-218, 221, 225, 229, 289
国家ガンジス川流域委員会→国家ガンジス川流域事業
国家ガンジス川流域事業……………………………………………………………74, 79, 85, 229
国境を越える困難 ……………………………… 3, 7, 12, **39-51**, 201, 226, 231, 275, 298, 304, 321, 323, 329
ゴミ→廃棄物

〔サ行〕

冷めた距離感→一方向性
参加型開発（論）.. 4, 12, 13, 17-23, 33, 49, 270, 283-286, 293-298, 304-305, 306, 315, 318, 328
自助努力（オーナーシップ）………………………………………… 32, 225, 303, 310-314, 338, 339

指導マニュアル型介入→介入の4類型
社会配慮……………………………………32, 43, 201, 216-221, 225, 231-232, 277, 303, 312-314
自由放任型介入→介入の4類型
消極介入→介入の4類型
心情倫理→責任倫理論
人類学 → 文化人類学
政府開発援助 → ODA
世界銀行……………………………………………………43-45, 46, 78-79, 85, 86, 199, 310
責任倫理論………………………………………………………………………23, **24-26**
　　心情倫理……………………………………………………………24-26, 196, 329, 339
　　責任倫理……12, 24-26, 50, 95, 197, 277, 293, 300, 304-305, 309, 329, 330, 332, 333, 334
　　悪い副作用……12, 13, 21, 22, 25-26, 274, 277, 293-294, 297, 304, 314, 317, 327-328, 330
積極介入→介入の4類型

〔夕行〕

対外的アカウンタビリティ………………………………4, 32, 42-44, 46, 47, 50, 201, 277, 304
ダム開発…………………………………………………………………………41, 43-45, 277
地域管理論……………………………………………………………………5, 23, 24, **26-32**
　　地域管理……………8, 9, 30-34, 51, 93, 103, 145, 147, 172, 237, 247, 267, 270, 275, 286,
　　　　288, 291, 298, 300, 323, 339
　　地域共同管理……………………………………………………………………………28-30
　　地域的まとまり……8, 9, 22, 27-32, 34, 48, 51, 87, 102, 164, 266, 267, 286, 318, 319, 330,
　　　　338, 339
　　領域妥当の秩序………………………28, 29, 31, 33, 103, 270, 294, 295, 296, 311, 319, 339
地域管理 → 地域管理論
地域共同管理 → 地域管理論
地域的まとまり → 地域管理論
チェンバース（Robert Chambers）……………………………………………20-21, 36, 293
地球公共政策………………………………………………………………8, 39, 331, 332-334
中央公害規制委員会 (CPCB)……………………………………………………58, 67, 78, 224
仲介型介入→介入の4類型
直接介入→介入の4類型
直接統制型介入→介入の4類型
デリー………………10, 12, 57, 58, 69, 74, 86, 124, 126, 150, 171, 174-197, 223, 225, 238, 241-242,
　　245, 246, 248, 254, 262, 266, 272, 315, 317, 327, 335, 337, 340
デリー市政府……………………………………………………………………173-180, 184, 196

索引 379

トイレ
  野外排泄 ……………………………… 60, 63, 64, 125, 138, 144, 154-155, 157, 161-162, 177, 258
  トイレ政策（一般）…………………… 64, 125, 155, 157, 176, 179, 182, 198, 199, 289-290
  ガンジス川浄化計画のCTC事業…… 76, 105, 125-158, 162, 173-196, 215, 237, 255-258,
    263, 264, 266, 272
トップダウン …………………………………………………… 4, 20, 49, 157, 161, 270, 276, 289, 293
トリックルダウン …………………………………………………………………………… 18, 312-313

【ナ行】
内政不干渉 ……………………………………………………………………………… 32, 41, 46-47, 312

【ハ行】
廃棄物
  ゴミ ……………………………… 30, 60, 63-64, 82, 86, 111, 113, 114, 161-162, 186, 189, 203, 269
  廃棄物管理（一般）…… 63, 82, 103, 122, 147, 153, 162, 183, 189, 243, 246, 261, 270, 313,
    322
  ガンジス川浄化計画の廃棄物管理 ……………………… 237, 243-247, 247-251, 258, 259, 260
廃棄物管理（一般）→廃棄物
バラナシ ………… 10, 12, 44, 57, 64, 72, 78, 85, 103, 201-231, 263, 287-288, 312, 315, 328, 340
バラナシ市政府 ………………………………………………………… 208-211, 214, 222, 228, 288
ブリンダバン …… 10, 12, 58, 69, 96-98, 100-164, 134, 188, 190, 237-262, 264, 266, 267, 274-275,
  294, 315, 327, 335-340
ブリンダバン町政府 **100-102**, 117-120, 121, 124, 126-130, 133, 156, 159, 243, 245, 248, 250,
  251, 252, 261, 278, 317
文化人類学（人類学）…………………………………………… 13, 103, 262, 272, 283-284, 298-304
文化を越える困難 ………………… 7, 12, 21, 246, 272, 275, **298-300**, 304, 305, 306, 321, 323, 338
ベーシック・ヒューマン・ニーズ ……………………………………………………………… 18, 292

【マ行】
元田結花 …………………………………………………………… 4, 9, 42, 47, 48-51, 273, 307, 322, 324

【ヤ行】
野外排泄→トイレ
ヤムナ川 …… 57, 58, 59, 75, 78, 85, 86, 96, 100, 104, 106-114, 122, 123, 148, 158, 160, 161, 240,
  257, 265, 269, 336-337
ヤムナ川浄化計画→ガンジス川浄化計画

YAP-I, II →ガンジス川浄化計画

〔ラ行〕

理念と実践の乖離→一方向性

〔ワ行〕

悪い副作用→責任倫理

著者紹介

西谷内 博美（にしやうち　ひろみ）
　2001年　シカゴ大学人文学研究科 修士課程修了
　2005年　法政大学大学院社会科学研究科 修士課程修了
　2012年　法政大学大学院政策科学研究科 博士後期課程修了
法政大学サスティナビリティ研究教育機構リサーチアシスタントを経て、現在、都内の諸大学にて非常勤講師。専門は環境社会学。
主な著作は、「廃棄物管理における慣習の逆機能──北インド、ブリンダバンの事例から」（『環境社会学研究』15, 2009）、「インドにおける家庭からゴミを収集するという困難──住民福祉協会モデルは特効薬か？」（『環境社会学研究』17, 2011）、「デリー準州のバギダリ（Bhagidari）政策──インドの代表的市民参加プログラムの成果と課題」（『国際開発研究』20 (1), 2011）。

開発援助の介入論―インドの河川浄化政策に見る国境と文化を越える困難

2016年3月18日　初版第1刷発行　　　　　　　　　　　　〔検印省略〕

＊定価はカバーに表示してあります

著　者 © 西谷内博美　　発行者　下田勝司　　　印刷・製本　中央精版印刷

東京都文京区向丘1-20-6　郵便振替 00110-6-37828
〒113-0023　TEL 03-3818-5521（代）　FAX 03-3818-5514
E-Mail tk203444@fsinet.or.jp
Homepage http://www.toshindo-pub.com

発行所　株式会社 東信堂

Published by TOSHINDO PUBLISHING CO.,LTD.
1-20-6, Mukougaoka, Bunkyo-ku, Tokyo, 113-0023, Japan

ISBN978-4-7989-1354-4　C3036 Copyright©2016 NISHIYAUCHI, Hiromi

東信堂

海外日本人社会とメディア・ネットワーク——バリ日本人社会を事例として　今野裕昭編著　四六〇〇円

移動の時代を生きる——人・権力・コミュニティ　吉原直樹監修／松本行真昭樹編著　三三〇〇円

国際社会学の射程——国際社会学ブックレット1　西原和久・芝真里編訳　二二〇〇円

国際移動と移民政策——日韓の事例と多文化主義再考　国際社会学ブックレット2　西原和久・有田伸・山本かほり編著　二三〇〇円

国際社会学をめぐるグローバル・ダイアログ——トランスナショナリズムと社会のイノベーション　国際社会学ブックレット3　西原和久　一三〇〇円

現代日本の地域分化——センサス等の市町村別集計に見る地域変動のダイナミックス　蓮見音彦　三八〇〇円

地域社会研究と社会学者群像——社会学としての闘争論の伝統　橋本和孝　五九〇〇円

「むつ小川原開発・核燃料サイクル施設問題」研究資料集　茅野恒秀編著　一八〇〇〇円

組織の存立構造論と両義性論——社会学理論の重層的探究　舩橋晴俊　二五〇〇円

公害被害放置の社会学——イタイイタイ病・カドミウム問題の歴史と現在　舩橋晴俊・金山行孝・藤川賢編　三六〇〇円

新版　新潟水俣病問題——加害と被害の社会学　飯島伸子・堀田恭子編　四八〇〇円

新潟水俣病問題の受容と克服　堀田恭子　五六〇〇円

新潟水俣病をめぐる制度・表象・地域　関礼子編　三八〇〇円

開発援助の介入論——インドの河川浄化政策に見る国境と文化を越える困難　西谷内博美　四六〇〇円

自立支援の実践知——阪神大震災とボランティア　似田貝香門編　三八〇〇円

〔改訂版〕ボランティア活動の論理——ボランタリズムとサブシステンス　西山志保　三六〇〇円

自立と支援の社会学——阪神・淡路大震災と共同・市民社会　佐藤恵　三二〇〇円

第1巻　教育社会史《大転換期と教育社会構造：地域社会変革の社会論的考察》——日本とイタリアと　小林甫　七八〇〇円

第2巻　現代的教養I——生活者生涯学習の地域的展開　小林甫　六八〇〇円

現代的教養II——技術者生涯学習の生成と展望　小林甫　六八〇〇円

第3巻　学習力変革——地域自治と社会構築　小林甫　近刊

第4巻　社会共生力——東アジアと成人学習　小林甫　近刊

〒113-0023　東京都文京区向丘1-20-6
TEL 03-3818-5521　FAX03-3818-5514　振替 00110-6-37828
Email tk203444@fsinet.or.jp　URL:http://www.toshindo-pub.com/

※定価：表示価格（本体）＋税